Über dieses Buch

Golo Manns Darstellung umfaßt jene unglückselige Epoche unserer Geschichte, deren abgründige Problematik heute gern verdrängt oder mit der Rede von der »unbewältigten Vergangenheit« zugedeckt wird. Solche Klischees haben vor dem Auge des Historikers keinen Bestand. Leidenschaftliche Anteilnahme und kühle Objektivität sind in gleicher Weise seine Sache. Sein Urteil gleicht dem von Geschworenen, die alle Argumente vorsichtig gegeneinander abgewogen haben und die nun entscheiden müssen, was Rechtens ist und was Unrecht war und bleibt. Auf diese Weise gelingt es Golo Mann, die Weimarer Republik in ihrer ideellen Größe und faktischen Ohnmacht zu zeigen und den Schrecken des Hitlerreiches in der historischen Analyse festzuhalten. Dadurch werden die Ursachen für unsere heutige politische Situation sichtbar. »Indem wir uns geschichtlich vergleichen, erfassen wir unsere eigene Herkunft, das Ähnliche, sich Wiederholende, und dann auch das Einzigartige unserer eigenen Erfahrung.« Golo Manns Werk konfrontiert uns zwingend mit unserer eigenen Vergangenheit: um sie zu verstehen, um aus ihr zu lernen, um aus einem neuen historischen Bewußtsein heraus zu handeln.

Der Autor

Golo Mann wurde 1909 als drittes Kind von Thomas und Katia Mann in München geboren. Er studierte Philosophie und Geschichte, promovierte in Heidelberg bei Karl Jaspers. Nach 1933 lehrte er in St. Cloud und an der Universität Rennes; 1937–1940 redigierte er in Zürich die Zeitschrift *Maß und Wert*. Als Kriegsfreiwilliger wurde er in Frankreich interniert. Im Spätherbst 1940 gelang ihm die abenteuerliche Flucht in die USA. Ab 1942 war er Professor für Geschichte am Olivet College und am Claremont Men's College, 1958 bis 1959 Gastprofessor in Münster, 1960–1964 Professor für Politische Wissenschaft an der TH Stuttgart.

1968 wurde er mit dem Büchner-Preis, 1969 mit dem Gottfried-Keller-Preis ausgezeichnet. Er lebt in Kilchberg bei Zürich.

Werke: ›Friedrich von Gentz · Geschichte eines europäischen Staatsmannes‹ (1947), ›Vom Geist Amerikas‹ (1954/1961), ›Deutsche Geschichte des 19. und 20. Jahrhunderts‹ (1958), ›Geschichte und Geschichten‹ (1961), ›Wallenstein‹ (1971).

Golo Mann ist Mitherausgeber der *Propyläen-Weltgeschichte* und der *Neuen Rundschau.*

GOLO MANN

DEUTSCHE GESCHICHTE 1919–1945

Fischer
Taschenbuch
Verlag

Fischer Taschenbuch Verlag
1.– 50. Tausend: April 1961
51.– 62. Tausend: Juni 1961
63.– 75. Tausend: Februar 1962
76.–100. Tausend: September 1962
101.–117. Tausend: März 1964
118.–129. Tausend: August 1965
130.–142. Tausend: August 1966
143.–155. Tausend: Januar 1968
156.–162. Tausend: September 1969
überarbeitete Ausgabe:
163.–182. Tausend: Februar 1973

Umschlagentwurf: Hans-Jürgen Spohn

Fischer Taschenbuch Verlag GmbH, Frankfurt am Main
Lizenzausgabe der Büchergilde Gutenberg, Frankfurt am Main

Gesamtherstellung: Hanseatische Druckanstalt GmbH, Hamburg
Printed in Germany
ISBN 3 436 01682 9

Inhalt

Vorbemerkung

Im Rahmen der Fischer Taschenbücher erscheinen hier zwei Kapitel aus meiner im Herbst 1958 veröffentlichten »Deutschen Geschichte des 19. und 20. Jahrhunderts«. Sie handeln von der Weimarer Republik und den darauf folgenden zwölf Jahren, von einem Zeitabschnitt also, dem eine gewisse Einheit der Handlung zukommt. Seit 1945 bewegen wir uns auf Neuland; was nach dem Zusammenbruch des »Dritten Reiches« geschah, konnte von mir nicht im historischen Stil erzählt, nur kurz skizziert werden und fällt hier fort. Nach der rückwärtigen Seite ist die Kontinuität freilich eine sehr dichte; die Entartung und das so tief ungeschickte, unglückliche Ende des ersten Weltkrieges gehören zu dem vom Historiker zu erfassenden deutschen Schicksal in der ersten Jahrhunderthälfte, als sehr, sehr wichtige Glieder in der Kette. Durch sie wurde das Folgende nicht unvermeidlich vorausbestimmt, wohl aber angelegt und möglich gemacht. Sie werden hier vorausgesetzt. Jeder Anfang weist auf frühere Anfänge zurück: 1919 auf 1918, wie dieses auf 1914, 1890 und so fort. Eine Auswahl wie die hier gebotene mußte irgendwo willkürlich beginnen.

Golo Mann

I

Weimar

Im Wirbel des Weltgeschehens im 20. Jahrhundert ist kein Volk für sich und allein Meister seines Schicksals. Es hängt ab von der Weltwirtschaft, der Weltpolitik, dem Weltgeist. Es trägt bei zu alledem, aber beherrscht es nicht. Die Lebens- und Machtkonzentration »Deutschland« hatte in den letzten Jahren aktiver zum Weltgeschehen beigetragen als jedes andere Volk, hatte während des Vierjahreskrieges die Welt in zwei Teile geteilt, einen kleineren, den es beherrschte, einen hundertmal größeren, den es bekämpfte. Eine gewaltige Überspannung der Kräfte; möglich gemacht dadurch, daß die Deutschen das stärkste Volk in Europa waren, Europa aber immer noch als der Vorzugskontinent und Mittelpunkt der Erde galt. »Vier Jahre lang kämpfte Deutschland zu Lande, zu Wasser und in der Luft gegen die fünf Kontinente der Erde. Deutsche Armeen hielten die wankenden Verbündeten aufrecht, intervenierten auf jedem Kriegsschauplatz mit Erfolg, standen überall auf erobertem Boden und brachten ihren Gegnern Blutverluste bei, doppelt so schwer als jene, die sie selber erlitten. Um die Macht ihrer Wissenschaft und Wut zu brechen, war es notwendig, alle großen Nationen der Menschheit gegen sie ins Feld zu bringen. Überwältigende Bevölkerungszahlen, unbegrenzte Hilfsmittel, unerhörte Opfer, die Blockade zur See konnte fünfzig Monate lang sie nicht bezwingen. Kleine Staaten wurden im Kampfe niedergetrampelt; ein mächtiges Reich zerschlagen, in unkenntliche Fragmente aufgelöst; nahezu 20 Millionen Menschen starben oder vergossen ihr Blut, bevor das Schwert dieser furchtbaren Hand entwunden war. Deutsche, das ist genug für die Geschichte!« (Winston Churchill.) Die Nation, die solches vollbracht hatte, mußte nun heimkehren in den verwüsteten Alltag, mit sich selber und mit der Welt in Ordnung kommen; Altes fortsetzen und dennoch neu anfangen; neuen Ausgleich schaffen zwischen ihren Klassen und Parteiungen; dem gedrängten Zusammensein von 65 Millionen Menschen Gesetz und Sinn geben. Vor allem, sie mußte *leben*, was schon längst ihre schwierigste Aufgabe gewesen war. Leben in reduzierten Grenzen und der Früchte jahrzehntelanger Arbeit beraubt; ihr Kapital im Ausland, Kolonien, Handelsbeziehungen, Handelsflotte verloren; im Inneren nichts als die grauen Überbleibsel der vierjährigen, höchst

unproduktiven Verhexung. »Wir fangen noch einmal wie nach 1648 und 1807 *von vorn* an. Das ist der einfache Sachverhalt. Nur daß heute schneller gelebt, schneller gearbeitet und mit mehr Initiative gearbeitet wird.« (Max Weber.)
Es sind nur seltene Augenblicke des Rausches, der Krise, der allgemeinen Wirrsal, in denen politische Leidenschaft den einzelnen packt, die öffentliche Sache ihm wichtiger dünkt als die private. So war es im August 1914 gewesen, so vielleicht im November 1918. So ist es nicht unter normalen Bedingungen. Da spürt der Bürger die Politik so wenig, wie der gesunde Mensch seinen eigenen Körper spürt; er weiß, daß er ihn hat, aber kümmert sich nicht darum, die Lebensfunktionen vollziehen sich von alleine. Zu einem normalen Dasein zurückzukehren, zu arbeiten und zu essen, das war jetzt der Wunsch der größten Zahl der Deutschen. Aber wie sie arbeiten und essen und wohnen, wie die Jungen aufwachsen, die Alten leben und sterben würden, das hing nur zu einem Teil von ihnen selber ab; es hing ab vom öffentlichen Schicksal, deutscher Politik und Weltpolitik. Zudem gab es unruhige Geister, die im eigenen Fortkommen den Hauptzweck des Lebens nicht fanden, sondern seine Erfüllung erwarteten vom Staat, in der Verwirklichung schöner und wüster Träume. Solche Geister gibt es immer. In ruhigen Zeiten bleiben sie gebunden und ungehört; in unruhigen finden sie Spielraum. Die Zeiten, die jetzt kamen, waren unruhig und konnten nichts anderes sein als unruhig. Der Weltkrieg hatte alte Ordnungen zerstört oder geschwächt; er hatte keine neuen geschaffen.

Zwei Grunddokumente

Unter zwei Grundgesetzen sollten fortan die Deutschen stehen. Der Vertrag von Versailles regelte ihre Beziehungen zu den bisherigen Feinden, zur Außenwelt. Die Weimarer Verfassung gab dem inneren Kämpfen und Trachten neue Form.
Der Friedensvertrag war ein Unglück; zu verstehen – von Entschuldigen ist hier nicht die Rede – nur dadurch, daß aus Unglück meist neues Unglück kommt, daß die Männer, welche den Krieg geführt hatten und *so* geführt hatten, sich nicht jetzt in Männer eines guten Friedens verwandeln konnten. Wilson, der Amerikaner, wollte die Kette des Bösen abbrechen und überall Recht machen, wo bisher Unrecht gewesen war. Das gelang ihm nicht. Recht hätte man nur dann machen können, wenn alle beteiligten Staaten, Völker, Menschen gerecht gewesen wären. Solange sie es nicht waren – und was gab denn Anlaß, zu erwarten, daß sie es gerade jetzt, in diesem öden, finsteren, rachsüchtigen Moment der Geschichte sein

würden –, konnte es im besten Fall praktische Lösungen geben, vorsichtige Kompromisse zwischen Macht und Macht, zwischen den Wünschen der Schwächeren und den historisch gewordenen harten Tatsachen; aber kein »Recht«.
Der amerikanische Doktor, der die Welt nach einem einzigen, in dem blanken, feinen Laboratorium seines Geistes zusammengekochten Rezept kurieren wollte, geriet in Streit mit seinen europäischen Partnern; vor allem mit dem am tiefsten pessimistischen unter ihnen, dem französischen Minister Clemenceau. Wilson vertrat das naive, junge, kraftgeschwellte Amerika, für das der Krieg nur ein Spaß gewesen war. Clemenceau vertrat das ausgeblutete, todtraurige Frankreich. Ihm die Machtposition zu erhalten, die es durch so entsetzliche Opfer erworben hatte, aber auf die Dauer, ohne die Hilfe seines Bundesgenossen, unmöglich würde halten können, durch hundert ausgeklügelte böse Tricks sie ihm möglichst lang zu sichern, war der all und eine Gedanke des alten Mannes, der 1918 nicht und nicht einmal 1871 vergessen konnte; denn er war schon damals dabeigewesen.
Das Produkt dieser sich streitenden Willensmeinungen war widerwärtig; ein dichtmaschiges Netz von Bestimmungen, das »gerecht« sein sollte und es in vielen Einzelheiten unbestreitbar war, das Ungerechte, von Bosheit, Haß und Übermut Inspirierte aber einließ, wo es nur unter irgendeinem Vorwand geschehen konnte, und zwar in dem Maße, daß das Ganze, aller einzelnen Gerechtigkeit ungeachtet, dann doch als ein ungeheures Instrument zur Unterdrückung, Ausräuberung und dauernden Beleidigung Deutschlands erschien. Es sollte alles Unrecht wiedergutgemacht werden, das Preußen-Deutschland sich seit 150 Jahren hatte zuschulden kommen lassen, die polnische Teilung von 1772 – der neue polnische Staat erhielt Posen und Westpreußen; so daß Ostpreußen, wie in der alten Zeit, vom deutschen Hauptkörper getrennt wurde; die Annexion Schleswig-Holsteins – in Nordschleswig sollte eine Volksabstimmung stattfinden und zu Dänemark kommen, wer da wollte; Elsaß-Lothringen natürlich; kleinerer, ungeschickter Grenzberichtigungen nicht zu gedenken. Volksabstimmungen sollten stattfinden, wo immer sich vielleicht eine Mehrheit fand, die bei Deutschland nicht bleiben wollte; in Oberschlesien, in Teilen Ostpreußens. In Ländern dagegen, welche nicht zu Deutschland gehörten und deren Einwohner sich jetzt in ihrer Mehrzahl wahrscheinlich Deutschland anzuschließen wünschten, in Österreich, in Nordböhmen, durften keine Volksabstimmungen stattfinden. Der neue Rechtsbegriff – daß die Völker selber über sich bestimmen sollten – wurde eingesetzt, wo er Deutschland schaden konnte, anders nicht; so, wie Deutschland ihn zu Brest-Litowsk gegen die Russen

eingesetzt hatte. Die Brest-Litowsker Regelungen ließ man nur zu gern bestehen, soweit man das Chaos im Osten überhaupt zu kontrollieren vermochte; es war gut, daß Deutschland Rußland geschwächt hatte durch den Gebrauch »gerechter« Prinzipien; es war gut, jetzt Deutschland durch den Gebrauch derselben Prinzipien zu schwächen. Der Rest war Balgerei zwischen den neuen oder »Nachfolgestaaten«, die sich auf Kosten Deutschlands, auf Kosten Rußlands, auf Kosten voneinander unter Zuhilfenahme historischer, statistischer, strategischer, wirtschaftlicher, nationaler oder linguistischer Argumente oder auch des Rechtes des Stärkeren möglichst zu vergrößern suchten; wobei herauskam, daß es »Recht« auch dann nicht geben konnte, wenn kein übermächtiger Ungerechter es hinderte. Die drei großen Ungerechten, Rußland und Deutschland und Habsburg, waren am Boden; Recht aber konnten Polen und Litauer, Tschechen und Polen und Slowaken, Ungarn und Rumänen, Südslawen und Italiener unter sich deswegen noch lange nicht machen. Wie in Paris Lloyd George dem polnischen Unterhändler einmal zornig ins Gesicht sagte: »Wir haben für die Freiheit der kleinen Nationen gekämpft, auf die ihr ohne uns nicht die leiseste Hoffnung hattet, wir, Franzosen und Engländer und Italiener und Amerikaner. Sie wissen, ich gehöre selbst einer kleinen Nation an; und es schmerzt mich bitter, zu sehen, wie ihr alle, kaum daß ihr noch in das Licht der Freiheit gekrochen seid, Völker oder Teile von Völkern unterdrücken wollt, die nicht zu euch gehören. Ihr seid imperialistischer als England und Frankreich.« — Indem man gegen Deutschland politische Grenzen zog nach dem Ergebnis windiger Volksbefragungen, schuf man einen gefährlichen Präzedenzfall. Aber es fiel niemandem ein: daß Deutschland dies Prinzip wohl auch einmal für seine Zwecke anwenden könnte; und was dann aus Mittel- und Osteuropa wohl werden würde.

Einstweilen verlor es ein Zehntel seiner Bevölkerung — wovon etwa die Hälfte Deutsch als Muttersprache hatte —, ein Achtel seines Gebietes, den größten Teil seiner Eisenerze und einen beträchtlichen seiner Kohlen — unermeßliche Werte, die gar nicht errechnet wurden, weil ihr Verlust nur Wiedergutmachung alten Unrechtes sein sollte. Dasselbe galt für die Kolonien; man nahm sie dem Besiegten nicht, weil er besiegt war, sondern weil er durch seine Barbareien sich jeglichen Kolonialbesitzes als unwürdig erwiesen hatte. Weshalb auch die Sieger sich Deutschlands Kolonien nicht geradezu aneigneten; sie ließen sich nur durch den neuen Völkerbund ihre Verwaltung und Nutznießung übertragen. — Selbstgerechte, gierige, kurzsichtige Tricks; Heucheleien, deren man sich ungern erinnert und am besten vielleicht gar nicht erinnerte, aber es doch muß,

weil ohne sie das Folgende nicht zu begreifen ist. Denn es hing dies Geflecht von Falschheiten wie ein Mühlstein um den Hals der neuen deutschen Republik und beschwerte die Zukunft unseres armen Europa, wie der große Krieg selber, hätte man ihn mit leidlicher Vernunft abgeschlossen, es nicht vermocht hätte. — Das so reduzierte, noch durch allerlei sofortige Ablieferungen — Lokomotiven, Schiffe, Kabel — aus seinen ohnehin kriegsruinierten Beständen heimgesuchte Land sollte nun allen Schaden, welchen der Krieg — sein Angriffskrieg — den alliierten Völkern zugefügt hatte, auf sich nehmen und, niemand wußte in welcher Höhe, niemand wußte während welcher Zeit, zurückzahlen. Niemand wußte das. Nur soviel war klar, daß es sich um Summen handelte, die je nachdem, was man den Verlusten der Staaten und der Zivilbevölkerung zurechnete, beliebig vermehrt werden konnten, und daß es sich um jede Vorstellung übersteigende Summen handelte.
Wir haben etwas gelernt seitdem, und es ist ein so gräßlicher Unfug wie jener der »Reparationen« in einer späteren Zeit, die es an Unfug doch auch nicht fehlen ließ, nicht wiederholt worden. Das wissen wir heute: die Kriege des Jahrhunderts sind ein böses Spiel für jedermann, und es kann nicht jener, der als Sieger daraus hervorgeht, seinen Schaden ungeschehen machen, indem er den des Besiegten verdoppelt oder verhundertfacht. Versucht er es, so erhöht er den eigenen auch. Sieg ist Illusion. Die Pariser Friedensmacher wußten das nicht, und wenn wir sie deswegen tadeln, so wollen wir nicht vergessen, daß sehr einflußreiche Deutsche es auch nicht gewußt und der Entente eben die Behandlung zugedacht hatten, die jetzt Deutschland erfuhr. Halten wir uns mit Beispielen der Verblendung von Staatsmännern und Fachmännern, die hier sich in ihrer ganzen Menschlichkeit zeigten, nicht lange auf. Sagen wir nur: Aus dem Grundsatz der Reparationen, so wie der Vertrag ihn anwandte, kam Wirrsal und Narrheit dreizehn Jahre lang und konnte nichts anderes kommen. Europa war viel zu dicht in seinem Zusammenleben, viel zu klein und arm auch jetzt schon, als daß es in zwei Teile hätte geteilt werden können, einen zahlenden und einen ausgehaltenen. Das hieß nicht, daß Deutschland zum Aufbau der ruinierten französischen und belgischen Gebiete nicht einen ehrlichen Beitrag hätte leisten sollen. Das hätte es gekonnt und gesollt; dazu war es auch bereit.
Ein amerikanischer Journalist, der die Pariser Verhandlungen beobachtete, schrieb: »Wir werden einen Völkerbund haben, schwach, mißgestalt, großem Unrecht zugänglich; und so, schwanger mit neuen Kriegen, wird der Friede sein.« Und wieder, über die Friedensmacher: »Der Krieg hatte das Problem der Menschheit auf ihrem Diplomatentisch ausgebreitet.

Das hätte ihnen Geist und Herz öffnen sollen, die Arbeit auf neue, große Weise zu beginnen. Sie wollten auch. Es fehlte nicht an gutem Willen. Aber ihre alten, schlechten Denkgewohnheiten, ihre gezwungene Besorgtheit um Dinge, die sie im Grunde nicht interessierten, ihr Alter, ihre Erziehung — das hat ihnen die Aufgabe unmöglich gemacht.« Nicht nur sie, die Diplomaten, auch die Völker seien an dem schlechten Vertrag schuld: »Ich sehe ganz klar, daß es sich hier um keinen bloßen Klassengegensatz handelt, sondern um eine Spaltung, die im Geist jedes einzelnen verläuft. Jeder kleine Arbeiter und Bauer will beides haben, Rache am Feind, Ersatz für seine Leiden und nie wieder Krieg.« Diese beiden Wünsche gingen aber nicht zusammen, der eine striche den anderen aus. Und so sei auch das Neue, erstmalig Gerechte, was man in Paris zu tun versprochen hatte, in Wahrheit gar nicht neu, sondern das Uralte, Schlechte: »Bewußt oder nicht, arbeiten, strampeln, putschen sie alle zu dem Punkt zurück, auf dem sie vor dem Krieg standen . . . Aber die Welt kann nicht rückwärtsgehen; sie kann nicht. Fallen oder absinken, wie Griechenland oder Rom, kann sie; rückwärts gehen nie.« — Der Mann, Lincoln Steffens, ein hellsichtiger Kritiker, war nebenbei bemerkt vom Verhalten der Deutschen ebenso enttäuscht wie von dem Friedensvertrag; davon später.
Es ist alte Weisheit: daß man dem eigenen Recht, der eigenen Macht und ihrer Dauer nie weniger trauen soll, als wenn man oben ist und den Gegner unter sich hat; daß dann der Augenblick zur Demut, zum Zweifeln am eigenen Verdienst gekommen ist. Im Sieg ist immer etwas, dessen man sich schämen sollte. Die Schuld der Friedensmacher von 1919 liegt in der moralistischen Überlegenheit, mit der sie den Besiegten behandelten, da sie doch selber alle während der Kriegsjahre kräftig gesündigt hatten, wenn auch mit Gradunterschieden; da sie auch eben jetzt noch tüchtig zu sündigen im Begriff waren. Sie hatten ein Recht, dem Besiegten diese oder jene Bedingung aufzuerlegen, aber nicht, seine Alleinschuld am Krieg zu dekretieren und so der Geschichtsforschung vorzugreifen. Sie hätten übrigens keinen Völkerbund gründen sollen, an den sie nicht glaubten und für dessen Verwirklichung sie keine Opfer zu bringen, keine große moralische Anstrengung zu machen bereit waren; wodurch sie die schöne Idee für absehbare Zeit beschmutzten und verdarben. Es ist eine böse Sach: mit unreinem Herzen nach dem Höchsten zu greifen.
Die deutsche Regierung unterzeichnete den Vertrag. Der Kriegsschuld- und Reparationsparagraph, die Beschränkung der deutschen Armee und Flotte auf die Macht eines Kleinstaates, die Besetzung der Rheinlande auf fünfzehn Jahre oder länger und die Abtrennung des Saargebietes, dessen

Bergwerke von Frankreich ausgebeutet werden sollten — es wurde alles akzeptiert. Aber nicht gutgeheißen. Die Deutschen unterzeichneten unter Protest, weil sie mußten. Sie nannten den Vertrag ein »Diktat«, und das war er auch; denn echte Verhandlungen hatten nur unter den Siegern, nicht zwischen Siegern und Besiegten stattgefunden. Ein solcher Vertrag dauert nicht länger als das Macht- oder Gewaltverhältnis, auf dem er beruht. Der Besiegte hält ihn nur, solange er besiegt und der Schwächere ist. Er hat keine moralische Verpflichtung, ihn zu halten. Und so wie die Welt ist, wie auf die Dauer die wahren Gewichte sich doch durchzusetzen pflegen, war es nicht wahrscheinlich, daß der Versailler Vertrag lange halten würde. Die Frage war nur, in welchem Sinn, auf welche Weise man ihn revidieren würde. Das mußte von beiden Seiten, von Deutschland und den Westmächten, abhängen.

Die Empörung in Deutschland wurde noch vor allem dadurch genährt, daß man sich betrogen glaubte; man hatte sich ergeben im guten Glauben an Wilsons gerechtes Friedensprogramm und hatte nun einen Frieden bekommen, welcher den »Vierzehn Punkten« wohl in manchen Einzelheiten, in seinem Geist, seiner Gesamtheit aber ihnen nicht entsprach. Das stimmte. Was man nicht verstehen konnte und wollte, war nur dies: Als Deutschland im Oktober 1918 um Waffenstillstand bat, hatte es auf Wilsons Programm machtlogisch und moralisch keinen Anspruch mehr. Den »gerechten Frieden« hätte es annehmen müssen, solange es selber noch Unrecht tun oder auf Unrecht Verzicht leisten konnte; solange es noch eine Macht war. Seit Ludendorffs plötzlichem »Wir sind verloren!« war es keine mehr und nun klang sein Appellieren an Wilsons hohe Grundsätze sowohl ohnmächtig wie moralisch falsch. Der gutmütige, dumme Michel wollte sich freiwillig ergeben haben im Glauben an das amerikanische Evangelium, da er doch noch hätte weiterkämpfen und gewinnen können — so ließen nun die Demagogen es den Deutschen in den Ohren klingen. Und das stimmte nicht. Aber die Wahrheit war kompliziert und unerfreulich. Warum sich um der Wahrheit willen viel Kopfzerbrechen machen?

Gerade die Schuldigsten; jene, die vier Jahre lang einen gemäßigten Frieden verachtungsvoll verworfen hatten; die entschlossen waren, dem Gegner Bedingungen aufzuerlegen, allerwenigstens so brutal wie der Vertrag von Versailles; und die dann plötzlich und im dümmsten Moment »Wir sind verloren!« gerufen hatten — sie waren nun die Lautesten in der Empörung; und sie wandten ihren falschen Zorn nicht so sehr gegen die Außenwelt wie gegen einen Teil des eigenen Volkes. Gegen die »Linke«, politisch gesprochen. Gegen die Parlamentarier, die jahrelang zum Guten geredet und die man zu spät zur Verantwortung gerufen hatte; und die im Oktober 1918 die Kapitulation nicht wollten; die Männer von der Sozialdemokratischen Partei, vom Zentrum. Sie wurden nun als die eigentlichen Schuldigen ausgegeben. Fiel nicht ihr Kommen zur Macht oder Ohnmacht mit der militärischen Katastrophe zusammen? Waren sie nicht im Geist Brüder der Entente, Leute, Demokraten wie sie, Anhänger des parlamentarischen Systems und des neuen amerikanischen Evangeliums, das eben jetzt so erbärmlich versagt hatte? Hatten sie nicht den Vertrag unterzeichnet gegen die Stimmen der Konservativen oder, wie sie sich jetzt nannten, der Deutschnationalen? Daß die Oberste Heeresleitung die Unterzeichnung angeraten oder befohlen hatte, konnte man um so leichter übersehen, als Hindenburg sich gerade nicht im Zimmer befand, während Stabschef Groener des alten Heeres Willensmeinung zum letzten Male kundtat. – Die Schuldigsten gaben sich als die Unschuldigen aus. Die Unschuldigen oder viel weniger Schuldigen erschienen als die Urheber und wahren, typischen Vertreter des Versailler Systems.

Der Friedensvertrag belästigte Deutschland auf doppelte Weise. Er schuf ein schiefes, verkrampftes Verhältnis zwischen ihm und der Welt, seinen Nachbarn im Westen und Osten; er zerteilte das Volk, indem eine Gruppe von Politikern samt ihrer Gefolgschaft sich rasch die Verantwortung für alles Unheil heimtückisch aufgebürdet sah. Dagegen wehrten sie sich wohl, aber schwach, weder mit Erfolg noch mit glücklichem Talent.

Das zweite Grunddokument, unter dem Deutschland nun leben sollte, war kein Diktat, sondern von deutschen Händen frei entworfen, die Weimarer Verfassung. Sie war auf dem Papier so schön, wie der Vertrag auf dem Papier schlecht war. Verfassungen aber wie Friedensverträge werden erst im wirklichen Leben, was sie sind. Der papierene Text des Anfanges wird das Spätere beeinflussen, ohne es vollkommen zu bestimmen.

Professor Preuß, der Autor des ersten Entwurfes, wollte etwas aus einem Guß schaffen und von der jüngsten, der Bismarck-Hohenzollern-Vergangenheit sich energisch entfernen. Es sollte jetzt das deutsche Volk ein lebendes Ganzes sein, das sich seinen Staat ordnete, wie es ihm gefiel; und kein Hokuspokus mehr von »verbündeten Regierungen«, geteilter Souveränität oder Summe von Souveränitäten. Den alten Gewalt- und Königsstaat, Preußen, galt es in seine Bestandteile aufzulösen. Die übrigen Bundesstaaten oder doch die größeren unter ihnen mochten in Gottes Namen weiterexistieren, aber nicht mehr als »Staaten«, nur als Einheiten der Selbstverwaltung, überall der Kontrolle durch das »Reich« unterworfen. Ein Reich,

eine Regierung, ein Volk — und das Volk berufen, in direkten Abstimmungen zu entscheiden, wenn immer die verschiedenen Organe, die es vertraten, Reichstag, Staatenhaus, Reichspräsident, sich nicht einigen konnten. Das ging so weit, wie vor siebzig Jahren, in der Paulskirche, nur die extremsten Unitarier gegangen waren. Hugo Preuß glaubte an das Deutsche Volk und an die Weisheit der Mehrheit.
Es wurde dann einiges Wasser in seinen klaren Wein getan. Preußen blieb Preußen. Die Bundesstaaten — »Länder« — nahmen durch den »Reichsrat« weiterhin an der Gesetzgebung teil, und es blieben ihnen alle die Rechte und Pflichten vorbehalten, die dem Reich nicht ausdrücklich übertragen wurden. Die letzteren waren freilich die entscheidenden, wie sie es schon zu Kaisers und Ludendorffs Zeiten praktisch geworden waren. Ein Staatsoberhaupt, der Reichspräsident, war vom ganzen Volk zu wählen. Der Name war wunderlich — »Reich« und »Präsident«, das paßte kaum zusammen. Er ernannte den Chef der Reichsregierung oder Reichskanzler und auf dessen Vorschlag die Reichsminister. Diese mußten zurücktreten, wenn der Reichstag ihnen das Vertrauen entzog, es wäre denn, der Reichspräsident löste den Reichstag auf und ließe das Volk durch neue Wahlen entscheiden. Zur Entscheidung konnte der Präsident den Wählern auch jedes Gesetzesprojekt vorlegen, in dem er selber mit dem Reichstag nicht einig ging; während umgekehrt die Wähler etwas, das sie wollten, durch ein »Volksbegehren« vor den Reichstag bringen und, falls dieser Widerstand leistete, durch »Volksentscheid« herbeiführen konnten. Das Wahlrecht hatten alle ab zwanzig Jahre, Männer wie Frauen, im Reich und in allen Ländern. Es sollten freie, selbst- und pflichtbewußte Bürger sein, die da wählten. Eine Reihe von »Grundrechten und Grundpflichten der Deutschen« verlieh ihnen die guten Dinge, welche in den liberalen Staaten des Westens sich im Laufe der Jahrhunderte durchgesetzt hatten: Gleichheit aller vor dem Gesetz, Sicherheit und moralisch verpflichtender Charakter des Privateigentums, Versammlungsfreiheit, Petitionsrecht, und so fort. In dringender Notlage, »wenn im Deutschen Reiche die öffentliche Sicherheit und Ordnung erheblich gestört oder gefährdet« war, konnte der Reichspräsident von sich aus eingreifen, »erforderlichenfalls mit Hilfe der bewaffneten Macht«. Das verstand sich eigentlich von selbst; es hätte kaum der Aufnahme in die Verfassung bedurft. So wie es sich auch von selbst verstand, daß der Reichstag dergleichen improvisierte Notmaßnahmen jederzeit wieder aufzuheben das Recht hatte.
Eine wohlausgedachte Verfassung, alles in allem. Eine späte Erfüllung des Traumes, den die Männer der Paulskirche kaum

zu träumen gewagt hatten. Sie konnte das von Bismarck Geschaffene nicht ganz beseitigen, sowenig Bismarck das von der Paulskirche Entworfene und das von Metternichs »Bund« Praktizierte ganz hatte beseitigen können. Das war kein Unglück, es war natürlich; keine Nation kann je ganz von vorn anfangen. Auch darf eine von anderen lernen, wie denn Anklänge an amerikanische, schweizerische, französische Traditionen der Weimarer Verfassung nicht fehlten. Sie ging davon aus, daß in der jüngsten deutschen Geschichte der Obrigkeitsstaat sich blamiert hatte, nicht das Volk; daß also jetzt der Obrigkeitsstaat ganz zu beseitigen, das Volk ganz heranzulassen war. Sie traute dem Volk alles zu. Sie wollte endlich Ernst machen mit dem, was Bismarck zu einem Drittel erlaubt und zu zwei Dritteln verhindert hatte: mit der Regierung des Volkes durch das Volk, der Identität von Staat und Nation. Die Mehrheit hatte recht und sollte entscheiden. Keine Regierung ohne Mehrheit im Reichstag; keine Reichstagsmehrheit ohne Mehrheit im Volk; direkte Entscheidung durch das Volk, wenn immer Präsident und Reichstag oder Reichstag und Volk nicht dasselbe wollten. Keine Gewaltenteilung wie in Amerika, sondern unbeschränkter Parlamentarismus wie in Frankreich; mit einem starken Einschlag direkter Demokratie, wie er in der Eidgenossenschaft und in den Kantonen der Schweiz geübt wurde. Allerdings, die Schweizer hatten eine sehr alte, allmählich gewachsene Demokratie und waren sich über die Grundbegriffe ihres Zusammenlebens einig.
Dies setzte die Weimarer Verfassung eigentlich voraus: daß die Deutschen sich über die Grundbegriffe ihres Zusammenlebens einig wären. Daß man untereinander sich achtete, miteinander zu leben bereit war. Verschiedenheiten der Interessen, der Meinungen, die durfte es geben; es gab sie überall, mit ihnen konnte man fertig werden. Aber die Nation mußte in leidlichem Frieden mit sich selber und mit der Außenwelt sein. War sie das nicht, so konnte keine Verfassung ihr helfen; eine so großzügig demokratische, alles auf die Einigkeit und Weisheit des sich selbst regierenden Volkes bauende aber wohl noch weniger, als ein vorsichtig den Weg erst suchendes Provisorium es vermocht hätte. Der alte Obrigkeitsstaat war tot, nach langem Ermatten und spätem Erkalten. Von nun an sollte das Volk sich selber Autorität sein, und es gab keine andere. Konnte es das sein in dem Zustande, in dem der Obrigkeitsstaat es im Leben zurückließ? Wenn nicht — wo sollte ihm nun noch Autorität herkommen?

Unruhe, dann scheinbare Festigung

Wir gingen damals in die Schule, erhielten unsere Aufgaben, Noten und Strafen, so als ob alles in Ordnung wäre; nur daß manchmal wegen »Unruhen« oder Kohlenmangels geschlossen wurde; daß manchmal ein Minister ermordet wurde und dann die Schuljungen auf die Straße liefen und jubelten. Die Menschen arbeiteten, verbrachten, wenn sie es bezahlen konnten, ihre Ferien an der See, vergnügten sich nach der gewohnten Art und neuen Arten; mit dem Kino, das erst jetzt die Massen ergriff, dem Jazz, der aus Amerika eindrang, bald dem Radio. So ist das gesellschaftliche Leben; zäh, bei weitem die Hauptsache; ob Krieg ist oder Friede, ob der Kaiser regiert oder die Soundsopartei, ob man das Brot mit Pfennigen bezahlt oder mit Milliardenscheinen. Es läßt sich durch keine Revolution unterkriegen. Auch war in Deutschland zwischen 1919 und 1924 nicht eigentlich Revolution; nur Verlegenheit und Ohnmacht, aus der allerlei verwilderte Seelen und Gruppen ihre eigene Macht ungeschickt zu formen versuchten.

Die Nation hat in ihrer modernen Geschichte zwischen einer übertriebenen Vereinheitlichung und ihrem Gegenteil, dem Zerfall in einzelne Teile, mehrfach hin und her geschwankt. Der Krieg hatte die höchste Zentralisierung mit eisernen Klammern erzwungen. Nun machten, stärker denn je seit 1866, die einzelnen Regionen sich geltend. Die Zentralmacht war neu, unerfahren und schwach, Gefahren drohten von allen Seiten; es hieß, rette sich wer kann, und wie er kann.

Die Lande westlich des Rheins waren besetzt von Franzosen, Belgiern, Engländern; um die Hotels der Offiziere warteten die Arbeitslosen, die hungrigen Kinder auf den Abfall aus reichen Küchen. Ein paar Abenteurer versuchten das Land ganz von Deutschland zu trennen und so noch den Wunsch Clemenceaus zu erfüllen; eine Narrheit, die den Instinkten des Volkes trotz allem tief zuwider war und entsprechend endete. In Oberschlesien wollten die Polen sich mit Gewalt nehmen, was der Friedensvertrag ihnen nur nach einer Volksabstimmung in Aussicht stellte. Die Deutschen setzten sich zur Wehr; Einheiten der Armee, Freikorps, Selbstschutzorganisationen; ein Krieg im kleinen, mit wildem Haß geführt. Die Abstimmung fand schließlich statt, worauf der Völkerbund sorgsam die Trennungslinie durch das reiche Land ziehen ließ: für die Deutschen die Orte, wo sie die Mehrheit hatten, die anderen für Polen. Gerecht – ohne Zweifel. Daß man die Provinz, die wirtschaftlich eine Einheit war und seit Jahrhunderten als Einheit mit Deutschland verbunden war, so nicht teilen konnte – wer fragte danach? . . . Zu Ausbrüchen im Sinn der extremen Linken neigten Sachsen, Thüringen,

das Ruhrgebiet; viel Haß hier, Armut, Mißtrauen und utopische Hoffnung. Auf den unorganisierten roten Terror folgte, wie so oft, der organisiertere weiße; auf Mord durch blindwütige Volksmassen der Gegenmord durch Reichswehr und Freikorps. Das Ergebnis war Ordnung; aber keine freie, schöne, so wie sie in der Weimarer Verfassung stand, keine, an der die Menschen ihre Freude gefunden hätten. Der innere, selbstverständliche Friede war Deutschland verlorengegangen ... Das Land der extremen Rechten war Bayern, wenn »Rechts« die Reaktion gegen die Ereignisse von 1918 und 1919, den Willen zur alten Ordnung bedeutete. Klar, einheitlich war dieser Wille auch hier nicht. Denn er war zugleich nationalistisch und partikularistisch, schwarz-weiß-rot und weiß-blau. Das bayerische Bürgertum wollte einen Staat, abgehobener vom übrigen Deutschland als bisher; es wollte auch deutscher sein als das übrige, das »linke« Deutschland und am kräftigsten gegen den Versailler Vertrag aufbegehren. München wurde so zum Zentrum des bayerischen Widerstandes, wie einer gesamtdeutschen Verschwörung gegen die Berliner Demokratie; Leidenschaften, die sich nicht deckten. Es ist ja nicht die Art der politischen Leidenschaft, sich selbst kritisch zu zerlegen. Man sprach in Bayern von einer Trennung vom Reich und kam, momentweise, nahe daran heran; teils, weil man nur Bayern sein, teils, weil man von Bayern aus das alte, bessere und wahre Reich wiederherstellen wollte. Ferner trieben sich in München auch neue Politiker herum, in deren wildem Geist etwas ganz anderes als bloße Wiederherstellung brütete. – Dies auseinanderstrebende, bedrohte, tief mit sich unzufriedene Ganze sollte Berlin zusammenhalten; Sitz des Präsidenten, der Regierung, der neuen Volksvertretung, der Parteizentralen, des Armeeoberkommandos; der Wohnort gewaltiger Menschenmassen, ein ungeheures Energiezentrum, ganz in der Gegenwart lebend, von emsiger Tätigkeit, nahezu geschichtslos jetzt, vorwiegend häßlich, vorwiegend traurig. Die Millionenstädte sind kein Glück in unserer Zeit, und von Europas Millionenstädten war Berlin nicht die glücklichste.
Neue regionale Spaltungen; alte Klassengegensätze. Die deutschen Arbeiter, immer der bei weitem zahlreichste Berufsstand, hatten nun ihre Republik, die eine soziale sein sollte, und fanden sich in den Regierungen des Reichs, der Länder und Gemeinden häufig durch Männer ihrer Wahl vertreten. Ob der Staat nun der ihre sei, wußten sie trotzdem nicht recht. Die Mehrzahl wollte es glauben, jene Mehrzahl, die sich unbeirrbar zur Sozialdemokratischen Partei hielt. Eine Minderheit, schwankend, manchmal gering, manchmal beinahe die Mehrheit, glaubte es nicht; sie folgte den »Unabhängigen« und nach deren Auflösung den Kommunisten. Der Weimarer

Staat war seiner Form nach demokratisch, aber nicht seiner Wirklichkeit nach sozialistisch; dies große, vage Versprechen blieb uneingelöst. In der Wirklichkeit lebten die Leute noch nicht einmal so gut wie vor 1914. Deutschland war arm jetzt; die Unternehmer, Könner in ihrem Fach, aber harte, engstirnige Menschen, durchweg aus der Kaiserzeit, konnten sich kein freies, würdiges Verhältnis zwischen Arbeit und Kapital vorstellen. Sie dachten in Begriffen der sozialen Macht und Herrschaft, nicht einer Gesellschaft von Gleichen; nicht der Produktion für einen blühenden inneren Markt, an dem die zahlreichste Berufsklasse auch den stärksten Anteil hätte ... Neben den Fabrikarbeitern die Angestellten, ein Stand, um den die Soziologen sich zu kümmern begannen. Sehr zahlreich auch er, arm auch er, aber organisatorisch schwer zu fassen, weil ungleich in seinen Einkommensverhältnissen, unsicher in seinen Wünschen und Werten; der festen Tradition, welche die Arbeiter sich langsam erkämpft hatten, entbehrend, anfälliger für unerprobte Ideen und Schlagworte. Dann das Bürgertum, noch immer stark in seinem Besitz, der Ausübung seiner akademischen, bürokratischen, technischen Berufe, noch immer sehr geneigt, sich für die wichtigste Klasse im Staat zu halten. Das wirtschaftliche Chaos der Nachkriegsjahre, die fortschreitende Entwertung des Geldes brachte eine tiefe Umschichtung mit sich. Die wurden stärker, die schon stark waren, geschickt und tätig; es verarmten jene, die es nicht sein konnten. Neuer Reichtum kam auf, alte, mäßige Wohlhabenheit verschwand. In den prunkvollen Wohnungen von einst saßen alte Leute, verwirrt und verbittert, in zwei Zimmern, während der Rest vermietet werden mußte. Grausame Welt, die dem hart und eintönig Arbeitenden nur das Allernotwendigste gewährt, die die Alten, aus der gewohnten Bahn Geworfenen ins Elend stößt und die Geriebenen, geschickt Operierenden, brutal Zupackenden ins Licht üppigen Wohlstandes sich erheben läßt! – Die vom Lande fühlten sich oft besser daran als die Städter, weil ihr Besitz keiner Entwertung verfiel und in Krieg und Nachkriegszeit man auf ihre Produkte so sehr angewiesen war. Einer bestimmten Klasse konnten die »Bauern«, vom Landarbeiter zum Gutsbesitzer, nie angehören; was vom Land lebte, reichte vom Proletariat bis zum Großbürgertum und Adel. Diesen gab es noch immer, obgleich seine Titel jetzt nur noch Bestandteile des Namens sein sollten und kein Rang. Der süd- und westdeutsche Adel lebte wie bisher, nur ohne die verlorenen Hofämter; der preußische hatte mehr verloren, sein ererbtes Recht auf die oberen Stellen in Verwaltung und Heer. Er nahm das an, weil er es annehmen mußte, aber liebte die Republik nicht und hatte keine Ursache, sie zu lieben. Die Republik, korrekt in Sachen des

Privateigentums, tastete seinen Besitz nicht an, sowenig sie den der Bergwerks- und Hüttenbesitzer antastete. Die großen Industriellen waren wirtschaftlich sehr stark und darum gefährlich. Die ostelbischen Grundbesitzer waren wirtschaftlich schwach und bedroht — und darum nicht weniger gefährlich, wenn sich ihnen eine Gelegenheit dazu bot. Wir reden von der Klasse, und mit der Vorsicht, mit der man von solchen Sammelnamen zu reden hat. Es gab vorzügliche Männer von Kultur und Charakter unter den »Junkern«, damals und später.

Neu war nicht, was wir eben beschrieben. Die Klassen der Republik waren die Klassen des Kaiserreichs, so wie zuletzt der Krieg sie getönt hatte. Die Revolution hatte die politische Ordnung verändert, nicht die Gesellschaft. Rechnen wir das der Demokratie nicht als Tadel an; die Vernichtung ganzer Klassen, so wie sie in Rußland betrieben wurde, ist eine unnatürliche, dem europäischen Geist tief zuwidere Sache. Neu war, daß es nun keine große preußische Armee mehr gab, sondern eine deutsche Reichswehr von nur 100 000 Mann. Das machte die meisten Generäle, die meisten Offiziere überflüssig; sie mußten sich nun bürgerliche Berufe suchen, in entfremdeter Gegenwart das Vergangene pflegen, Vertreter eines Geistes, den es nicht mehr geben sollte. Was Wunder, daß auch sie die Republik nicht liebten? Wenigstens war für die alten Berufsoffiziere gesorgt; sie empfingen ihre Pensionen. Nicht so die Mitglieder der Freikorps. Ihr Heim, Beruf, magere Versorgung war der Verband, dem sie angehörten; nach seiner Auflösung drohte ihnen das Nichts in der kalten, verarmten deutschen Industriewelt, die für ihren Typ keine Verwendung hatte. Nicht nur Abenteuerlust hielt diese Männer bei der Fahne, nicht nur Klassenhaß, den kannten die meisten von ihnen gar nicht, ihre Herkunft war ja nicht fern von der der Arbeiter; und vage Ideen von Herrschaft, von der Niedertrampelung der Demokratie, von einem ganz anders zu gestaltenden Reich bewegten nur wenige der Anführer, der waffentragenden, verwilderten Literaten. Furcht vor der Not des zivilen Alltags hielt den Rest der Freikorps zusammen und machte sie zum Problem für den Staat und selbst für die neue Armee.

Die wuchs langsam aus der alten. Soll man sagen, es war die alte, so wie sie gewesen war, bevor Anno 1914 der Zuzug von Millionen von Reservisten sie zum Volk in Waffen aufgebläht hatte? Die höheren Offiziere, die eigentlichen Bildner der Reichswehr, kamen aus dem alten Generalstab, wenn nicht aus Ludendorffs Oberster Heeresleitung; Könner, die sich im Krieg bewährt hatten, Techniker der Militärmacht. Keine Freunde ausschweifender Abenteurer, disziplinlosen Söldnertums, wie es, ihnen zum Ekel, in den Freikorps erschienen war; keine politischen Phantasten. Aber auch keine Freunde dessen, was nun bestehen sollte. Sie nahmen die Republik für ein vom Feinde diktiertes Provisorium, mit dem man eine Zeitlang spielen mußte; man würde dann weitersehen. So einer war der Chef des »Truppenamtes«, General Hans von Seeckt, ein guter Befehlshaber und feiner Stilist; kühl und dreist, kultiviert, gescheit bis zu einem gewissen Grade, aber letzthin politisch unwissend – der Mann hielt den kommenden Krieg zwischen England und Frankreich für eine sichere Sache –, hochmütig und von abgründiger Frechheit im Verkehr mit den neuen demokratischen Politikern. Treue empfand er nur für seinen König, und wenn er von der Abdankung Wilhelms II. sprach, so konnten ihm hinter dem Monokel, das sein starres Gesicht kontrollierte, die Tränen kommen. Ein schöner Zug, die Treue. Aber sollte Republik sein, dann hätte ein solcher wie Seeckt nie ihr General sein dürfen. Zu sehr verachtete er seine neuen Auftraggeber, um auch nur eindeutig *gegen* sie Stellung zu nehmen, so, daß sie gewußt hätten, mit wem sie es zu tun hatten. Nicht einmal das verdienten sie in seinen Augen, sie, deren ganze Macht ja auf dem Treuebruch vom November 1918 beruhte. Man ging mit ihnen um, man half ihnen sogar gelegentlich, man tat zunächst nichts gegen sie, dazu war von Seeckt zu klug; aber man war nie einer von ihnen, obgleich man doch von eben dieser Regierung ernannt worden war, von ihr seinen Sold empfing; drohte ihnen Gefahr von der extremen Rechten, den Freikorps, Teilen der Armee selbst, so ging ein schadenfrohes, sphinxisches Lächeln über das steinerne Gesicht. »Reichswehr schießt nicht auf Reichswehr« sprach dann das Orakel, oder »die Reichswehr steht hinter *mir*«, was nicht erklärte, wo das Orakel selber stand. Wußte von Seeckt das überhaupt? Tat er nicht bloß so, als ob er es wüßte? – Es war eine schwer vermeidliche Mißlichkeit, daß Männer vom Geiste Seeckts die neue Armee formen durften. Gute Politik konnte sie mildern, nicht sie aus der Welt schaffen. Keine Armee entsteht aus dem Nichts. Preußen-Deutschland hatte nur *eine* militärische Vergangenheit; wollte man überhaupt eine Armee haben, so konnte man die Vergangenheit nicht fortzaubern. Anders in Rußland, da war aus furchtbarem Bürgerkrieg zunächst in der Tat etwas Neues hervorgegangen. Indem aber Deutschland sich im Januar 1919 gegen den Kommunismus entschied – und was konnte es anderes tun? –, entschied es sich auch gegen die »Rote Armee«. Übrigens wissen wir ja, daß selbst diese, daß selbst die Armeen der Französischen Revolution so ganz neu nicht waren, wie es zeitweise den Anschein hatte.

Vermittler zwischen der Armee und der demokratischen Republik sollte der Reichswehrminister sein, Gustav Noske. Es ist gegen diesen Mann von der deutschen Linken bittere Kritik geübt worden, und er ist einer von denen, die den Erzähler nötigen, Farbe zu bekennen. Noske war kein subtiler Denker. Aber er war ein kräftiger, praktischer Mann und hatte das Herz auf dem rechten Fleck. Fast ein Wunder war es, daß dieser »Rote«, der auch jetzt seine sozialen und demokratischen Gesinnungen nicht verleugnete, sich die Achtung des Heeres, der Soldaten wie der Offiziere, trotzdem und wirklich erworben hatte. Fehler mag er gemacht haben; aber einen besseren Mann, den Generalstab zu kontrollieren, nachdem man nun einmal mit ihm paktiert hatte, besaß die Republik nicht. Und so wäre es klüger gewesen, man hätte Noske das Begonnene fortführen lassen. Aber seine Laufbahn wurde ihm früh und plötzlich abgeschnitten.

Alt waren die gesellschaftlichen Klassen, alt in seiner Leitung war das Heer; alt waren auch die politischen Parteien, die nun die Regierung nicht mehr bloß von ungefähr zu kontrollieren, sondern aus sich selbst heraus zu stellen hatten. Einige von ihnen änderten ihre Namen, hingen das Wort »Volk« sich hastig an, so daß die Konservativen nun die Deutschnationale Volkspartei, die Nationalliberalen die Deutsche Volkspartei, der bayerische Flügel des Zentrums die Bayerische Volkspartei hießen. Die Fortschrittler oder Freisinnigen nannten sich nun »Demokraten«. Sozialdemokraten und Zentrum behielten ihre guten Namen; sie, die Bismarcks Gegenpartei gewesen waren, hatten keinen Grund, ein verändertes Wesen vorzutäuschen. Parteien der Bismarckzeit aber waren auch sie, und in Bismarcks Spätzeit hatten ihre Führer die politische Feuertaufe empfangen. Nur auf der extremen Rechten und Linken gab es Neues: links die »Unabhängigen«, die bald sich ihrerseits spalteten, so daß ihr gemäßigter Flügel wieder zur Mehrheitspartei zurückfand, ihr radikaler aber zur Sekte der Kommunisten stieß und so die kommunistische Massenpartei erst ernsthaft bildete; rechts allerlei sonderbare nationalistische oder »völkische« Gruppen, deren Ziel nicht Restauration war wie das der Konservativen, sondern die Erfüllung uralter oder ganz neuer, fremder, wilder Reichs- und Rasseträume. Das war neu, das war Ausgeburt der Zeit, des Krieges und Nachkrieges. Denn man darf nicht sagen, daß die Kommunisten die konsequenten Erben der alten Sozialdemokratie gewesen wären. Das Beispiel, an dem sie sich ausrichteten, war das russische, und das war selber neu, war durch die ausschweifenden Erfahrungen des Krieges und durch den einen Geist Lenins bestimmt. Rußland war ihr Schicksal, damals und später und bis zum heutigen Tag. – Sie waren die neuen Steine auf dem Brett, Kommunisten und Völkische, extreme,

lästige Steine, die man beim Spiel am liebsten übersehen hätte.
Echte Revolutionen, sagten wir, sind nichts Gutes, und man sollte aus ihnen keine Philosophie, keinen höchsten Zweck machen. Sie unterbrechen die geschichtliche Kontinuität, sie teilen das Land in feindliche Lager, schaffen Kampf und Leid; das Feindliche, was sie anrichten, wird man in Jahrhunderten nicht los. Macht man dagegen eine unechte Revolution, das ist eine solche, welche nur die politische Struktur umwirft, die gesellschaftliche aber unangetastet läßt, so wird das neue Gebäude auf unsicherem Boden stehen; es wäre dann besser gewesen, das alte bestehen zu lassen und nur, vorsichtig, ein wenig anders einzurichten, so wie Max von Baden es im Oktober 1918 versucht hatte. *Mit* den Sozialdemokraten versucht hatte. Das war es ja eben; die Ereignisse des Novembers waren nicht *gemacht* worden, am wenigsten von jenen, die sich dann wohl oder übel an ihre Spitze stellten und sie übernahmen. Sie waren ein Zusammenbruch, unvorhergesehen und unerwünscht, keine gemachte, schöpferisch geleitete Revolution. Folglich blieb der ganze Herrschafts- und Geistesapparat des Kaiserreichs erhalten: Verwaltung, Justiz, Universität, Kirchen, Wirtschaft, Generalität. Folglich war die politische Macht schwach; sie arbeitete mit Bürokraten, Richtern, Lehrern, die wohl oder übel ihren Beruf weiter ausübten, ohne an die Republik zu glauben. Folglich waren jene, die an eine echte, das hieß die gesellschaftliche Struktur verändernde Revolution glaubten, mit dem Erreichten gar nicht zufrieden; sie wollten es umstürzen von links, nach Lenins Beispiel. Folglich besaßen die Anhänger des Alten wenigstens zwei bestechende Argumente für einen Gegenschlag von »rechts«: Die neue demokratisch organisierte Macht stand nicht auf den festesten Füßen; und sie bot angeblich keine Garantie gegen die kommunistische oder anarchistische Gefahr.
Der erste, der, März 1920, solche Argumente in die Tat umzusetzen versuchte, war ein altpreußischer Bürokrat namens Kapp. Er bediente sich dabei eines bei Berlin stationierten Freikorps, das seine Auflösung befürchtete und zu jedem Abenteuer bereit war. Es gelang Kapp, die Hauptstadt zu besetzen, die Reichsregierung zur eiligen Flucht nach Süddeutschland zu nötigen und sich ein paar Tage lang als Kanzler zu gebärden. Es war in diesen Tagen, daß General von Seeckt eine ironisch-neutrale Stellung einnahm: man würde sehen, wie weit Kapp käme. – Für diesmal kam er nicht weit. Zu einem Staatsstreich bedurfte es doch gründlicherer Vorbereitungen. Das Volk machte nicht mit, nicht die Beamtenschaft; vor allem die Arbeiter nicht. Ein Generalstreik, von den Gewerkschaften kommandiert und mit Energie durchge-

führt, zwang den Diktator nach vier Tagen zur Abdankung. Präsident Ebert konnte nach Berlin zurückkehren.

Ein unerfreuliches Ereignis. Nicht viele hatten für den Viertagediktator den Finger gerührt; aber daß er vielen nach dem Herzen sprach, wenn er gegen die Ohnmacht des Parlamentarismus wetterte, war offenes Geheimnis. Diese Parteien der Rechten hatten allenfalls seine Methode, nicht sein Ziel desavouiert; die Armee nicht einmal jene. Parlamentarische Demokratie setzte Einigkeit über die Grundbegriffe voraus; nun war klar, was man schon vorher hätte wissen können: Es gab keine solche Einigkeit. Eine große Minderheit erkannte die Ordnung, die jetzt sein sollte, höchstens vorläufig und bis auf weiteres an, nicht im Ernst, nicht mit dem Herzen. Zu dieser Minderheit gehörte das Heer, welchem der Schutz der neuen Ordnung anvertraut war.

Begreiflich war der Ärger, welchen die Sozialdemokraten über ihren Reichswehrminister empfanden; er hatte das Versprochene nicht geleistet, aus der Armee kein zuverlässiges Instrument der Republik gemacht. Ob er aus der Niederlage gelernt hätte? Ob sein Nachfolger es besser machen würde? Ein sozialdemokratischer Nachfolger fand sich gar nicht; ein »Bürgerlicher« übernahm den Posten, behielt ihn viele Jahre lang und ließ die Generäle walten. Erst jetzt nach Noskes Sturz erhob sich von Seeckt zum »Chef der Heeresleitung«; erst jetzt ging er im Ernst daran, aus der Armee einen Staat im Staat zu machen, preußisch der Prätention nach, aber in Wirklichkeit gar nicht preußisch; die alte preußische Armee war loyal zum Staat gewesen, während Seeckts Reichswehr die Republik als »wesensfremd« ansah und möglichst wenig Kontakt mit ihr zu haben wünschte. Ein »Eliteheer«, klein, sauber und knapp, das sollte die Reichswehr jetzt werden, eine schneidende Waffe; die Soldaten sorgfältig ausgewählt, so daß, in aller Diskretion, keine Sozialisten unter ihnen waren; die Offiziere unter sich zusammenhaltend, ein hochmütiger Orden, überzeugt, es besser zu wissen, auch wenn ihnen nicht klar war, was sie denn eigentlich wußten. Die Demokratie ließ es geschehen. Sie war gewohnt, in Opposition zum Heer zu stehen, seit 1848, seit Roon und Bismarck; nun, da sie es in anderthalb Jahren nicht ganz hatte durchdringen können, da Noskes kurzer Versuch, Heer und Volk, »Preußentum und Sozialismus« zu versöhnen, gescheitert war, stand sie in Gottes Namen wieder in Opposition zum Heer, indem sie noch gelegentlich versuchte, es zu behindern, nicht aber mehr, es zum ihren zu machen. Man mag das psychologisch verständlich finden; wie die meisten Schildbürgerstreiche.

In die Opposition geriet die große Sozialdemokratische Partei bald auch in der Reichspolitik. Bei den Wahlen zum ersten ordentlichen Reichstag, welche bald nach dem Kapp-Putsch stattfanden, verlor sie nahezu die Hälfte ihrer Wähler, teils an die radikaleren Unabhängigen, teils an die Mitte und Rechte, welche einen gewaltigen Gewinn davontrug. Darauf geschah das im parlamentarischen Spiel Folgerichtige. Die Sozialdemokraten traten aus der Regierung aus, welche auf rein bürgerlicher Basis, mit Einschluß der ihrem Wesen nach antirepublikanischen Deutschen Volkspartei, umgebildet wurde. Ein Routinevorgang demokratischer Politik, konnte es scheinen; aber ein sehr weittragender für eine Demokratie, die so wenig gefestigt war wie die deutsche. Denn die Sozialdemokraten waren im Grunde die einzige große republikanische und demokratische Partei im Staat. Sie waren ein halbes Jahrhundert in Opposition gewesen und dann anderthalb Jahre an der Macht. Sie hatten die Macht nicht diktatorisch gefestigt, damals als nahezu die Hälfte der Nation ihnen ein Vertrauensvotum gab, hatten Lenins Beispiel verworfen, dem eine viel geringere Basis genügt hatte, um eine Parteidiktatur darauf zu bauen. Von Anfang an hatten sie die Macht geteilt mit den kleineren republik-freundlichen Parteien und die Verfassung so eingerichtet, daß, wer immer die Mehrheit der Wähler gewänne, zum Regieren berechtigt sein sollte. Noble, gute Spielregeln; gut nur, wenn alle mitspielten, alle an sie glaubten. In den anderthalb Jahren ihrer Amtshandlung hatten sie die Grundlagen eines demokratischen und sozialen Gemeinwesens legen wollen, aber sich verbraucht im Kampf um die Erhaltung der Ordnung, der Ordnung und wieder der Ordnung; und ihre Leistung hatte die Massen ganz offenbar enttäuscht. Folglich traten sie jetzt schon wieder ab. Sie gerieten in Opposition zu dem Staat, der ihre eigene Schöpfung war und an den eigentlich nur sie glaubten; denn die Herren vom katholischen Zentrum glaubten dies und das, denen war die Staatsform nicht so wichtig, und die bürgerlichen »Demokraten« wurden bald zu einer unbedeutenden Gruppe. Die Sozialdemokraten, treu den parlamentarischen Spielregeln, überließen die Republik den Händen jener, die sich nichts aus ihr machten; erst ihren lauen Freunden, dann, mehrfach, ihrem offenen Gegner. Ebert, der von der Nationalversammlung gewählte sozialdemokratische Reichspräsident, blieb im Amt, hatte aber über den Parteien zu stehen und rieb sich auf im Vermitteln zwischen falschen Freunden und Feinden, in der Abwehr von Verleumdungen, die aus dem Sumpf eines vergifteten, haßzersetzten öffentlichen Lebens gegen ihn aufstiegen. – Die Sozialdemokraten sind später noch mehrmals »in die Regierung gegangen«, wie der Ausdruck war, 1921, 1923, 1928. Einmal noch, 1928, haben sie den Reichskanzler gestellt. Aber das waren Regierungen, die ihnen keinen entscheidenden Einfluß gaben, viel weniger das »Monopol der Macht«; innerhalb derer sie sich vielmehr mit ausgesprochenen Gegnern, den Wirtschaftskonservativen von der Deutschen Volkspartei, wohl oder übel vertragen mußten und wenig ausrichteten. Die deutsche Republik, insofern sie eine sozialdemokratische sein sollte, war schon 1920 am Ende. Wenn sie das sein sollte, was sie von nun an im besten Fall sein konnte, dann wäre es in der Tat besser gewesen, die Monarchie beizubehalten. Und dies war ja auch der Grund gewesen, warum Ebert, der sein Deutschland kannte, im November 1918 die Monarchie hatte retten wollen.

Aber die Republik war noch immer das »Reich« mit seiner förderalistischen Struktur; noch gab es die Bundesstaaten. Und nun geschah das Sonderbare. Die Sozialdemokraten, die sich die Macht im Ganzen, in drei Dritteln des Reiches nicht organisieren konnten, organisierten sie sich in zwei Dritteln, im großen Bundesland Preußen; auch mehrmals in anderen Ländern, Hessen, Sachsen, Thüringen, ungezählter Stadtgemeinden nicht zu gedenken. Vor allem aber in Preußen. Manchmal im Rahmen der sogenannten »großen Koalition«, die von ihnen selber bis zur Deutschen Volkspartei reichte; meist im Bunde nur mit den beiden anderen republikanischen Parteien, dem Zentrum und den »Demokraten«. Da durften ihre fähigsten Politiker zeigen, was sie konnten; der Ministerpräsident Braun, der Innenminister Severing. Sie konnten viel und leisteten viel. Schöpferische Stadtverwaltungen, bessere Schulen, Pflege der Kultur im volkstümlichen Sinn, Humanisierung der Justiz, Aufbau einer Verwaltung, einer Polizeimacht, die republikanisch sein sollte und es bis zu einem gewissen Grad wohl auch war — das waren beachtliche Erfolge. Hier war Stetigkeit im Gegensatz zu den allzu häufigen Regierungswechseln im Reich; hier eine Ruhe und einfache Würde des öffentlichen Gebarens, dem Otto Braun einen sowohl traditionell preußischen wie demokratischen Charakter zu geben versuchte. Trotzdem war dies sozialdemokratische Preußen im Grunde eine Illusion. Denn Preußen war längst kein echtes Staatswesen mehr. Zwei Drittel konnten ja nicht einen von Deutschland getrennten, anderen Weg gehen; Deutschlands Schicksal war Preußens Schicksal, nicht umgekehrt. Noch eher konnte Bayern, das nur ein Zehntel Deutschlands war und abseits lag, ohne oder gegen das Ganze leben; Preußen, dessen Landeshauptstadt die Reichshauptstadt war, konnte das am wenigsten. Die entscheidenden Gesetze wurden im Reich gemacht. Preußen war die Verwaltung, das Reich war die Politik, und die Politik, nicht die Verwaltung, war das Schicksal. Sich aus dem Reich zurückzuziehen und sich auf Preußen zu konzentrieren, war das im Moment Bequeme,

Befriedigende; Preußen hatte viele Amtspfründen zu vergeben. Das Problem der *Macht* aber konnte diese Beschränkung auf bloße Verwaltungskünste nicht lösen; sie konnte es nur verschleiern und verwirren.
In sich geteilt und sich selber entfremdet, von schwachen oder widerwilligen Politikern geführt, hatte nun die Nation sich mit Problemen zu befassen, vor deren trostloser Verworrenheit die Seele eines Bismarck verzagt wäre. Der europäische Bürgerkrieg, der 1914 begonnen hatte, ging weiter im kalten Frieden. So wie die Herren der deutschen Industrie ihre eigene Macht bauen wollten auf der wirtschaftlichen und politischen Schwäche der Arbeiterschaft, so glaubte Frankreich gegen Deutschland leben zu können; eine starre Einheit für sich, um so blühender, je ärmer und schwächer Deutschland wäre. Es gab damals wenig Weisheit in Deutschland, und sie konnte sich nicht durchsetzen. Wenn sie sich aber auch im Inneren hätte durchsetzen können und die Weisheit eines Gottes gewesen wäre, so hätte sie doch verzagt gegenüber der Bosheit und Leidenschaft der Außenwelt.
Hier ging es vor allem um die sogenannten Reparationen. Mehrere denkbare Gründe gab es, warum Deutschland noch weiterhin welche bezahlen sollte, nachdem es gleich nach dem Krieg schon riesige Opfer gebracht hatte. Es hatte, angeblich, den Krieg verursacht. Aber das war nicht zu beweisen; die Deutschen glaubten es nicht, es entsprach ihrem eigenen Erleben nicht, es konnte auch wissenschaftlich gezeigt werden, daß es keineswegs die ganze Wahrheit war. Es hatte zweitens beim Gegner mehr Unheil angerichtet, als es ihm selbst geschehen war; verbrannte Dörfer, überflutete Bergwerke, abgehauene Obstbäume. Das war richtig und hätte, wenn man es geschickt und menschlich anfing, auch die Grundlage für deutsche Reparationsleistungen sein können. Aber so fing man es nicht an. Im Gegenteil; wenn aus Deutschland Vorschläge kamen für einen Wiederaufbau zerstörter Gebiete durch deutsche Arbeit und deutsches Material, so wurden sie in Paris sehr kalt aufgenommen. Nicht dem französischen Volk, wohl aber einigen nur allzu einflußreichen Franzosen kam es weniger auf Sachhilfe als auf Schwächung der deutschen Produktivität an. Und dies war der dritte und wahre Grund, warum Deutschland Reparationen zahlen sollte; daß es den Krieg verloren hatte und diese momentane Unterlegenheit andauern sollte. Denn nur der dauernd Unterlegene tut, was er nicht tun mag; man muß ihn dazu zwingen, nicht einmal, sondern immer wieder. Seine Niederlage muß immer neu werden und ihm vordemonstriert werden. So war es nach früheren Kriegen nicht gewesen. Da gab der Besiegte gleich alles, was er geben mußte; dann waren die Partner quitt und

allen wieder ebenbürtig, wie noch 1871, als Frankreich eine zwar große, aber doch erschwingliche Kontribution aufbringen mußte und in kurzer Zeit aufbrachte. Eine solche Anstrengung hätten die Deutschen mit dem besten Willen nicht machen können; ihr ganzes Land war kaum mehr wert als die verrückten Summen, die man von ihm verlangte und die es im Lauf des Jahrhunderts zahlen sollte. Das machte die Sache so endlos, so trostlos, so widerwärtig. Das machte jeden Politiker populär, der gegen den »Schandvertrag« und gegen den »Tribut« donnerte. Es war nicht nur, daß man nicht zahlen wollte, weder das Übertriebene, noch womöglich überhaupt etwas. Es war auch das Gefühl, daß man im Grunde nicht zahlen mußte, weil man den Krieg nicht wirklich verloren hatte; nur scheinbar, durch Verrat, aber nicht wirklich.
Daher nun die vielen internationalen Konferenzen, auf denen deutsche Zahlungsvorschläge sich an alliierten Forderungen brachen; die Ultimaten des Gegners; die Besetzung westdeutscher Städte als »Faustpfänder«; die Rücktritte ohnmächtiger, ratloser deutscher Regierungen. Daher das Schwanken der deutschen Politik zwischen Sabotage der Zahlungen und sogenannter »Erfüllung«; Erfüllung bis zum Rande des Möglichen, damit dann der Gegner ein Einsehen hätte und mit sich reden ließe. Leider hatte er dies Einsehen nicht. Er traute Deutschland nicht, hatte, so verwildert es dort aussah, auch wenig Grund, ihm zu trauen, und zog es vor, ihm, wo er nur konnte, Harm zuzufügen. Widerstand gegen die Reparationen brachte neue Repressalien; »Erfüllung« wurde nicht mit Milderung der Strafe quittiert. Wie konnte man unter solchen Umständen anständig zusammen leben? Wie sollte Europa seinen Platz in der Welt behaupten, wenn seine Mitgliedstaaten, seine wichtigsten Bürger sich so grundalbern gegeneinander verhielten? — Unnötig, auf die Details dieser Konferenzen, Forderungen und inneren Regierungswechsel einzugehen. Es kam nichts Gutes bei ihnen heraus und auf die Dauer gar nichts; es ist besser, man vergißt sie und kennt ihre Namen nicht. Aber es versteht sich, daß sie der deutschen Republik in den Augen der Deutschen selber großen Schaden taten. Man überlegte sich die Ursachen nicht, das Mögliche und Unmögliche, Verdienst und Schuld nicht. Man sah nur, daß die Dinge schlechtgingen.
Mit dem Übel der Reparationen hing die Geldentwertung zusammen. Das fremde Geld, das die Regierung dem Gegner zahlte, mußte sie kaufen mit eigenem; welches so in immer größeren Mengen auf den Markt geworfen wurde und immer tiefer im Kurs sank. Längst, schon während des Krieges, hatte das Reich sich daran gewöhnt, seine Ausgaben durch die Notenpresse anstatt durch Steuern zu begleichen; diese Kunst

wurde nun zum toller und toller betriebenen Laster. Zu Beginn des Jahres 1922 besaß die Mark noch etwa ein Fünfzigstel ihres Vorkriegswertes; ein Jahr später kein Zehntausendstel mehr. Die neuen Herren an der Spitze glaubten, von den Geheimnissen des Geldes nicht viel zu verstehen; sie ließen sich von Finanzfachleuten und Großindustriellen imponieren. Diese hatten einstweilen kein Interesse an der Rettung der Mark; sie hatten ein Interesse an ihrem Sturz; wenn er gegelegentlich einmal aufgehalten wurde, wenn es zu langsam damit ging, so sorgten sie, indem sie selber große Summen deutschen Geldes auf den Markt warfen, dafür, daß der Prozeß sich beschleunigte. Aus Patriotismus, wenn man will. Der völlige Ruin der deutschen Währung sollte den Reparationszahlungen ein Ende machen. Aber auch wohl aus weniger edler Motiven. Geld ist bedrucktes Papier; dadurch, daß Papier seinen Wert verliert, gehen keine wirklichen Werte verloren. Sie wechselten nur die Hände. Die Reichen werden reicher, die Armen ärmer. Jene, die nur Papier besaßen, den papierenen Anspruch auf wirkliche Werte, die Rentner, die kleinen Sparer, jene vor allem, die nur mit Papier bezahlt wurden, die Arbeiter, Angestellten und Beamten, ihnen wurde genommen; jene, die wirkliche Werte besaßen, die Grundstücke, die Fabriken, die Bergwerke, ihnen wurde gegeben. Die Unternehmer gaben Löhne, die, ein paar Tage früher festgesetzt, am Zahltag schon wieder auf die Hälfte zusammengeschrumpft waren. Sie nahmen Anleihen auf in Geld, das noch etwas wert war, und zahlten sie zurück mit Schund. Der Stärkere kaufte die Schwächeren aus; die deutsche Schwerindustrie, schon vor 1914 die besitztechnisch konzentrierteste auf der Welt, ballte sich zusammen zu einigen wenigen Imperien. Ein einziges – das von Hugo Stinnes – nahm Ausmaße an, wie die Welt sie noch nirgends, auch in Amerika nicht, gesehen hatte, es wuchs, je tiefer die Mark im Kurs sank. Produziert wurde billig, billige Ware auf den Weltmarkt gebracht. Das hieß, daß es nicht an Arbeit fehlte und auch an einer gewissen hektischen Lustigkeit nicht. Wer den Trick des Spekulierens, des Kaufens und Verkaufens im rechten Moment heraushatte, der konnte gut leben und gab das leicht Erworbene mit vollen Händen aus. Die Schaufenster funkelten, Ware setzte sich um; in überfüllten Vergnügungsstätten übte man sich in neuen amerikanischen Tänzen, indes die Politiker von der Not und der verlorenen Ehre wohlig faselten. Indes wirkliche Not war der meisten; Not der Alten, der Rentner; Not der Bürger, die nichts vom Spekulieren wußten; Not aller, die für Lohn arbeiteten und weiter nichts besaßen. Ein paar Jahre früher hatte der deutsche Arbeiter sich den Achtstundentag und den Tarifvertrag gewonnen. Was machte er nun damit? Diese »Inflation«, man muß es heute noch aussprechen, war auch ein Instrument der großen Industrie, sich die Herrschaft wiederzugewinnen, die sie seit 1918 für kurze Zeit verloren hatte.

Vielleicht war das der Mehrzahl der Herren selber nicht klar bewußt. Die Planmäßigkeit dieser Dinge soll man nicht überschätzen. Die Wirkungen waren klar, nicht die Motive. Am wenigsten waren sie der großen Masse der Ausgeräuberten klar. Wie sollten sie verstehen, was da vorging, wenn selbst ein Walther Rathenau es nicht verstand; wie die Zauberkräfte durchschauen, die in ihren Händen Geld zu Schund machten und in wenigen glücklichen Händen Schund zu Gold? Sie fühlten nur, daß sie noch einmal die Betrogenen waren, wie vorher im Krieg; etwas Unerhörtes geschah ihnen, und die Reichsregierung, die es nicht hinderte, verstand ihr Handwerk nicht. Die Republik taugte also nicht. Ob es denn auch Republikaner waren, die da in der Regierung saßen, ob sie, selbst wenn sie in der Regierung saßen, wirkliche Macht hatten gegenüber den Magnaten von Industrie und Finanz, darüber mochten Gelehrte grübeln, das war keine Frage für den einfachen Mann. — Die Entwertung des deutschen Geldes war in ihrer Wirkung eine zweite Revolution, nach der ersten des Krieges und Nachkrieges, und wieder eine vorwiegend negative. Ganze Bevölkerungsklassen wurden enteignet, ein uraltes Vertrauen zerstört und ersetzt durch Furcht und Zynismus; auf was war noch Verlaß, auf wen konnte man bauen, wenn dergleichen möglich war? Es rächt sich, früh oder spät, wenn man den Leuten zuviel zumutet.

Die Westmächte, Frankreich zumal, hörten nicht auf, den Deutschen zu beweisen, daß sie den Krieg verloren hätten und die Unterlegenen, Schimpfierten seien. Die Deutschen antworteten mit der Entwertung ihres Geldes. Gab es auch andere, konventionellere Mittel, das Land vom Westen loszureißen und wieder politisch aktionsfähig zu machen, Mittel der Diplomatie? Westeuropa war nicht Deutschlands einzig möglicher Partner, im Osten gab es einen anderen, den alten rätselhaften Freund-Feind von Brest-Litowsk. Wenn Deutschland noch immer der Besiegte von 1918 war und nahezu außer dem Gesetz der Weltgesellschaft, so, in noch stärkerem Maße, war es Rußland. Im Inneren Deutschlands leisteten die Kommunisten der Reaktion recht gute Dienste; jedesmal, wenn Armee oder Freikorps einen kommunistischen Aufstand niederschlugen, 1919, 1920 und 1923, wurde die Demokratie schwächer und ihr Gegner auf der Rechten stärker. Wie, wenn, auf ganz andere Weise, auch der russische Staat dem deutschen einen Dienst erweisen konnte? Wenn Ost-Reich und Mitte-Reich ein wenig gemeinsame Sache machten gegen den Westen oder etwa gegen Polen? — Hierüber ist in jenen wirren Jahren

allerlei geschrieben und geschwatzt worden, und einiges ist auch zustande gekommen; obgleich nicht sehr viel.
Der Vertrag von Rapallo wurde im April 1922 zwischen Deutschland und Rußland geschlossen. Er normalisierte ihre Beziehungen, sah auf beiden Seiten Verzichte auf allerlei Ansprüche vor, die doch niemals erfüllt worden wären, versprach regen Handelsaustausch nach dem Prinzip der Meistbegünstigung. In gewöhnlichen Zeiten wäre er etwas Gewöhnliches gewesen. So waren diese Zeiten nicht. Daß die beiden großen Verbrecher sich plötzlich vertrugen, rief im Westen die schreckhafteste Überraschung hervor. Verbargen sich da, hinter dem harmlosen Vertrag, nicht vielleicht weitreichende Verschwörungen?
Der deutsche Außenminister, Walther Rathenau, war ein entschieden »westlich« orientierter Mann; es war, in seinem Geist, nichts als ein Akt alter, bewährter Gleichgewichtsdiplomatie, wenn er die angebotene russische Stütze nicht verschmähte. So wie der Westen mit Deutschland verfuhr, hatte es keinen Grund, ihm zuliebe auf irgend etwas zu verzichten. General von Seeckt ging weiter, meinte, Deutschland sollte im Bund mit Rußland dem polnischen Staat den Garaus machen; die Bolschewisten hätten sich schon »gemausert«; das sei der Weg zu neuer deutscher Macht. Ungare Träume; knabenhaft simpel wie alle Projekte der Machtpolitik und charakteristisch für Deutschlands dauernde, dauernd gefährliche, dauernd verführerische Lage zwischen Ost und West. Die beiden Armeen, die rote und die schwarz-rot-goldene, nahmen denn auch heimliche Kontakte auf; zum Gebrauch der Deutschen wurden in Rußland Granaten produziert; auf russischem Gebiet durften deutsche Offiziere sich in Waffen üben, die der Vertrag von Versailles der Republik verbot: Tanks, Flugzeuge, Unterseeboote. Ferner wurde von listigen russischen Füchsen gefragt: ob die Sache des armen, ausgebeuteten Deutschland nicht im Grund die sozialistische sei, ob der deutsche Nationalismus sich nicht trennen könnte von seinem ihm wesensfremden kapitalistischen Bundesgenossen, um mit den Kommunisten gemeinsame Sache zu machen gegen den französischen und amerikanischen Imperialismus? »Nationalbolschewismus« – ob das nicht die Verbindung der Zukunft sei? – Es gab Deutsche, die auf solche überschlaue Anbiederungen hörten, suchende, verwegene Geister, die mit nichts Wirklichem auf der Welt, keinem der bestehenden und propagierten Gegensätze zufrieden waren. Man tut aber gut daran, das Gewicht aller dieser Schreibereien und Redereien nicht zu überschätzen. Man tut gut daran, die bloßen Ideen dieser Zeit nicht zu überschätzen, die so reich war an unergiebigen Bluttaten und so arm an zukunftsformenden Leistun-

gen, in der das Verwegenste möglich schien und die dann, dank amerikanischer Anleihen und der Stresemannschen Diplomatie, schnell zu einer nüchternen Normalisierung führen sollte.

Unergiebige Bluttaten — auch sie müssen erwähnt werden, weil sie nur zu sehr zum Wesen dieser Jahre gehören: Früchte der inneren Entzweiung, des rohen, hirnlosen Hasses, der übermütigen Unwissenheit. Die Anarchisten hatten einst ihre Bomben geworfen, weil sie inmitten einer noch intakten, festgeordneten Gesellschaft keinen anderen Weg fanden, um ihren selbstzerstörenden Protest anzumelden. Hier wurden die Vertreter eines neuen, schwachen, unter der Bürde seiner Aufgabe fast zusammenbrechenden Regimes ermordet, und die Mörder brauchten nicht einmal das Gefühl des eigenen Lebenseinsatzes zu haben; man würde sie schon irgendwie entwischen lassen. Was auch einigen, obgleich nicht allen, gelang. Sie kamen von der extremen Rechten, verwilderte Freikorpsmänner, unreife Jünglinge, die es den Älteren gleichtun wollten. Solche schlugen den Finanzminister Erzberger tot, den Zentrumsmann, der 1918, auf Befehl Hindenburgs, den Waffenstillstand unterzeichnet hatte, solche ein Jahr später den Minister des Äußeren Walther Rathenau. Sie schossen ihre Maschinenpistolen ab, warfen ihre Granaten und sausten davon. Ein Teil der Nation war ehrlich empört — die sozialdemokratischen Arbeiter vor allem, jene, die man gern wegen ihres »Materialismus« und mangelnden Christentums verachtete. Ein anderer aber und sehr beträchtlicher Teil der Nation war gar nicht empört; zuckte die Achseln; schmunzelte heimlich; jubelte laut. Es gab Damen der Großbourgeoisie, gute Christinnen, muß man annehmen, welche die Nachricht von Rathenaus Ermordung sehr lustig stimmte. War der Mann nicht Demokrat? »Erfüllungspolitiker«? Jude obendrein?... Er war es. Daß er nebenbei der heißeste Patriot war und einer der ganz wenigen geistig schöpferischen Staatsmänner dieser Epoche, daß seine große Planleistung die deutsche Industrie 1914 erst kriegsfähig gemacht hatte — es ging unter in der entmenschten Hetze gegen ihn, fand nicht Eingang in die verrohten, vergifteten Seelen.

Man berichtet diese Dinge nicht gern; es soll ja der Historiker verstehen und durch Verstehen versöhnen helfen, eher denn alte Zwietracht wiederbeleben. Aber man muß sie doch berichten, weil sie Vorboten waren des Späteren, noch Schlimmeren. Was durfte man von einem Bürgertum erwarten, das feige Mordtaten an so edlen politischen Gegnern gern geschehen ließ, ja sich an ihnen ergötzte? Was konnte diesem Bürgertum *nicht* zustoßen?

Den Höhepunkt zerfahrener, tätiger Narrheit erreichte die

Politik, im Inneren wie im Äußeren, während des Jahres 1923. Damals konnte es momentweise scheinen, als sei Europa im Begriff, sich auf Grund gemeinsamer konservativer oder gegenrevolutionärer Interessen zu vertragen. Schon war in Italien die Nachkriegspartei der »Faschisten« zur Regierung gelangt, brutal, prahlerisch und hohl, aber eines gewissen äußeren Glanzes nicht entbehrend und der Sache nach deutlich mit den alten feudal-kapitalistischen Mächten verbündet. In England walteten die Konservativen; in Frankreich der harte, engstirnige, tugendhafte Mann von 1914, Raymond Poincaré. Daß die Zeit der europäischen Revolution vorerst vorüber sei, begriff man selbst in Rußland; daher Lenins neue Politik des Abwartens, der Verträge mit nichtkommunistischen Staaten, der Rückkehr zu privatwirtschaftlichen Praktiken im Inneren. Entschieden konservativen, nahezu gegenrevolutionären Charakters war nun auch die Regierung des Deutschen Reiches, im engsten Kontakt mit den Männern der rheinischen Schwerindustrie und der neu-alten Armee; der Reichskanzler, Cuno, war im Hauptberuf Generaldirektor der Hamburg-Amerika Linie. »Dein Schicksal, Deutschland, machen Industrien, die Banken und die Schiffahrtskompanien«, wie damals einer der Berliner linken Literaten in bitteren, aber nahezu wahren Versen höhnte. Konnten die Sympathien der Großeigentümer nicht zuwege bringen, was die idealistischen Redner der Linken nicht vermocht hatten, eine leidliche internationale Verständigung? Hiervon war in den letzten Monaten des Jahres 1922 die Rede gewesen; Hugo Stinnes vor allem, der gierige Erbauer des buntscheckigsten, phantastischweitesten Industrieimperiums aller Zeiten, wirkte oder plante in diesem Sinne. Deutschland sollte seine Souveränität wiedergewinnen, indem es zahlte, lieferte, auf französischem und belgischem Boden arbeitete; unbezahlte Mehrarbeit der deutschen Arbeiter sollte die Quelle solcher Leistungen sein. Endlich wieder ganz Herr im eigenen Haus wie in der guten alten Zeit vor 1914, würde der deutsche Großunternehmer sich mit seinen westlichen Partnern vertragen.
Die staatlichen Interessen, die nationalen Leidenschaften sind aber in Europa immer stärker gewesen als die persönlichen oder dinglichen Querverbindungen der Privatwirtschaft. So wie hundert Jahre früher die konservative Verbundenheit der Monarchien sich als Illusion erwiesen hatte, welche eine gemeinsame Politik auf die Dauer nicht tragen konnte, so hat auch wieder und wieder das große Kapital sich zur Schaffung einer internationalen Ordnung unfähig gezeigt. Die Unternehmer selber waren Nationalisten; sei es, daß sie vom eigenen Staat das Niederschlagen fremder Konkurrenz oder fremde Beute erhofften, sei es, daß Stolz und Lust des Nationalismus

auch sie blind machte gegen ihre eigenen vernünftigen Interessen. Raymond Poincaré war der große Anwalt der französischen Stahlindustrie, aber das stimmte ihn nicht zum Freund der Deutschen, ganz im Gegenteil. Ihn beherrschte die Vaterlandsliebe, wie man sie nennt; ihn die Leidenschaft, das arme, blutige Phantom des französischen Sieges gegenwärtig zu halten, zu festigen, auf ewig zu sichern. Aus dem Stinnesplan wurde nichts. Statt dessen machten deutsche Industrieherren Bekanntschaft mit französischen Gefängnissen.

Es begann damit, daß Poincaré einen Rechtsvorwand ergriff, um die französische Armee in das Herz des deutschen Industrielandes, das Ruhrgebiet, zu schicken. Deutschland war mit gewissen Lieferungen, Kohle, Holz, im Rückstand. Man mußte sich holen, was es nicht freiwillig gab. Man mußte ihm noch einmal zeigen, daß es der dauerhaft Unterlegene war. Und vielleicht konnte man dann auch, was man militärisch besetzt hielt, auf die eine oder andere Weise von Deutschland trennen und so es schwächer und Frankreich stärker machen. — Torheiten, Torheiten. Ohnmacht der Gewalt, der Rechthaberei; trostlose Unfruchtbarkeit politischer Ziele, welche aus dem 17. Jahrhundert stammten und hier von Pedanten der Vorkriegs- und Weltkriegszeit erstrebt wurden. Es war noch immer der europäische Bürgerkrieg von 1914, der neun Jahre später weitergespielt wurde, und zwar in seinem sinnleersten, provinziellsten Aspekt: jenem des deutsch-französischen Gegensatzes. Als ob die Welt, Europa und Deutsche und Franzosen damals keine anderen Sorgen gehabt hätten. . . In Berlin versuchte man, die Nation in eindrucksvoller Geschlossenheit reagieren zu lassen: passiver Widerstand, Streik, Verweigerung jeder Zusammenarbeit mit der Okkupationsmacht, Unterbrechung aller Reparationsleistungen. Einheitsfront war das Schlagwort, nahezu wie 1914; wobei die Sozialdemokraten, eben wie 1914, mitmachten ohne mitzubestimmen. Aber die Nation war zu tief geschwächt, wirtschaftlich, politisch, moralisch, als daß sie eine gemeinsame Front lange hätte aufrechterhalten können. Der Kohlenstreik an der Ruhr wurde nicht konsequent durchgeführt, wohl aber die völlige Abtrennung des Ruhrgebietes vom übrigen Deutschland, mit der die Franzosen den passiven Widerstand beantworteten; das Volk, nicht die fremden Soldaten, bezahlten für ihn und litten für ihn. Sabotageakte, Brückensprengungen, von bewährten Freikorpsleuten organisiert, führten zu nichts als den üblichen Repressalien. Die Lebensmittelversorgung versagte; in den Familien der Arbeiter, der Angestellten, bei denen es auch in guten Zeiten nur zum Notwendigsten reichte, brach der Hunger ein. Indem der Staat von den Schwerpunkten seiner Industrie und seines aus der Industrie stammenden Einkommens abgeschnitten war, indem er gleichzeitig die arbeitslose Bevölkerung eben dieser reichsten Gebiete mit Geld zu unterstützen hatte, brach die deutsche Währung nun völlig zusammen; war die Goldmark im Januar noch mit einigen Tausend Papiermark bewertet worden, so mußte man im Sommer Millionen, dann Milliarden, dann Billionen für sie bezahlen. Das war komisch, unglaublich, verrückt. Aber für die große Masse, die für ihre Arbeit Lohn oder Gehalt eintauschte, war es eine Heimsuchung und Qual; unheimlich wurde das Ding nun selbst für die kleine Minderheit, welche es verstand und steuerte und bisher keinen Nachteil davon gehabt hatte. Ein so intensiver, gefährdeter Organismus wie der deutsche kann nicht in so ausschweifender Unordnung leben. Ihre Nutznießer waren die Kommunisten, die nun erst zur Massenpartei wurden. Im Hochsommer begriffen dies die Herren von der Rechten, von Industrie und Finanz und machten auch den Sozialdemokraten durch ihre parlamentarische Aktion klar, daß der passive Widerstand sich nicht länger aufrechterhalten ließe. Die Titelseiten der Illustrierten Zeitungen ließen das Porträt eines neuen Reichskanzlers sehen: Gustav Stresemann.

Was nun geschah, war wie eine Wiederholung der Ereignisse des Spätherbstes von 1918. So wie Max von Baden sich zum Waffenstillstand hatte bereit erklären müssen, so erklärte Stresemann sich verhandlungsbereit, zahlungsbereit. So wie damals die Sozialdemokraten zur Regierung berufen worden waren, so traten diese guten Leute auch jetzt wieder in das Kabinett des alten Nationalliberalen ein; immer bereit, in höchster Not Verantwortung sich aufbürden zu lassen, immer ausgebootet, sobald Großbürgertum und Armee ihrer nicht mehr zu bedürfen glaubten. So wie 1918 die Niederlage zur Parlamentarisierung, dann zur Republikanisierung geführt hatte, so führte sie im Sommer 1923 abermals dazu; man möchte sagen, daß 1923 die Republik noch einmal gegründet wurde. Zu ihr, zur Verfassung bekannte sich Stresemann und bekannte sich ehrlich dazu; seine Vorgänger hatten sie nur als provisorisches Übel angesehen. Noch einmal also bequemte sich Deutschland zum Friedensschluß nach außen und zur Republik nach innen. Aber eben dies, daß der äußeren Niederlage ein Sieg des republikanischen Prinzips im Inneren entsprach, 1923 wie 1918, erklärt uns, warum die Weimarer Republik nie auf festere Füße zu stehen kam. Man war dann, und nur dann republikanisch, wenn man einem widerborstigen Feinde nachgab. Wie konnten, unter solchen Umständen, die republikanischen Symbole im Land geachtet und geliebt werden?

So wie, ferner, 1918 und 1919 die neue Republik sich zunächst mit allerlei Widerstand von rechts und links hatte auseinandersetzen und ihn niederschlagen müssen, so war es noch einmal im Herbst des Jahres 1923 der Fall. Jetzt wie damals gab es Gruppen, die sich eine andere Entwicklung erhofft hatten und nun drängten, die Ernte des Chaos unter Dach und Fach zu bringen, bevor das Chaos sich lichtete. Die Gelegenheit dazu schien die föderalistische Struktur des Reiches ihnen zu geben. Berlin war eines, das System der Bundesländer ein anderes.

In Mitteldeutschland, Sachsen und Thüringen, hatten die Kommunisten sich mit ihren seitherigen Todfeinden, den Sozialdemokraten, verbündet, ein Unternehmen, wie es der neuen, den Revolutionsmythos in unbestimmte Zukunft verlagernden Politik Lenins entsprach. Regierungen, die aus diesem Bündnis hervorgingen, hielten sich im Rahmen der republikanischen Legalität, ihre Leistungen waren erbärmlich. Kommunisten an der »Macht«, sei es selbst der kümmerlichsten Scheinmacht – das war aber etwas, was das Reich Stresemanns und General von Seeckts nimmermehr zugeben konnte. Um so weniger zugeben konnte, als gleichzeitig in München eine tatendurstige Machtkonzentration der extremen Rechten bestand und die Regierungsgeschäfte verwaltete. Hier waren die Dinge von ungeklärter Explosivität. Einerseits war die Regierung bayrisch-partikularistisch im guten alten Sinn und stand dem abgesetzten Königshaus nahe. Nahe aber – denn so unklar sind die Menschen sich oft über das, was sie eigentlich wollen – stand sie auch allerlei gar nicht bayrischen Gruppen und Klüngeln, heimatlosen Abenteurern, die unter der nationalistischen Flagge segelten, zugelaufenen Demagogen, Freikorpsführern, pensionierten preußischen Generälen; wie denn Erich Ludendorff selber in der bayrischen Hauptstadt sein Quartier aufgeschlagen hatte und von dort aus die Wirrsal seines Geistes in Broschüren und Reden auf das Volk entlud. Die Münchner Regierung war sowohl bayrisch als auch eine eigentliche deutsche Nebenregierung. Sie meinte das ganze, wahre Deutschland zu vertreten, entgegen der landesverräterischen Asphaltdemokratie von Berlin. Ein wilder, junger Demagoge aus dem Österreichischen, Produkt der schwülen österreichischen Vorkriegszeit und der Kriegsjahre, ein Agitator von monströser, aus kranken Quellen gespeister Energie, war hier der stärkste Rufer im Streite. Er wollte die Münchner vorwärtstreiben zu einer Aktion gegen Mitteldeutschland und gegen Berlin. Die Partei, die er sich geschaffen hatte, hieß die »nationalsozialistische«.

Aber Reichskanzler Stresemann, Reichswehrminister Geßler, Reichswehrobergeneral von Seeckt, altbewährte Nationalisten, wünschten den Erfolg eines so undisziplinierten, undurchsichtigen Strebens nicht. Es entwickelte sich ein Wettlauf zwischen Berlin und München; wer würde zuerst sich als Wiederhersteller der Ordnung, als Töter des kommunistischen Drachens bewähren? Berlin schlug zu; Seeckt, ermächtigt von der obersten Reichsbehörde, schickte ohne viel Mühe die mitteldeutschen Kommunistenregierungen nach Hause. Legal war das nicht; ach, so sehr viel, was man seit Januar 1919 getan hatte, war ja von den frommen Vätern der Verfassung nicht vorgesehen gewesen. Gleichzeitig ging man nun ernsthaft daran, die Währung zu reformieren, dem Billionenspuk ein Ende zu machen. Der »Hitlerputsch« war ein Nachspiel, kein Hauptereignis in dieser unsäglich wirren und elenden Geschichte. Im November versuchte der rasende junge Mann, was ein paar Monate früher immerhin Erfolgsaussichten gehabt hätte. Die Verbündeten von gestern, Regierungsleute, Monarchisten, Führer der bayrischen Reichswehrdivision, glaubte er mit vorgehaltener Pistole zum Handeln antreiben zu können. Sie liefen ihm aber davon, sobald seine Pistole sie nicht mehr bedrohte. Schließlich, fanden sie, standen ihnen Seeckt und Geßler wohl näher als der hysterische Aufwiegler, mit dem sie Bettgenossenschaft gepflegt hatten. Ludendorff und Hitler fanden sich allein mit einer Handvoll persönlichster Anhänger, deren die Polizei mit einer einzigen Gewehrsalve Herr werden konnte. Ein paar Tage darauf verbot Seeckt die Partei Hitlers kraft der ihm vom Reich übertragenen Vollzugsgewalt. Es gebe, hatte der General einst bemerkt, nur einen einzigen Mann in Deutschland, der erfolgreich putschen könne, das sei er selber; und er werde nicht putschen.

Dem Höhepunkt der großen, häßlichen und lächerlichen Unordnung folgte dergestalt sofort das Ende.

Die alte Währung wurde kassiert und eine neue eingeführt, welche der Vorkriegswährung entsprach; für 1000 Milliarden Reichsmark konnte man eine »Rentenmark«, demnächst eine Goldmark, eintauschen. Eine Aufgabe für Finanztechniker, jederzeit zu bewältigen, wenn Regenten von Autorität und eindeutigem Willen den Auftrag dazu gaben. Im ersten Drittel des Jahrhunderts war das noch nicht so klar, wie es heute ist; weshalb man die Schöpfer des guten Geldes, zumal den neuen Reichsbankpräsidenten Schacht, wie erfolgreiche Zauberer bewunderte. Es waren nichts als ein paar klassische Maßregeln, welche diese Männer ergriffen und welche, wenn man nur gewollt hätte, ebensogut ein paar Jahre früher hätten ergriffen werden können; strengste Kontrolle der Banknotenpresse, Sparmaßnahmen aller Art, Neuregelung des Steuer- und Zollwesens. Die Nation war immer arbeitswillig gewesen, sie war nur schlecht regiert worden. Jetzt ging sie an die Arbeit, für elende Löhne zunächst, aber wenigstens für zuverlässige. Und

da die Löhne allmählich stiegen und man doch wieder auf ein klein wenig gutes Leben hoffen konnte, so kehrte bald leidliche Zufriedenheit in die Herzen ein. Sie sehnten sich nach normalen Zuständen, nach einem Ende des ruhelosen Hokuspokus, der nun zehn Jahre lang gedauert hatte; diese Sehnsucht schien Erfüllung zu finden. Sie traf mit vergleichbaren Stimmungen in der Außenwelt zusammen. In Frankreich machte Poincaré einer Regierung guter Demokraten Platz, in London kam zum erstenmal die Arbeiterpartei zur Macht, Männer, die dem Ideal der Völkerverständigung mit Ernst anhingen. Gleichzeitig entschloß sich Amerika, in die europäische Arena zurückzukehren, der es seit dem Zusammenbruch Wilsons und den Wahlen des Jahres 1920 mit dem verachtungsvollen Stolz des Glückes ferngeblieben war. Nicht im politischen Sinne; mit europäischer Diplomatie wollte man auch jetzt in Washington beileibe nichts zu tun haben. Wohl aber im wirtschaftlichen. Mit den deutschen Zahlungen an die Westmächte hingen die Zahlungen jener an Amerika zusammen; mit der Sanierung Deutschlands die Fähigkeit des europäischen Marktes, Amerikas Produkte aufzunehmen, das Funktionieren der Weltwirtschaft überhaupt. Soviel wenigstens wollte man in Washington jetzt erkennen.
So gab es seit dem Jahre 1924 überall die Bereitschaft, zu tun, was mit ein wenig Selbstkritik und Voraussicht man schon fünf Jahre früher hätte tun können: die Bereitschaft, Frieden zu schließen. Für die Reparationen wurde, unter amerikanischer Anleitung, ein Zahlungsplan ausgearbeitet, noch immer unklug im Prinzip, noch immer eine wirtschaftliche und moralische Belastung, aber doch erträglich, verglichen mit den Rasereien der früheren Jahre. Worauf Franzosen und Belgier das Ruhrgebiet wieder verließen. Dem folgte, ein Jahr später, die Ausheckung eines wunderlich komplizierten Vertragssystems, dessen allgemeiner Zweck es war, Frankreich-Belgien Sicherheit gegen Deutschland, gleichzeitig aber Deutschland Sicherheit gegen Frankreich – eine Wiederholung des Ruhrerlebnisses – zu geben und so die Gemüter zu beruhigen. Garanten waren England und Italien; sie würden jederzeit dem Angegriffenen beistehen, gleichgültig, welche Seite es war. Eine Allianz aller mit allen gegen alle, dies ungefähr war der Vertrag von Locarno (1925). Solche Kunstwerke halten nicht, wenn es zu einem ernsthaften Streit kommt. Solange es aber nicht dazu kommt, weil keiner der Teilhaber es will, solange kann diplomatischer Hokuspokus diesen guten Willen immerhin zum Ausdruck bringen, kann ihn, durch den Ausdruck, wohl auch wechselseitig ein wenig stärken und in ungewisse Zukunft projizieren. »Locarno« tat den Deutschen gut, weil es dem, was zu Versailles diktiert worden war, noch nachträg-

lich den Schein des Freiwilligen gab. Viel war das nicht, aber nützlich für den Augenblick... Noch ein Jahr später, 1926, wurde das Deutsche Reich ein Mitglied des Völkerbundes, mit Sitz und Stimme in dessen Oberstem Rat. Auch das hatte wenig reale Bedeutung, denn der Völkerbund taugte nicht; er konnte nichts Wesentliches tun, lieferte nur den Ort, an dem die Sprecher der Mächte sich periodisch trafen. Aber auch das hatte immerhin symbolische Bedeutung. Seiner Idee nach, von der die Wirklichkeit sich nur allzuweit entfernte, war der Bund ein Universum aller zivilisierten Staaten der Erde; zu denen zu gehören man dem Deutschen Reich durch seine Wahl bestätigte.

Der Mann, der diesen Prozeß der Normalisierung, der Wiedereinordnung Deutschlands in die westliche Staatengesellschaft leitete, darf nicht ungenannt bleiben. Stresemann, zuerst Reichskanzler, dann während sechs Jahren Außenminister der Republik, war ein erfahrener Parlamentarier, seinem Beruf nach Syndikus in industriellen Unternehmungen, ein Nationalliberaler in der Politik. Während des Krieges hatte er zu den lautesten Agenten der »Kriegszielbewegung« und zu Ludendorffs persönlichen Zuträgern gehört. Trotzdem besaß er hohe Intelligenz; auch die Gescheiten gehen fehl in Zeiten, die alles Maß verloren haben. Zur Mäßigung wollte Stresemann in der Nachkriegszeit zurückfinden. Er war entwicklungsfähig in einem Alter noch, in dem die meisten erstarren. Sein Porträt zeigt die unschönen, aber geistvollen Züge eines Mannes, der denken und leiden konnte und der spät sich Ziele entdeckte, welche seiner Jugend hatten fremd sein müssen: Friede zwischen den Völkern wie zwischen den Klassen. Natürlich war er von Haus aus Monarchist; aber da nun mit den Hohenzollern einmal nichts zu machen war, so nahm er die republikanische Staatsform an. Natürlich hoffte er Deutschland wieder in der Welt mächtig zu sehen und wenigstens einen Teil dessen, was es 1919 verloren hatte, wiederzugewinnen, wenn nicht im Westen, so doch im Osten. Wir tadeln ihn darum nicht. Kein Deutscher hatte einen Grund, den Versailler Vertrag als ewigen Ratschluß zu verehren. Und ein Patriot, das war Stresemann; gerieben zugleich und romantisch, ein Erzpraktikus des Parteien- und Verbändegetriebes und ein Träumer von des Reiches alter Herrlichkeit. Daß ein solcher nun ja sagte zum Völkerbund, daß er im Politischen mit den Sozialdemokraten gehen wollte, im Wirtschaftlichen mit den Gewerkschaften und nicht gegen sie — das war eine menschlich hochzuachtende Leistung. Was die erhoffte Revision der Ostgrenzen anging, so kam alles auf die Methode an. Stresemann war zu klug, um an andere als friedliche Methoden zu denken.

Stresemannjahre, 1924 bis 1929. Jahre der wirtschaftlichen Produktivität, der kulturellen Blüte. Jahre, wie es schien, der Festigung, selbst im inneren Gemeinwesen. Oder war es nicht ein Zeichen republikanischer Festigung, daß die Morde, die Putsche jetzt aufhörten? Daß selbst die Konservativen — die »Deutschnationalen« — jetzt mehrfach in den Regierungen des Reiches saßen, während die Parteien der extremen Rechten und Linken nicht mehr vorwärtskamen? Daß Bayern, bis 1924 der Hort der Gegenrevolution, sich allmählich in die neuen Verhältnisse fand und eine vernünftige Stetigkeit entwickelte? Daß Sozialisten und Liberale, Unternehmer und Gewerkschaftsführer sich zu friedlichen Verhandlungen trafen? Hätte das nicht ruhig so weitergehen können, wenn nicht — ja, wenn nicht. Die erste neue Republik ist an der Wirtschaftskrise von 1930 gescheitert, und man kann nicht mit Bestimmtheit sagen, daß ohne diese sie auch gescheitert wäre. Man kann nicht sagen, daß die Normalität der Jahre 1924 bis 1929 bloßer Schein war und keine echte Möglichkeit des Dauerns dahinter. Man kann nur sagen, daß der in jenen Jahren bestehende Ausgleich von innen her immer bedroht war und die Gefahrenquellen im Rückblick deutlicher sind, als sie den damals Tätigen sein konnten. Ein Mensch mag schwere Krankheiten überstehen. Kommt es aber zur letzen Krise, so wird auch seine frühere Krankheitsgeschichte sich geltend machen; der geschwächte Organismus hält nicht aus, was ein stärkerer ausgehalten hätte. So hat die Weimarer Republik die melancholischen Tatsachen ihrer Herkunft überstanden, den Versailler Vertrag, die beschränkten, aber häßlichen Bürgerkriege der ersten Jahre, den Ruhreinfall, die Inflation, das blinde Wüten der Kommunisten, das hochmütige Abseitsstehen der Armee, die verdrossene Widerspenstigkeit der oberen Stände, Bürokratie, Justiz, Universität — all das hat sie schlecht und recht überstanden und, zu ihrer eigenen Überraschung, noch eine Periode leidlicher Gesundheit erlebt. Als aber dann der zweite Wirtschaftsruin kam und alle Furien der Demagogie losbrachen — da war das zuviel.

Leistungen

Es ist unter Deutschen oft der Glaube verbreitet gewesen, daß in der Welt eine Verschwörung gegen sie bestehe, daß »man uns nicht hochkommen lassen wollte«. Eine Kräftekonzentration, wie das Reich sie nun schon seit fünfzig Jahren in der Mitte Europas darstellte, mußte freilich Unbehagen hervorrufen; das von Deutschland während des Weltkrieges im Großen und Bösen Geleistete blieb unvergessen. Unbestreitbar war es bis 1924 das Ziel französischer Politik, den furchtbaren Nachbarn zu schwächen, wo immer der Buchstabe des Versailler Vertrages eine Möglichkeit dazu ließ. England und Amerika haben diese Politik nur mit halbem Herzen oder gar nicht mitgemacht. Von 1924 an wich sie zusehends einer anderen Haltung: der Tendenz, Deutschland zu bewundern und, angeregt durch Bewunderung, auch durch Geschäftsinteresse, auch durch politisches Interesse, ihm zu helfen. Besonders die amerikanische Geschäftswelt entwickelte entschiedene Sympathien für das Volk Europas, in dem sie ihr selber verwandte Bestrebungen und Tüchtigkeiten am stärksten zu erkennen glaubte; wie man sich denn in der amerikanischen Armee schon gleich nach dem Krieg mehr für den Feldmarschall von Hindenburg begeistert hatte als für den Marschall Foch. In Deutschland interessierte man sich nicht sehr für diese fremden Sympathien. Man besaß hier einen gewaltigen Respekt vor sich selber, der durch die Leistung des Wiederaufstiegs seit 1924 abermals bestätigt wurde, und wenig Respekt vor den Leistungen anderer Völker. Was man zuwege brachte, glaubte man nicht mit, sondern trotz der Welt zuwege zu bringen. Schöpfungen der deutschen Wissenschaft und Technik erschienen als nationale Triumphe, als Siege über »das Ausland«. Tatsächlich legte »das Ausland« dem deutschen Wiederaufstieg in den Stresemannjahren kein ernstes Hindernis mehr in den Weg. Es half mehr, als daß es störte.

Beträchtlich war die Leistung der deutschen Wirtschaft seit 1924 allerdings. Ob sie größer war als die der Briten oder Japaner, brauchen wir hier nicht zu fragen. Die größte Leistung aller dieser industrialisierten, in großer Zahl auf engem Raum lebenden Völker war immer, daß sie überhaupt lebten, sich mehrten und unter allmählich verbesserten Bedingungen lebten. Gezänk und Gefuchtel gab es in der Politik; nicht in der Welt, die die politische Struktur trug und in der die Kohle gefördert, der Stahl geschmiedet, die neuen Patente studiert, die Wohnungen, die Straßen, die Schiffe gebaut wurden.

Deutschland, hatte Max Weber 1918 geschrieben, müßte von vorn anfangen wie nach dem Dreißigjährigen Krieg, nur daß heutzutage alles viel schneller ginge. Das tat es. Wenn das Einkommen der Nation gleich nach dem Krieg auf etwa die Hälfte des Vorkriegsstandes gesunken war, so hatte es zehn Jahre später die alte Höhe wieder erreicht, ja übertroffen. Das während des Krieges Heruntergewirtschaftete und Verrottete, das nach dem Krieg Ausgelieferte, es war alles wieder da: die modernste Handelsflotte, die schnellsten Eisenbahnen, ein angemessenes Straßensystem. Der Staat tat in seiner obersten politischen Sphäre so, als ob er von einer Krise zur andern

taumelte, und davon kündeten die Balkenüberschriften der Zeitungen. Aber die Verwaltung war gut, die Arbeiter waren gut, die Erfinder, die Ingenieure, die Techniker waren gut. Die industrielle Planung war großartig und wirksam.
Sachkenner bezweifeln, daß sie weise war. Was seit 1924 durchgeführt wurde, war eine gewaltige Rationalisierung, Erhöhung der Produktivität durch Mechanisierung. Damit Hand in Hand ging eine abermalige Konzentration; jetzt nicht mehr wie in der Zeit der Geldentwertung zu willkürlichen, »vertikalen« Besitzgebilden, sondern innerhalb einzelner Industrien. Die »I. G. Farbenindustrie AG« kontrollierte nahezu die gesamte chemische und pharmazeutische Industrie des Landes, die »Vereinigten Stahlwerke« etwa vier Zehntel der Eisen- und Stahlerzeugung; ähnliche Mammutbildungen gab es für die Elektrizitätsindustrie, die Produktion von Zement, Gummi, Kunstseide und so fort. Was die besitztechnischen Zusammenfassungen nicht leisteten, leisteten, wie von alters her, die Kartelle, deren Zahl sich wiederum, verglichen mit der Vorkriegszeit, vervielfachte, zum Preisschutz, zur Normisierung, zur Produktionsplanung. Dergestalt zusammengefaßt und in einem »Reichsverband« organisiert, war die Industrie noch mächtiger gegenüber dem Staat als zur Hohenzollernzeit; sie verhandelte mit ihm von gleich zu gleich und war auch wieder selber ein Teil der Staatsmacht, zumal wenn das Besitzbürgertum die Reichsregierung stellte, wie es zwischen 1924 und 1928 fast immer der Fall war. Man wird dem großen deutschen Unternehmer nicht vorwerfen können, daß er seinen Beruf nicht ernst nahm. In gewissem Sinn glaubte er sich verantwortlich für die Nation und die eigenen Arbeiter, wie dies in dem stolzen Wort »Arbeitgeber« liegt, welches im Englischen und Französischen kein Äquivalent hat. Arbeit wollte er geben, aber es sollte zu den Bedingungen dessen geschehen, der die Lage übersah und die Verantwortung trug. Die Gewerkschaften als ebenbürtige Verhandlungspartner, der Achtstundentag, die Tarifverträge als allgemeingültiges Recht, die staatliche Schiedsgerichtsbarkeit — all das war gleich nach dem Krieg wohl oder übel akzeptiert worden; es wurde abgeschwächt und durchlöchert, wo immer die Wirtschaftslage oder die politische Lage eine Möglichkeit bot. Vor allem: es ist den deutschen Unternehmern nicht klargewesen, daß die Kaufkraft der eigenen Arbeiter den wichtigsten Markt abgeben kann und auf die Dauer abgeben muß. Selbst den amerikanischen Unternehmern ist das ja erst in den zwanziger Jahren und damals noch nicht in genügendem Maß klargeworden; und Amerika war bei weitem günstiger daran, um die neue Theorie zu erproben, hier war Mangel an Menschen, hier die Arbeitskraft teuer und kein Mangel an Rohstoffen, die von

Deutschland erst im Austausch gegen Fertigprodukte hereingeholt werden mußten. Die deutsche Industrie arbeitete für den Staat und für den Export, nicht für den mählich sich hebenden Wohlstand der Massen. Der Bergwerkdirektor sah es ungern, wenn sein Obersteiger ein Automobil besaß — das gehörte sich nicht für die Angehörigen des industriellen Mittelstandes. Viel weniger gehörte sich eine menschenwürdige Wohnung, ein Motorrad, ein Kühlschrank für den einfachen Arbeiter. Wenn der Arbeiter arbeiten und leben konnte und obendrein gegen Unfall, Krankheit, Alter gesichert war, so hatten die Unternehmer ihm gegenüber ihre Pflicht erfüllt.
Seinerseits erkannte der Staat seine soziale Allverantwortlichkeit an und versuchte auf den drei Ebenen von »Reich«, »Land« und »Kommune« danach zu handeln. Es geschah in gerader Fortsetzung uralter, unter Bismarck wiederbelebter, im Kriege zu neuem Höhepunkt gediehener Obrigkeitstraditionen. Der Staat als Träger der Volkserziehung und Schulung, als Wächter der Moral, als zentraler Agent der wissenschaftlichen Forschung, als Auftraggeber und Förderer der Künste, als Garant, vor allem, der baren Existenz seiner Bürger, das war nun alt, das verstand sich von selbst. Und auch hier trat die gefährliche Hilfe fremder Kapitalien hinzu. Gerne eilten Bürgermeister und Finanzminister nach Amerika, um dort Anleihen aufzutreiben für nützliche oder doch »werbende« Zwecke; landwirtschaftliche Meliorationen, Kanal- und Straßenbauten, Siedlungsprojekte, Ausstellungen, Grünanlagen, Schwimmbäder, Jugendherbergen. Das war konstruktiv und die Freude am öffentlichen Leben erhöhend. Muß ja doch der Staat, da er nun schon in das Leben des einzelnen so gewaltig eingreift, ihn zwingt, ihm nimmt, ihn überwacht, ihm auch etwas geben. Die Weimarer Republik tat das, so lange sie konnte. Die deutschen Städte waren vor dem Krieg Lehrmeister schöpferischer Verwaltung für die ganze Welt gewesen; sie waren es noch einmal in der Weimarer Zeit.
Der Staat, um es kurz zu sagen, erfüllte auch während der Weimarer Republik schlecht und recht seine Funktionen, und diese waren in den zwanziger Jahren des Jahrhunderts angewachsen zur Allverantwortung für Wirtschaft und Kultur. Man wird das freilich nicht insgesamt der »Republik« zugute halten dürfen. Die Mauern des Staatsgebäudes waren ja die alten, hatte man auch einige Türme und Türmchen entfernt. Die Reichs- und Länderbürokratien machten weiter wie vorher, und wie vorher erzogen sie sich ihren Nachwuchs. Neuer Geist versuchte sich durchzusetzen, wo die Parteien der Linken oder linken Mitte am Zug waren; in Preußen vor allem und in einigen der wichtigsten Städte. Eine republikanische Polizei sollte zum zuverlässigen, höflichen Diener der Bürger werden,

anstatt, wie früher, die Obrigkeit grimmig zu repräsentieren. In den Schulen sollte ein Vertrauensverhältnis zwischen Lehrer und Schüler, freie Mitarbeit die alte, auf Autorität und Furcht gegründete Disziplin ersetzen. Die jüngsten Universitäten – Frankfurt, Hamburg, Köln – hatten den ungeschriebenen Auftrag, den akademischen Zunftgeist ein wenig aufzulockern; »Volkshochschulen« boten Wege zu Wissen und Bildung für die vielen, denen die Universitäten verschlossen waren. Wohlgemeinte Bestrebungen, und nicht erfolglos. Aber die Materie war zäh, die der neue Geist durchdringen sollte, und jenen, die ihn vertraten, fehlte es manchmal an Takt, manchmal an gediegenem Ernst des Charakters. An einigen Fakultäten drängte fortschrittliche, »linke« Intelligenz sich zusammen; die Mehrzahl blieb der kaiserlichen Vergangenheit zugekehrt und blickte auf die Gegenwart mit hochnäsiger Verstimmtheit herab. Die Professoren hätten freilich kaum sagen können, was sie eigentlich wollten; nur daß ihnen, was jetzt war, nicht gefiel, darüber waren sie sich klar. So tolerant war auch die Republik, so gutmütig die Freiheit von Lehre und Forschung wahrend, daß die Herren dem staatlichen Brotgeber ihre Verachtung ohne jedes Risiko zur Kenntnis bringen durften. Was war der Staat? Ein geteiltes, gegen sich selbst gekehrtes Wesen, ohne starken Glauben an die eigene Sache und vielfach mit seinem Gegner im Bunde.

Spannungen und Ungleichheiten muß jede Gemeinschaft aushalten; es wäre der Tod, wenn es sie nicht gäbe. Interessen- und Klassengegensätze, regionale Unterschiede, Willen zum Neuen und Sehnsucht nach dem Guten, Alten, das gab es in England auch. Aber in England spielten diese Gegensätze auf dem Grunde eines mit sich selber eins Seins der Nation. Diese durchgehende Identität fehlte in Deutschland. Berlin war ein Beispiel dafür.

Die Hauptstadt traute sich zu, nun wirklich der Kopf des Reiches zu sein, und in gewissem Sinn war es ihre größte Zeit. München, Stuttgart, Dresden verloren durch den Fall der Monarchie. Nicht so Berlin; die Hohenzollern hatten mit der großen demokratischen Stadt längst in Feindschaft gelegen, zu ihrer kulturellen Blüte vorwiegend Greuel und Albernheiten beigetragen. Das, was unter dem Kaiser Opposition gewesen war, trat nun in den Vordergrund, bildete eine gewissermaßen offizielle republikanische Geistessphäre: Literatur, bildende Kunst, Theater, Film. Hier wurde begierig experimentiert; fortschrittsfreudige Bürger des Westens, Franzosen, Briten, Amerikaner kamen in Scharen, um sich an dem neudeutschen Kunst- und Gesellschaftsgetriebe zu vergnügen. Die Stadt der Hohenzollern als freigeistigstes, aktivstes Kulturzentrum Europas – das war neu. Wachsend mit den immer wachsenden politischen, industriellen und finanziellen Bürokratien, mit den Funktionen des Reiches, welche gegenüber jenen der Bundesländer zusehends mehr überwogen, Mittelpunkt der Arbeit, der Geschäftswelt wie des reichen Müßigganges, konnte Berlin alle Arten der Repräsentanz tragen und bezahlen. Es sog die Energien der Nation, die geistig-kulturellen zumal, zu einem einzigen Mittelpunkt zusammen. Das Deutschland der Weimarer Republik hatte, eigentlich zum erstenmal in der Geschichte, etwas wie eine einzige Hauptstadt. Nicht die Weimarer, die Berliner Republik sollte es heißen.

Aber die Hauptstadt war nicht beliebt. Einmal darum nicht, weil das alte Deutschland, das föderalistische Deutschland der Bundesländer und Provinzen, im Grunde gar keine solche Hauptstadt haben wollte; den Münchnern und Hamburgern, den Junkern in Ostpreußen und den Bauern im Schwarzwald erschien Berlin als das Becken, in welchem alle ihnen fremden, widerwärtigen Tendenzen zusammenflossen. Es war die Hauptstadt der Republik, es verdankte seinen neuen Charakter dem Weltkrieg und der Republik, war auch dem Geist seiner Bevölkerung nach vorwiegend republikanisch-demokratisch, sozialdemokratisch, mit einem starken kommunistischen Einschlag. Insofern Deutschland nicht republikanisch war, war es daher gegen Berlin; so wie, in noch viel gefährlicherem Maße, das konservative Österreich längst mit seiner Hauptstadt Wien überworfen war. Die große, von starkem Leben durchpulste Stadt war der deutschen Vergangenheit fremd; sie sah Chicago viel ähnlicher als der kleinen, feinen Residenz, die sie einst selber gewesen. Sie war bei weitem die stärkste Konzentration des sich verändernden, des sich selbst entfremdeten deutschen Charakters. Deutschland, insofern es sich nicht selber vertrug, seine eigene Gegenwart haßte, vertrug sich nicht mit Berlin; unter seiner Hauptstadt liebte es sich einen Sumpf wuchernder Korruption, ein Babel aller Sünden vorzustellen. Auch andere deutsche Städte waren gewachsen, aber sie hatten von ihrem alten Stil etwas zu wahren gewußt. Berlin war ganz Gegenwart, das Amerika Deutschlands; wie es sich auch dem amerikanischen Einfluß am aufgeschlossensten zeigte, in seiner Presse, seinen Vergnügungsbetrieben, seinen Reklamepraktiken, sich wohl gar noch »amerikanischer« aufspielte als das Vorbild. Immer hatte Deutschland sich an Autorität ausgerichtet, und einen Rest alter Autorität gab es noch in den Bundesländern. Das Berlin der Berliner Zeit war autoritätslos. Es schmeichelte den Massen, die sich Samstagabend durch die Hauptstraßen wälzten, öden Vergnügungen nachgehend, gierig nach den ausgerufenen Extrablättern der Sensationspresse greifend. Es schmeichelte den Minderheiten

durch Experimente aller und jeder Art; vielen wertvollen; vielen wertlosen, snobistisch-grellen, den Charakter toller Neuheit und Fortschrittlichkeit billig vortäuschenden.
Berlin stellte so durch seine Existenz die Frage: wie eine ihrer eigenen Vergangenheit entfremdete, autoritätslose Gesellschaft eigentlich leben sollte. In uns allen gibt es Instinkte, die uns hinunterziehen und die zu geschäftlichen oder politischen Profitzwecken auszunutzen nur zu leicht ist. Es sollte die Zeit kommen, da das demagogische Aufpeitschen von Sensationslust und Haßgefühlen alle Gegengewichte überwand, um die alte Ordnung zu zerschlagen und auf ihrem Ruin eine den Massen selber entlockte, zugleich aber menschheitsfeindliche Autorität zu errichten. Und alle die großen Gelehrten, die sich in den zwanziger Jahren mit den Problemen der Gesellschaft befaßten — keiner von ihnen sah es voraus!
Wir wollten in diesem Abschnitt von materiellen Leistungen der Republik sprechen, sind aber unversehens schon in die Nähe eines anderen Gebietes gerückt. Trennen läßt sich hier in Wirklichkeit nichts. Es gehören das Ökonomische, das Soziale, Politische und Geistige so sehr zusammen wie Körper und Seele. Nur der Erzähler muß trennen und Abschnitte machen, damit er überhaupt etwas erzählen kann.

Die Intellektuellen

Mit dem Geist einer großen Nation ist es jederzeit eine vielspältige Sache. Es gibt den Unterschied der Sphären: die großen Institutionen, Kirchen, Universitäten, Parteien; einzelne, welche zu den vielen sprechen und das Denken und Sein der vielen ausdrücken; einzelne, die nur zu wenigen sprechen, aber dennoch durch die Kraft ihrer eigenen Seelen so wirklich und zeitgültig sind wie die Erfolgsautoren. Es gibt den Unterschied der Generationen, welche, obgleich im Augenblick nebeneinander existierend, doch verschiedenen Zeiten angehören. Es gibt den Unterschied der persönlichen Meinungen, Haltungen, Charaktere. Wie vielschichtig und wandlungsfähig ist nicht die einzelne Persönlichkeit! Und doch, wer dürfte von einer geschichtlichen Epoche handeln ohne den Versuch, ihren »Geist« zu beschreiben?
Den Geist der Weimarer Verfassung kennen wir schon. Er war nationaldemokratisch, gemildert, aber nicht verleugnet durch föderalistisches Erbe. Insofern der Gedanke des all-einigen Volkes, welches sich eine Verfassung gibt, zuerst von der Französischen Revolution verwirklicht worden war, muß man sagen, daß die offizielle Philosophie der deutschen Republik der französischen Tradition nahekam. Aber wenige glaubten

daran. Von den Parteien eigentlich nur die Freisinnige oder, wie sie jetzt hieß, die Demokratische; eine Gruppe, zu der sich Reste des liberalen Besitzbürgertums bekannten und die auch noch in einigen großen Zeitungen zu Worte kam, ihrer Wählerzahl nach aber eine geringe Rolle spielte. Es war der bequeme Geist des Fortschritts ohne Gewalt und ohne allzu große Kosten für die Besitzenden: Humanisierung der Justiz, Reichsreform im Sinn des Einheitsstaates, Völkerverständigung, zumal die deutsch-französische, Indifferenz in religiösen Fragen. Radikale Bürgerideale aus dem vorigen Jahrhundert. Steiler, kritischer als von der Partei wurden sie von einigen Schriftstellern verfochten, die, nach langen Jahren höhnender Opposition gegen das Hohenzollernreich, nun zu halb-offiziellen Wortführern der Republik aufrückten; von Heinrich Mann etwa. Ein bezeichnendes Beispiel. Als Kritiker des Wilhelminischen Zeitalters, des Bürgertums, des »Untertans« hatte er Großartiges geleistet. Zum bejahenden Erzieher taugte er weniger; ein volksfremder Romantiker im Grunde, der den Volksmann nur spielte, unerfreulichen Wahrheiten aus dem Weg ging und ein stark idealisiertes Frankreich im gläsernen Kunststil zur Nachahmung bot. Wo es zum Anklagen kam, da blitzten noch immer edler Zorn und Wahrheit durch seine Illusionen. Aber obgleich es ihm aus weiter Ferne an intuitivem Blick nicht fehlte, spielte er nur Politik; er wirkte nicht auf sie durch Literatur wie seine französischen Vorbilder; sie selber, die Politik, die Gesellschaft wurde ihm wie etwas von Schriftstellern Erfundenes, Künstlerisch-Groteskes, an dessen Korruption und Schlechtigkeit er seine heimliche Freude hatte. Die Republik – nicht das »Reich«, aber dessen preußisches *alter ego* – machte ihn zum Festredner, zum Akademiepräsidenten. Eine Geste der Gutwilligkeit; auch ein Symbol für die Unstimmigkeit des Ganzen. Das Berlin von 1930 war nicht das Paris von 1890; »Weimar« nicht die »Dritte Republik«; Heinrich Mann, der Satiriker und prunkliebende Ästhet, nicht der Victor Hugo oder Emile Zola, der zu sein er den spielerischen Ehrgeiz hatte.
Solider, im weimarischen Rahmen, war die Stellung einiger anderer, großer, aus der Kaiserzeit herübergekommener Schriftsteller. Das Leben ist lang, da wo die geschichtlichen oder politischen Epochen kurz sind. So wie Victor Hugo von der Bourbonenrestauration gewirkt hatte bis tief in die Dritte Französische Republik hinein, so durchlebte Gerhart Hauptmann die Periode Wilhelms II. von Anfang bis zu Ende, und dann noch die republikanische, und dann noch eine andere, und fand in jeder wohl oder übel seinen Platz. Unter den Hohenzollern war er Gegner gewesen, jetzt war er der König der Literatur. Und das muß man sagen, daß die imposante

Gestalt des Dramatikers dem Volke ungleich näherstand als der französierende Romancier, der die Deutschen belehrte, ohne sie leiden zu können. Darin, vor allem, heimelte Hauptmann seine Landsleute an, daß er im Grund unpolitisch war, ein Dichter, der seine Sache aufs Fühlen und Gestalten, nicht aufs scharfe Denken gestellt hatte. Das Leid der Armen, Zertretenen hatte sein Mitleid zum Klingen gebracht, mitunter, im historischen Schauspiel, sogar das leidige Schicksal der Nation. Jetzt war er alt und hatte sein bestes Werk getan; ließ sich's aber gefallen, der Dichterfürst der Republik zu sein und bei ihren Staatsakten sein majestätisches Haupt zu zeigen. Als es mit ihr zur Neige ging, schwieg er; als es sie nicht mehr gab, kam er wohl auch ohne sie und erträglich aus mit ihren Mördern.

Hauptmanns Nebenkönig war Thomas Mann – ein ungleich schwierigerer Fall von Regentschaft im Reich des deutschen Geistes. Im Übermaß genügte er der Pflicht des Denkens, welcher der Dramatiker sich entzog; und hätte er nicht den starken Willen zur künstlerischen Schöpfung gehabt, so hätte er scheitern müssen im Katarakt der Denkprobleme. Auch er stammte aus der Vorzeit. Im Todesjahre Bismarcks begann er seine lange Schriftstellerlaufbahn, als bürgerlicher Aristokrat, Dichter des Schönen, Metaphysiker, der die sozialen Fragen geringer Aufmerksamkeit für wert hielt. In seinem ersten Roman, »Buddenbrooks«, hat man später ein Stück kritischer Gesellschaftsgeschichte entdeckt, das Buch vom Niedergang des alten, echten Bürgertums, und das war auch darin, aber dem Autor selbst kaum bewußt; den interessierten damals ganz andere Dinge. Nach anderthalb Jahrzehnten nur künstlerischen, nur geistigen, träumerischen Wirkens tat er zu Beginn des Krieges seine Augen gegen die Politik auf, plötzlich und weit. Das Ergebnis war so tief und reich wie kompliziert und ungeschickt und das Deutscheste vom Deutschen. Indem er zum politischen und Kriegsschriftsteller wurde, wollte Thomas Mann doch von seiner Vergangenheit, welche er für die deutsche hielt, nicht lassen; nicht von Musik, Adel, Träumerei und Todesliebe. Nun meinte er, daß es die Aufgabe der deutschen Politik sei, unpolitisch zu sein, und der Krieg geführt werde für die deutsche Kultur gegen die politisierte, demokratisierte Zivilisation des Westens. Insofern dieser schöne, hoch gescheite, redliche Wirrwarr praktisch überhaupt einen Sinn hatte, lief er auf eine Verteidigung des längst in seinen Grundfesten erschütterten deutschen Obrigkeitsstaates hinaus; wie sein Buch – »Betrachtungen eines Unpolitischen« – denn auch direkt gegen die Verhimmelung des demokratischen Frankreich gerichtet war, die sein Bruder Heinrich betrieb. Dabei ließ er häufig durchblicken, daß er, was er bekämpfte, auch in sich selber hatte und die von ihm verfochtene Sache ohnehin eine verlorene sei. Ein paar Jahre später bekannte er sich zur Republik. So wie er aber dem Krieg einen Sinn erfunden hatte, der mit der Wirklichkeit sehr wenig zu tun haben konnte, so war auch seine geistige Begründung der Republik eine schön erdachte, aus alter deutscher Dichtung zusammengereimte; Literatur, nicht Wirklichkeit. Die Partei- und Verbandsbürokratien konnten mit so feinem Denkstoff gar nichts anfangen, die linken so wenig wie die rechten. Romantisch und der politischen Wirklichkeit fremd war allerdings auch die studentische Jugend, an die Thomas Manns Rede »von deutscher Republik« vornehmlich gerichtet war; aber die wollte damals von gar keiner Demokratie etwas wissen, von einer auf deutscher Klassik und Romantik geistig konstruierten so wenig wie von der ordinären wirklichen. Der Dichter und sein Volk redeten und hörten so immer aneinander vorbei. Thomas Mann war ein tieferer Denker als sein Bruder Heinrich. Dieser hielt den Gedanken an, wo es ihm paßte; jener dachte fort und fort und scheute auch vor der quälendsten Wahrheit nicht zurück. Er war gesegnet und belastet mit Menschensorge, und wenn er an der Wahrheit zweifelte, so tat er es aus Wahrheitsliebe. Das aber hatten beide Brüder gemeinsam, daß, wie sie sich auch verpflichtet fühlten, in die Politik klärend einzugreifen, sie im Grund doch nur mit den Produkten ihres eigenen Geistes hantierten und an die Wirklichkeit kaum herankamen. . . Wie wenig Thomas Mann ursprünglich dazu gemacht war, wirkliche Entscheidungen zu vollziehen, zeigte demnächst sein großer Roman »Der Zauberberg«; ein feingeschnitztes Puppentheater gedanklicher und historischer Möglichkeiten, eine Bühne, auf der alles diskutiert und nichts entschieden wurde. Hier gab es den Hirnfanatiker, der den Terror voraussagt und den totalen Staat; hier den liebenswürdigen Fortschrittsfreund und liberalen Optimisten; den Psychoanalytiker, der vom Zusammenhang zwischen den Krankheiten des Körpers und der Seele gescheit und lüstern schwatzt; hier auch den deutschen Offizier, der schweigt, seine Pflicht tut und stirbt. Der Dichter mochte sie alle, mehr oder weniger, und bewegte sich frei zwischen ihnen, über ihnen; der lebendigen Darstellung, dem vollkommenen Ausdruck hingegeben, aber nicht der Wahl. Im rechten Augenblick erschienen, wurde der »Zauberberg« zum repräsentativen deutschen Roman der Stresemannjahre, ein Werk, aus dem Anregung und hohe Unterhaltung die Fülle, nicht aber belehrende Entscheidung zu gewinnen war. Praktisch, aller inneren Zweifel und Gegenzweifel ungeachtet, hielt sein Autor es dennoch mit dem »Fortschritt«, fuhr er auf dem, was er für den freundlichen

Strom der Zeit halten wollte, und redete er bei häufigen Anlässen zum Guten: soziale Gerechtigkeit und Klassenausgleich, deutsch-französische Verständigung, Paneuropa. Schöne Aussichten, deren Verwirklichung ihm den Frieden zur Arbeit an seinen wahren, unpolitischen Anliegen geben sollte. Zuletzt, als von der extremen Rechten her der große Angriff auf die Republik begann, wurde er zum Kämpfer. Sein »Ja« war immer nur ein halbes, von Kritik und Selbstkritik geschwächtes gewesen. Sein Nein war eindeutig und stark. Hier gab der große Bürger dem Bürgertum ein persönliches Beispiel, dem es hätte folgen können. — Es hätte ihm folgen sollen. Es ist ihm, ein Vierteljahrhundert zu spät, ja dann auch ungefähr gefolgt. Und dies bleibt die Ehre Thomas Manns, des Politikers; das, was er anriet und kommen sah, die deutsch-französische Verständigung, die Einigung Europas, die soziale Demokratie, die Versöhnung zwischen Bürgertum und »Marxismus« hat er in den letzten Jahren seines Lebens dann doch noch sich anbahnen sehen. Soll man sagen, daß er im Irrtum war, weil es sich später anbahnte, als er gehofft hatte, und davor noch faulige Ideen der achtzehnhundertneunziger Jahre, faulige Energien von 1919 und die Verzweiflung der Wirtschaftskrise von 1930 sich zu dem Rückschlag des elenden Naziabenteuers vereinten? Soll man nicht eher sagen, er war schon damals im Recht, und nicht er irrte, sondern die wirkliche Geschichte? . . .
Wenn Gerhart Hauptmann und die Brüder Mann ihren Ruhm herliehen zu Zwecken demokratischer Repräsentanz, so hielten andere große Schriftsteller, die in die Weimarer Epoche hinüberlebten, sich abseits. Nach wie vor sandte Hermann Hesse aus der Schweiz seine Gedichte und schwermütigen Jünglingsromane. Er erwarb sich neue Freunde damit unter der deutschen Jugend, aber zuckte gleichgültig die Achseln über das deutsche Reich; ein Fremdling in seiner Zeit, willkommen anderen Fremdlingen, in lauter, hektischer Gegenwart ohne innere Einordnung Wandelnden. Stolz und fremd in ihrer Zeit, sehnsuchtsvoll der alten deutschen Vergangenheit zugekehrt, die sie in ihren geschichtlichen Studien so schön zu beschwören wußte, lebte auch Ricarda Huch, obgleich der Staat sie in seine Akademien berief und eine öffentliche Figur aus ihr zu machen versuchte. In Wien webte Hugo von Hofmannsthal an seinen Operntexten, seinen Erzählungen aus dem 18. Jahrhundert, seinen noblen geistigen und philologischen Untersuchungen. »Was sollen wir österreichischen Schriftsteller nun machen?« hatte man ihn nach der Auflösung des alten Österreich gefragt, und der Dichter hatte geantwortet: Sterben. Gleichwohl überlebte er die Monarchie um ein Jahrzehnt, versuchte er sogar, nun, da es kein Habsburger Reich mehr gab,

als Deutscher zu Gesamtdeutschland zu sprechen. Tat er das aber einmal, so tat er es nicht im Zeichen der Republik. Was hatten Lohnkämpfe und Parteienkoalitionen zu tun mit dem Geisterreich aus Schönheit und Bangigkeit, in dem der übersensitive Aristokrat sich bewegte? . . . Edle Namen; wir könnten sie um andere vermehren, wenn wir vornehmlich Geistes- oder Literaturgeschichte schrieben. Das war ja aber nicht unser Auftrag. Dieser ging auf das Schicksal der Nation, so wie es, obgleich von überall genährt und bestimmt, seine Zuspitzung und Entscheidung im Politischen findet.

Wir sprachen davon, daß von den politischen Parteien des Reiches sich eigentlich nur die zahlenmäßig unbedeutende »Demokratische« zum Geist der Verfassung bekannte. Praktisch taten das auch und vor allem die Sozialdemokraten. Dagegen blieb ihre theoretische Stellung ungeklärt. Denn wie sehr sie sich auch in Wirklichkeit vom »Kommunistischen Manifest« entfernt hatten, so hatten sie es doch nie ausdrücklich verworfen. Noch immer gingen die alten Herren der Partei, die Crispin und Scheidemann, im Schlapphut und Vollbart des Marxisten aus dem vorigen Jahrhundert umher. Auch Wortführer der mittleren Generation, die Breitscheid und Hilferding, griffen bei ihren Reden noch reichlich in den Marxschen Wort- und Gedankenschatz. Aber für Marx war die »bürgerliche« Republik im besten Fall doch immer nur ein Vorspiel, ein Sprungbrett zu Weiterem gewesen. Was war dann nun eigentlich die Weimarer Republik? War sie der Staat des Volkes, der Arbeiter? Oder war sie es nicht und sollte das Wahre, die sozialistische Revolution erst noch kommen? Verstrickt in alte Theorie und neue praktische Notwendigkeiten, haben die Weimarer Sozialdemokraten diese Frage nie klar beantwortet. Sie sprachen von der bürgerlichen Republik, aus der man zunächst einmal das Bestmögliche für die Arbeiter »herausholen« müsse. Das hieß, daß die zweite, proletarische Revolution erst noch bevorstand. Gleichzeitig aber regierten sie doch, hatten in der Hauptstadt Berlin, im großen Bundesland Preußen die Ordnung zu verteidigen und standen von Amts, wie auch von Partei wegen auf Kriegsfuß mit den Kommunisten, die Ernst machen wollten mit der zweiten Revolution. Ein ungeschickter Widerspruch. Je weniger die Marxsche Lehre zur Wirklichkeit und zu ihrem eigenen Tun paßte, desto zäher hielten die sozialdemokratischen Führer an ihr fest; aus dem Gefühl heraus, daß sie mit dem »wissenschaftlichen Sozialismus« den Boden preisgäben, auf dem sie standen. Als ob es nicht neue Aufgaben die Fülle gegeben hätte, unvorhergesehen von einer hundert Jahre alten »Wissenschaft«, als ob es zur Meisterung dieser Aufgaben nicht neuen Geistes, frischen Blutes bedurft hätte. Aber es kam

wenig frisches Blut. Die Starrheit der Sozialdemokratie hielt die geistig heimatlos gewordene bürgerliche Jugend ab, zu ihr zu stoßen, und auch die jungen Arbeiter begann die ewige Wiederholung derselben abstrakten These zu langweilen. Unter den Jüngeren, der Frontkämpfergeneration, gab es Männer, die sich sehr ernsthaft mühten, den toten Punkt zu überwinden. Es galt, so meinten sie, loszukommen von der Theorie des Klassenkampfes, den es von der Unternehmerseite her freilich gab, ohne daß man ihn deswegen philosophisch zu bejahen brauchte. Es galt, die Halbwahrheiten des historischen Materialismus auf ihren rechten Platz zu stellen und neben ihnen Platz zu machen für Glauben, Freiheit, Willen, Liebe. Man sollte nicht warten auf den jüngsten Tag der Revolution, sondern verwirklichen, was jetzt und hier verwirklicht werden konnte, und den Marxismus zum Teufel schicken. Die Preußenminister, Braun und Severing, Praktiker und gute Patrioten, hätten dieser Gruppe eigentlich nahestehen müssen, hatten aber wenig Zeit und Hang, sich um Philosophie zu kümmern. Eigentlich durchgesetzt hat sie sich nie. »Die vielen theoretischen Debatten«, schreibt im Rückblick der edle Julius Leber, »drehten sich immer wieder im Kreise, an die eigentliche praktische Problematik kamen sie überhaupt nicht heran. Es war wie mit einem Schiff, das vor Anker liegt, es dreht, es wendet, es treibt vor in Wind und Strömung, nach hier und nach dort, aber immer nur in einem Kreis, dessen Radius die Ankertrosse bildet. So hingen alle sozialdemokratischen politischen Anschauungen und Überlegungen am Anker überholter marxistischer Vorstellungen. . .«
Anderen war die Partei nicht marxistisch und revolutionär genug. Sie hatte, indem sie sich auf die bürgerliche Republik einstellte, die große Sache verraten. Diese Anklagethese, den Kommunisten vertraut, wurde auch gern von Männern vorgebracht, denen es an der partei-kommunistischen Disziplin und Beschränktheit fehlte — ungebundenen Linksliteraten. Von ihnen gab es in Berlin eine Menge und hochbegabte darunter. Die hellsichtige Bosheit, mit der Kurt Tucholsky die Republik verspottete, alle ihre Lahmheiten und Falschheiten, erinnerte von ferne an Heinrich Heine. Von Witz und Haß des großen Dichters war ein Stück in ihm, nur leider wenig von seiner Liebe. Die radikale Literatur konnte kritisieren, verhöhnen, demaskieren und erwarb sich eine leichte, für die Gediegenheit des eigenen Charakters noch nichts beweisende Überlegenheit damit. Sie war ihr Handwerk gewöhnt von Kaisers Zeiten her und setzte es fort unter der Republik, die es an Zielscheiben für ihren Hohn auch nicht fehlen ließ. Was half es? Dann vielleicht half es etwas, wenn der Protest von einem echten Dichtergenie getragen wurde, wie dies bei Bertolt Brecht der

Fall war. Schöne Gedichte helfen immer, bringen immer etwas Ordnung, tun der Seele immer gut. Aber selbst in den Dichtungen und Theaterstücken Brechts fehlte es nicht an provozierender Frechheit und Unverantwortlichkeit, an sensationshaschenden Arrangements. Und so grimmig diese ungebundene Linke die Republik verhöhnte und so wenig sie mit der Sozialdemokratie zu tun hatte, so wurde sie auf der Rechten doch als ein typischer Ausdruck des »Systems« empfunden: »Asphaltliteratur«, »jüdisch-zersetzende Intelligenz«, oder was die gängigen Ausdrücke waren. Die radikale Literatur gehörte nicht zur Republik, wohl aber zur republikanischen Zeit, in der allein sie in den Zeitschriften und auf dem Theater so laut zu Worte kommen konnte. Sie tat der Republik doppelt weh; indem sie unbarmherzig ihre Schwächen aufdeckte; und indem sie trotzdem als gültiger Ausdruck republikanischen Geistes empfunden wurde. So als sei dieser ein rein negativer, am besten vertreten durch Witzbolde, die ihr Vaterland und wohl gar ihre eigene Sache verhöhnten.

Ein kaum weniger fragwürdiger geistiger Bundesgenosse der Demokratie war die fortschrittliche Sozialwissenschaft, so wie sie an einigen Universitäten gelehrt werden durfte. In der Nachfolge Max Webers, der die »Wertfreiheit« oder reine Sachlichkeit der Soziologie gefordert hatte, aber kaum mit dessen menschlicher Größe. Auch in der Nachfolge von Marx. Man verfeinerte seine Methoden, hielt aber fest an seinen Grundthesen, vor allem an jener von der »Standortgebundenheit« aller sozialen und moralischen Ideen. In einfachem Deutsch: es kam Ideen und Werten keine Wahrheit zu; man mußte zeigen, welche Interessen sie maskierten, woher sie kamen und warum sie zu vergehen verurteilt waren. Auch das gab dem Lehrer eine Gelegenheit, seine Gescheitheit zu beweisen, aber sonst gab es dem Schüler nicht viel. Wie konnte man helfen, die »geistige Krise« zu überwinden, von der man so gerne sprach, wenn alle Glaubensgehalte nur als vergängliche gesellschaftliche Erscheinungen galten? Was Wunder, daß die Schüler den Lehrern davonliefen? Daß die Soziologie, als nun die letzte, wirkliche Krise kam, offenen Mundes dastand, unfähig, die Dinge zu verstehen, was doch gerade ihr Beruf gewesen wäre, geschweige denn, zu einem Hort des Widerstandes zu werden? Um wieviel hilfreicher waren hier die alten Zentren des Glaubens und der Tradition, die christlichen Kirchen.

Weit entfernt von »Wissenssoziologie«, »Ideologienlehre«, »Krisenanalyse« oder wie sonst solche Bemühungen genannt wurden, war eine Philosophie, die gleichzeitig sich an den Universitäten erhob: die »Existenzphilosophie«. Auch sie war zeittypisch und in hohem Maße zeitbewußt, aber nicht in dem

Sinn, daß sie um die neuesten Produkte der Geschichte, Republik, Demokratie, Wirtschaft und Gesellschaft sich groß gekümmert hätte. Das tat sie gar nicht. Wenn sie sich auf die Beschreibung von Staat, Kultur, Gesellschaft und Wirtschaft überhaupt einließ, so nur darum, um den einzelnen zu zeigen, daß in dieser, der öffentlichen Sphäre die Sinnerfüllung seines Lebens nicht zu finden sei. Die öffentliche Sphäre — das war Fürsorge für das Dasein der Massen, Staats- und Parteibürokratie, hohle, unehrliche Demagogie, war oberflächliche Unterhaltung, Sensation, »Gerede«. Das hatte die Geschichte so gemacht, das mußte so sein, und daran war nichts zu ändern. Aber es war kein Heil darin, keine Heimat, kein Halt. Diese Welt war entgöttert; man glaubte den Philosophen nicht mehr, die Gott in der Geschichte, im Staat gesucht hatten. Der einzelne, der sein Leben erfüllen wollte, mußte es in Freiheit, kraft eigenen Wagnisses tun, ohne sich an das Getriebe des »Man« zu verlieren; im Bündnis mit anderen einzelnen. Das kam einer Philosophie der Verzweiflung ziemlich nahe, obgleich die beiden wesentlichsten Vertreter dieser neuen Schule den Abgrund von Einsamkeit und Verlorenheit nur zeigen, nicht ihn mit Opfern füllen wollten. Von ihnen war der eine (Karl Jaspers) ein ernster, an Wissen reicher Mann, ein echter Schüler Kants; gab er seinen Schülern keine positiven Glaubensstücke, so lehrte er sie doch nützliche Unterscheidungen zwischen dem Wißbaren und dem im Glauben Erfahrbaren, zwischen Notwendigkeit und Freiheit, zwischen dem Geschichtlichen und Ewigen. Den anderen (Martin Heidegger) mag man den Poetischeren nennen, aber er trieb Wortgaukelei; ein Miteinander von Tiefsinn und geistigem Betrug. Beide lehrten sie in überfüllten Sälen, gaben sie der studentischen Jugend etwas, was sie seit Hegels Tod nicht mehr erhalten hatte, eine Philosophie, die sie etwas anging. Das mag man ihnen danken. Zur Politik der Gegenwart verhielten sie sich indifferent oder feindlich; wie denn auch der Zweiterwähnte sich, aus Ehrgeiz, in der nachfolgenden Epoche übel genug bewährt hat.

Berater der Nation auch im Politischen wollten die Historiker sein, aber sie machten ihren alten Kram weiter. Noch immer waren sie vorwiegend die Schüler oder Schülersschüler der alten nationalliberalen Preußenverherrlicher und Bismarckianer, wenn auch der Geist Droysens, das Feuer Treitschkes ihnen fehlte. Mit preiswürdiger wissenschaftlicher Technik und nur ein wenig getrübtem Wahrheitswillen versuchten sie wieder und wieder nachzuweisen, daß Frankreich am Krieg von 1870 schuld sei und Deutschland unschuldig am Krieg von 1914; oder daß, wenn ihm schon ein kleiner Teil der Schuld zukomme, es die Schuld der Ungeschicklichkeit, nie aber des bösen Willens gewesen sei. Einzelne kritisierten

Wilhelm II., einzelne den Reichskanzler Bülow oder führten alle deutschen Irrungen zurück auf den Sturz Bismarcks; und ließen sich gar nicht ein auf die Frage, ob denn nicht manches grundfalsch gewesen sein mußte in einem Staate, in dessen Geschichte die Entlassung eines einzigen, ohnehin dem Grabe nahen Greises ein so folgenschweres Ereignis war. Die Weimarer Republik hielten sie für eine von der Geschichte noch nicht gerechtfertigte und vielleicht – wahrscheinlich – nie zu rechtfertigende Sache. Für geschichtlich legitim hielten sie dagegen die Auflösung der Habsburger Monarchie. Hatte nicht schon der junge Bismarck Preußen mit einer schmucken Fregatte, Österreich mit einem wurmstichigen alten Orlogschiff verglichen? War das Ende Habsburgs nicht eine Erfüllung früher nationaler Träume, die Weimarer Republik nicht ein, freilich unwürdiger, Erbe Preußen-Deutschlands? Den Nachfolgern der alten Kleindeutschen konnte es nur recht sein, daß es jetzt die Donaumonarchie nicht mehr gab. Der Gegensatz Großdeutsch-Kleindeutsch fiel damit dahin, aber fiel dahin im kleindeutschen Sinn. Denn es war nun Sache Deutsch-Österreichs, sich dem Reich anzuschließen, und Wien sollte von Berlin das Gesetz annehmen, nicht umgekehrt ... Die deutschen Historiker hatten, aller schönen Einzelleistungen ungeachtet, seit 1914 wenig gelernt und wenig vergessen. Sie blieben befangen in den Ideen des Nationalstaates und hielten Deutschland für mindestens so wichtig wie die gesamte übrige Welt. Fruchtbare nationale Selbstkritik ist von ihnen damals nicht viel gekommen.

Anders geartet war der geistige Irrblock, den, noch im letzten Kriegsjahr, ein Einzelgänger in den stagnierenden Strom deutschen Geschichtsdenkens warf, wo er nun lag und die Wasser teilte. Wir meinen Oswald Spenglers »Untergang des Abendlandes« und die späteren Nebenwerke des starken, wunderlichen Mannes. Der »Untergang« gehört zur Weimarer Epoche so gut wie der »Zauberberg« und noch mehr, weil er gleich am Anfang erschien und gleich am Anfang den republikanischen Versuch mit eindrucksvollen Argumenten verneinte. Wenn Spengler recht hatte, dann hatten die Demokraten nicht recht, dann standen uns ganz andere Dinge bevor als Parlamentsregierung, bürgerliche Freiheit und ewiger Friede. Spengler war so deutsch wie Thomas Mann, aber auf ganz andere Weise. Er gehörte nicht zur Gattung der Suchenden, Zarten und Scheuen. Er wußte Bescheid ein für allemal, so wie vor ihm Karl Marx Bescheid gewußt hatte. Mit furchtbarem Ehrgeiz, mit gewaltiger Schriftstellerwillenskraft unternahm er, sich ein Alleswissen und mit ihm das Publikum zu erobern. »In diesem Buch«, fing er an, »wird zum erstenmal der Versuch gemacht, Geschichte vorauszubestimmen.«

Hegel, hundert Jahre früher, hatte das nicht getan. Der hatte nur die Vergangenheit verstehen wollen und die Gegenwart, welche geronnene Vergangenheit war; über die Zukunft hatte er wohlweislich kein Wort gesagt. Spengler, wie Hegel, war sich bewußt, in einer zur Neige gehenden Epoche der Geschichte zu leben, er war so angeregt durch den Weltkrieg, wie Hegel durch die Erscheinung Napoleons. Wie Hegel wollte er einmal so recht und vollständig begreifen, was eigentlich mit seiner Zeit los war. Eine Versuchung des Denkens, zumal des deutschen Denkens, in Krisenzeiten. Vergleicht man aber beider Werke, so sieht man, wie der deutsche Geist in hundert Jahren an Feinheit und Tiefe verloren hatte. Wie war doch Hegels Philosophie noch mit griechischer und christlicher Tradition, mit Humanismus und Idealismus, mit Glauben an das Rechte und ewig Wahre gesättigt, wie brutal und simpel ist dagegen die Spenglersche. Das, was schon in Hegel Gefährliches war, übernahm Spengler; die Verherrlichung des Krieges, die Vergottung von Macht und Erfolg. Für Hegels Menschheitsglauben, die Zartheiten und Schönheiten und verdrehten Frömmigkeiten der Dialektik hatte er keinen Gebrauch. Der Mensch, bei Hegel, kam wohl aus der Natur nie los; seine Aufgabe war doch, auf der Basis des Natürlichen zu sich selber zu kommen, Geist zu werden, den in ihn gelegten, nie erloschenen göttlichen Funken zum Feuer zu entfachen. Für Spengler war der Mensch ein Raubtier und blieb es, vor anderen hauptsächlich dadurch ausgezeichnet, daß er eine »Greifhand« besaß; und Ideen von Menschheit, Recht und Wahrheit waren faule Demokratenwitze. Daß der Mensch zum Tier werden kann und viel schlimmer als das Tier, hatte die Erfahrung des Krieges gezeigt. Auch andere hatten das bemerkt und sich ihre Gedanken darüber gemacht; Sigmund Freud zum Beispiel, der Psychologe. Der lehrte, daß der primitive Mensch ein Mörder gewesen sei, daß wir von einer »Rasse von Mördern« abstammten und die alte Mordlust, trotz aller Zivilisation, noch unterdrückt in uns lebte, um hervorzubrechen, wenn ihr eine Chance geboten war; daß Friede und Ordnung und Kultur etwas hart Erkämpftes, immer Bedrohtes, durch aufklärende Wissenschaft zu Verteidigendes waren und bleiben mußten. Spengler ließ schmunzelnd die Mordlust gelten, aber strich, was Freud über die Verteidigung und Rettung menschenwürdiger Existenz zu sagen hatte.

Sein Grundgedanke läßt sich in wenigen Sätzen ausdrücken. Kulturen, behauptete er, entstehen und vergehen wie organische Wesen. Was anderen Kulturen schon geschehen war, das stand nun der europäisch-amerikanischen bevor, der Tod. Vorher waren jedoch noch einige interessante Dinge zu erwarten. Jede Kultur ging, wenn sie dem Ende nahe kam,

durch die Phase der »Zivilisation«: Technisierung, Zusammenballung der Massen in riesigen Städten, Herrschaft des Geldes. Dem entsprach im Politischen die Demokratie: eine pfiffige Erfindung der Kapitalisten, um ihre Herrschaft zu verlarven, die Massen je nach Bedarf aufzupeitschen oder zu zähmen. Da hörte man dann das Gerede von Gleichheit und Freiheit, von der Humanität, vom ewigen Frieden und anderen solchen hohlen Idealen; während gleichzeitig die höheren Leistungen der Kultur, Kunst, Musik, Dichtung, Philosophie, religiöser Glaube ganz unvermeidlich zum Teufel gingen. »Religiös ist das Abendland fertig.« Das war aber, nach Spengler, das Ende noch nicht. Gegen die Demokraten und Plutokraten erhob sich eine neue Rasse: die echten, harten Kapitäne von Wirtschaft, Armee und Staat, die Cäsaren der Zukunft. Ihnen ging es nicht um Reichtum und Genuß, sondern um Gestaltung der Macht zu hohen, gnadenlosen Zwecken. Da würden dann Diktatoren erscheinen, von denen Napoleon und Bismarck und Ludendorff nur einen schwachen Vorgeschmack gaben. Da würde es dann Kriege geben, die den eben beendeten zum Kinderspiel machten; die Humanitätsphrasendrescher, die schöngeistigen Schwächlinge würden in diesem Sturm versinken, und das sei kein Schade. Blut würde aufstehen gegen Gold, und das Blut würde siegen. Und dann? Dann sei allerdings das Ende erreicht. Nach den Großkriegen und Siegen und geistlosen, aber vornehmen, stählernen, harten Reichen der Diktatoren komme nichts mehr. Die Europäer würden dann in das Dasein geschichtsloser Fellachen zurücksinken und Berlin und London so aussehen wie Ninive.
Eigentlich keine erfreulichen Aussichten. Jedoch verbot uns Spengler, über sie zu jammern; über das Unvermeidliche jammerte nur das Elende, während der Tapfere sich männlich dreinschickte. Er starb »prachtvoll«, nicht auf häßlich-verkümmerte Weise, und prachtvoll sollte der Untergang des Abendlandes sein. . . Dem Publikum, einem großen Teil von ihm, gefiel diese Aufforderung, Alten und Jungen. Was sie lasen, gab ihrem Zeiterlebnis einen Sinn, und während sie lasen, erschienen schon solche Diktatoren, wie Spengler sie prophezeite, am Horizont: Lenin in Rußland, dann Mussolini in Italien. Nicht das Ende, welches er voraussagte, interessierte die Leute, das lag ja noch im weiten Feld. Was Oswald Spengler zu einer zentralen geistigen Figur machte, war seine Charakteristik der Gegenwart und der nahen Zukunft. Auch andere verwarfen die Republik. Aber er verwarf sie anders als die anderen, stellte sich außerhalb ihrer Gegensätze, nahm eine vom Kampf der parlamentarischen Parteien gar nicht zu erfassende Position ein. Er war gegen die Monarchie, gegen jeden Versuch einer Restauration; gegen den Kapitalismus;

gegen die Demokraten, die Sozialisten, die Kommunisten, und was sonst noch sich den Wählern zur Wahl bot. Das war gleich veraltet, das gehörte alles zur Phase »Demokratie«, auch wenn es vor dem Publikum Krieg gegen sich selber spielte. Die kommende harte Zeit würde es hinwegfegen. Ein neuer Sozialismus würde eins werden mit einem Soldatentum und einem neuen, nicht »Kapitalismus«, aber starken Führertum auch in der Wirtschaft, ausgeübt durch Könner im Dienst der Gemeinschaft. Alle würden Diener sein, alle Arbeiter und Soldaten, einige wenige zugleich Herren und Diener. Auf dem Papier las sich das recht schön. »Blut gegen Gold« lehrte Spengler, und

Arbeit gegen Geldsack,
Blut gegen Gold!

sangen später die Nationalsozialisten. Als nun aber in den dreißiger Jahren der deutsche Cäsar erschien und daranging, das Reich des Arbeitssoldaten, den »preußischen Sozialismus« zu verwirklichen, da gefiel es dem Propheten auch wieder nicht. Er hatte sich's eleganter vorgestellt.

Indem Spengler das alte Preußen lobte und doch die Monarchisten tadelte, das Fortschrittsideal verhöhnte, den Krieg verherrlichte und doch sich als Sozialist gab, indem er so die hergebrachten Denkformen der Politik völlig durcheinanderwarf, wurde er zum Mitbegründer einer geistigen Bewegung, die der Erzähler nicht verschweigen kann, so wirr sie auch ist und so wenig Wirkliches zuletzt aus ihr wurde. Man nennt sie die »Konservative Revolution«. An sich eine wunderliche Wortverbindung. Denn Konservation heißt ja auf deutsch Erhaltung, und Revolution heißt Umsturz. »Erhaltender Umsturz« — was soll das nun heißen? Es hieß, daß seine Befürworter nicht *eine* Position innerhalb der Republik verwarfen, sondern die ganze Republik und die ganze Gegenwart; daß sie »Rechts« für so veraltet hielten wie »Links« und ganz neue Fragen stellen, ganz neue Ideale bieten wollten. Das war ihnen allen gemeinsam, wie sehr auch sonst ihre Meinungen auseinandergingen. Zu zahlenmäßig gewichtigen Organisationen eigneten sie sich schon darum nicht, weil das, was sie wollten, zu sehr auf ihrem individuellen Charakter, Talent, Erlebnis, Wunschtraum und Hochmut beruhte. Das gab kleine Gruppen und Kreise, Zeitschriften, Gedichte, Essays — nicht Parteien. Das Antlitz der europäischen Demokratie mißfiel ihnen; der Genfer Völkerbund mit seiner ohnmächtigen Heuchelei; der Reichstag mit seinen Intrigen und Kuhhändeln; der Parlamentarier mit Zylinderhut, Zwinkerauge, Schmerbauch und gestreiften Hosen. Das war ihnen alles nichts. Ein

neues Reich ohne Parteienhader wollten sie, ein Reich der Jugend und männlichen Tugend — ein großes, stolzes Lagerfeuer anstatt der Hauptstadt Berlin. Vom modernen Staat erwarteten sie viel mehr, als er im besten Fall geben kann.
Sie kamen etwa aus der Jugendbewegung der Vorkriegszeit. Aber in ihren Bünden gingen sie hinaus über Wandervogel- und Pfadfinderwesen; ihr Anspruch, ihre Sehnsucht stiegen höher. Oder sie kamen aus dem Krieg, waren, wie es hieß, geformt durch das Fronterlebnis. Hier war Ernst Jünger der bedeutendste Sprecher; glorreicher Soldat und großer Stilist, Philosoph und Ästhet und Abenteurer. Was er damals eigentlich wollte, was er mit leidensreicher Sensitivität fürchtete und zu wollen nur vorgab, das können wir nicht wissen, und wahrscheinlich wußte er es selber nicht. Zweifel, die seinen feinen Geist quälten, verdeckte er hinter der Maske des stählernen Schriftstelleroffiziers, der dem Leser Befehle gibt. Und was für Befehle. Er forderte eine Revolution, um die die Jugend von 1918 betrogen worden sei, aber keine »linke« und auch keine »rechte«, sondern eben nur »Revolution«, und zwar eine gründliche. Aus ihr würde das »Reich des Arbeiters« hervorgehen, des harten, geistlosen, traumlosen Maschinenmannes, der beherrscht wird und sich selbst und alles beherrscht. Das würde der neue Aristokrat sein, ob er Kohle grub oder ein Flugzeug führte. Die Herrschaft über die Erde würde ein »Arbeitsgang von Kriegen«, von »Materialschlachten« bestimmen; zuletzt würde der Planet zur all-einen Fabrik- und Planlandschaft werden im Zeichen neuen, unbarmherzigen Rittertums. Fort mit dem, was uns noch geisterhaft mit der alten Zeit verband, die doch nicht mehr ins Leben zurückgerufen werden konnte! Fort mit dem Museumskram, mit der humanistischen Bildung, fort mit den plätschernden Brunnen auf alten Marktplätzen, den weichlichen, anachronistischen Belästigungen! Ein jedes Ding zu seiner Zeit. Der totale Staat, der heraufkam, würde keine Dichter und Träumer, keine Dorflinden und Posthornromantik, keine Boheme, keine Diskussion, natürlich auch keinen demokratischen Hokuspokus — oh, sehr viel würde er nicht mehr brauchen können!... Ein intuitiver Sinn für das, was wirklich bevorstand, mischte sich hier mit phantastischem Literatentum, mit Ästhetizismus. Aber Ernst Jünger sprach viele gescheite junge Leute an.
Sie drehte sich gegen sich selbst, diese »konservative Revolution«, und es wird uns heute noch schwindelig, wenn wir uns mit ihr beschäftigen. Die Idee vom »Arbeiterstaat« war vielen ihrer Vertreter gemeinsam, wenn sie darin auch nicht ganz so weit gingen wie Jünger. Es war eine hypermoderne Ansicht, einen dicken Strich gegen alle Vergangenheit ziehend, dem

Gemütlosen, Stählernen, Gläsernen zugewandt. Aber gleichzeitig waren unsere konservativen Revolutionäre doch noch Romantiker und schwärmerische Liebhaber von Vergangenem, ein Widerspruch, den auch Jünger erlebte und nicht verbergen konnte. Sie selber, oder ihre Vorgänger, hatten ja die schönen alten Lieder wiederentdeckt, hatten gelebt wie die fahrenden Schüler im Mittelalter, waren ausgezogen zur Fahrt in die alten Städtchen und in die fremden Länder. Ihr Gemeinschaftsideal nährten sie mit Worten und Begriffen aus dem Mittelalter; Stände gegen Klassen; Gilden gegen bloße Interessenvereine, und so fort. Mittelalterlicher Herkunft war selbst die Idee des Reiches, und von alter Hohenstaufenherrlichkeit kam manches bei ihnen vor. Ihr hoher Sinn für Brüderlichkeit und Abenteuer war feindlich der modernen Welt, ihrem Geschäftsgeist, ihrer Atomisierung, ihren vulgären Vergnügungen. Nun ist freilich das geistige Leben immer voller Widerspruch, und zumal von der Jugend verlangt man vergebens, daß sie einem einzigen System stimmiger Begriffe folge. Wir erinnern uns, wie vielspältig hundert Jahre früher die Sehnsucht der »Burschenschaft« gewesen war, wie auch sie ein Zurück zur guten alten Zeit wünschte und ein Vorwärts ins Neue, wie sie zugleich die Französische Revolution haßte und manches von ihr übernahm. Das aber muß man sagen, daß die jungen und halbjungen Männer von der »Konservativen Revolution« sich eine ungewöhnliche Wirrnis ihres Wollens gestatteten. Manchmal halfen sie sich damit, daß sie durchblicken ließen, es komme gar nicht mehr auf Meinungen an, an denen hätten wir gerade genug, sondern auf den Charakter, aufs Tun und Leben – worin sie allerdings nicht fehlgehen konnten. Sie waren ein lebendiges Zeichen der Zeit, und manches war schön, was sie boten und zusammen taten. Aber zur begrifflichen Klärung leisteten sie nichts und wollten auch gar nichts dazu leisten. Sie spielten nicht mit, denn das ganze öffentliche Spiel gefiel ihnen nicht; genug, wenn sie seine Regeln erschütterten, seine Steine durcheinanderwarfen. Ihr Beitrag lag im Protest gegen Staat und Gesellschaft, so wie sie waren.
Es gab sie unter den Hochschülern, auch wohl den Professoren; unter jungen Reichswehroffizieren; in den Frontkämpferverbänden. Gelegentlich versuchte ein Durchschnittskonservativer alten Schlages um sie zu werben und ihre Sprache zu sprechen. (Zum Beispiel Franz von Papen.) Gelegentlich versuchten sie es mit einer politischen Partei, mit Splittergruppen der extremen Rechten, mit den Kommunisten. Das ging selten gut aus. Es kam die Zeit, in der sie viel von sich reden machten, weil die Menschen Rat und Hilfe brauchten und, eben weil die Parteien versagt zu haben schienen, sie nun bei jenen suchten, die früh sich gegen das alte Parteiwesen gewandt hatten. Das

war die Zeit der großen Wirtschaftskrise. Danach versank die »Konservative Revolution« sehr rasch. Sie wurde aufgesogen und ruiniert von der wirklichen, gar nicht »konservativen« Revolution, die nun im Ernst begann.

Von Stresemann zu Brüning

Soll man die Vorgänge der Jahre 1918 und 1919 überhaupt einen Entschluß nennen, so hatte Deutschland sich zur Demokratie entschlossen, als der Parlamentarismus auch in seinen klassischen Ländern schon zu kränkeln begann. 1919 war die Weltstunde der Demokratie, aber keine glückliche Weltstunde. Präsident Wilsons demokratische Außenpolitik brach zusammen, und von den mannigfachen Staaten und Stätlein, die ihre Existenz ihm verdankten, waren viele nicht demokratiefähig und nicht einmal lebensfähig.

Daß in Deutschland Demokratie sein sollte, hatte die große Massenpartei, die sozialdemokratische, entschieden. Das Volk sollte sich selber regieren, die Mehrheit bestimmen — gleichgültig, *was* die Mehrheit bestimmte, gleichgültig, ob es überhaupt eine bestimmungsfähige Mehrheit geben würde. Das war brav und im demokratischen Sinn gesinnungstreu. Es war optimistisch: eine Mehrheit, eine vernünftige, konstruktive Mehrheit, würde es schon geben. Es war auch bequem, wälzte die Verantwortung von den Führern zurück auf das »Volk«. Das Volk war ein Chaos widerstreitender Hoffnungen und Ängste. Chaos ordnet sich nicht von allein; dazu gehören Ideen und Willen. Auch eine niedlich entworfene Verfassung reicht dazu nicht aus. Die Leiter der Sozialdemokratie ersetzten Führungswillen durch Ordnungswillen und durch große, menschlich ergreifende Biederkeit.

Um die Ordnung aufrechtzuerhalten, fehlte es ihnen nicht an vorzüglichen Verwaltungstechnikern, wohl aber an Machtmitteln. Diese schufen sie nicht sich selber, sie liehen sie von der alten Armee. Die alte Armee hielt das Reich zusammen 1919, 1920 und wieder 1923, wobei sie brutal gegen die extreme Linke, aber milde gegen die extreme Rechte verfuhr. Aus der alten Armee ging die Reichswehr hervor. Unter ihrem Chef, von Seeckt, wurde sie aufgebaut zu einem sich so nennenden Eliteheer, das, fern von allen Parteikämpfen, politisch neutral sein sollte. Da es aber bei den Parteikämpfen nicht bloß um innerrepublikanische Gegensätze ging, sondern um die Frage, Republik oder keine, so bedeutete die angebliche Neutralität der Reichswehr auch kalte Fremdheit gegenüber der Republik und allen ihren Einrichtungen; die diente, so hieß es, dem Volk und dem Staat, nicht der augenblicklichen vergänglichen

Staatsform. Vor allem sollte sie ein schneidendes Instrument in den Händen ihres Kommandierenden bleiben. Das Weitere würde man sehen.
Die Staatsführung der Sozialdemokraten enttäuschte die Wählermassen; und da sie ihr Amt, demokratisch korrekt, vom Auftrag der Wähler herleiteten, so verloren sie es schon 1920. Seitdem wurde im Reich »bürgerlich« regiert, das hieß von Leuten, deren Glauben an die von ihnen vertretenen und verwalteten Einrichtungen ein zweifelnder, wo nicht direkter Unglaube war. Trotzdem wurden die Sozialdemokraten nicht zur starken Oppositionspartei. Daß die Mehrheit regieren müßte, daß es zu jedem Gesetz einer Mehrheit im Reichstag, mithin, indirekt, einer Mehrheit der Nation bedurfte, diese Grundregel der Demokratie blieb vorläufig unbezweifelt. Mehrheiten ohne oder gegen die Sozialdemokratie waren jedoch schwer und häufig gar nicht zu finden, zumal die extremen Flügelparteien sich keiner Mehrheit einfügen ließen. Hier halfen die Sozialdemokraten sich, oder vielmehr dem Staat, durch die Praxis der »Tolerierung«. Sie stützten durch ihre Stimmen die »bürgerlichen« Regierungen, bei denen sie nicht aktiv mitmachen durften oder wollten; so die Reichskanzler Cuno und Stresemann im Jahre 1923, den Reichskanzler Luther im Jahre 1926. Sie bewilligten im Jahre 1923 ein »Ermächtigungsgesetz«, das es den Kanzlern Stresemann und Marx, vielmehr deren aus Industriekreisen stammenden Wirtschafts- und Finanzministern gestattete, alle die für die kleinen Leute, Arbeiter, Angestellte und Beamte sehr harten Maßnahmen zu treffen, welche die Währungsreform notwendig machte. Die Sozialdemokraten der Weimarer Zeit waren so meist in der Opposition und auch nicht, da ohne ihre passive Hilfe die Republik überhaupt nicht »regiert« werden konnte.
Noch wunderlicher wurde dies Verhältnis durch Preußen. Daß es den preußischen Staat überhaupt noch gab, daß zwei Drittel des Reiches noch »Preußen« hießen und hier die Verwaltung auf einer von den Dingen im »Reich« getrennten politischen Willensbildung beruhte, war eines der bezeichnenden Paradoxe der Weimarer Zeit. Preußen war ja längst kein echter Staat mehr, viel weniger als Bayern oder Württemberg. Dazu war es zu groß, zu sehr eins mit dem »Reich«, das es sich geschaffen hatte. Unter dem Kaiser hatte seine Fortexistenz der Dynastie, der Armee, den herrschenden Klassen gedient. Nun existierte es weiter durch das bloße Gewicht seiner Vergangenheit, weil man 1919 zu ermattet und faul gewesen war, sich etwas Besseres auszudenken. Da es aber schon weiter existierte und hier die Wahlergebnisse ein wenig günstiger blieben, so glaubten die Sozialdemokraten, in Preußen tun zu können, was sie im Reich nicht taten; aus dem alten Königs-

staat wollten sie einen demokratischen Musterstaat machen. Leicht war das nicht. Die entscheidenden Gesetze wurden im Reich gemacht: Steuern, Zölle, Arbeitsrecht, Sozialversicherung und natürlich die Außenpolitik und natürlich das Heer – alles das waren Reichssachen. Otto Braun, der langjährige preußische Ministerpräsident, verhehlt uns denn auch in seinem Erinnerungsbuch nicht, wie gründlich ihm das Reich – Reichsregierung, Reichsbank, Reichswehr – seine besten Pläne meist verdarb. Auch in Preußen konnten zudem die Sozialdemokraten nicht allein regieren. Sie arbeiteten zusammen mit dem Zentrum. Eine Verbindung der drei Oppositionsparteien der Bismarckzeit, Sozialdemokraten, Zentrum und Freisinn, das war an sich nichts Unnatürliches, damit hatte man es zunächst auch im Reich versucht; dort aber nicht für lange. Dann gab es dort den »Bürgerblock«. Und nun verhielt es sich so, daß die eigentliche Schicksalspartei der Weimarer Republik das Zentrum war. Ohne die Sozialdemokraten ging es zur Not, ohne das Zentrum ging es überhaupt nicht. Im Kleinen, wunderbar Organisierten, durch Religion fest Zusammengehaltenen spiegelte es die deutsche Gesellschaft wider; Unternehmer und Gewerkschaften, Kleinbauern und Gutsbesitzer, Weltstädter und Hinterwäldler, im Zentrum waren sie alle vertreten. Nicht zu Unrecht hatte die Partei ihren Mittelnamen, und die Worte ihres Gründers Windthorst »Extra Centrum Nulla Salus« sind für keine Epoche so wahr gewesen wie für die Erste Deutsche Republik. Je nachdem konnte sie sich nach rechts wenden oder nach links; für jeden Kurs hatte sie erprobte Politiker zur Verfügung, und es kam wohl auch vor, daß ein und derselbe Zentrumspolitiker sich mit beiden Richtungen zu befreunden vermochte. Im zerrissenen deutschen Vielparteienstaat, der es weder zu einer echten Mehrheit noch zu einer echten Opposition brachte, war es nützlich, solange es ging. In den preußischen zwei Dritteln des Reiches regierte das Zentrum zusammen mit den Sozialisten. In den drei Dritteln, im Reich selbst, regierte es zusammen mit den Antisozialisten von der Deutschen Volkspartei, mitunter sogar mit den Monarchisten, den Deutschnationalen. Die drei Drittel waren viel mächtiger als die zwei, viel wichtiger. Nicht das Reich mußte auf Preußen Rücksicht nehmen, sondern Preußen auf das Reich, sonst ging die preußische Regierungskoalition in Stücke. Die Regierung Preußens war viel stetiger als die Regierung des Reichs. Sie besaß Geschicklichkeit und Würde, und wo sie überhaupt konnte, handelte sie mit Energie. Und doch war es nur Drittelsmacht, Scheinmacht und Ohnmacht, was die Braun und Severing sich in Preußen aufgebaut zu haben glaubten. – Die politische »Neutralität« der Reichswehr, das heikle Neben- und Miteinander von Reich und

Preußen, die Tolerierung von Bürgerblockregierungen durch die Sozialdemokraten, die unermüdliche Wendigkeit des Zentrums — dies, ungefähr, waren die politischen Faktoren, welche die gute Zeit der Weimarer Republik bestimmten, 1924 bis 1928 und darüber hinaus.

Sinn erhielt die deutsche Politik jener Jahre durch den Außenminister aller der Bürgerblockregierungen, der Rechtskoalitionen und »großen Koalitionen«, Gustav Stresemann. Seine Diplomatie stützten die Sozialdemokraten, wenn sie die Kabinette des »Bürgerblockes« tolerierten. Es war die Diplomatie der Verständigung, des langsamen, friedlich-zähen Zurückgewinnens der deutschen Souveränität. Sie hatte Erfolg, wie wir schon sahen: »Locarno«, Deutschlands Eintritt in den Völkerbund, das Verschwinden der alliierten Kommission, welche bisher die deutsche Abrüstung hätte überwachen sollen, die beginnende Räumung der besetzten Gebiete westlich des Rheins. Auch die ausländischen Kredite wären nicht so reichlich zugeströmt ohne das Vertrauen, das Stresemann sich und seinen Auftraggebern erwarb. Aber unter welchen Anstrengungen! Er war nicht alt damals, er könnte im Augenblick, in dem dies niedergeschrieben wird, der Zahl seiner Jahre nach recht wohl noch leben. Wenn er dennoch leidend aussah und einen frühen Tod starb, so waren daran die Qualen seiner Arbeit schuld: die Zähigkeit der Materie, mit der er rang; Unverständnis und Bosheit eines großen Teiles seiner Landsleute. Man dankte ihm keinen seiner Erfolge, man hielt ihm alles noch nicht Erreichte höhnend vor. Den Geschäftsmann aus dem Kaiserreich, Ludendorffs Freund, der sich mit der Republik ausgesöhnt hatte und mit der Stellung der Arbeiterschaft in der Republik, man haßte und schmähte ihn beinahe so sehr wie Walther Rathenau. Weil er ein guter Parlamentarier war, durch immer neue Kompromisse die Koalitionsregierungen zusammenzuhalten sich mühte, hielt man ihn für korrupt. Weil er für Deutschlands Ebenbürtigkeit in Europa kämpfte, nicht aber für seine Überlegenheit, erschien er der extremen Rechten als Verräter.

So ist die gute Zeit der Weimarer Republik, wenn man näher zusieht, doch keine recht gute Zeit. Sie wurde auch nicht als solche empfunden. Von Krise, Schande, höchster Not schrieben die Zeitungen, als sei es nachgerade etwas Gewöhnliches. Die Regierungen, welche verfassungsgemäß einer Mehrheit im Reichstag bedurften, stürzten häufig, um in nur wenig veränderter Gestalt wiederzukehren. Das Volk gewann den Eindruck, daß ihr mühseliges Zusammenstellen nahezu so lang dauerte wie ihre Amtszeit, und fand den ganzen Betrieb unwürdig. Groß regte man sich auf über kleine Fragen: Sollten deutsche Konsulate in fremden Hafenstädten die alte schwarz-

weißrote Handelsflagge zeigen oder die schwarzrotgoldene der Republik? Durfte ein Enkel Wilhelms II. an Manövern der Armee teilnehmen? Törichte Streitfragen, die derselben leidigen Grundbedingung entstammten: man hatte eine Revolution gehabt, die keine war, man lebte angeblich in einem neuen Staat und hatte doch von dem alten sich nicht losreißen können oder wollen.
Der Unruhe, dem Gefühl des Provisorischen, das von der Rechten zum Gefühl des Unerträglichen nach Kräften aufgepeitscht wurde, waren auch die deutschen Ostgrenzen günstig. Das Verhältnis zwischen Deutschland und dem neuen polnischen Staat konnte kein gutes sein. Polen war ja auf Kosten Deutschlands entstanden, wie ehedem Preußen auf Kosten Polens. Daß polnisches Staatsgebiet die Provinz Ostpreußen vom Mutterland trennte, wäre an sich nicht so tragisch gewesen, hätten beide Völker sich verstanden und geachtet; aber da sie es nicht taten, viel mehr sich begierig auf jeden Gegenstand möglichen Ärgernisses stürzten, so wurde der »Korridor«, die Isolierung Ostpreußens und die künstliche Sonderexistenz der Freien Stadt Danzig unter Deutschen als Schande empfunden. In Locarno hatte Stresemann die Westgrenzen als endgültig anerkannt; im Osten hätte das kein deutscher Außenminister wagen können. Die Deutschen fühlten sich den kleinen slawischen Völkern überlegen in einem ganz anderen Sinn als jenem, in dem sie sich ohnehin den Franzosen überlegen fühlten. Daß Polen unter preußischer Herrschaft lebten, schien ihnen normal, der Stärkere dehnt sich aus gegen den Schwächeren; daß jetzt Millionen von Deutschen in Polen leben mußten, als geschichtlich ungültig und unerträglich. Vergleichbar lagen die Dinge in dem anderen hastig gegründeten Neustaat, der Tschechoslowakei. Auch hier lebten Deutsche als sogenannte nationale Minderheit; geschützt zwar durch verbriefte Rechte und den Völkerbund, aber doch schikaniert, wo es ohne allzu derben Rechtsbruch geschehen konnte. Die Tschechoslowakei wurde nicht wie Polen von Soldaten regiert, sondern von philosophischen Schönrednern; die Verwaltung, auf Habsburgischem Fundament ruhend, war besser. Aber dieselbe wechselseitige, dünkelhafte Abneigung trennte Deutsche und Tschechen, wobei diese sich als die moralisch Überlegenen, jene sich als die im Grunde doch Mächtigeren, geschichtlich Berechtigteren fühlten. Hatten sie nicht durch ihren Sieg über Rußland die ganze Neustaaterei im Osten erst ermöglicht? Jetzt erinnerte ein pomphafter »Siegesplatz« in Prag daran, daß die Tschechen im rechten Augenblick ins Lager der Sieger hinübermanöveriert worden waren; so als ob sie, und nicht zwei Drittel der bewohnten Erde, Deutschland zur Kapitulation gezwungen hätten. Beide, Polen und

Tschechoslowakei, unterhielten mit Frankreich ein Militärbündnis eindeutigen Vorzeichens.
Dann Österreich. Auch das erschien den Deutschen als eine im Grunde ungelöste Frage. Und wieder müssen wir gestehen: nicht ganz ohne Recht. Wie konnte man vergessen, daß die Österreicher 1919 den Anschluß an das Reich hatten vollziehen wollen, aber nicht dürfen? Was war denn nun dieser österreichische Staat, desgleichen es bisher nie gegeben? »Deutsch-Österreich« nannte er sich, und er war gebildet worden, indem man um ein Zehntel der alten Monarchie, in dem Deutsch gesprochen wurde, willkürliche Grenzen zog. Das machte noch keinen echten Staat aus, sicher keinen Nationalstaat, denn es gab keine österreichische Nation. Und dies Gebiet enthielt die alte Hauptstadt Südosteuropas, den Mittelpunkt so vieler Verkehrslinien, die jetzt durch Zollmauern unterbrochen wurden, den Hort einer glorreichen Vergangenheit, welche prangte in verödeten Palästen und Museen. Wien war unter den letzten Habsburgern zu einer sehr großen Stadt geworden, und das Hinterland, das man ihm gelassen hatte, war sehr schmal. Armes, schönes Österreich, so tief heruntergekommen durch fremde Torheit und durch eigene! Das Land war vorwiegend bäuerlich, katholisch und konservativ, die große Stadt vorwiegend sozialistisch. Daher eine ungesunde Spannung zwischen Stadt und Land. Die Armut ging tiefer als im Reich; in Deutschland war man wohlhabend, verglichen mit Österreich. . . Trotzdem bestand über die Frage des »Anschlusses« in den späteren zwanziger Jahren längst keine solche klare Einmütigkeit mehr wie 1919. Den beiden großen Parteien des Landes, den Sozialisten und den Christlich-Sozialen, Klerikalen, mißfiel die Entwicklung im Reich; es erkaltete der Wunsch, sich ihm anzuschließen und unterzuordnen. Gab es nicht doch auch andere Möglichkeiten? Gegen die Wiederherstellung der alten Einheit des Donauraumes in zeitgemäßerer Form stand die unausrottbare Angst und Abneigung aller der Völker und Klüngel und Individuen, die von der Auflösung des Habsburger Reiches den Vorteil gehabt hatten oder zu haben glaubten. In Prag fürchtete man den Geist der Habsburger mehr, als man die lebendige Macht der Deutschen fürchtete. Ein militärisches Bündnis der drei aufgeblähten Nachfolgestaaten Tschechoslowakei, Jugoslawien, Rumänien war in erster Linie gegen Ungarn und die Habsburger Vergangenheit gerichtet, nur in zweiter gegen das Deutsche Reich. Wien, wohin es sich auch wandte, fand keine gute Nachbarn. . .
In Deutschland sah man die Dinge einfach, ohne sich um Österreichs innere Entwicklung und Dialektik zu kümmern. Es war deutsch, es hatte 1919 deutsch sein wollen, und deutsch mußte es früher oder später werden.

Das war ein Kernproblem der Weimarer Republik, des Kindes der Niederlage. Bismarcks deutscher Staat hatte nie die ganze Nation umschlossen; nicht die Habsburgdeutschen, nicht die Deutschen, die in Rußlands baltischen Provinzen die Herren waren. Solange Deutschland stark war und mit den beiden Nachbarn auf gutem Fuße stand, war kein Grund zu ernster Sorge; es ging den Deutschen gut in Österreich, es ging ihnen leidlich, obgleich schon von 1914 zusehends weniger gut, unter dem Zaren. Jetzt war es anders. Der Triumph des Nationalismus im Osten fiel zusammen mit der deutschen Niederlage; das Reich besaß Macht und Prestige nicht mehr, um wie früher dem »Deutschtum im Ausland« seinen Schutz zu gewähren. Folglich lag der fragmentarische Charakter der Reichsgründung von 1871 nun viel klarer zu Tage als vorher. Daß Bismarcks Deutschland nicht »Großdeutschland« war, hatte man immer gewußt, ohne es im Hohenzollernglanze zu tragisch zu nehmen. Nun kam ein Begriff auf, der über den großdeutschen noch hinausging und für den das Wort »gesamtdeutsch« geprägt wurde. Ein revolutionärer Begriff. Wenn zu Deutschland nicht bloß die Österreicher gehören sollten, sondern jeder, der die deutsche Zunge sprach — das würde gewaltige Veränderungen auf der politischen Landkarte bedeuten. . . Wir kehren zu den Ereignissen zurück. — Der Feldmarschall von Hindenburg hatte während des Krieges einmal bemerkt, das mit Kaiser und Reich sei ja wohl ganz schön, er sei aber zu alt dafür, für ihn sei der Kaiser doch vor allem der König von Preußen. Bei einem Mann, der Bismarcks Laufbahn nahezu von Anfang an miterlebt hatte, der 1866 bei Königgrätz mit dabeigewesen war und 1871 bei der Kaiserproklamation im Spiegelsaal, waren das verständliche Gesinnungen. Immerhin, wer sich zu alt für das Kaiserreich fühlte, war wohl nicht jung genug für die Republik. Ein würdiger Ruhestand in Hannover, gelegentlich eine »Tannenbergfeier«, ein Beisammensein alter Kameraden, ein Handschreiben der verbannten Majestät — das hätte genügt für den robusten, aber der Zeit fremd gewordenen Greis.
Es kam anders. Die Weimarer Verfassung sah die Wahl des Reichspräsidenten durch das Volk, alle stimmberechtigten Männer und Frauen, vor. Der erste Präsident, Ebert, verdankte sein Amt noch keinem solchen Akt, ihn hatte die Nationalversammlung ernannt. Nach seinem Tod im Frühling 1925 mußte gewählt werden. Die vereinigte Rechte erkor sich Hindenburg zum Kandidaten, und Admiral von Tirpitz überredete ihn, die Ehre anzunehmen — ein Veteran von 1870 den anderen. Hindenburg wurde gewählt. Mit keiner bedeutenden Mehrheit. Hätten die Kommunisten nicht einen dritten Kandidaten aufgestellt, so hätte der »Volksblock«, repräsen-

tiert durch einen milden Zentrumsrepublikaner, über Hindenburgs »Reichsblock« triumphiert. Um nur der Republik zu schaden, auch wenn das ihnen gar nichts nützen konnte, führten die Kommunisten, in der unergründlichen Verblendung und Bosheit ihres Herzens, den kaiserlichen Marschall in das Präsidentenpalais. Da saß er nun. Was konnte es bedeuten?

Nichts Eindeutiges, zunächst. Für Hindenburg hatten alle »rechten« Gegner der Republik gestimmt, die Bismarckianer und Ludendorffianer, die Alldeutschen, die von der Vaterlandspartei, auch die »Partikularisten«; alle, um sie mit ihren neuen Namen zu nennen, von den »Nationalsozialisten« bis zur »Bayerischen Volkspartei«. Aber eben, daß vergleichsweise gemäßigte Gruppen mitgemacht hatten, nahm der Kandidatur ihre klare Bedeutung. Der alte Krieger führte den Wahlkampf auf ehrliche und maßvolle Weise. Natürlich sei er Monarchist, ließ er sagen, sei aber zu alt, um noch auf einen Umschwung zu hoffen, und werde ein gerechter Präsident und Hüter der Verfassung sein. Über diese dachte er ungefähr, wie sein König, Wilhelm I., vor zirka sechzig Jahren gedacht hatte: ob Verfassungen gut oder schlecht seien, wollte er nicht fragen, aber weil sie nun da seien, so mußte man sie auch einhalten. Das wollte Hindenburg, gleichgültig, was in Tirpitz' feinerem und böserem Geist vorging, als er den Alten einweihte. Die nach ihm kamen, mochten weitersehen.

Jahrelang ging es dann auch ganz passabel. Hindenburg repräsentierte würdig, obgleich ein wenig geizig, hielt sich streng an seine Pflichten, ging auf die Jagd, nahm Paraden ab, wie er es seit einem halben Jahrhundert gehalten, sprach auch hin und wieder mit einem Sozialdemokraten. Da waren ja ganz anständige Menschen darunter, Otto Braun, Hermann Müller und andere. Schade nur, daß sie »Sozis« waren, schade nur, daß sie nicht dort geblieben waren, wohin sie eigentlich eben doch gehörten: als tüchtige Vorarbeiter, biedere Feldwebel oder Gutsaufseher oder Schriftsetzer — das hätten sie eigentlich bleiben sollen. Aber die Zeiten waren nun einmal so und man mußte sich dreinfügen. Hindenburg gedachte nichts gegen den Geist der Zeit zu unternehmen. Phlegmatisch, schwerfällig, beschränkt in den Begriffen seines Standes, war er keineswegs unintelligent und beweglicher, als sein großes, starres Gesicht hätte glauben machen können. Hatte er nicht 1918 seinem Kaiser zur Flucht geraten, sich nicht durch einen revolutionären Akt zum Oberbefehlshaber machen lassen? Das ging ihm nach, darüber kam er nie hinweg, aber getan hatte er's doch. So wie er auch 1919 zur Unterzeichnung des Friedensvertrages geraten hatte. Wieder mit Kümmernis;

und wieder so, daß nicht recht deutlich wurde, daß er es getan hatte. Die Leute wollten es so, sie wollten den »Hindenburgmythos«. Hindenburg besaß Instinkt und Eitelkeit genug, um sein Gebaren entsprechend einzurichten. Er gab ihnen, was sie wollten. Jetzt, unter der Republik, wollten sie jemanden, der hoch über dem Sumpf der Parteihändel stand, der mit fester, väterlicher, wenn auch ein wenig verachtungsvoller Geste eingriff, wenn die Geburtswehen einer neuen Regierung zu schmählich lange dauerten — der »getreue Ekkart des deutschen Volkes«, ein Symbol des Unpolitischen, Unkorrupten in politischer, schwatzender Zeit. In Wirklichkeit war dann Hindenburg gar nicht so ganz unkorrupt. Aber solche kleinen Schönheitsfehler der Wirklichkeit übersehen wir besser. Die Hauptsache ist, wie Hindenburg den Leuten erschien. So erschien er; so war er auch zum Teil; und dabei hätte es, wenn nur sonst alles gutging, auch bleiben können.
Die Wirkung von Hindenburgs Anwesenheit in Berlin war eine überquere, widerspruchsvolle. Einerseits schadete er der Republik, wie Tirpitz und die Kommunisten es gewollt hatten. Denn daß der Mann kein Republikaner war, wußte jeder; er bot dem Volk einen Integrationspunkt, der gewissermaßen außerhalb der Republik lag. Andererseits war er eben doch der Reichspräsident. Wenn Hindenburg die Verfassung beschwor, wenn sein Haus die schwarzrotgoldene Flagge zeigte, so hob sich das Ansehen dieser Dinge ein wenig. Man konnte über die Republik denken, wie man wollte; ihr höchstes Amt hatte nun ein echter deutscher Mann, der allverehrte Feldmarschall, und das färbte ab auf andere Ämter. Zumal er doch keinen Spaß verstand, wenn es um einen Verfassungseid ging. Der alte Herr ging nicht mehr zu Offizierstreffen, bei denen ein Hoch auf den Kaiser ausgebracht wurde, so bitter ihn das ankam. Er unterhielt korrekte Beziehung zur Linksregierung in Preußen. Und als bei den Reichstagswahlen des Frühsommers 1928 die Sozialdemokratie noch einmal als stärkste Partei aus den Urnen hervorging, da stand er nicht an, ihrem Fraktionsvorsitzenden, Hermann Müller, die Kanzlerschaft anzubieten. Welche Müller auch annahm.
Ein normaler Vorgang. Die große alte Partei »erholte« sich in der Opposition, und wenn sie sich genügend erholt hatte, dann trat sie auch wieder einmal in die Regierung ein. Nicht um wesentliche Veränderungen in Wirtschaft und Gesellschaft vorzunehmen; das schien im Augenblick um so weniger notwendig, als die Niederlage der Rechten eine allgemeine, leidliche Zufriedenheit mit den Verhältnissen, das hieß mit der guten Wirtschaftskonjunktur hatte bemerken lassen. Sondern eben, um den Routinepflichten des Regierens würdig zu genügen und, wo es ging, etwas für die Arbeiterschaft »her-

auszuholen«. Sehr viel konnte das kaum werden, denn zur Mehrheit im Reichstag bedurfte es der sogenannten »Großen Koalition«, in der neben den Sozialisten Vertreter der erzkapitalistischen Deutschen Volkspartei saßen. Gewerkschaften und Großunternehmertum hatten wohl oder übel zusammen zu regieren, wie Anno 1923 zur Zeit von Stresemanns erster Kanzlerschaft, und zum letztenmal im Zeichen von Stresemanns Außenpolitik. Das Reichswehrministerium wurde dem braven Mann anvertraut, dessen wir uns von 1918 her erinnern, dem Württemberger General Wilhelm Groener.

Trübselig ist die Geschichte dieser letzten parlamentarischen Koalition. Es ging ihr wie einem Ausflug, der bei schönem Wetter unternommen wird, worauf der Himmel sich schnell und bösartig verdüstert. Man zieht weiter, weil man einmal angefangen hat, aber der Glaube wird immer geringer, die Stimmung immer gedrückter; bis endlich das Gewitter losbricht und alles auseinanderläuft.

Die Parteien handelten und tauschten miteinander wie gewöhnlich, und wie gewöhnlich waren die Sozialdemokraten die Verlierer beim Geschäft. Während des Wahlkampfes hatten sie sich hitzig gegen den Bau der kleinen Kriegsflotte ins Zeug gelegt, die der Friedensvertrag erlaubte, mit der man aber bisher nicht begonnen hatte: das Geld sei für die Speisung hungriger Schulkinder besser zu verwenden. Nun unter dem Druck der Armee beschloß die Regierung, mit einem Panzerkreuzer den Anfang zu machen. Der Reichskanzler gab den Koalitionspartnern nach, seine Partei nicht, so daß er als Abgeordneter gegen die Vorlage stimmen mußte, die er als Regierungschef eingebracht hatte. Der Bau des Schiffes wurde mit den Stimmen der Rechten bewilligt. Ein kleinlicher Vorgang, aber erwähnenswert. Die allgemeine Abrüstung war immer versprochen und nie durchgeführt worden; solange die Nachbarn sich Kriegsflotten hielten, hatte Deutschland guten Grund, es ihnen gleichzutun. Wollte man umgekehrt überhaupt keine Schiffe haben, dann hatte auch das Heer keinen Sinn. Aber solche grundsätzlichen Fragen wurden nie entschieden, es wurde nur von Fall zu Fall mit ihnen gespielt. Indem dann der Kanzler für die Flotte votierte, seine Partei aber dagegen, entstand die uns längst vertraute Situation; die Sozialisten waren, wenn sie »regierten«, zugleich auch in der Opposition, so wie sie umgekehrt in der Opposition oft zugleich auch die Regierung stützten. Das Ergebnis war eine Enttäuschung und Verwirrung ihrer Anhänger, erträglich nur darum, weil man der Treue des alten, festgefügten Wählerblocks alles zumuten konnte. Beinahe alles.

Unerfreulich wie er war, wurde der Streit um den Panzerkreuzer bald durch ernstere Probleme überschattet. Sie stiegen aus dem Wirtschaftsleben auf. Und von da ab erschienen alle Konflikte, die man sich in Zeiten leidlicher Prosperität gegönnt hatte, schwarzrotgold gegen schwarzweißrot, Konfessionsschule gegen Simultanschule, Heeresbudgets, Reichsreform und was noch, wie ein Kinderspiel.

Daß es mit der guten Wirtschaftskonjunktur zur Neige ging, dafür fehlte es schon 1928 nicht an Anzeichen. Das ausländische Kapital machte sich rar. Die Zahl der Erwerbslosen wuchs, mit ihr die finanzielle Last der Erwerbslosenversicherung; Steuereingänge schrumpften. In der Eisen- und Stahlindustrie kam es zu Aussperrungen, zu Lohnkämpfen, die nach langen schwierigen Verhandlungen durch staatlichen Schiedsspruch noch einmal geschlichtet werden konnten. Die Unternehmer begannen nun, gegen das ganze System der »politischen Löhne«, der Schiedsgerichtsbarkeit, der kollektiven, staatlich geschützten Tarifverträge im Ernst vorzugehen: das sei alles schuld am beginnenden Niedergang und wirtschaftlich nicht zu verantworten. Unvermeidlich machte der Gegensatz zwischen Kapital und Gewerkschaften sich auch innerhalb der Regierung geltend. Der Gedanke der Weimarer Republik, insofern sie einen Gedanken hatte, war der Kompromiß, der Klassenfriede, nicht der bis zum bitteren Ende durchzukämpfende Klassenkampf. Sie hatte sich die großen Wirtschaftsmächte nie unterworfen; diese waren so mächtig wie zu Kaisers Zeiten. Andererseits nahm der Staat ein viel aktiveres Interesse am Wirtschaftsleben als zu Kaisers Zeiten. Er hatte dem Arbeiter den Achtstundentag versprochen; er garantierte ihm einen Lohn, der ihm und seiner Familie ein menschenwürdiges Dasein gewähren sollte; er half ihm in der Not der Erwerbslosigkeit. Das Nebeneinander einer sehr starken, wirksam organisierten Privatwirtschaft und eines in das Wirtschaftsleben politisch eingreifenden Staates konnte nur glücken, solange auf beiden Seiten guter Wille, sich zu vertragen, bestand und die Geschäfte befriedigten. Also konnte es auf die Dauer nicht glücken. Denn die Geschäfte gingen nun nicht mehr befriedigend, und die großen Unternehmer hatten den Willen, sich zu vertragen, in der Mehrzahl nicht. Es waren harte Leute aus der Kaiserzeit, wenn nicht, wie Emil Kirdorf, aus der Bismarckzeit. Das ganze ihnen verhaßte Arbeitsrecht der Republik zum Teufel zu schicken, war immer ihr nur zeitweise im Hintergrund gehaltener Wunsch gewesen. Das waren Wirtschaftsfragen so gut wie politische oder Machtfragen. Man konnte ja beide Sphären nicht trennen, darin hatte Marx ganz recht. Wo es um Macht ging, da ging es auch um wirtschaftliche Interessen, wo es um wirtschaftliche Interessen ging, da ging es auch um Macht. Wenn die Unternehmer nun die Offensive ergriffen, so trieben sie nicht so sehr eigene Geschäftsschwierigkeiten dazu an, wie die Tatsache, daß die steigende Erwerbslosigkeit die Kampfposition der Gewerkschaften schwächte; die Schwachen konnte man noch schwächer zu machen hoffen. Für gute Patrioten hielten sie sich trotz allem. Lag nicht auf ihren Schultern die zentnerschwere Verantwortung für die Ernährung des deutschen Arbeitervolkes? Hatten sie nicht ein Recht darauf, es zu machen, wie sie es verstanden, anstatt sich von Gewerkschaftshetzern, parlamentarischen Nichtskönnern und verkappten Kommunisten dreinreden zu lassen? Ihre Machtinteressen waren die Interessen der deutschen Wirtschaft, der Nation insgesamt. So ungefähr sahen sie es.

Außenpolitik spielte auch hier herein. Noch immer lasteten die Reparationszahlungen auf dem Reich. Sie hatten nicht die entscheidende Rolle, welche Agitatoren der Rechten ihr zuschrieben; was Deutschland an Krediten aus dem Ausland bezog, war mehr, als was es in Form von Reparationen an das Ausland abgab. Immerhin, sie störten und waren ein wirtschaftlicher Widersinn. Je spärlicher nun die fremden Kredite flossen, desto geringer wurde die Neigung der Industrie, die Reparationszahlungen fortzusetzen oder überhaupt es bei Stresemanns Politik der internationalen Verständigung zu belassen. Der Politik des sozialen Kompromisses im Inneren entsprach eine äußere Friedenspolitik. Der Politik des Klassenkampfes, der Klassenherrschaft im Inneren entsprach nach außen eine Politik herausfordernder Stärke, die über kurz oder lang auch zu einer Vergrößerung der Armee, zu gesteigerten Rüstungsaufträgen führen mußte. Wir meinen, wenn wir von »Wirtschaft« reden, ihren mächtigsten Flügel, die rheinisch-westfälische Schwerindustrie. Die Wirtschaft kehrte sich nun ab von der Politik, die ihr liberalster Vertreter, Stresemann, fünf Jahre lang hatte betreiben dürfen.

Zu einem Vertrag oder Plan zur Regelung der Reparationszahlungen, welcher im Vergleich mit dem früheren gewisse Erleichterungen vorsah, kam es im Frühsommer 1929. Er sollte sechzig Jahre lang dauern – es scheint, daß die großen Finanziers und gelehrten Fachleute, die ihn ausarbeiteten, das tatsächlich ernst nahmen. Praktisch brachte er Vorteile; die Aufhebung aller Kontrollen durch die Siegermächte, denen das deutsche Finanzgebahren bis dahin unterworfen gewesen war. Trotzdem gab er der nationalistischen Demagogie Auftrieb; die Versklavung der deutschen Kinder und Kindeskinder für zwei Generationen war ein dankbares Thema. Ein paar Monate darauf, Anfang Oktober, erlag Gustav Stresemann einem Schlaganfall.

Ein menschlicher Verlust, wie »Weimar« ihn in diesem Augenblick am wenigsten brauchen konnte. Wie kein anderer hatte

Stresemann den parlamentarischen Betrieb zusammengehalten, durch seine Person den Kompromiß zwischen Arbeit und Kapital getragen, durch seine Diplomatie Deutschlands Existenz als Staat unter Staaten einen Sinn gegeben. Man hat neuerdings auf Grund der Akten nachgewiesen, daß Stresemann kein folgerichtiger Pazifist, kein Internationalist, auch kein treuer Ausführer der Versailler Vertragsbestimmungen war. Wie hätte er es seiner Herkunft und Vergangenheit nach sein können? Warum hätte er es, solange die Welt so war, auch sein sollen? Er wußte von der deutschen Rüstung, die im geheimen vor sich ging; er wußte von der allmählichen Erweiterung der Armee. Deutschland wieder stark und ebenbürtig zu sehen, die Folgen der Niederlage aufzuheben, wie hätte das nicht sein Wunsch sein sollen? Wollte nicht jeder Franzose, auch der Sozialist, sein Frankreich stark und ebenbürtig sehen und jeder Brite sein England? Ein Mensch ist vieles auf einmal, aber das, wozu er sich entwickelt und erhebt, wiegt mehr als das, was er von Anfang an war und nie ganz preisgeben konnte. Auch kommt es bei der Beurteilung eines Staatsmannes nie so sehr auf geheime Machenschaften an wie auf das Wirken im großen und ganzen. Stresemann hatte den einzigen kräftigen Symbolismus der Republik geschaffen, das Ziel eines gesellschaftlichen und internationalen Friedens in Ehren. Der deutsche Industriebürger und Imperialist war zum Weltfreund geworden und immer der Deutscheste unter den Deutschen geblieben. Sein letzter Wunsch war, man möge an seinem Grab das Lied »Am Brunnen vor dem Tore« spielen — Waldhornklänge der romantischen Sehnsucht und des Todesfriedens nach heiß durchkämpftem Leben.
Nur zehn Tage später erlebte die New Yorker Finanzwelt einen Zusammenbruch der Börsenwerte, wie er seit dem achtzehnten Jahrhundert nicht erhört worden war. Es war das schlimme Ende der weltwirtschaftlichen Konjunktur, der Beginn einer Krise, die nun nacheinander alle nicht in völliger Isolierung lebenden Staaten in ihren Strudel riß. Von ihnen war Deutschland das krisenanfälligste. Indem nun die Märkte schrumpften, die kurzfristigen Kredite zurückgezogen und neue nicht mehr gefunden wurden, schwand der deutschen Prosperität die Grundlage; seine überkonzentrierte, überrationalisierte Industrie wußte nicht mehr, wohin sich wenden. Einschränkungen oder Stillegungen von Betrieben, Anschwellen der Arbeitslosen und der von der Reichsversicherungsanstalt aufzubringenden Kosten, Rückgang der Steuern, Defizit der Regierung, das war alles ein und derselbe Prozeß, der sich von selber weitertrieb, nachdem er einmal angefangen; und je tiefer er grub, desto mehr verhärtete sich der Streit zwischen den Parteien, welche die großen Wirtschaftsinter-

essen vertraten. Die Decke reichte nicht mehr für die ungleichen Bettgenossen, es mußte einer das Feld räumen. Über die Frage, ob man die Leistungen für die Arbeitslosen herabsetzen oder durch Erhöhung der Beiträge sie aufrechterhalten sollte, brach im Frühling 1930 Stresemanns »Große Koalition« auseinander. Die Weimarer Republik hatte immer durch die Mitte regiert werden müssen, hatte immer in der einen oder anderen Form der ganzen Mitte bedurft, weil die radikalen Flügelgruppen zu keinem positiven Beitrag willens waren. Aber die Mitte selber barg in sich den alten, klassischen Gegensatz zwischen Kapital und Arbeit, und stets zerrten die demagogisch konkurrierenden Flügelparteien von beiden Seiten an ihr. Der Riß quer durch die Mitte wurde nun zu tief; auch die Kunst eines Stresemann, mag man annehmen, hätte ihr Auseinanderbersten nicht lange mehr zu hindern vermocht.
Es war der Chef des politischen oder sogenannten Ministeramtes der Armee, General von Schleicher, der den neuen Reichskanzler bei Präsident von Hindenburg in Vorschlag brachte. Schleicher trieb Politik wie andere Generäle vor ihm, aber ohne sich viel um Theorie zu kümmern. Er war der Mann der persönlichen Beziehungen, der Salongespräche und geheimen Intrigen; als Sachwalter der politischen Interessen des Heeres hatte er sich zu Zwecken der Beeinflussung und Abwehr einen beträchtlichen Apparat aufgebaut. Der Reichsminister Groener, der bessere Mann, aber weniger subtil, vertraute ihm blind. Auch Hindenburg, abhängig von Beratern, wie er zeit seines Lebens gewesen war, hörte gern auf den eleganten, schlauen, stets wohlgelaunten und wohllebigen Offizier. Herrn von Schleicher war vor allem an der Erweiterung von Zahl und Macht der Armee gelegen. Als General, Edelmann und Freund der großen Geschäftswelt liebte er die parlamentarische Republik nicht, die Sozialdemokraten am wenigsten; und da nun alles so schwierig ging und die Reichstagsmehrheit sich wieder einmal in Nichts aufgelöst hatte, so fand er, es sei nun der Moment für andere Methoden gekommen. Das stimmte mit Wünschen überein, die sich für Hindenburg von jeher von selbst verstanden, die er aber zu Stresemanns Zeiten nicht recht hatte zur Geltung bringen können. Tatsächlich stimmte es jetzt mit dem Denken sehr vieler Leute bis weit in die bürgerliche Mitte überein. Es ging nicht mehr mit den Koalitionsregierungen, deren Mitglieder nur Briefboten ihrer untereinander hadernden Parteien waren. Das bedrohte Land bedurfte fester Autorität, die mit dem Parlament zusammenarbeiten mochte, ohne immer und überall von ihm abzuhängen... Heinrich Brüning, seit kurzem Vorsitzender der Zentrumsfraktion, dachte so, und er war es, den Hindenburg, nicht ohne Einwirken Schleichers, zum

Kanzler ernannte, mit dem Vermerk, daß sein Kabinett ohne »koalitionsmäßige Bindung« zusammenzustellen sei.
Schleicher und Brüning — keine Bundesgenossen hätten verschiedener sein können: Der joviale Intrigant und Gesellschaftslöwe und der katholische Bürger mit dem Geist eines Gelehrten, der Seele eines Mönchs zugleich und eines Soldaten. Brüning war der überall, besonders aber im Deutschland der Weimarer Republik sehr sonderbare Fall eines Politikers, der keine Klasse, keine Gruppe, keinerlei materielles Interesse vertrat. Er war die Vaterlandsliebe, die Wissenschaft, die Selbstzucht, die selbstlose Tugend inkarniert. Freilich, reine Tugend gibt es im Menschen nicht, sicher nicht im politischen Menschen, und der Psychologe, welchen wir hier nicht spielen wollen, mag erraten, welche Sympathien, Leiden und Sehnsüchte die untadelige Gestalt des neuen Kanzlers verbarg. Offenbar wurden bald seine Schwächen für das Militärische, Preußische, ihm eigentlich Fremde (denn was hatte westfälischer Mittelstand mit »Preußen« zu tun?); zumal für den Greis im Präsidentenpalais. Ihm vor allem wünschte er zu »dienen«, seine Autorität vom Vertrauen Hindenburgs abzuleiten; nicht anders, wie die Stellung Bismarcks auf dem Vertrauen Wilhelms I. beruht hatte. Anders doch. Denn wir schrieben nicht mehr 1862, und das Zurück zu einem von der Geschichte längst widerlegten König-Kanzler-Verhältnis als Grundlage der Autorität konnte keine echte Wiederholung sein. Hindenburg war ein Ersatzmonarch, seine Autorität keine auf eingewurzelt-überpersönlicher Tradition beruhende. Der König, solange man an das Königtum glaubte, mußte nicht vorgeben, mehr zu sein, als er war. Von Hindenburg mußte man dem Volk einreden, daß er sei, was der arme alte Mann nimmermehr sein konnte. . . Es dauerte auch diese neue König-Kanzler-Treue nur knappe zwei Jahre, anstatt eines Vierteljahrhunderts. Trotzdem hatte es etwas tief Merkwürdiges; dieser mehr noch unbewußte als bewußte Versuch, in der Not zu einer längst veralteten Bahn des deutschen Verfassungslebens zurückzukehren.
Technisch lag es so, daß der Kanzler vom Vertrauen der Reichstagsmehrheit abhing, während seine Ernennung durch den Präsidenten eine bare Formalität darstellen sollte. Wie ließ sich also eine »präsidiale Regierung« mit Buchstaben und Geist der Verfassung vereinen? Längst hatten hier die zahlreichen Diktaturliebhaber unter den deutschen Staatsrechtlern ihre Aufmerksamkeit dem Artikel 48 der Verfassung zugewandt. Wir kennen seinen begrenzten Sinn und Zweck. Er gab die rechtliche Unterlage für Maßnahmen »zur Wiederherstellung der öffentlichen Sicherheit und Ordnung«, eigentliche Polizeimaßnahmen. Keineswegs war es seine Absicht,

dem Präsidenten ein Regieren ohne den Reichstag zu ermöglichen, was ja auch in dem Recht des Reichstags, jede unter Artikel 48 getroffene Regelung wieder aufzuheben, klar zum Ausdruck kam. So der Wortlaut, so der Sinn. Aber es fehlte im Land nicht an gebildeten Sophisten, gelernten Sinndeutern: was eine Verfassung wirklich bedeute, könnte nicht sie allein, sondern müßte der lebendige Mensch sagen, indem er den Wortlaut auf die Not der Gegenwart, die wirkliche Situation bezöge – oder allenfalls ohne Wortlaut auskäme. Ein Stück Papier, hatte Metternich vor hundert Jahren geschrieben, mache noch keine Verfassung; die mache allein die Zeit. Und das war ja richtig, daß die Weimarer Verfassung nicht viel Zeit und noch weniger glückliche Zeit gehabt hatte, um zu einer echten Verfassung zu werden. Was konnte man mit einem Grundgesetz anfangen, an das wohl die Hälfte des Volkes nicht glaubte; was konnte man ausdeutend nicht mit ihm anfangen? ... Dies jedenfalls war Brünings wohlerwogene Absicht: mit dem Parlament zu regieren, wenn es zur Mitarbeit bereit war – wenn es parierte, hätte man in der guten alten Zeit gesagt –; oder aber auf Grund des ausdeutbaren Paragraphen ohne Parlament zu regieren. Man mußte den Mut haben zu unpopulären Taten. Zu Sparmaßnahmen vor allem. Hatte Deutschland nicht im Grunde seit 1914 in Illusionen gelebt, war es nicht auch nach der Währungsreform von 1923, die einen Augenblick lang die harte Wirklichkeit hatte erscheinen lassen, durch eine übertriebene Anleihepraxis der Wahrheit wieder aus dem Weg gegangen? Brüning war kein Feind irgendeiner Klasse, am wenigsten der Arbeiter; für die christlichen Gewerkschaften war er selber tätig gewesen. Aber er war der strenge, asketische Freund wissenschaftlicher Ökonomie. Es mußte alles wieder in Ordnung kommen, der Haushalt ins Gleichgewicht gebracht, die Finanzen von Reich, Ländern, Gemeinden saniert werden. Ging das nicht ohne Herabsetzung der Sozialleistungen, dann mußten sie herabgesetzt werden, die Steuern erhöht, die Einfuhr gedrosselt. Die Löhne würden folgen, dann auch die Preise. Hatte die »Deflation« alles falsche, üppig wuchernde Unkraut weggebrannt, so würden die Nutzpflanzen ungehindert gedeihen... Rein wissenschaftlich war das wohl auch ganz richtig, vorausgesetzt nur, daß es eine reine Wissenschaft von der Ökonomie, sauber abgetrennt vom Politischen und Psychologischen, überhaupt geben konnte. »Wirtschaft«, das ist schließlich, was Menschen tun; und Politik ist auch, was Menschen tun. Faßte man Wirtschaft als das auf, was Menschen tun *sollten*, wenn es keine Politik gäbe, so kam man folgerichtig zur Unterdrückung der Politik.

Dr. Brüning brachte sein erstes Bündel von Reformgesetzen

mit Hilfe der Konservativen im Reichstag durch. Das zweite nicht mehr. Nun wurde es, unter dem Artikel 48, als »Notverordnung« des Präsidenten eingeführt. Der Reichstag erklärte die Verordnung für null und nichtig. Darauf lösten Präsident und Kanzler den Reichstag auf. Man wußte aber nur zu gut, daß der nun folgende Wahlkampf ein ungewöhnlicher sein würde.

Krise und Auflösung der Weimarer Republik

Seit Jahren trieb eine politische Partei im Lande um, die alt war, aber dank der Umstände jetzt neu wurde und mit einer in der Geschichte der modernen Demokratie beispiellosen Virulenz unter den Menschen sich ausbreitete. Es waren die »Nationalsozialisten«.
Längst gab es sie. In Bayern hatte ihr demagogischer Anführer schon 1923 eine bedrohliche Macht repräsentiert, die auch mit norddeutschen Geistesgenossen Verbindungen herzustellen wußte. Dann war er für kurze Zeit in milde Festungshaft verschwunden; und als er daraus hervorging, konnte er zunächst nichts tun, als sein Häuflein treuer Anhänger zusammenzuhalten. Die lächerlichen Details des Bierhallenputsches hatten seiner Sache auf die Dauer nicht gutgetan; auch die allmählich sich einstellende Zufriedenheit der Stresemannjahre nicht. Im Reichstag von 1924 hatten die »Nazis« noch zweiunddreißig Abgeordnete gehabt, im Reichstag von 1928 nur zwölf. Man nahm sie nicht ernst. Sie gehörten zu dem, was man in Amerika den »närrischen Randstreifen« nennt, die verrückten Erscheinungen am äußersten Rand des politischen Bildes. Und so wäre es wohl auch geblieben ohne die Wirtschaftskrise. Hitler war 1928 ein so guter Redner, ein so besessener, vom Willen zur Eroberung, zur Macht und Erfolg verzehrter Mensch wie zwei Jahre später. Mancher, der ihn damals in der bayerischen Hauptstadt sich anhörte, wie man eine groteske Sehenswürdigkeit besucht, spürte seine Faszination und ging für den Augenblick verwirrt und nachdenklich nach Hause. Trotzdem kam der Mann nicht weiter, solange die Dinge in Deutschland leidlich gut gingen. — Jetzt aber gingen sie nicht mehr gut. Sie gingen zusehends schlechter; wobei die Zahl der Arbeitslosen einen vollen Begriff der Not nicht gab. Von der fortschreitenden Schrumpfung des Wirtschaftslebens waren beinahe alle betroffen; Bauern, deren Produkte keinen ausreichenden Erlös mehr brachten, Angestellte, die Entlassung zu fürchten Grund hatten, Gastwirte, die sich selber auf die Straße stellen mußten, um spärliche Kundschaft anzulocken, Studenten, die sich nicht eilten, ihre

hungrige Ausbildungszeit zu beenden, weil sie vor dem Danach sich fürchteten, Handwerker, Händler — alle.
Und nun war es der Vorteil der Nazipartei, daß sie mit dem, was seit 1919 in Deutschland geschehen war, überhaupt nichts zu tun hatte. Alle anderen bürgerlichen Parteien hatten das; selbst die Konservativen, Deutschnationalen hatten doch manchmal mitregiert, mitgestimmt, sich mitkompromittiert. Nicht so die Nazis. Die hatten zehn Jahre lang angeklagt, gehaßt, verhöhnt, verflucht, nichts weiter. Sie konnten angreifen, ohne sich selber mit einem einzigen Wort verteidigen zu müssen. Wo war nun, was die anderen Parteien, rechte wie linke, zehn Jahre lang versprochen hatten? Wo die soziale Republik, der gebrochene Kapitalismus der Linken? Wo die blühende Industrie und Landwirtschaft der Rechten? An ihren Früchten sollte man das »System« erkennen, und zum System gehörten alle, die sich nicht zum Führer der Nationalsozialistischen Deutschen Arbeiterpartei bekannten. Er allein hatte gewarnt, er allein das, was nun war, vorausgesagt und die Gründe durchleuchtet: das Verbrechen vom November 1918, den internationalen Marxismus und sein Bündnis mit dem internationalen Großkapital, die korrupte Parteienwirtschaft, den Wahnwitz der Reparationen, die diabolischen Absichten des Judentums. »Volk reiße die Augen auf, erkenne den Betrug! . . . Schlagt die Verräter! Jagt die Bankrotteure zum Teufel!« . . . das war wirksam. Den Gegnern selbst verschlug es die Sprache. Denn das war ja richtig, daß sie und nicht die Nazis die Republik regiert hatten, und das war ja richtig, daß die Dinge jetzt übel standen. Die Gründe dafür? Sie waren nicht die, welche der Agitator, im Flugzeug von Versammlung zu Versammlung eilend, seinen Leuten eintrichterte. Mit den Reparationen, mit dem törichten »Young-Plan« hatte die Wirtschaftskrise wenig zu tun. Auch die reichen, siegreichen Länder waren von ihr betroffen; Amerika zuerst und vor allem; allmählich auch England; zuletzt Frankreich. Aber was kümmerte die bedrängten Wähler Frankreich, England und Amerika? Was sagten ihnen die fachwissenschaftlich-ernsten Auseinandersetzungen der Brüningschen Regierungsprogramme? Hier war einer, der die Dinge einfacher erklärte; der Leben in die stagnierte Luft der deutschen Politik brachte; der in der Kühnheit seiner Angriffe, der Dreistigkeit seiner Selbstanpreisungen, in der einfangenden, einschmeichelnden Schlauheit seiner Argumente, in Haß und Spott, der selbst in der körperlichen Intensität seines Kreischens und Heulens auf der Welt nicht seinesgleichen hatte. Was er sagte, verglichen die Leute mit der langen Kette ihrer bitteren Erfahrungen: Krieg, Niederlage, Inflation, Wirtschaftskrise; und fanden es hörenswert.

Es war normal, daß die Opposition der Regierung alle Schuld an der Krise zuschob. Das gehörte zu den Spielregeln demokratischer Politik, die überall ein harter, von wenig »Fairneß« gemildeter Sport ist. Auch in Amerika mußten nun die regierenden »Republikaner« die Verantwortung für das Trümmerfeld der Wirtschaft wohl oder übel auf sich nehmen, wodurch die »Demokraten« im nächsten Wahlkampf das Rennen gewannen. In Amerika aber und noch mehr in England waren die Leute sich über die Grundbegriffe ihres politischen Zusammenlebens einig. Hier war der Haß nicht Hauptmotor der Politik, hier das Spiel nicht letzter blutiger Ernst; es blieb umhegt von alten Verfassungstraditionen. In Deutschland wandte der Sturm sich gegen die Republik selbst, gegen das ganze »System« und alle, die an ihm teilhatten; so daß etwa die Deutschnationalen, die wohl auch gelegentlich an ihm teilgehabt hatten, sich nun schleunigst auf einen Punkt außerhalb begaben und die Nazis nachahmten. Dasselbe konnten die Kommunisten tun; auch sie hatten ja nie mitgemacht, auch sie standen außerhalb des republikanischen Spielrings. Auch die Zahl ihrer Anhänger stieg an, aber sie waren längst nicht so gut geführt wie die Nationalsozialisten; ihre notorische Rußlandhörigkeit wie die ausschließende Starrheit ihrer Doktrinen setzte ihrem Erfolg Grenzen. Der entwurzelte deutsche Bürger wollte nicht zu den »Proletariern« gehören, auf die allein die kommunistische Lehre zugeschnitten war. Seinem Haß, seinen Sehnsüchten klang von der extremen Rechten her ein besseres Lied.

Es wurde von einer erstaunlichen Zahl fähiger Propagandisten dargeboten. Sie waren unter sich verschieden genug. Einer gab sich als überwiegend konservativ, als ordenbehängter Offizier, als dicker Scheinaristokrat. Ein anderer spielte den kräftigen Arbeitsmann, wollte sich eins fühlen mit dem echten Sinn des vom Marxismus nur betrogenen deutschen Arbeiters. Ein dritter spezialisierte sich im Aufpeitschen des uralten, in allen europäischen Völkern latenten schlechten Instinktes, des Judenhasses. Wieder ein anderer konnte alles, was er wollte: die vulgäre und boshafte, die hohe, freie und freche Intelligenz der Partei. Dies aber hatten sie alle gemeinsam: sie waren Demagogen, wie sie Deutschland noch niemals erlebt hatte. Was waren die Gründer des Sozialismus, die Bebel und Liebknecht nicht für feine, gelehrte, harmlose Leute, verglichen mit ihnen! Was der größte Rhetor, Ferdinand Lassalle, nicht für ein adliger Philosoph! Vollends die Leiter der Sozialdemokratie, die jetzt dem Sturm standhalten mußten, die Braun und Müller und Severing, was waren sie nicht für biedere Sachwalter der Politik, gemessen an dieser Garde des Nihilismus. Unverbraucht in ihrer Nervenkraft, unerschütterlich in ihrer Geistesgegenwart, unermüdliche Studenten dessen, was sie selber die »moderne Massenpsychologie« nannten, skrupellos, schadenfroh, übermütig in ihrer von der steigenden Welle des Elends getragenen Siegeszuversicht, so hielten sie ihren Einzug in die überfüllten Säle; und die betäubende Marschmusik, die ihnen wohl vorgearbeitet hatte, die Fahnen und Transparente, die Schreie des Jubels und Hasses machten die Einheit zwischen Rednern und Angeredeten zur vollständigen. Dabei blieb stets der Abstand gewahrt zwischen ihnen und jenem, den sie den Führer nannten. Der wußte seine Autorität zu bewahren. Sie sprachen für ihn, er nicht für sie, sondern nur für sich selber.

Das einzelne Ich ist schwer und nicht völlig zu erfassen; es hat Schichten, die es selber nicht kennt, und wandelt sich, solange es lebt. Der Demagoge von 1930 war noch nicht der geisteskranke Kriegslenker und Oberhenker von 1944. Natürlich strebte er schon damals dem Ende zu, das wir nachträglich kennen, und er hat in den letzten Jahren und Tagen seines Lebens den ihm gemäßesten, heimlich immer gewünschten Lusttraum erfüllt; erst damals zeigte er völlig, was er war. Aber so dürfen wir ihn jetzt nicht beschreiben. 1930 kannte er weder sich noch die Welt so gut wie fünfzehn Jahre später, und die Welt kannte ihn nicht so gut; die Wirklichkeit dieser Katastrophe war noch nicht entfaltet. Er spielte verschiedene Rollen, manchmal die des zukünftigen Eroberers, manchmal auch die des Mannes von Maß und gesundem Menschenverstand. Man wußte nicht, was sich hinter diesen Rollen verbarg, was Heuchelei war und was echt; wahrscheinlich wußte er es selber nicht, denn um andere glauben zu machen, mußte er im Augenblick selber glauben, auch wenn er log. Die Massen, die seiner Faszination erlagen, waren für die Vernunft ohnehin verloren und gaben das Nachdenken auf. Jene aber, die ihr nicht erlagen, waren mehr über den Schwindel des Ganzen empört, als daß sie die Gefährlichkeit des Mannes durchschauten. Sie hielten ihn für einen Narren, was er ja auch war, seinen Erfolg für Spuk, der bald in Nichts zerrinnen mußte. Daß ein solcher Narr Weltgeschichte machen, zuerst ein großes Volk, dann durch dies Volk sich Europa unterwerfen und so unsere Zivilisation in ihrer Schwäche entlarven würde, das kam ihnen nicht in den Sinn. Er wußte es, und je mehr sie ihn unterschätzten, desto wütender war sein Wille, es ihnen einzutränken und ihnen den Meister zu zeigen.

Vieles wußte man schon damals über ihn oder hätte es wissen können. Er kam aus dem Zwielicht der zerfallenden Habsburger Monarchie. Da hatte er den Haß gegen die Slawen eingesogen, da den Judenhaß, Gifte, die im Grenz- und Mischland und in der Hauptstadt Wien viel bösartiger gediehen als unter Reichsdeutschen. Gelegenheitsarbeiter, Bewohner von Männerasylen, Künstler, den keine Schule aufnehmen wollte, Tagträumer, Bohemien der untersten Stufe, so schlich er damals durchs Leben; einsam, aber neugierig, voller Ressentiment gegen Staat und Gesellschaft, die sich verschworen hatten, ihn nicht hochkommen zu lassen. Von Wien ging er ins Reich, nach München, von München in den Krieg, von dem er uns erzählt, daß er ihm als Erlösung und das herrlichste Erlebnis gekommen sei. Ein guter Soldat, einer unter Millionen, scheint er gewesen zu sein, obgleich unbeliebt wegen seines Hochmuts und Strebertums. Aus dem Weltkrieg kam er zurück mit der Überzeugung, daß Deutschland bei besserer Führung hätte gewinnen können, daß es verraten worden sei von Sozialisten und Juden, und daß beim nächsten Mal er es besser machen müßte. Es war vor allem Sache der Propaganda. Man mußte das Volk anreden, so wie die Gegner, Lloyd George, Clemenceau, ihre Völker angeredet hatten. Das konnte er, das würde er lernen. Demobilisierter Soldat, aber noch immer in der Kaserne zu Hause, geriet er in das dunkle Treiben der Münchner Nachkriegspolitik: Armee in Auflösung, Freikorps und Reichswehr, Niederschlagung der Räterepublik, Spitzel- und Denunziantentum, Mord. Man ließ ihn als nationalen Erzieher zu den Soldaten sprechen, und dabei entdeckte er sein Rednertalent. Einer kleinen Verschwörergruppe, in die der Zufall ihn brachte, der »Nationalistischen Arbeiterpartei«, wurde er schnell Herr. Es begann nun sein erster schneller Aufstieg, den wir schon kennen. Nach drei Jahren war oder schien der verkommene Wiener Kunstmaler eine Schlüsselfigur der bayerisch-deutschen Politik. Weder der »Putsch«, noch der darauffolgende Prozeß konnte seinen jungen Ruhm brechen. Das Groteske des gescheiterten Unternehmens verschwand hinter der Dreistigkeit und Selbstsicherheit seiner Verteidigung; seine abgefallenen Bundesgenossen von gestern, die als Zeugen gegen ihn auftraten, machten eine viel schlechtere Figur als er. Die Richter waren auf seiner Seite; auch sie dachten »national« wie er, wenn auch der Mensch ihnen ein klein wenig zu wild war. Ehrenvoll behandelt und milde verurteilt, konnte er sich ausruhen in bequemer Festungshaft. Dort diktierte er sein Buch »Mein Kampf«.

Der Titel stimmte. In den tausend Seiten des Machwerkes war von sehr vielen Dingen die Rede, Krieg und Außenpolitik, Wirtschaft und Gesellschaft, Marxismus, Judentum, Gewerkschaften, Schulunterricht, der Kunst, der Propaganda und was noch; aber jederzeit auch von dem Autor selbst. Es war alles auf ihn bezogen, es gab diese zwei Dinge, A. H. und die Welt, und die Spannung zwischen ihnen, die gelöst werden mußte. Unter allen Individuen, die in neuerer Zeit in den Gang der Geschichte eingriffen, ist dieser der am stärksten egozentrische gewesen. Wie hätte er sonst seinen Namen zum Gruß erheben können? Schwer glaublich, daß er es wagte, und daß die Leute es annahmen. Aber beides geschah; ein Zeichen der ungeheuren Ichsucht, die aus ihm hervorbrach und die Menschen unterwarf... Von »Mein Kampf« hat man später gemeint, es sei bloße Tarnung gewesen und in seinem Inhalt viel harmloser, als der Mensch wirklich war. Wir können dem nicht beipflichten. Das Buch war ehrlich. Es ging so weit, wie sein Verfasser damals selber gelangt war. Daß immer und überall Krieg sei und im Krieg alles erlaubt; daß höherstehende Völker ein Recht hätten, sich auszubreiten auf Kosten der Minderwertigen; daß zumal in Rußland der Raum zu finden sei, den Deutschland für sein Leben brauchte, und daß die Deutschen sich, wenn sie nur wollten, zum Herrn über die ganze Erde machen könnten – alle diese Tollheiten, vermischt mit Drittelswahrheiten und schlauen Beobachtungen, standen dort schwarz auf weiß. Noch auch machte Hitler aus seiner Verachtung der »Masse« ein Hehl. Sie sei wie eine Frau, die das Brutale und Bedrohliche anziehe, nichts sei zu plump, nichts sei zu einfach für sie, und alles müsse ihr immer und immer wiederholt werden. Solche Einsichten und Tricks gab er unbefangen preis; seine Gegner nahmen es nicht ernst, weil sie den Menschen überhaupt nicht ernst nehmen wollten, aber da stand es. Das war überhaupt das Merkwürdige: die Nazis sprachen aus, was sie jetzt taten und später zu tun planten. Sie würden sich der demokratischen Einrichtungen bedienen, um die Demokratie zu stürzen, und dafür würden sie als Abgeordnete von der Demokratie auch noch bezahlt. Das sei zum Totlachen, aber wenn die Demokratie so dumm war, warum sollten sie es nicht benutzen? Hätten sie sich auf demokratischem Wege einmal die Macht erobert, dann würden sie sie nimmermehr hergeben... Dergleichen konnten sie aussprechen und ihren Spott damit treiben; so sicher waren sie der Blindheit und Hilflosigkeit ihrer Gegner. Massenmenschen waren sie selber im schlimmsten Sinn, den dieses Wort haben kann. Gleichzeitig verachteten sie die Massen. Gleichzeitig konnten sie einen großen Teil derer, die sie verachteten, für sich gewinnen und begeistern.

Darauf beruhte jetzt ihre Siegeszuversicht. Einmal, im Jahre 1923, hatte Hitler versucht, den Staat mit einer kleinen Minderheit im Sturm zu nehmen. Er war gescheitert an der gesetzlichen Obrigkeit und an der Reichswehr, die hinter der Obrigkeit stand. Er würde den Versuch nicht wiederholen. Man mußte um die Armee herummanövrieren und »legal« zur Macht kommen«, wie der Ausdruck lautete, und dazu wurden die Stimmen der Massen gebraucht. Durch die Regierung, das hieß die bestehende, verfassungsmäßige Regierung, zur Auslöschung der Konstitution und zur totalen Macht. Mussolini hatte diesen Weg in Italien gewiesen, auf andere Art schon Lenin. Ihn wollte Hitler jetzt gehen, und er war ehrlich genug, besessen und unverschämt genug, die Stadt und die Welt seine Absicht jederzeit wissen zu lassen. Und während man noch glaubte, der wilde Mann meine es doch wohl nicht so, gaben ihm die Ereignisse keinen Grund, es nicht so zu meinen. Als September 1930 die Stimmen gezählt wurden, zeigte es sich, daß die Nationalsozialisten die Zahl ihrer Anhänger hatten verzehnfachen können. Von der verrückten Splittergruppe waren sie zur zweitgrößten parlamentarischen Partei geworden. Warum sollten sie nicht bald die größte sein?

Zu dem, was ein Parlament eigentlich soll, einer positiven Arbeit des Forschens und Beschließens, war der neue Reichstag schwerlich imstande. Mit den aufgeblähten Nazis auf der Rechten, den gleichfalls stark vermehrten Kommunisten auf der Linken war keine Debatte mehr möglich. Die Rechte verließ den Saal, wenn die Linke sprach; blieb sie, so war es, um Szenen der schmählichsten Verwilderung herbeizuführen. Trotzdem konnte Heinrich Brüning mit diesem Reichstag regieren und in gewissem Sinn besser als mit dem vorigen, eben weil er schwächer war und sich selber paralysierte. Noch immer gab es eine Mehrheit der Mitte, die Mehrheit der alten »Großen Koalition«. Sie war keine zum Positiven taugliche Einheit und sollte es, nach dem Wunsche des Hindenburgkreises, auch gar nicht mehr sein. Aber sie konnte das, was Brüning unter der Flagge des Artikel 48 besorgte, dulden und nachträglich gutheißen, indem sie sich weigerte, die Notverordnungen des Präsidenten wieder aufzuheben; und das geschah in der kommenden Zeit regelmäßig und mit verläßlicher, obgleich bescheidener Mehrheit. Säule dieser »Tolerierungspolitik«, wie sie genannt wurde, waren die Sozialdemokraten. Sie mußten jetzt Dinge schlucken — viel härter für ihre Arbeiterschaft als jene, um derentwillen sie im Frühjahr die letzte parlamentarische Koalition gesprengt hatten. Aber sie taten es, weil ihnen die Regierung Brüning, verglichen mit einer Regierung Hitler, das »kleinere Übel« erschien; denn daß nach dem Sturz der Mitte die an Dynamik ihr jetzt so weit überlegene extreme Rechte darankäme, galt als ausgemacht. Parierte der Reichstag nicht, so konnte Hindenburg ihn abermals auflösen und eine abermals gewaltig vergrößerte Nazipartei mit der Regierungsbildung betrauen. Damit dies nicht geschähe, kehrte man so zu der in den Jahren 1923 bis 1925 schon erprobten Praxis des »Tolerierens« und passiven

Mitmachens zurück, in der Hoffnung, der Sturm werde vorübergehen, die Nazilawine so schnell zerbrechen, wie sie angewachsen. Tatsächlich kehrte man zu dem Halbparlamentarismus der frühen Bismarckzeit zurück. Ein vom Vertrauen des Monarchen abhängiger Kanzler machte die Gesetze, bestimmte die Steuer- und Zollerhöhungen, die Senkungen der Gehälter und Löhne und ließ das Parlament dazu Stellung nehmen; wobei vertrauliche Vorbesprechungen im engsten Kreise den jasagenden Parteien immerhin noch einen gewissen Einfluß auf das Regierungsprogramm gestatteten. Das ging so seit dem September 1930, anderthalb Jahre lang. Es ging, solange der Präsident bereit war, von seinen beiden Rechten, dem der Notverordnungen und dem der Parlamentsauflösung, zugunsten Brünings jederzeit Gebrauch zu machen. Das System, nach welchem Deutschland jetzt regiert wurde, beruhte auf dem Gutdünken des Präsidenten.

Hindenburg fand so sich mit einer Verantwortung beladen, von der er sich fünf Jahre früher kaum hatte träumen lassen. Kein Zweifel, daß der Greis, jetzt dreiundachtzig, vierundachtzig, fünfundachtzig Jahre alt, unter ihr litt; daß die Fragen, die man ihm zu entscheiden aufgab, ihn verwirrten und beängstigten. Er hatte das nicht gewollt. Wenn er in der Folgezeit schwere Fehler gemacht hat, so trifft die Schuld nicht so sehr den zur Größe – welche er nie besaß – hinaufgeschobenen und hinaufgeglaubten alten Mann, eher die deutsche Geschichte und die Nation in ihrer Gegenwart. Kein Zweifel aber auch, daß seine neue Unentbehrlichkeit und geheiligte Monarchenstellung der Eitelkeit des Feldmarschalls schmeichelte und daß die Machtfülle, als deren Träger er sich fand, auch wieder ihre angenehmen Kompensationen mit sich brachte. So wie einer plötzlich entdeckt, daß er zaubern kann, so entdeckte Hindenburg, daß er jetzt eigentlich befehlen konnte, was er wollte. Das war nicht gut für den Charakter des »alten Herrn«. Greise Monarchen, die Geschichte hat Beispiele dafür, werden selbstsüchtig, störrisch und treulos. Und Hindenburg war sehr spät und schlecht vorbereitet zum Monarchen geworden.

Unvermeidlich gewannen Ratgeber Einfluß auf ihn. So hatte er es sein Leben lang gehalten, nie sich entschlossen, ohne den Rat seiner Mitarbeiter bedächtig anzuhören, und immer sich in ihrem Sinn entschlossen. Nur daß jetzt kein Könner und Gewaltmensch wie Ludendorff zur Stelle war. Statt dessen gab es die offiziellen politischen Berater, vor allem den Kanzler und den Reichswehrminister. Dann die schon weniger offiziellen und intimeren, den Staatssekretär des Präsidialamtes, einen schlauen alten Fuchs, der schon Ebert gedient hatte, und den General von Schleicher. Zu diesen beiden Ein-

flüsterern gesellte sich der Sohn des Präsidenten, der sich als sein »Adjutant« bezeichnete. Es sind kleine, ungute Namen, und in einer deutschen Geschichte genannt zu werden, verdienen sie nicht. Momentweise durften sie eine entscheidende Rolle spielen. Denn auf sie hörte der Präsident. Und dahin war es nun mit Deutschland gekommen, daß die Herren, auf die der Präsident hörte, Regierungen machen und stürzen konnten. Auch eine gewisse letzte Regierung konnten sie noch machen; aber sie konnten sie zu ihrer peinlichen Überraschung dann nicht mehr stürzen... Noch war die Verfassung beschworen, nach deren erstem Paragraphen die Staatsgewalt vom Volke ausging. Aber die Masse des Wirklichen läßt sich durch Paragraphen nicht zwingen. Das Volk hatte mit seiner »Staatsgewalt« nichts anzufangen gewußt. Die unverantwortliche Camarilla um Hindenburg war jetzt mächtiger, als die Camarilla um Wilhelm II. je gewesen war.
Erweitert wurde sie durch ostpreußische Gutsnachbarn. Es hatte einer von diesen, ein greiser, zynischer Junker aus dem vorigen Jahrhundert, den schlauen Einfall gehabt, das verlorene Familiengut der Hindenburgs mit Hilfe der rheinischen Industrie zurückzukaufen und dem Präsidenten bei Gelegenheit seines achtzigsten Geburtstages verehren zu lassen. Dadurch war Hindenburg selbst zum ostelbischen Gutsherren geworden und lebte nun einen Teil des Jahres unter seinesgleichen. Er lernte ihre Sorgen teilen, ihre gierigen Forderungen an den Staat billigen; er geriet in die gesellschaftliche Atmosphäre, der er von Geburt angehörte, durch seine Laufbahn aber zeitweise entfremdet worden war. Hier wurde im ganz alten, ihm urvertrauten Ton gesprochen. Hindenburg hörte zu und fühlte sich wohl. Daß der Reichstag etwas Besseres sei als eine »Quasselbude« und Demokratie, Partei, Gewerkschaften nun einmal zum modernen Leben gehörten, solche im Lauf der Jahre mühsam assimilierten Neuigkeiten verdrängte er jetzt; was er sich um so eher gestatten konnte, als die Parteien ja wirklich versagt hatten. Hieß das alles, daß der Greis erst jetzt sein wahres Gesicht zeigte? Doch wohl nicht. Seit 1925 hatte er den Versuch mit der Republik ehrlich, wenn auch gegen seine innerste Überzeugung, gemacht und war nach ihren Spielregeln verfahren. Er hatte Stresemann walten lassen. Was jetzt war, die Wirtschaftskrise, die Nazis, die Kommunisten, die ganze Verwirrung und Lähmung der deutschen Politik hatte er nicht erfunden. Da nun aber alles so stand — um wieviel bequemer war es da, in jene uralten Denkgewohnheiten zurückzufallen, welche ihm durch die jüngsten Erfahrungen bestätigt zu werden schienen. Autorität, feste, vom Parteiengetriebe unabhängige — ohne sie ging es nun einmal nicht. Wenn sie nun auch seinen Gutsnachbarn

ein wenig half mit Frachterleichterungen und Schuldensistierungen und, gerade heraus, mit fetten Geldgeschenken, was weiter? – Einflußreicher, als gut für ihn selber war, versank der Kreis um Hindenburg in eigentliche Korruption, ohne es zu wissen.
Die Nazis waren ihm zugleich unheimlich und willkommen. Unheimlich, denn es waren wilde Männer und Volksaufwiegler, sogar Sozialisten, ihrer eigenen Behauptung nach. Willkommen, denn sie waren die Kraft, durch die man die Sozialdemokraten vorläufig mattsetzen konnte, um sie später vielleicht ganz auszulöschen. Es seien, schrieb Schleicher noch im Jahre 1932, die Nazis wohl auch keine guten Brüder, aber froh sei er doch, daß sie ein Gegengewicht bildeten: »Wenn sie nicht da wären, müßte man sie geradezu erfinden.« Nichts und wieder nichts hatten die Sozialdemokraten dem Heer, den Junkern, den reichen Leuten getan, auch in ihrer mächtigsten Zeit nicht. Jetzt waren sie ohnehin entmachtet durch die Nazis und durch die Wirtschaftskrise. Mit was konnten die Gewerkschaften noch auftrumpfen, wenn die Hälfte ihrer Mitglieder ohne Arbeit war? Was vermochte die Waffe des Generalstreiks bei vier, fünf, sechs Millionen Arbeitslosen? Bescheiden und hilflos war die große Partei geworden, die seit 1914 dem Staat so viele rettende Hilfsdienste geleistet hatte. Im Interesse des Staates hätte jetzt sie selber Hilfe verdient. Aber die überklugen Männer um Hindenburg sahen das nicht. Sie sahen die Chance, den lästigen »Marxisten«, den hochgekommenen »Proleten« es endlich einzutränken; wozu nichts notwendig war, als die Nazibewegung einzufangen, zu »zähmen« und sich ihrer zu höheren Zwecken zu bedienen. Die wilden Männer waren schließlich auf der richtigen Seite, wenn auch ein wenig zu weit; sie waren »national«, sie waren »wehrwillig«, sie würden, einmal durch begrenzte Mitverantwortung kirre gemacht, der Vergrößerung der Armee gewiß kein Hindernis in den Weg legen...
Wir haben den Ereignissen vorgegriffen. Die eben beschriebenen Stimmungen und Motive, immer latent, kamen erst im Frühling 1932 zur vollen Wirkung. Einstweilen unterstützte Hindenburg loyal den Kanzler Brüning und gab seinen Namen für alle die grimmigen Notverordnungen »zur Behebung finanzieller, wirtschaftlicher und spezieller Notstände«, die Brüning ausarbeitete; Sparmaßnahmen; Maßnahmen zur Senkung der industriellen Gestehungskosten, der Löhne und Preise; Maßnahmen zur Unterstützung der Landwirtschaft, besonders der ostpreußischen, besonders des Großgrundbesitzes. Sehr harte Maßnahmen; Maßnahmen, die das Volk schmerzhaft spürte wie seit dem Krieg noch nie etwas, was »von oben« kam: der entlassene Junglehrer; der Arbeitslose

mit gekürzter, schließlich mit gar keiner Unterstützung. Was half es, daß sie »wissenschaftlich« richtig und, in ihrer furchtbaren Unpopularität, von hohem Mut diktiert waren? Was half die Korrektheit der Operation, wenn der Patient unter dem Messer starb? Je mehr Brüning vom Körper der deutschen Wirtschaft abschnitt, um ihn der gekürzten Decke anzupassen, desto kürzer wurde die Decke. Die Hoffnungen auf eine Belebung der Weltwirtschaft, so hieß es in den tapferen, aber trostlosen Kundgebungen des Kanzlers, hätten sich leider wieder nicht erfüllt; neue Opfer seien daher notwendig, was sicher jedermann verstehen werde... Nein, die Leute verstanden es nicht. Sie sahen nur, daß die Zahl der Arbeitslosen immer weiter anstieg und die Zahl der Selbstmorde; von kinderreichen Familien las man, die der Vater umbrachte, weil er die Not nicht länger mitansehen konnte. Die Regierung, hieß es, »verordne die Not«; das war das einzige zunächst greifbare Resultat der Notverordnungen. Noch immer gab es recht viele Menschen, die gut lebten. Wohlleben zeigte sich lustig und gern, Elend verbarg sich. Aber es stieg an. Im Jahre 1932 produzierte Deutschland kaum mehr als die Hälfte von dem, was es im Jahre 1929 produziert hatte. Das war das Unglück Brünings und des republikanisch-monarchischen, gemäßigt-demokratischen Rechtsstaates, der Brüning als Ziel vorschwebte. Insofern seine Wirtschaftspolitik Erfolg gehabt hat, hat sie ihn erst nach seinem Sturz gehabt.

Für die Nationalsozialisten war es ein Glück. Allein die Intensität des Propagandakrieges hätte es nicht geschafft; es war das Elend, was ihnen die Leute zutrieb. Sie wußten das sehr gut, daher sie denn auch die Dinge, die an sich schlimm genug waren, noch übertrieben und für den kommenden Winter mit Freude zehn und mehr Millionen Arbeitslose voraussagten. Sie machten die Lage noch schlimmer. Die sogenannte Weltwirtschaftskrise hatte keine einzige Ursache, sondern die unterschiedlichsten, die sich während der Jahre 1929 bis 1933 auf die unterschiedlichsten Weisen begegneten. Einige von ihnen konnten wohl in rein wirtschaftstheoretischen Begriffen formuliert werden, andere waren politischer Natur: die Nachwirkungen des letzten Krieges, die Furcht vor einem neuen, der schleichende Machtkampf der europäischen Staaten. Auch innenpolitischer Natur. In Deutschland drohte seit 1930 der Bürgerkrieg; das war kein Klima, in dem die Wirtschaft gedeihen konnte. Von den Nationalsozialisten vor allem ging diese Drohung aus. Aber eben sie trieb ihnen die Leute zu, die fühlten, daß es so nicht weiterginge und daß das Volk unter einer starken Hand einig werden müßte. Hitler selber schuf zu einem guten Teil die Krankheit, von der man bei ihm Heilung suchte. So liebt einer angeblich sein Volk — und

daß Hitler viel über Deutschland nachgebrütet und sich mit Deutschlands Schicksal gequält hatte, mag man ihm glauben; und freut sich doch herzlich, wenn dies Volk leidet, weil er dadurch die Möglichkeit erhält, es sich zu unterwerfen.
Alle großen Parteien hatten nachgerade ihre Schutz- und Kampfverbände; die Kommunisten ihre »Roten Frontkämpfer«, die Sozialdemokraten ihr »Reichsbanner Schwarz-Rot-Gold«, die Deutschnationalen die ihnen verbündete Frontkämpferorganisation »Stahlhelm«. Bei weitem die militanteste Truppe aber waren die »Sturmabteilungen« – SA – der Nazipartei, eine eigentliche Bürgerkriegsarmee. Wohl war dort viel im Grunde gutmütige Jugend versammelt, junge Arbeitslose, die ihre Tage in den öffentlichen Anlagen verlungert hatten, bis die Partei sie sich holte, ihnen die braune Hemdenuniform und Essen und ihrem Leben ein wenig Stolz und Sinn gab. Der Staat, der sparsame, phantasielose, kümmerliche Staat tat das nicht, also konnte die Partei sie einfangen. Aber auch harmlose Jugend hört auf, harmlos zu sein, wenn man den brutalen Instinkten schmeichelt, die im Menschen latent sind; Übermut, Sadismus, Mordlust fanden in den SA ihren Tummelplatz. Der kommunistische Gegenverband blieb die Antwort nicht schuldig, wo er sie geben konnte. Eine Mordwelle ging über das Land; kein Wahlkampf, der nicht Dutzende von Toten gekostet hätte. Auf den Plakaten, die sein Erscheinen anzeigten, ließ ein nationalsozialistischer Redner sich stolz als Mörder Soundso einführen.
Heinrich Brüning sah von diesen Dingen weg, so gut er von ihnen wegsehen konnte. Nie gab er die Hoffnung auf, welche die Hoffnung seiner Auftraggeber war: mit der großen, ungebärdigen Partei der extremen Rechten zu Rande zu kommen, sie zum Positiven zu erziehen und seinem System irgendwie anzuschließen. Mittlerweile hatte er sich zwei Ziele gesetzt: die deutsche Wirtschaft in Ordnung zu bringen und Deutschlands äußere Gleichberechtigung völlig wiederherzustellen; Streichung der Reparationen und Rüstungsfreiheit, oder Abrüstung der anderen. Waren diese berechtigten Forderungen des deutschen Nationalismus erreicht, dann mußten, so glaubte er, die Geister sich beruhigen, die innere Krise sich meistern lassen; worauf dann gründliche Verfassungsreformen dafür sorgen würden, daß sie sich nicht wiederholte. Diese Ziele verfolgte er mit einer Zähigkeit, einer Beherrschung seiner feinen und leidenden Seele, die man bewundern mag; so wie der Ritter in Dürers Stich seinen Weg tapfer weiterreitet, trotz der greulichen Gestalten, die ihm folgen, und in der Ferne schon die heimatliche Burg liegen sieht. Die Burg glaubte Brüning zu sehen, er wollte hingelangen. Aber die Straße wurde immer wüster, Roß und Reiter schwächer.

Die »Welt« – »das Ausland«, wie man in Deutschland sagt – half dem schwer ringenden Staatsmann wenig. Die Welt war nicht klüger als Deutschland. Daß Brüning einer war, der im Interesse der europäischen Zukunft Hilfe brauchte, selbst um einen Preis, das kam ihr gar nicht in den Sinn. Im Frühjahr 1931 schlossen das Deutsche Reich und Österreich einen Zollunionsvertrag miteinander ab; im vernünftigen Wirtschaftsinteresse, aber auch zu politischen Zwecken. Es wäre endlich ein Erfolg von Brünings nationaler Politik gewesen, eine Entscheidung unter Deutschen auf eigene Faust, ein Schritt zur Erfüllung jenes »großdeutschen« Zieles, das auch Hitler, der Österreicher, zu verfolgen vorgab, getan nicht von dem wilden Mann, sondern in anständiger, maßvoller Freiheit. Frankreich wollte es nicht haben. Der »Zollverein« war der Anfang von Deutschlands Einigung gewesen; dieser neue Zollverein war folglich der Anfang der großdeutschen Einigung. Das war gegen den Friedensvertrag, der Österreich zu dauernder selbständiger Existenz verpflichtete. Es durfte nicht geduldet werden. Die Sache kam vor den Internationalen Gerichtshof im Haag; der sprach sein Urteil im Sinn der Franzosen. Was Brünings vernünftiger Diktatur der Mitte eine so dringend benötigte Stärke hätte bringen sollen, endete in beschämender Niederlage. . . Langsam, furchtbar langsam, kam man auch dem Ziel der militärischen »Gleichberechtigung« näher. Die Franzosen trauten Deutschland nicht, und das Schauspiel, das es jetzt bot, war ja auch geeignet, Mißtrauen zu erregen. Was sie nicht verstanden, war der Zusammenhang zwischen ihrer eigenen unschöpferisch starren Haltung und der Verwilderung des deutschen politischen Lebens. Später haben dann die Westmächte dem wilden, bösen Mann alle die Konzessionen gemacht, die sie Brüning verweigerten; sie und hundert andere. – Die einzige großzügige Geste in dieser schlimmen Zeit kam von Amerika. Der Präsident der Vereinigten Staaten, Herbert Hoover, schlug im Sommer des Jahres 1931 vor, die Bezahlung aller politischen Schulden, Reparationen sowohl wie Zahlungen der Westmächte an Amerika, ein Jahr lang auszusetzen. Daß das Unterbrochene nicht wieder aufgenommen würde, lag in der Natur der Dinge, aber noch immer verhinderten abergläubische Vorurteile, es auszusprechen. Max Webers Beschreibung politischer Arbeit wie eines »zähen Bohrens durch dicke Bretter« ist nie so wahr gewesen wie für die Laufbahn des letzten Staatsmannes der Weimarer Republik.

Unmöglich, alle die Säfte genau zu erkennen, die giftigen und auch die gesunden, welche die Nazibewegung nährten. Da war das Gefühl, daß der Weimarer Staat nichts war als eine Anstalt zur Befriedigung der elementarsten gesellschaftlichen

Bedürfnisse, eine große Polizeianstalt, aber nicht der Hort begeisternden gemeinschaftlichen Lebens, der ein deutscher Staat sein sollte. Da war das Gefühl, daß die Republik schwach war und sich nicht wehrte und immer freundlich-bewundernd herüberschielte zu jenen, die im Angriff waren, sie zu zerschlagen. Dafür brachten diese Jahre groteske Beispiele genug. Hitler tat wohl groß mit den Verfolgungen, die er hatte erleiden müssen, aber er wußte selber gut, daß das alles nichts gewesen war als Hokuspokus; daß auch das sozialdemokratische Preußen nie wirklich zuschlug und das »Reich« und andere Bundesländer ihn seit Jahr und Tag geschont und geschützt hatten, wie sie nur konnten. Da war das Gefühl, daß die Deutschen das bei weitem stärkste europäische Volk waren, trotz 1918, und daß die republikanischen Regierungen nicht verstanden hatten, diese Stärke auszunutzen. Statt dessen hatten sie auf »Verständigung« und den Völkerbund gesetzt; aber der war zu sehr ein Instrument der konservativen französischen Machtpolitik gewesen, als daß er ihre Hoffnungen hätte erfüllen können. Da waren alte großdeutsche und gesamtdeutsche Träume — viel »schwarzrotgoldener«, im Grunde, als das Schwarzrotgold der Weimarer Republik. Da war der Judenhaß des Kleinbürgers, nicht sehr stark zunächst, aber aufgepeitscht durch Propaganda, welche nicht nur das Judentum als solches, sondern auch Großbanken, Großwarenhäuser, den Marxismus, den »internationalen Kapitalismus« vage zu seinem Gegenstand zu machen wußte. Da war auch, was ein Naziredner die »antikapitalistische Sehnsucht des Volkes« nannte; und die sozialdemokratische Republik hatte gegen den Kapitalismus so gut wie gar nichts getan. Auch das ging ein in die Partei und stärkte sie. Was verschlug es, daß Hitler gleichzeitig von einigen der größten deutschen Industriellen Geld erhielt und seit dem Sommer 1931 sich emsig um die Freundschaft der rheinischen Industrie bemühte? Man konnte beides auf einmal sein, für den Kapitalismus und auch dagegen. Es ging alles in den brodelnden Topf. Die programmlose, irrationale, an ihrer eigenen Stärke sich stärkende, um der Macht und wieder nur der Macht willen, die durch sie erreicht werden sollte, höher und höher getriebene »Bewegung« konnte alles aufnehmen, was sie stärker machte. Sie nahm das Elend der Armen auf und den Reichtum der Reichen, die brave Sehnsucht der Jungen und die hartherzige Kalkulation der Alten, den hirnlosen Leichtsinn, der nun einmal »etwas anderes« wollte, die Leichtgläubigkeit, die Hysterie. Und sie nahm den Haß in sich auf. Haß gegen die »Novemberverbrecher«, Haß gegen die Welt, Haß gegen »das System«, die »Bonzen«, die sozialdemokratischen Amtswalter, die noch immer an den Hebeln der preußischen Verwaltung saßen und angeblich regierten; aber sie regierten nicht. Wie stark dieser Haß war und die Freude am Haß! Wer es in jungen Jahren erlebt hat, der vergißt es nicht. Wer, aufgewachsen in der freundlicheren Luft unserer Tage, es nicht erlebt hat, der kann sich gar nicht vorstellen, zu welcher Tiefe das öffentliche Leben damals herabsank.

Was die Führer der Nazis nicht taten, weil es ihnen jetzt nur auf Stimmenfang ankam und weil sie ohnehin zynische, gegenüber jeder Unterscheidung zwischen wahr und falsch gleichgültige Menschen waren, das versuchten für sie einige gebildete politische Schriftsteller zu tun. Wir kennen schon die Gedankenwelt, welche man die »konservative Revolution« nannte. Damals standen ihre Vertreter im Zentrum des geistig-politischen Interesses. Sie untersuchten in ihren Zeitungen, was nun zu tun, zu welchen positiven Zielen die in der Nazibewegung zusammengeballten Massen zu führen seien. Sie wollten Ernst machen mit der Verbindung von Nationalismus und Sozialismus, einer, wie sie fanden, im Grund sehr natürlichen Verbindung, welche nur die Marxsche Doktrin bisher vereitelt hatte. Liberaler Kapitalismus und Marxismus seien beide am Ende. Da Deutschland durch die Reparationen und durch seine Verflechtung in die Weltwirtschaft ruiniert worden sei, so müßte es daraus die Lehre ziehen und sich unabhängig vom Weltmarkt machen: Herr über seine eigene Produktion und seinen eigenen Verbrauch. Weil aber Deutschland zu klein sei, so müßten andere Gebiete seinem wirtschaftlichen Raum angeschlossen werden, vor allem das Donautal, Südosteuropa. Das würde nicht gelingen ohne eine starke Militärmacht, nach welcher ohnehin die Sehnsucht der Jugend gehe. Es würde nicht gehen ohne zentrale wirtschaftliche Planung. Das russische Beispiel tat hier seine Wirkung; als einzige unter den Großmächten war die Sowjetunion von der Wirtschaftskrise überhaupt nicht berührt worden und verwirklichte großartig die »Fünf-Jahr-Pläne« zu ihrer Industrialisierung, was manchem nichtkommunistischen Deutschen zu denken gab. Deutschland war klein, verglichen mit Rußland. Aber nicht einmal was Deutschland selber besaß, was sein Boden hervorbrachte, was es machen konnte, wurde jetzt verbraucht, und zwar darum nicht, weil die Leute kein Geld hatten. Daß dies ein unerträglicher, den »Kapitalismus« ein für allemal widerlegender Skandal sei, diese Meinung war weit verbreitet. Ein »Umbau der Welt« tat not, man stand an einer historischen Zeitenwende, es mußte alles ganz anders werden, wirtschaftlich, politisch und moralisch. . . So ließ der aufgeregte Zeitgeist sich vernehmen, und auch so nüchterne, oberflächliche Politiker wie General Kurt von Schleicher verschmähten es nicht, ihn anzuhören. Hitler selber hatte zeitweise an überquere revolutionäre Wirtschaftstheorien geglaubt, sie aber rasch fallenlassen, als er merkte, daß dergleichen ihm bei geldmächtigen Industriellen schadete. Den Opportunisten interessierte die Wirtschaft im Grunde nicht. Sie war Nebensache und mußte von Könnern besorgt werden — solchen, die sonst nichts konnten. Hauptsache war die Politik, von der alles übrige abhing. Hauptsache war die Macht.

In einer schwierigen Lage waren Preußen-Deutschlands alte Konservative, die »Deutschnationalen«. Einige ihrer klügsten Wortführer begriffen, daß jetzt die Diktatur der Mitte zum letzten Turm der Ordnung geworden war, und halfen Brüning mit schwachen Kräften. Das Gros, unter dem Parteiführer Alfred Hugenberg, verbündete sich mit den Nationalsozialisten. Sie ahmten sie nach, redeten ihnen nach, nur etwas milder, etwas gemäßigter; »Novemberverbrecher«, »Schande von Versailles«, Verrat und Unfähigkeit der Demokratie, alles das. Hugenberg war ein reicher Mann, Besitzer eines riesigen Verlags- und Zeitungsunternehmens; auf seine Art muß er wohl fähig gewesen sein. Aber wie blind war er, wenn er glaubte, hier mitmachen, hier konkurrieren und doch die Selbständigkeit seiner Gruppe wahren zu können! Wie verblendet war er von Eitelkeit und Haß, wenn er dies Bündnis für konservativ hielt! Man hat es nach einem Badeort, wo die ganze Bande, Industrielle, Generale, Bankiers und Parteiführer, sich 1931 traf, die »Harzburger Front« genannt, die Konzentration aller Republikfeinde auf der Rechten. Dies, die Feindschaft gegen die Republik, hatten sie gemeinsam. Daß sie sonst nicht viel gemeinsam hatten und das politische Ingenium Hitlers allen anderen Gruppen, Parteien, Kampfverbänden zehnmal überlegen war, dafür fehlte es während des Honigmondes, welcher dieser vielfachen Hochzeit folgte, nicht an Zeichen. Er kenne, gab Hugenberg zu verstehen, sehr wohl die Gefahren der nationalsozialistischen Bewegung. Aber so wie viele andere glaubte er sie benutzen zu können.

Den Feldmarschall von Hindenburg kränkte diese Vereinigung der Rechten und Ultrarechten, die gegen die Republik, gegen Brüning und unleugbar auch gegen ihn, den Präsidenten der Republik und Schutzpatron der Regierung Brüning, gerichtet war. Alle oder beinahe alle, die ihn vor sieben Jahren gewählt hatten, waren nun gegen ihn, und beinahe alle, die damals gegen ihn stimmten, waren nun für ihn; die Republikaner, die katholischen Demokraten vom Zentrum, die Sozialisten, die Gewerkschaften. Ob nun die Rechte ihn verraten hatte oder er die Rechte, darüber war er sich wohl nicht klar; aber etwas stimmte da nicht und war, wenn es irgend ging, in Ordnung zu bringen. Von Alfred Hugenberg hielt er nicht viel, und eine tiefe Abneigung empfand der aus einem solideren Jahrhundert stammende Mann gegen den süd- und großdeutschen Demagogen, den »böhmischen Gefreiten«, wie er ihn nannte. Wenn aber Deutschland sich von der Demokratie abkehren wollte, war es seine, des königlich-preußischen Feldmarschalls Sache, es daran zu hindern? ... Im März 1932 mußte verfassungsgemäß ein neuer Reichspräsident gewählt werden. Versuche wurden gemacht, Hindenburgs Amtszeit durch den Reichstag zu verlängern oder ihn als Kandidaten des gesamten Volkes »küren« zu lassen. Das scheiterte; die Nation war zu aufgewühlt und haßzerrissen, um sich auf ein und dasselbe Idol einigen zu können. Obwohl nun überparteiliche Ausschüsse, in denen auch konservative Politiker nicht fehlten, dem Präsidenten die Kandidatur anboten und Hindenburg auf diese Form den allergrößten Wert legte — er könnte ja schließlich die Sozialisten nicht daran hindern, für ihn zu stimmen —, so wiederholte der Wahlkampf doch ungefähr den Gegensatz von 1925; Hindenburg war jetzt der Kandidat des »Volksblocks«, Hitler der des »Reichsblocks«. So verdreht lagen die Dinge. Für die wilden Österreicher stimmten die ostelbischen Junker, die rheinischen Industriellen, die Mehrheit des Adels und Bürgertums; für den preußischen General die niederbayerischen Bauern, die sozialistischen Arbeiter. Um nur den gefürchteten Feind von der Macht fernzuhalten, suchte die Demokratie Schutz hinter den breiten Schultern des einzigen, mit dem sie noch hoffen konnte, Hitler im Wahlkampf zu schlagen. Sie gewann nichts, auch wenn sie die Präsidentenwahlen gewann. Hindenburg war nicht ihr Präsident; wie wenig er es war, dafür fehlte es im Winter 1932 nicht an warnenden Andeutungen. Sie hielt nur eine ihr fremde, von ihr nicht kontrollierte Front der Mitte, die ihrerseits vom guten Willen Hindenburgs und der Armee abhing. Es war der hoffnungsärmste politische Verteidigungskampf, den es je gab.

Wäre eine echtere politische Teilung der Nation möglich gewesen? Gegen Hitler anstatt des alten Junkers ein sozialer Demokrat? Ja — wenn die Demokratie noch den Mut zu sich selber gehabt hätte. Aber dann wäre ja alles anders gekommen und die Sackgasse von 1932 nie begangen worden. Entmutigt, kompromittiert, vom politischen Spiel eigentlich ausgeschlossen, konnte die Linke jetzt keine politische Offensive mehr ergreifen. Zweifelhaft ist, ob auch nur die Zentrumspartei eine eigentlich demokratische Kandidatur mitgetragen hätte — sicher keine solche, die etwa auch den Kommunisten angenehm gewesen wäre. Und das war es: die Kommunisten nahmen überhaupt keine demokratische Kandidatur an. Im Irrwitz ihrer brutalen und verdrehten Seelen hatten sie sich ausgerechnet, daß Deutschland durch die kurze Periode einer nationalsozialistischen Diktatur hindurch müsse, um dann um so sicherer beim Kommunismus zu landen. »Merken Sie denn nicht«, wandte sich der preußische Minister Braun einmal an sie, »daß Sie die Geschäfte derer da drüben besorgen? Sie wollen beide die demokratische Republik zertrümmern, um dann auf den Trümmern Ihre Diktatur zu errichten, und zwar jeder die *seine*. Sie wollen dann *die* hängen und die *Sie*. Ich fürchte, Sie werden die Gehängten sein!« »*Dich* hängen wir zuerst!« grölten die Verblendeten Antwort. Die Kommunisten stellten denn auch diesmal wieder ihren eigenen Kandidaten auf und haben bis zum bitteren Ende mit den Nazis gegen die Republik zusammengearbeitet.

Hindenburg gewann. Die Mehrheit der Nation stimmte für ihn, für Hitler nur wenig über ein Drittel. Aber dies Drittel war Feuer und Flamme für seinen Führer, während die Wähler Hindenburgs sich nur im Nicht-Wollen einig waren. Der Greis war ein Symbol ihrer Ratlosigkeit. Sie erwählten ihn zu ihrem Schutzmann, und er ließ sich die Wahl gefallen, aber nicht die Funktion, und gab ihnen keinerlei Versprechen, daß er fortan in ihrem Sinn handeln würde. Darum hatten sie kaum ein Recht, sich über Treubruch zu beklagen, als er, kaum zwei Monate nach den Wahlen, seinen asketischen Kanzler fallen ließ und eine Regierung der Rechten bestellte.

Brüning, so machte General von Schleicher damals geltend, meistere die Wirtschaftskrise nicht, im Zeichen seiner Sparpolitik werde alles immer noch schlimmer. Auch seinen zweiten Hauptauftrag habe er nicht erfüllt, die Nazis nicht »gezähmt«. Die Partei wachse bei jeder Wahl in den Ländern; brächte man sie nicht endlich an den Staat heran und unter die Kontrolle des Staates, so werde sie ihn verschlingen... Argumente, die sich hören ließen. Es ist aber wahrscheinlich, daß sie nicht die eigentlichen waren und daß die Hindenburgintriganten nicht so sehr das Scheitern wie den endlichen Erfolg Brünings fürchteten. Erfolge in der äußeren Politik und im Wirtschaftlichen. Die Krise konnte nicht ewig dauern. Ging sie zu Ende – und dafür gab es Anzeichen –, gelang es Brüning, zu ihrer Überwindung beizutragen und doch im Rahmen republikanischer Gesetzlichkeit zu bleiben, so würde die Chance zum Sturz der Demokratie, welche die Not der Massen und die Nazibewegung boten, wohl gar noch unwiederbringlich verlorengehen ... Dem Kanzler wurde keine Möglichkeit gegeben, sich zu verteidigen; so war es abgekartet. Dieselben wenigen, dank übler Gesamtumstände einflußreichen Personen, die ihn an die Spitze gebracht hatten, stürzten ihn nun; und stärker als ihre sachlichen Gründe wirkten Stimmungen und korrupte Interessen, die im Palais des Präsidenten sich breitmachten. Brüning hatte dem ostelbischen Grundbesitz bedeutende Hilfssummen zugewandt. Es bestand nun aber der Plan, Güter, welche sich gar nicht retten ließen, aufzuteilen und arbeitslose Städter auf ihnen anzusiedeln. Es scheint, daß mehr als andere dies Programm einer bescheidenen, überfälligen Landreform Brüning sein Amt kostete. Wenn dem so ist, so war es das letzte Mal, daß das preußische Junkertum – genauer: ein kleiner, energischer Teil des Junkertums – einen bösen Einfluß auf den Gang der deutschen Geschichte nehmen konnte. Es hat ihm nichts genützt. – Hindenburg verweigerte die Unterzeichnung weiterer Notverordnungen.

Eine »Entlassung« war das nicht, zu ihr hatte der Präsident keine Vollmacht. Brüning hätte vor den Reichstag treten und sagen können: »Mit den Notverordnungen geht es nun nicht mehr. Die Mitarbeit, die Ihr bisher auf dem Umweg über die Notverordnungen geleistet habt, werdet Ihr von nun an wieder direkt leisten müssen, so wie die Verfassung es vorsieht. Ich wende mich an die Mehrheit, die mir bisher folgte und die die Gefahren eines Regierungswechsels so gut kennt wie ich.« Jedenfalls hätte er durch einen solchen Appell an die Vernunft der Demokratie nichts verlieren können. So sehr aber hatte Brüning sein Amt als ein dem Reichspräsidenten von Hindenburg dienstbares, von Willen und Gnaden des Ersatzmonarchen abhängendes verstanden, so verblüfft und schwer gekränkt war er jetzt vom Treubruch des Alten, daß der Versuch einer Rückkehr zum parlamentarischen System überhaupt nicht in sein Denken kam. Er war »entlassen«, weil er sich entlassen fühlte, der ehemalige Oberleutnant gegen den Willen des Feldmarschalls das Kommando nicht führen zu können meinte. Sofort zog er sich zurück und hat sich in der Folgezeit in bitterem Stolz geweigert, von den neuen Machthabern irgendwelche Ämter oder Vorteile anzunehmen.

Es folgten acht wirre Monate, während derer Deutschland ununterbrochen unter den grellen, ungesunden Scheinwerfern der Politik lag. Man sprach fast von nichts anderem mehr. Es war das Zögern und Zagen der Braut vor dem häßlichen Freier; sie wollte ihn nehmen und wollte doch auch wieder nicht und machte die sonderbarsten Sprünge, um ihm zu entgehen. Dabei war es so, daß die Linke, vor allem die Sozialdemokraten, auf den Gang der Ereignisse überhaupt keinen Einfluß mehr hatte. Sie waren noch da, sie hielten Parteitage ab und Wahlversammlungen, sie hielten den Kern ihrer Anhänger wohl zusammen, sie hatten in einer »Eisernen Front« ihre Organisation noch unlängst eindrucksvoll zusammengefaßt – aber alles spielte sich ab, als ob sie gar nicht da wären, und ihrer Getreuen bemächtigte sich ein Gefühl tiefer Vereinsamung. Wie einer im Alptraum seinen Arm nicht heben kann, so konnte die große Partei von ihrer Kraft keinen Gebrauch mehr machen. Es ging nicht mehr um die Reichstagsparteien, es ging, wie Julius Leber rückblickend schrieb, nur noch um diese zwei Machtzentren: den Reichspräsidenten und die Straße. Der Letzte, der zwischen Hitler und Deutschland stand, gestützt auf seinen Krückstock, umgeben von seinen legitimen und illegitimen Beratern, war der alte Hindenburg. Das war nun seine Stellung, nachdem er selber die eine verteidigungsfähige Bastion, die Regierung Brüning, verraten und übergeben hatte. Hindenburg wollte die Nazibewegung nicht unterdrücken, was mit Hilfe des Heeres und der preußischen Polizei vielleicht noch möglich gewesen wäre. Dazu hielt er zuviel von der Partei, die, wenn sie auch wild und ungebärdig war, doch immerhin zur »Rechten« gehörte und der man die völlige Ausschaltung der »Marxisten« verdankte. Er wollte aber auch Hitler nicht zur Macht lassen, denn er traute dem Charakter des »böhmischen Gefreiten« nicht. Vor allem, er wollte ihn nicht allein zur Macht lassen. Die »Zähmung« der Partei, die Teilung der Macht zwischen ihr und den Konservativen, war noch immer, was ihm als wünschenswert vorschwebte. Es gibt die englische Redensart von einem, der »seinen Kuchen zugleich essen und aufbewahren will« — er will, was sich selber widerspricht. Mit Hitler ließ die Macht sich nicht teilen.

Man appellierte an die Geister der Vergangenheit, versuchte es mit Regierungen, wie seit der Frühzeit Friedrich Wilhelms IV. kein preußischer König sie seinen Untertanen vorzustellen gewagt hätte. So war das »Kabinett der Barone«, die Regierung Franz von Papens, des Nachfolgers von Brüning. Wieder war Schleicher der Kanzlermacher gewesen, wieder hatte Hindenburg den Rat des politischen Generals, jetzt auch Reichswehrministers, akzeptiert. Dem war eine geheime Verabredung zwischen Schleicher und Hitler vorausgegangen: die Nazis würden Papen »tolerieren«, wie die Sozialdemokraten Brüning toleriert hatten, wofür man ihnen volle Freiheit des Agitierens und Neuwahlen, also einen neuen Wahlsieg versprach. Papen war elegant und couragiert, nicht schlecht, nicht böswillig im Grunde, aber leichtsinnig, eitel, intrigant und oberflächlich zum Gotterbarmen. Für den Verfall des öffentlichen Lebens konnte nichts bezeichnender sein, als die Ernennung dieses wohlerzogenen Hansquasts, Herrenreiters und Schönredners, der von ferne etwas von »konservativer Revolution« hatte läuten hören. In dem »Machtvakuum«, welches dadurch entstand, daß die Nazis einerseits, Hindenburg und die Armee andererseits einander neutralisierten und die Linke nicht mehr zählte, war alles möglich; der charmante Edelmann wußte Hindenburg für sich einzunehmen, und das genügte im Moment. So war man im Zeitalter des fürstlichen Absolutismus erster Minister geworden. Konnte es aber das noch geben, konnte das sich halten im Zeitalter der industriellen Demokratie, in der Fieberglut politischer Massenleidenschaft? Eine Reihe von junkerlichen Reaktionären aus der Kaiserzeit sowie der eine oder andere Vertreter der großen Industrie assistierten dem Kanzler und Hindenburgs Gnaden.

Beherzt ging er ans Werk. Es galt, das dem Demagogen gegebene Versprechen zu halten, andererseits aber in aller Eile außen- und innenpolitische Siege zu erringen und so den Mann zu schwächen, mit dem man später würde Halbpart machen müssen. In der Außenpolitik hatte Brüning gut vorbereitet, da konnte Papen ernten, was sein Vorgänger gesät hatte. Es gelang ihm, die endgültige Streichung der Reparationsschulden zu erreichen. Im Inneren spielte er gegen Hitler das Spiel, das neun Jahre früher Stresemann-Seeckt gegen ihn gespielt hatten: er tat selber den großen Schlag gegen die Linke. »Reichsexekutionen« gegen Sachsen und Thüringen waren damals nicht notwendig, kommunistische Regierungen gab es in Deutschland nicht. Wohl aber gab es in Preußen noch immer das Herz- und Kernstück der Weimarer Republik, die Koalition des Zentrums und der Sozialdemokraten, die Regierung Braun-Severing. Ein Anachronismus, unleugbar, nun da es die Weimarer Republik in Wirklichkeit nicht mehr gab; so wie ein starker Schneeblock nicht schmelzen will, wenn es um ihn herum schon warm geworden ist, und immer noch daliegt, fremd und grau, und nichts für das Wetter beweist. Auch die Regierung Braun war eine Minderheitsregierung; sie amtierte weiter, weil Nazis und Kommunisten im Landtag die Mehrheit hatten und zusammen gegen die Regierung stimmten und johlten, aber keine eigene bilden konnten. Noch immer saßen also die Sozialdemokraten in den Amtsgebäuden als Hüter der Ordnung; noch immer wurde gemunkelt von der Stärke und republikanischen Loyalität der preußischen Polizei. Was eine Überschätzung dieses Institutes war. Im Juli enthob Papen unter einem flauen Vorwand die preußischen Minister ihres Amtes und setzte eine reichskommissarische Regierung über Preußen ein. Ein Staatsstreich; ein unzweideutiger Verfassungsbruch, wie später der Reichsgerichtshof den abgesetzten Ministern in einem ohnmächtigen, vorsichtig verschleierten Urteil bestätigte. Papen war aber wohl nicht ganz im Unrecht, wenn er geltend machte, das Gerede von Verfassung hätte inmitten dieser Staatskrise keinen Sinn mehr. Die Weimarer Verfassung, von Brüning noch in ihren Rudimenten aufrechterhalten, hatte seit Brünings Sturz zu funktionieren aufgehört. Lassalles altes Wort von den Verfassungsfragen, die Machtfragen seien, galt nun ohne mildernde Korrektur. Und es zeigte sich, daß die preußischen Sozialdemokraten keine Macht mehr besaßen oder, was auf dasselbe hinauslief, nicht mehr den Mut, von ihr Gebrauch zu machen. Sie erklärten, daß sie der Gewalt wichen und daß die Stunde weltgeschichtlich sei, und verschwanden. Nach einem Jahrzehnt fruchtbarer, tüchtigster, an den höchsten Forderungen der Politik aber gescheiterten Arbeit zogen sie sich unbedankt und verhöhnt in eine Opposition zurück, von der man wußte, daß sie jetzt nicht einmal mehr als Opposition wirksam sein konnte.

Preußen war seit Wilhelm II. kein echter Staat mehr, sondern nichts als der größere Teil Deutschlands, ein Fragment, in dem politische Macht sich nicht mehr organisieren ließ. Welchen Einfluß hatte »Preußen« während der Brüningjahre, während der jüngsten Regierungskrise im Reich noch nehmen können? Welchen Einfluß auf die Außenpolitik, die Wirtschaftspolitik? Es war kaum noch ein weltgeschichtliches Ereignis, daß Preußen jetzt vom Reich übernommen wurde; formal ist es erst fünfzehn Jahre später aufgelöst worden, ohne daß dieser Rechtsvorgang noch irgendwelche Aufmerksamkeit erregt hätte. »Geschichtlich« war nicht die Kapitulation Preußens, wohl aber die letzte, kampflos hingenommene Niederlage der Sozialdemokratie. Man hat später viel darüber gestritten, ob sie unvermeidlich war, hat die Machtfaktoren und Rechtsmittel aufgezählt, welche der Regierung Braun im Juli 1932 ungenutzt zur Verfügung standen. Es ist das Geschmackssache. Wenn einer einen Weg schon sehr weit gegangen ist, dann geht er ihn gewöhnlich zu Ende, denn sollte er überhaupt umkehren, dann wäre er besser viel früher umgekehrt. Die große Partei war schon zu sehr vereinsamt und verbraucht durch die zweijährige passive »Tolerierung« Brünings, durch die betrogenen Hoffnungen, die sie noch unlängst auf Hindenburg gesetzt hatte. Dem Spieler, der schon verloren hat, nützen seine Figuren nichts mehr. Otto Braun war längst ein müder, von dem Schauspiel, das Deutschland bot, enttäuschter und angeekelter Mann. Er komme, meinte er jetzt, über die Art seiner Amtsenthebung nicht hinweg: »So wie ein Dienstbote, der gestohlen hat, weggejagt zu werden, auf Veranlassung eines Mannes, für dessen Lauterkeit und Verfassungstreue ich mich noch vor kurzem mit meiner ganzen Persönlichkeit eingesetzt habe und der dem nicht zuletzt seine Wiederwahl zum Reichspräsidenten verdankt, das ist ziemlich bitter. Aus einer vierzigjährigen politischen Tätigkeit weiß ich, daß es in der Politik keinen Dank gibt; aber ein Mindestmaß von Achtung ist doch die Vorbedingung auch einer politischen Zusammenarbeit.« So dachte er sich's und hat *seine* konservativen Geg-

ner immer mit Achtung behandelt. Die doch darum nicht aufhörten, den emporgekommenen »Roten« in ihm zu sehen, den man in seine Grenzen verweisen müsse. Wofür auch sie später einen Preis bezahlten.
Papens Sieg über Preußen war ein Pyrrhussieg. Eine in sich schon gebrochene Autorität zu beseitigen, die aber auf einer sehr beträchtlichen Wählergruppe beruhte, und zwar auf der vernünftigsten, treuesten, solidesten, die es im Lande überhaupt gab, eben der sozialdemokratischen – das war keine Leistung. Es wurde damit nur der berstenden Ordnung ein weiterer Pfeiler entzogen, ein Pakt zwischen der Regierung und der gemäßigten Linken unmöglich gemacht, Erbitterung und Leidenschaft noch höher getrieben. Der Wahlkampf für den neuen Reichstag, der gleichzeitig tobte, nahm die Form eines beschränkten, aber abscheulichen Bürgerkrieges an. Als die Stimmen gezählt wurden, zeigte es sich, daß die Nazis die Zahl ihrer Mandate abermals hatten verdoppeln können und nun als die mit Abstand stärkste Fraktion in das Parlament einzogen. Dreister denn je wurde Hitlers Anspruch auf die Macht im Staate, die er zwar »legal« sich vom Präsidenten wollte übertragen lassen, deren Teilung im Sinne parlamentarischer Spielregeln er aber als weit unter seiner Würde erklärte. Es müsse in Deutschland werden, wie es in Italien sei. In einer dramatischen Szene lehnte Hindenburg die Forderung des Demagogen ab; mitmachen dürfe und solle er, etwa als Zweiter in einem Präsidialkabinett, oder aber sich im Parlament eine Mehrheit sichern. Eine solche war nicht mehr zu finden. Die Verwilderung des öffentlichen Lebens, greuliche Morde, welche Hitler zu billigen sich nicht schämte, zwangen den Reichskanzler Papen zu energischen Gegenmaßnahmen, Strafdrohungen, Verboten. Das Verhältnis zwischen der Regierung und den Nationalsozialisten verschlechterte sich rasch. Keine Rede war mehr von der Politik des »Tolerierens«, auf die General von Schleicher seinen Plan aufgebaut hatte. Brüning hatte sich noch auf mehr als die Hälfte des Reichstags stützen können; Papen hatte nicht einmal ein Zehntel für sich, und kaum trat das neugewählte Parlament im September zusammen, so wurde es auch schon wieder aufgelöst.
Ein neuer Wahlkampf. Versammlungen, Aufmärsche, schreiende Plakate, Beschimpfungen und Verleumdungen, Schlägereien, Schießereien. Es war, wenn man es zählen will, der fünfte große Wahlkampf des Jahres 1932; ein fremder Beobachter hätte glauben können, wählen und wiederwählen sei des deutschen Volkes Hauptbeschäftigung. Nie ist die ultima ratio der Demokratie, der Appell an die Wähler, so mißbraucht worden. Die beiden Wahlgänge, mit denen Hindenburgs neue Amtsperiode begann, gewann die Linke, aber der

Sieg war kein echter, er entschied nichts. Der preußische Landtag, der im April gewählt wurde, konnte keine Regierung bilden und überhaupt nichts tun, als der Welt ein Schauspiel grölender Unfähigkeit bieten. Die Reichstagswahlen vom Juli und wieder vom November gaben der Nation keine Möglichkeit, sich für die Regierung zu erklären, da mit Ausnahme der zur Bedeutungslosigkeit zusammengeschrumpften Konservativen alle konkurrierenden Gruppen den Reichskanzler Papen bekämpften. Sie bekämpften sich untereinander mit heulender Wut, aber sie waren sich eins in dieser Feindschaft; ihr Gewühl und Gefuchtel schien an den toten Punkt, auf dem die Machthaber des Augenblicks standen, gar nicht heranzukommen. Diese glaubten nicht an Demokratie, und man muß ihnen zugute halten, daß die deutschen Dinge des Jahres 1932 auch den überzeugtesten Demokraten hätten verzweifelt stimmen können. Nicht zur Verwirklichung der Demokratie — sie konnte jetzt gar nicht verwirklicht werden —, sondern zu deren Ruin trieben sie das Volk von einem Wahlkampf in den andern. Das Volk fügte sich. So wie das Raubtier im Zirkus, das gleichwohl viel stärker ist als sein Bändiger, der Peitsche pariert, so folgten die großen revolutionären und totalitären Parteien, Nazis, Kommunisten, samt allen ihren Kampfverbänden gehorsam jeder Aufforderung, sich zu einem neuen Wahlgang bereitzumachen. So stark war noch immer der Zauber der Legalität, über den Kanzler und Präsident verfügten. Und man sieht nicht, warum selbst dieses Spiel, toll und destruktiv wie es war, verglichen mit der Politik Brünings, nicht noch eine Weile hätte weitergespielt werden können. Fünf Wahlen gab es in einem Jahr; warum sollte es nicht noch einmal fünf geben? So war wohl auch der Plan Papens: die Nazis sich zu Tode wählen zu lassen.

Die Hoffnung schien nicht ganz unbegründet. Im November verlor Hitler einen beträchtlichen Teil seiner Anhänger und bei nachfolgenden Wahlen in einzelnen Ländern und Städten noch bedeutend mehr. Das Volk schien des Menschen, der es in Unruhe hielt und so sehr viel sprach, der längst so nahe der Macht war und doch nie hinkam, müde zu werden. Seine Gegner, und immer hatte er viele und ernste Gegner gehabt, atmeten auf, zum erstenmal seit 1929. Sollte der Spuk doch vorübergehen, ohne je sich zur Wirklichkeit der Staatsmacht zu verdichten? . . . Noch immer jedoch gab es keine regierungsfähige Mehrheit, noch immer waren die Nazis die bei weitem stärkste Fraktion und konnte Papen sich auf kaum mehr als ein Zehntel des Reichstags verlassen. Rechtlich machte dieser Zustand auch das Regieren mit Notverordnungen unmöglich — es wäre denn, man löste den Reichstag jedes Mal während seiner ersten Sitzung auf, wie es im September tatsächlich geschehen war. Die Dinge drängten so einer Entscheidung, einem eigentlichen Außerkraftsetzen der Verfassung zu, und Papen hätte den Mut gehabt, es zu versuchen: Verbot der extremen Parteien auf der Rechten und Linken, Ausnahmezustand, Einsatz des Heeres. Es verlief aber diese merkwürdige und quälende Geschichte so, daß immer, wenn der eine etwas Kräftiges gegen Hitler unternehmen wollte, der andere, der auch dazu notwendig war, nicht mittat; so als hätten die Beteiligten sich heimlich verschworen, daß auch ihre energischen Gesten und Versuche zu nichts führen sollten. Im November 1932 war es der General von Schleicher, der sich weigerte, dem Kurs Papens zu folgen. Der »Herrenreiter« hatte es mit gar zu vielen verdorben und gar zu wenige gewonnen; selbst eine »autoritäre Staatsführung« bedurfte einer breiteren Grundlage im Volk, als das »Kabinett der Barone« sie bot. Die Armee, erklärte Schleicher rundheraus, sei einem gegen Kommunisten und Nationalsozialisten gleichzeitig zu führenden Bürgerkrieg nicht gewachsen. Hindenburg und die Reichswehr, das waren seit 1930 die Stützen jeder republikanischen Regierung, und wenn auch Hindenburg für den Charme Papens noch weiterhin nur allzu empfänglich blieb, so konnte der Kanzler nicht zuschlagen, ohne des militärischen Instruments sicher zu sein.

Schleichers Votum erzwang Papens Rücktritt.

Und nun lagen die Dinge so, daß der General und Reichswehrminister, der seit 1928 einen so emsigen, aber unverantwortlichen Einfluß auf die Politik genommen, der Brüning und Papen erwählt und gestürzt hatte, aus dem Halbdunkel seines Büros hervortreten und die Bürde des Kanzlers selber übernehmen mußte. Die Demokratie Stresemanns, die Halbdemokratie Brünings, das autoritäre Husarenregime Papens, sie waren alle ruiniert. Es blieb, schien es, nur noch die Armee selber, nicht mehr als diskret wirkendes Zünglein an der Waage wie bisher, sondern als letztes und volles Gewicht in der Waagschale. Von Schleicher liebte es nicht, im Rampenlicht zu stehen, und seine »überparteiliche« Reichswehr im politischen Kampf direkt einzusetzen, war ihm widerwärtig. Da es aber ein Zurück zu Brüning oder zur Sozialdemokratie nach dem Willen des Präsidenten nicht geben *sollte*, auch verfassungstechnisch jetzt gar nicht mehr geben *konnte*, weil selbst Brüning jetzt keine Mehrheit mehr im Parlament zustande gebracht hätte, da andererseits doch irgendwie regiert werden, die immer noch große Macht Hitlers irgendwie balanciert werden mußte, so blieb nichts anderes mehr übrig als eine Generalsregierung. Wohl oder übel übernahm die »Feldgraue Eminenz« den Auftrag. Auf das »Kabinett der Barone« folgte der »soziale General«.

Das ist eine der Merkwürdigkeiten dieses schlimmen Jahres; wie Deutschland, bevor es sich endlich dem großdeutschen Demagogen in die Arme warf, noch einmal eine Reihe von Regierungsformen der Vergangenheit rasch und vergebens durchprobierte. Brüning — das war die katholische, konservative Demokratie und das Treueverhältnis zwischen König und Kanzler. Papen — das war ein Rückgriff auf altpreußischen Durchschnitt, verbrämt mit ein wenig »konservativer Revolution«. Schleicher wollte jetzt der demokratische Offizier sein, der über dem Klassengegensatz steht — auch dies eine Anspielung auf bewährte Vergangenheit, Scharnhorst, Gneisenau, selbst Caprivi, Bismarcks ersten Nachfolger. Er schere sich nicht um solche erstarrten Begriffe wie Kapitalismus und Sozialismus, teilte der neue Reichskanzler leichthin der gierig lauschenden Nation mit. Auch seien Verfassungsreformen jetzt nicht das Dringlichste — eine Spitze gegen Papen; und eine streng wissenschaftliche Finanzpolitik sei ja wohl ganz gut — das ging gegen Brüning —, aber was jetzt not tue, sei Arbeitsbeschaffung, Arbeitsbeschaffung und wieder Arbeitsbeschaffung. Da mußten die Leute ihm recht geben. Aus dem ermüdeten, verzweifelten Volk kam dem General eine Welle des Vertrauens entgegen. Seine dunkle Vergangenheit wurde gern vergessen, wenn er nur der starke Mann wäre, der endlich Ordnung, Frieden, Arbeit schaffte, und selbst die beiden von ihm so verräterisch behandelten Politiker, Brüning und Groener, waren bereit, ihm zu helfen. Aber Schleicher war kein starker Mann. Generäle sind das in der Politik viel seltener, als man wohl annimmt; wie soll man sicher auftreten in einer Sphäre, die man nicht kennt und deren böse Eigenarten nur durch lange Ausbildung und Erfahrung zu erlernen sind? Eines war es, von den Büros des Reichswehrministeriums aus ein wenig elegante, intrigante Personalpolitik zu betreiben, ein anderes, in diesem Winter 1932 auf 1933 an der Spitze des Deutschen Reiches zu stehen. Die Gegensätze, um die gekämpft wurde, waren blutig echt; sie waren nicht, wie Schleicher glauben wollte, derart, daß ein wenig souveränes oder nüchternes, freundliches Gerede sie aus der Welt schaffen konnte. Kaum fing er auch nur an, ein Arbeitsbeschaffungsprogramm vage zu entwickeln, so wandte sich der Reichsverband der Industrie gegen seine angeblich inflationäre und sozialistische Politik. Kaum erschien die Möglichkeit einer Rückkehr zu Brünings Siedlungsplänen am Horizont, so zeterten die Grundbesitzer vom »Landbund« gegen den Bolschewismus des Generals. Papen und Schleicher spielten beide mit Gedanken, die mit der deutschen Staats- und Gesellschaftskrise sehr wohl etwas Wichtiges zu tun hatten. Eine Verfassungsreform, Papens Lieblingsidee, war damals in der Tat eine Notwendigkeit, gleichgültig, in welchem Sinn man sie verwirklicht wünschte. Ein großzügiger Umbau der Wirtschaft, die Verstaatlichung von Kohle und Eisen — ein flüchtiger Traum Schleichers —, auch das kam dem Nerv des deutschen Problems nahe. Verfassung aber und Wirtschaft waren beides schwierige, ernste Dinge, Reformen hier nur gegen furchtbare Widerstände durchzusetzen. Dem Ernsten, Schwierigen waren weder Papen noch Schleicher gewachsen. Beide waren sie nicht im echten politischen Kampf langsam hochgekommen, sondern dank toller Umstände leichten Sprunges an die Spitze gehüpft; so rasch sie angelangt waren, so rasch waren diese unechten Führer auch wieder zu beseitigen, der eine durch den anderen oder beide durch einen dritten.

Die Armee, seine eigentliche Stütze, wünschte Schleicher auch jetzt nicht einzusetzen; jetzt, als verantwortlicher Staatsmann, noch weniger als früher, als er mit der militärischen Macht immerhin von fern hatte drohen können. Er wollte nicht der auf Bajonetten sitzende Diktator sein, er fühlte, daß er es nicht konnte. Statt dessen bemühte er sich um eine breitere, sozusagen demokratische Basis seines Regierens, im Grunde eine alte Idee von ihm. Wenn es mit Hitler nicht ging, so ging es vielleicht mit gewissen starken, populären Gefolgsleuten, die eben damals mit dem Demagogen gebrochen hatten. Eine Front aller Gewerkschaften, von den arbeiterfreundlichen Gruppen innerhalb der Nazipartei über die christlichen zu den sozialdemokratischen Gewerkschaften? Dann neue Auflösung des Reichstags und Regierung ohne Parlament, aber im Bunde mit der praktisch vernünftigen, gemäßigten, vorurteilslosen Welt der Arbeit, und der soziale General an der Spitze? Hierüber wurde um die Weihnachtszeit in den Zeitungen diskutiert, allerlei möglichen, neuartigen Zusammensetzungen nachgegangen, wer wen empfangen hatte, wer etwa in wessen Kabinett eintreten würde in eingeweihten Artikelchen erörtert. Auch hier waren Möglichkeiten. Aber auch sie hätten zu ihrer Verwirklichung anderer politischer Erfahrung und persönlicher Kraft bedurft, als sie dem zögernden, kombinierenden und sich nach dem Halbdunkel des Reichswehrministeriums sehnenden General von Schleicher zur Verfügung standen.

Er hatte kein Glück. Die Parteien kamen seinen Bemühungen nicht entgegen, und die Parteien, wenn sie auch nicht regieren konnten, waren doch die stärksten Organisationen. Die Freien Gewerkschaften hätten ganz gern mit Schleicher zusammengearbeitet. Die Sozialdemokratische Partei, durch die Erfahrungen des letzten Jahres in Mißtrauen und Verbitterung getrieben, verweigerte jedem Plan, der auf eine auch nur vorübergehende Ausschaltung des Parlamentes hinauslief, energisch ihre Zustimmung; uneingedenk der Tatsache, daß das Parlament praktisch längst ausgeschaltet war und daß jetzt ganz andere Gefahren drohten. Die Verfassung, diese längst gebrochene und ruinierte Verfassung – sie war den Wels und Breitscheid und Braun noch immer das heilig zu Bewahrende. Ein verfassungsmäßig angetretenes Kabinett Hitler schien ihnen weniger verabscheuungswürdig als ein General, der ohne Parlament regierte und der sie unlängst noch so feindlich traktiert hatte. Verständlich das alles und billig zu entschuldigen; es ist ja auch wohl im Rückblick leichter zu sehen, wohin es führte, als es damals war. Nach sechs Wochen fand Schleicher sich in der gleichen Lage wie vor ihm Papen. Auch ihm blieb nichts als neue Reichstagsauflösung und die Armee; dieselbe Armee, von der er sechs Wochen früher erklärt hatte, daß sie zu Staatsstreich und Bürgerkrieg nicht taugte. Hätte er übrigens wirklich eine außerparlamentarische Brücke zu Zentrum und Sozialdemokratie gefunden, so ist anzunehmen, daß die Kräfte, denen er schließlich erlag, sich noch zielbewußter gegen ihn zusammengetan und ihn so oder so überwältigt hätten.

Auch der anscheinende Niedergang der Nazis erwies sich als kein Glück für den General-Reichskanzler. Von innerer Spaltung bedroht, von riesigen Geldschulden belastet und in Gefahr, um die Früchte ihres jahrelangen Wühlens in der deutschen Erde betrogen zu werden, zeigte die Partei sich nun bereiter zu einem Kompromiß als im vergangenen Sommer und Herbst. Die größere Elastizität im Verhandeln war eine Vorbedingung für ihren Sieg, der nun einmal im Rahmen der »Legalität« stattfinden sollte und mußte. *Eine* Vorbedingung: es gehörten zwei Partner dazu, und solange Hindenburg den General schalten ließ, hatte der Demagoge keine Chance. So sehr aber hatten die Herren im Präsidentenpalais sich jetzt an das Kombinieren, Intrigieren und Regierungsstürzen gewöhnt, daß sie das Spiel weitertrieben, kaum daß Schleicher auch nur in sein Amt eingeführt worden war. Widrig sind diese Dinge zu erzählen, die Stänkereien der feinen, überklugen, der eitlen, unredlichen und verblendeten Edelleute gegeneinander, und es gälte für sie das Dichterwort »Nicht gedacht soll ihrer werden!«, wenn nun nicht ihr Resultat eine so schauerliche Bedeutung für die Welt gehabt hätte.

Es war Franz von Papen, der nun gegen seinen Freund Schleicher die Rolle übernahm, welche acht Monate vorher Schleicher gegen Brüning gespielt hatte. Ob aus vaterländischer Sorge oder aus Ehrgeiz und Rachsucht, darüber wollen wir seine Freunde mit seinen Kritikern streiten lassen; die Motive können hier gleichgültig sein, würden ja auch so oder so sich nicht beweisen lassen. Das Nachdenkliche der Situation ist nur immer wieder: daß ein Mensch von solchem Federgewicht einen kurzen Augenblick lang Weltgeschichte machen und entscheiden konnte. Papen war noch immer der intime Berater des Präsidentengreises, dessen altes, hartes Herz so wenig Menschen liebte; das genügte dazu. Ein streberischer Bankier vermittelte zwischen dem verunglückten Kanzler und dem von Unglück bedrohten Demagogen. Die Herren trafen sich heimlich, aber ihr Treffen wurde alsbald bekannt. Sie trafen sich noch einmal und ein drittes Mal und zogen den Sohn und den Staatssekretär Hindenburgs zu ihrem Gezettel bei und erreichten langsam eine Verständigung. Sie fanden einen General des Heeres, der bereit war, in einer von Hitler geleiteten Regierung den Posten des Wehrministers zu übernehmen. Sie weihten die Herren von der Deutschnationalen Partei in ihren Plan ein und die Herren vom »Stahlhelm« und stellten so, für den Augenblick, die »Harzburger Front« wieder her. Sie verteilten die Posten — nur drei für die Nationalsozialisten, neun für die Konservativen — womit die geläuterte Gesinnung Hitlers ihnen bewiesen schien. All dies geschah in der Stille der Wohnungen und Büros, aus denen nur ungewisse Gerüchte nach außen drangen. Erst als sie unter sich schon das Wesentliche abgekartet hatten, als alle Intriganten um Hindenburg für den geplanten neuen Kurs gewonnen waren, begann der Sturm auf den Präsidenten selber. Es ist eine Tatsache, daß der geistlose, nicht instinktlose alte Soldat sich bis zuletzt gegen die Ernennung Hitlers zum Kanzler gewehrt hat. Er wollte das nicht. Aber er hatte sein Leben lang sich auf seine Berater verlassen. Und nun waren alle seine Berater, die öffentlichen und die geheimen, sich einig in ihrem Rat. Es gäbe, argumentierten sie, keine andere Lösung mehr. Mit Papen als Vizekanzler und Kommissar für Preußen, mit der Reichswehr nach wie vor unter Hindenburgs eigenem Befehl, mit Außenpolitik, Wirtschaft, Landwirtschaft, Finanzen in sicheren konservativen Händen wäre der wilde Mann »eingerahmt«, auch wenn er nun den Reichskanzlertitel erhielte; das Wünschenswerte, die Benutzung der »aufbauwilligen Kräfte« des Nationalsozialismus bei Vermeidung seiner Alleinherrschaft, wäre damit endlich erreicht. Alles andere sei unmöglich. Schleichers Pläne liefen auf Sozialismus, auf Ruin des Großgrundbesitzes hinaus; der von ihm empfohlene »Staatsnotstand« stelle einen Bruch der Verfassung dar, während Hitler die Verfassung bewahren werde; bis dann, wieder ohne Bruch der Verfassung, die Restauration der Monarchie das Lebenswerk des Feldmarschalls endlich krönen könnte. . . So oder so ähnlich wurde es dem Greis von seinen Intimen eingegeben, während gleichzeitig Organisationen der Öffentlichkeit, Landbund, Industrie, ihn beschworen, es doch nun endlich mit dem Führer der großen Volksbewegung zu versuchen. Isoliert, verwirrt, seines ermüdeten Geistes kaum noch mächtig, gab Hindenburg nach. Das schon vertraute Mittel, Verweigerung einer neuen Reichstagsauflösung, zwang Schleicher zum Rücktritt. Der soziale General, der starke Mann, der erfahrene Kabinettsstürzer war wehrlos gegenüber den Intrigen, die er selbst ehedem so erfolgreich gepflogen hatte, war ebenso leicht zu stürzen wie die anderen vor ihm und verschwand ohne den ernsten Gedanken an eine Auflehnung. Zwei Tage später ernannte Hindenburg den Führer der Nationalsozialistischen Deutschen Arbeiterpartei zum Reichskanzler. »Sie irren sich, wir haben ihn engagiert«, erwiderte Papen, als man ihn auf das Gefährliche dieses Staatsaktes aufmerksam machte. Und so sah es auch auf dem Papier aus, und so verstanden es auch die allermeisten; nicht nur die Chefintriganten, auch die öffentlichen Kritiker, die linken Journalisten, die Herren von den noch immer existierenden republikanischen Parteien. Die Machtverteilung, oder doch die Ämterverteilung, schien in der Tat zugunsten der Konservativen innerhalb ihrer Partnerschaft mit dem Demagogen zu sprechen. Aber von all den klugen Sicherungen war nach einem halben Jahr nichts mehr übrig als letzte Schatten und Spuren, und nach wieder einem Jahr verschwanden auch die.

Betrachtung

Der dreißigste Januar 1933 war noch nicht das eindeutige Ende der Weimarer Republik; man könnte es mit ebensoviel Grund in den März verlegen. Die neue Übergangsperiode sah zunächst beinahe wie eine Rückkehr zu den Koalitionsregierungen der besten Weimarer Zeit aus; daß das, was damals anfing, etwas ganz anderes war, zeigte sich erst in den nächsten Wochen und Monaten. Hier war zunächst nur einer mehr in der kläglich langen Liste deutscher Reichskanzler seit 1917. Der aber den Titel erhielt, stand von nun an ein gutes Jahrzehnt im Mittelpunkt des deutschen Geschehens und des Weltgeschehens. Das hätte nie geschehen dürfen. Es ist eine so dumme wie schauerliche Episode, und wohl könnte sie uns am Sinne der Geschichte selber zweifeln machen. Aber es ist so gewesen und hat sich in der Wirklichkeit dem, was vorher war, angefügt und ist aus ihm gekommen, so wie aus ihm selber wieder das kam, was heute ist. Also müssen wir es darzustellen und in seinem Zusammenhang zu verstehen suchen.

Die in der politischen Geschichte handelnden Menschen wollen

auch im Rückblick meist nicht sehen, daß sie etwas falsch gemacht haben. Es waren immer die andern, nie sie selber. So wie in den Erinnerungsbüchern der Führer und Macher des ersten Weltkrieges, der Tirpitz und Ludendorff, der Poincaré und Lloyd George gar nichts von Selbstkritik zu spüren ist, so zeigen auch die Akteure der Jahre 1932 und 1933 im Rückblick keine Reue. Sie haben uns ihre Memoiren geschenkt, die Franz von Papen und Staatssekretär Meißner und Reichsbankpräsident Schacht, auch die Otto Braun und Karl Severing; für andere, Alfred Hugenberg, den Deutschnationalen, den ermordeten General Schleicher haben Freunde gesprochen. Zu lernen ist aus alledem etwas. Aber es ist immer Apologie. Es ist immer eine Verzerrung der Perspektiven, ein Verschweigen des Gravierenden, ein Verschieben der Gewichte, wenn es nicht geradezu eine sogenannte Gedächtnistäuschung ist. Sie konnten nie anders handeln als sie taten, sie wollten das Gute, sie machten es richtig; und wenn nichts Gutes dabei herauskam, dann trifft die Schuld die Verhältnisse oder die Partner im Geschäft, nie den Schreibenden selber. Daß aber einer aufsteht und sagt: hier, in diesem entscheidenden Augenblick, habe ich etwas falsch gemacht, lernt daraus und macht es besser — dies scheint gegen die menschliche Natur zu sein.
Was die Berufung Hitlers zur Macht betrifft, so verteidigen die Hindenburgintriganten sie auf simple Weise. Sie sagen: es sei alles »legal« geschehen. Es sei als eine Rückkehr zu verfassungsmäßigen Zuständen eher denn als Staatsstreich gemeint gewesen, und wenn es anders ausging, so habe niemand es vorhersehen können. Übrigens sei auch gar nicht zu zeigen, was man statt dessen eigentlich hätte tun sollen... Eine andere beliebte Argumentation unterstreicht die Haltung der Parteien und der Massen. Ein großer Teil des Volkes habe nun einmal Hitler zum Führer gewollt, seine Ernennung also einem Kernprinzip der Demokratie entsprochen. Das Volk sollte sich selber tadeln, anstatt einzelne Personen anzuklagen. Ferner hätten die Parteien schuld, erst, zum Beispiel während der Schleicherperiode, durch das große Ungeschick ihres Manövrierens, dann — wozu wir erst noch kommen müssen — durch die Schwäche und Feigheit, mit der sie ihre Vernichtung hinnahmen, ja, wohl gar noch eilten, sich selber zu vernichten, bevor man sie dazu zwang... Kritiker antworteten: Es haben doch Intriganten die Sache entschieden: Papen, Bankier Schröder, Oskar von Hindenburg, Sekretär Meißner, Gutsnachbar von Oldenburg-Januschau, und so fort. Das Volk hatte mit der Entscheidung nichts zu tun, am wenigsten die Weimarer Parteien, die ganz ausgeschaltet waren... Was sollen wir nun denken von diesem Hin und Her der Argumente?
Ja doch, einige wenige stellten die Weiche für den dreißigsten

Januar. So geheim waren die Unterhandlungen, so gering die Zahl der Eingeweihten, daß selbst der von seinen Spionen trefflich bediente General Schleicher nicht wußte, was ihm geschah, und bis zuletzt eine neue Regierung Papen, nicht aber eine Regierung Hitler befürchtete. Und daß hier Ehrgeiz, Ressentiment, Streberei, Wichtigmacherei ihre menschlich allzumenschliche Rolle spielten, bedarf keines Beweises. Wie klein sind manchmal die Leute, die große Geschichte machen können, wie niedrig ihre Motive, ihr Denken, ihr Charakter! . . . Wieso aber konnten sie denn Geschichte machen?

Sie standen auf dem toten Punkt zwischen den Fronten, welche die großen deutschen Parteien, die Demokratie und die Nazis gegeneinander bildeten. Dies Gegeneinander, diese Lähmung der deutschen Politik durch den Konflikt der Massenparteien gab ihnen erst ihre Chance. Noch mehr. Sie selber, nämlich Hindenburg, der Kreis um ihn und die Armee bildeten den letzten Damm gegen die Flut des Nazismus. Die Demokratie konnte ihn aus ihrer eigenen Schwäche heraus nicht mehr bilden. Hätte sie es gekonnt oder gewagt, so hätte sie sich 1932 einen eigenen Kandidaten für das entscheidende Reichspräsidentenamt suchen müssen, anstatt sich hinter dem Feldmarschall zu verstecken. Sie suchte Schutz bei Hindenburg, und die Hindenburgleute taten ihr den Dienst, aber um den bitteren Preis, daß sie selber, die Linke, sich ausschaltete und gar nichts mehr zu sagen hatte. Indem sie dann aber allein ohne die Linke den Damm gegen die radikale Rechte bildeten, konnten sie ihn nicht halten; ihr Plan, die Nationalsozialisten zu benutzen, um durch sie die soziale Demokratie zu beseitigen, Hitler selber aber die Macht nicht einzuräumen, konnte auf die Dauer nimmermehr glücken. Eine industrielle Massengesellschaft im Zustand höchster politischer Aufregung ließ sich demokratisch regieren oder demagogisch und tyrannisch; von ein paar volksfremden Edelleuten, die sich auf nichts stützten als auf eine gleichfalls schon politisch zersetzte Armee von 100 000 Mann, ließ sie sich auf die Dauer ganz gewiß nicht regieren. Wie sollte einem Papen und Schleicher gelingen, was schon ein halbes Jahrhundert früher, unter so viel harmloseren Umständen, einem Bismarck nicht gelungen war? Auch die benachbarten Auswege, die »Zähmung« oder »Einrahmung« der Partei (Papen, Schleicher) oder die Spaltung (Schleicher) waren illusionär; darum, weil Hitler sowohl seinen eigenen Gefolgsleuten wie auch den konservativen Dilettanten als Politiker turmhoch überlegen war. Das wußte man damals nicht, und nachträgliche Prophezeiungen sind leicht; aber heute wissen wir es, und was man weiß, soll man aussprechen. Die Demokratie selber, und das heißt im wesentlichen die Parteien der »Weimarer Koalition«, hätten stärker sein, politisch und moralisch auf das Volk stärker wirken müssen als der Nazismus. Da sie das in den entscheidenden Jahren nicht taten, war Hitlers Sieg so gut wie unvermeidlich. Wie kann man im Ernst glauben, Männer wie Hindenburg, wie Papen und Schleicher hätten die Republik retten können? Waren *sie* dazu gemacht, war das *ihre* Funktion? Antwortet man auf diese Fragen, wie man es muß, dann verliert die ekelhafte Geschichte der Intrigen des Januar 1933 doch einen guten Teil ihrer Bedeutung. Es ging letzthin mit rechten Dingen zu, wenn Hitler an die Macht kam, weil er politisch der Stärkste war und die vehementeste Volksbewegung gesammelt hatte. Ist eine solche Bewegung einmal da, dann ist ihr Sieg allemal wahrscheinlich, nach den Spielregeln der Demokratie und nach den Regeln der Geschichte. Es kommt darum auf die einzelnen Szenen des letzten Aktes nicht so sehr an. Schleicher wünschte die »Zähmung«, die Teilung der Macht mit Hitler schon im Sommer 1932, und damals wollten Hindenburg und Papen sie nicht. Wäre es aber damals, als die Nazibewegung den Punkt ihrer äußersten Energie erreicht hatte, zu einem Arrangement mit Hitler, zu einer Koalitionsregierung gekommen, sei es selbst mit Schleicher als Reichswehrminister, so ist das Wahrscheinliche dies, daß die Nazirevolution ein halbes Jahr früher begonnen hätte, als es tatsächlich geschah, und nichts anderes. Ähnliches gilt für den Fall, daß Schleicher anstatt Papen im Dezember 1932 oder Januar 1933 mit Hitler zu Rande gekommen wäre. Fast gar nichts berechtigt uns zur Annahme, der General wäre dem schlauen Teufel gewachsener gewesen als der »Herrenreiter«. Fast gar nichts berechtigt uns zu der Annahme, eine Koalitionsregierung Zentrum-Nationalsozialisten wäre im Jahre 1932 anders ausgegangen, als die Koalitionsregierung Konservative-Nationalsozialisten 1933 ausging. Die Widerstandskraft der Parteien, einschließlich des Zentrums – nämlich, daß sie sehr gering geworden war –, zeigte sich 1933; und die Vehemenz, die Zielbewußtheit, die ungeheure Ruchlosigkeit der Nazis hätte sich auch schon 1932 zeigen können. Hitler wußte, was er brauchte, um Teilmacht zur totalen zu machen; den Reichskanzlerposten, die Innenministerien im Reich und in Preußen; das hätte ihm etwas früher genügt, wie es ihm etwas später genügte. So wird man auch das Verhalten der Sozialdemokraten im Januar 1933, ihre Weigerung, sich mit Schleicher zu verbünden, kaum noch als entscheidend ansehen können. Die Linke war damals verbraucht, war besiegt seit dem preußischen Staatsstreich; daß sie zur Verantwortung nicht zurückberufen wurde oder dem Ruf, der kaum ernsthaft an sie erging, sich versagte, auch das ging geschichtlich mit rechten Dingen zu. Einzig und allein das System Brüning war solide genug, ernst und gut geführt genug, daß es , isoliert betrachtet, die Krise wohl überdauern, die Brücke zu besseren Tagen hätte schlagen können. Was nützt aber die Betrachtung in Isolation, außerhalb des wirklichen Zusammenhangs? Auch zu dem System Brüning hätte es nicht kommen dürfen. Es war fehlerhaft konstruiert; das wissen wir von der Art, in der es fiel. Oder soll man das solide nennen, was wie an einem dünnen Faden vom Belieben eines einzigen kaltherzigen, seiner Zeit entfremdeten Greises abhing? Wenn Brüning uns in seinen Erinnerungen sagt, die Demokratie wäre zu retten gewesen, wenn Hindenburgs körperliche und geistige Gesundheit fünf Jahre länger ausgehalten hätte, spricht er seinem System wie der Weimarer Republik schon das Urteil. . . Der Streit über die Frage, ob Hitler durch wenige Intriganten an die Macht gebracht worden sei oder durch das Volk, ist darum eigentlich gegenstandslos. Die Form, in der er Reichskanzler wurde, verdankt er den Treibereien Franz von Papens, und diese Tatsache allein hätte genügen sollen, um dem Baron in Scham und Reue für immer den Mund zu verschließen. Aber ohne die Volksbewegung, so wie sie einmal existierte, hätte Papen weder handeln können noch wollen. Mit ihr war Hitlers Sieg allemal wahrscheinlich, ob er nun mit Hilfe Papens erfolgte oder mit Hilfe Schleichers oder etwa mit Hilfe des Prälaten Kaas von der Zentrumspartei; und der Ausgang wäre allemal der gleiche gewesen.

Schleicher- oder Papen-Kombinatiönchen boten keine echte Alternative zur demagogischen Diktatur. Es gab nur eine: die Demokratie. Sie mußte nicht notwendig in den Formen der Weimarer Verfassung bestehen, auf die Formen kam es im einzelnen nicht an; eine Monarchie englischen — oder süddeutschen — Stils hätte ihr viel besser getan als Hindenburgs Reichspräsidentenschaft. Unter Demokratie ist hier nichts anderes gemeint als das freie Mit- und Gegeneinanderspielen der großen Interessen und Meinungen der Gesellschaft nach Regeln, so daß dem Willen der Mehrheit keine andere Schranke gesetzt ist als der sichere Rechtsschutz, welchen die Mehrheiten genießen. Die Deutschen waren seit den 1890er Jahren ein Volk von Arbeitern und Angestellten. Alles andere war zahlenmäßig Minderheit, insbesondere die sogenannten »besitzenden Klassen«. Das bedeutete im Rahmen der Demokratie keineswegs die Vernichtung dieser Minderheiten. Ohne Recht und Gesetz, ohne Schutz der Minderheiten, entartet die Demokratie selber zur demagogischen Diktatur. Auch nach 1919 fand sich, bei freiester Abstimmung, in Deutschland keine Mehrheit zugunsten der Enteignung der ehemaligen Landesfürsten, und das war gut so; denn es ist unschön und gar nicht demokratisch, eine kleine, nicht wesentlich schuldige Minderheit außerhalb des Gesetzes zu stellen. Dies zu verhindern, gab es genug Rechtssinn, genug regionale Überlieferungen und Anhänglichkeiten; und immer sorgten große geistige Organisationen, wie die Katholische Kirche, dafür, daß die materiellen Klassengegensätze nicht zu allbeherrschenden wurden. Andererseits konnten kleine, vom wirtschaftlichen Untergang bedrohte Minderheiten wie die preußischen Grundbesitzer in einer echten Demokratie keine rettenden Privilegien, keine solchen korrupten Geldzuwendungen erhoffen, wie die »Osthilfe« von 1932 sie ihnen gewährte. Und ganz gewiß mußten in einer echten Demokratie die großen Gewerkschaften der Arbeiter und Angestellten sich einen Platz gewinnen, welcher dem der Arbeitgeber und ihrer Verbände wenigstens gleichberechtigt war. Die Nutznießer des Systems Bismarck, ostelbischer Grundbesitz und westdeutsches Großunternehmertum, wollten solche unvermeidlichen Folgen einer echten Demokratie nicht hinnehmen. Eine Rückkehr zum System Bismarck war unmöglich. Eine dritte tragfähige Lösung sich auszudenken waren sie nicht imstande. Als aber ein Drittes erschien, kraft eigener Energie, und vor ihren Augen Wirklichkeit wurde, bequemten sie sich gern oder ungern, mit ihm zu paktieren. Hätten sie die soziale Demokratie mit dem Herzen angenommen, mit ihr sich endgültig ausgesöhnt, dann wäre trotz aller im Volk wühlenden Bewegung die Katastrophe des Dritten Reiches zu verhüten gewesen; dann hätte etwa die Regierung Brüning bis zum natürlichen Niedergang der Nazipartei gehalten werden können. Aber das Großbürgertum hielt die Entwicklung seit 1917 für illegitim, für noch rückgängig zu machen. Daher sein Pakt mit der Revolution des verzweifelten Kleinbürgertums, symbolisiert durch das berühmte Treffen im Hause des Bankiers; daher der dreißigste Januar 1933.

Otto Braun, der preußische Sozialdemokrat, hat die Gründe für das Scheitern Weimars auf zwei einfache Nenner gebracht: »Versailles« und »Moskau«. Versailles – das ist die Herkunft der deutschen Republik aus der Niederlage, welche sie samt allen ihren Symbolen einem großen Teil des Volkes von vornherein verächtlich machte. Es sind die schweren Versündigungen der französischen Politik gegenüber Deutschland wenigstens bis 1924. Moskau – das ist die alle Vorstellung übersteigende Torheit sogenannter Kommunisten, die, einen nichtigen und feindseligen Traum von Jüngstem Tag, von »Revolution« im Kopf, alles das bekämpften und begeiferten, was auf einen demokratischen und sozialen Fortschritt Hoffnung gab. Ohne die Kommunisten hätte die Republik nicht so unglücklich und blutig, wie es geschah, begonnen, wäre Hindenburg nicht Reichspräsident geworden, wäre die Demokratie nicht gleichzeitig von links und von rechts bedrängt und erstickt worden; selbst noch 1933 waren die Kommunisten zu nichts anderem gut, als Hitler den willkommenen Vorwand zur Errichtung der Diktatur zu liefern. Trotzdem macht der sich die Erklärung der Katastrophe von 1933 bis 1945 zu bequem, der alles auf Versailles und Moskau schiebt und etwa noch, als auslösende Ursache, die Wirtschaftskrise hinzunimmt. Daß die Krise Deutschland härter heimsuchte als andere Völker, daß sie mit den von »Versailles« geschaffenen psychologischen Bedingungen zusammentraf und die Kommunisten mit allem nur erdenklichen Unfug der Demokratie ihr Handwerk erschwerten, das ist alles so wahr, wie es trivial ist. Warum gab es denn aber so viele Kommunisten? Warum gab es, seit 1929, so viele Nationalsozialisten? Es lag daran, daß der demokratische Staat einen großen Teil des Volkes nicht zu integrieren, sein politisches Sehnen nicht zu befriedigen verstand.

Unter der Weimarer Republik sind schöne Leistungen vollbracht worden, und es gab auch verfassungstechnisch bedeutsame Neuerungen. Im Grunde aber und im Kern war die Republik das verstümmelte und geschwächte Kaiserreich ohne Kaiser. Zur Veränderung der deutschen Gesellschaft hatte der Krieg viel mehr getan als die Revolution von 1918 und was daraus folgte; und Hitlers »Drittes Reich« würde auch viel mehr dazu tun. Die Konservativen oder Deutschnationalen, der alte Hindenburg voran, erhofften sich vom dreißigsten Januar 1933 ein Zurück zum Geist und zu den Dingen des Kaiserreiches. Die dreißiger und vierziger Jahre brachten dann aber im Gegenteil eine sehr tief grabende Bewegung vom Kaiserreich weg. Umgekehrt erwartete man sich von den Vorgängen der Jahre 1918 und 1919 revolutionäre Veränderungen, und dann war der Weimarer Staat im wesentlichen restaurativ; ein Zwischenspiel zwischen der Revolution des Krieges und der Nazirevolution. Schon Gesichter und Namen reden eine deutliche Sprache. Sie waren alle Männer aus der Kaiserzeit, die Politiker und Wirtschaftler der Weimarer Republik; die Marx und Stegerwald, die Ebert, Müller und Braun so gut wie die Hugenberg und Westarp, die Hergt und Keudell, die Stresemann und Cuno und Rathenau, die Seeckt und Groener, die Kirdorf und Stinnes und Krupp. Alt, kaiserlich, war auch die Presse, in der für oder gegen sie argumentiert wurde: Norddeutsche Allgemeine, Frankfurter, Berliner Tageblatt, Vossische, Vorwärts. Es waren die alten Geisteshaltungen, die alten Bosheiten, die alten Gesichter. Die neuen kamen erst mit den Nazis; keine schönen, aber neue. Die »Weimarer« Parteien waren die Oppositionsparteien der Bismarckzeit. Das Zentrum rückte schon unter Wilhelm II. zur Regierung auf, die Sozialdemokraten unter Max von Baden, um nur zu bald

wieder in die gewohnte Opposition zurückzufallen. Parlamentsgeschichtlich gehört so die Weimarer Republik zur selben Periode wie die Kaiserzeit. Die gleichen Begierden und Sehnsüchte wühlten in der Nation, die gleichen Gegensätze teilten sie; nur daß jetzt die Anschauung der »Reichsfeinde«, der sozialen Demokratie zur angeblich offiziellen geworden war und dieser Sieg der Linken von ihren Gegnern mit der Niederlage von 1918 verleumderisch gleichgesetzt wurde. Wir müssen diese Dinge so kompliziert ausdrücken, weil sie an sich so verzweifelt kompliziert waren; weil die Weimarer Republik keine Identität mit sich selber hatte. Ein großer Teil der Nation erkannte sie nicht an, erkannte die Niederlage nicht an und nicht die Absage an Schwarzweißrot.
In solcher Lage hätten jene, welche die Führung übernahmen, sehr stark, sehr selbstsicher, sehr schöpferisch sein müssen, um gegen den Willen so vieler den Staat nach ihrem Willen und Bild zu formen. Man erwartete es von den Sozialdemokraten. Ihnen gaben 1919 bei den Wahlen zur Nationalversammlung mehr Deutsche ihr Vertrauen, als die Nationalsozialisten selbst zur Zeit ihres größten Volkstriumphes, Sommer 1932, zu mobilisieren vermochten. Vernünftig und freiwillig, zur Arbeit auch mit ihren Gegnern ehrlich bereit, aber pessimistisch, übervorsichtig, längst und unter dem ungünstigsten Stern zur Mitverantwortung im Kaiserreich gezwungen, hatten die Sozialdemokraten den schöpferischen Mut nicht. Sie gaben den Auftrag zur Führung an das Volk zurück, weil er ihnen nur von vierzig oder fünfundvierzig Prozent der Wähler gegeben worden war, nicht von einundfünfzig Prozent. Sie gaben ihn an die »Mehrheit« zurück. Eine echte, handlungsfähige Mehrheit hat sich dann überhaupt niemals gefunden. Handlungsfähige Mehrheiten finden sich nicht von allein. Sie sind Aufgaben der Führung, der Gestaltung; des Machtwillens, erscheine er noch so diskret, noch so rechtlich. Der Machtwille fehlte. Das enttäuschte die Leute, und bald lief ein guter Teil von ihnen den Sozialdemokraten wieder fort. Die größte Partei im Reichstag blieben sie von alters her; aber sie sanken zurück in die aus dem letzten Jahrzehnt des Kaiserreiches ihnen gewohnte undankbare Rolle des halben Mitmachens und halben Opponierens und überließen dem Zentrum die ihm gewohnte Rolle des Immer-und-überall-Mitmachens. So war bald alles wieder beim alten, nur daß die Autorität der Krone fehlte, welche vorher dem Staatsbetrieb Stetigkeit gegeben hatte. Die Sozialdemokraten waren wieder die »Reichsfeinde« trotz allem, was sie für das Reich getan hatten, das half ihnen nichts; der November 1918, die Lüge vom »Dolchstoß« sollte es noch einmal bewiesen haben. Weil die Krone wegfiel, an welche die »nationale Opposition« sich

doch nie mit ganzem Mut herangewagt hatte, weil nun das offizielle Deutschland demokratisch, republikanisch, pazifistisch war, so hatte die radikale Rechte einen ganz anderen Auftrieb als vor 1914. Damals hatte nur eine kleine Schar zu den »Alldeutschen« gehört; jetzt war ein guter Teil der Nation »alldeutsch« in dem Sinn, daß er das Regierungssystem nicht von links, sondern von rechts her verneinte. Die Parteien handelten miteinander ohne den Schutz der Monarchie; konnten sie sich über irgendeine Bagatelle nicht einigen, so »stürzten« Kanzler und Regierung. Diese Albernheiten stießen die Deutschen ab; zum Symbol der Republik wurde die Kabinettskrise. In Preußen gab es das nicht. Was aber die Sozialdemokraten dort besaßen, war nicht echte Regierungsmacht; es war nur der Verwaltungsapparat. Mit ihm wurden sie im größten Bundesland identisch; mit Schutzmann und Steuerbeamten, aber nicht mit dem, der die Steuern ausschrieb. Sie wurden zu bloßen Verwaltern, überaus tüchtigen ohne Zweifel, und zu bloßen Verteidigern der »Legalität«. Sie verteidigten eine Ordnung, die sie nicht gestaltet hatten, verteidigten sie auch dann noch, als sie der Mehrheit des Volkes buchstäblich verhaßt geworden war. Der Sozialdemokrat als Polizeipräsident im Zylinderhut — das war die Vorstellung, die man dem Volk in den letzten Jahren von dem »System« machen konnte. Als man sie, im Sommer 1932, aus der preußischen Verwaltung vertrieb, taten sie nichts, als sich auf das Gesetz, die Legalität zu berufen, diese dünne, unbeliebte, aus dem Umsturz von 1918 herrührende Legalität. Ende Januar 1933 fürchteten sie einen Verfassungsbruch durch General Schleicher mehr als Hitlers Berufung zur Macht. Noch zehn Jahre später ließ der alte Ministerpräsident Braun von seinem Exil aus die Amerikaner wissen, die sozialdemokratische Regierung in Preußen bestehe eigentlich noch zu Recht, und um die Legalität wiederherzustellen, brauchten die Alliierten nichts zu tun, als sie wieder einzusetzen. Das war, man muß es gestehen, ein sehr ausgeprägter Sinn für das Recht; und ein entschieden weniger ausgeprägter Sinn für die Macht, die Macht der Tatsachen, die Tatsachen der Geschichte. Bei Hitler war es dann umgekehrt. Der scherte sich um das Recht so wenig, daß er es nie für der Mühe wert hielt, die Weimarer Verfassung abzuschaffen. Aber die wirkliche Macht, die lag ihm sehr an seinem schwarzen Herzen.

Indem die Sozialdemokraten den Weimarer Staat nicht gestalteten, gestaltete ihn überhaupt niemand. Er wurde von Leuten regiert, die ihn nie gewünscht hatten, die nicht an ihn glaubten und auch, wenn sie wohl oder übel im Sattel saßen, nach anderen, vielleicht noch besseren Pferden hinüberschielten. Man ist versucht zu sagen: das, was sich seit 1930 allmählich, dann, 1933, in wenigen Wochen auflöste, die »Republik«, hat es überhaupt nicht gegeben. Merkwürdig ist nicht so sehr der Prozeß der Auflösung wie die Tatsache, daß so viele so lange nicht an ihn glauben konnten. Merkwürdig ist, daß das immerhin so lange hielt, was es in der Wirklichkeit der Macht und des Willens gar nicht gab; so wie das morsche Haus, mit dem Kant den auf bloßes Gleichgewicht gegründeten Frieden verglich: es fiel nur darum nicht um, weil es nicht wußte, nach welcher Seite es fallen sollte. Es war eine Existenz aus Verlegenheit, kein echtes Aushalten. Seit 1930 standen zwischen den Nazis und der Republik nur noch Heer und Reichspräsident — zwei gar nicht republikanische Behörden. Geht man weiter zurück, so war selbst Hitlers Niederlage 1923 kein republikanischer Sieg. Der junge Demagoge scheiterte damals an der bayerischen Reichswehr, den bayerischen Monarchisten; daran, in weiterer Sicht, daß dem General von Seeckt solche Streiche außenpolitisch verfrüht schienen. Wir wissen, wie milde der Gescheiterte dann davonkam. Er hat sich später viel auf die Verfolgungen zugute getan, denen er ausgesetzt war, und mit der Erinnerung an sie die Wollust während des Aktes der Machtergreifung noch zu steigern versucht. In Wirklichkeit hat ihn nie irgend jemand ernsthaft verfolgt und waren die Prozesse, welche das Reich oder der Freistaat Bayern gegen ihn und seine Anhänger führten, nie etwas anderes als höflicher Schein. Denn die verfolgenden Behörden bewunderten den Mann und fühlten, daß er wesentlich im Recht sei, wenn auch leider etwas ungebärdig in der Methode. Von den Putschisten der extremen Rechten ist nur Kapp halbwegs ernsthaft verfolgt worden, nur die Unterdrückung seines Staatsstreiches war ein halbwegs echter Sieg der Republik. Aber der kam früh und hatte keine nachwirkenden Folgen... So war denn der Weimarer Staat mehr ein Anhängsel des Kaiserreiches oder Bismarckreiches, als daß er eine historische Epoche eigener Prägung gebildet hätte; ein Interregnum, das durch allerlei Experimente, teils gute, teils weniger gute, selbständiges historisches Leben nur vortäuschte. Ein Interregnum zwischen zwei Epochen. Aber die folgende Epoche hat, wie wir wissen, ganz ungleich weniger getaugt. Sie war ein so wüstes Abenteuer, wie Weimar ein schwächliches war; sie hat noch kürzer gedauert. Das Versagen der Republik beweist nichts für die historische Gültigkeit dessen, was nach ihr kam, und die Geschichtsschreiber tun Hitler viel zu viel Ehre an, die uns glauben machen wollen, es habe Deutschland seit hundert Jahren nichts anderes getrieben, als sich auf das unvermeidliche Ende, den Nationalsozialismus, vorzubereiten. Einzelne Gedanken und Gefühlsstücke, mit denen er hantierte, der großdeutsche Nationalismus, Imperialismus, Sehnsucht nach dem Cäsar, Judenhaß, schwammen freilich längst in der deutschen Seele herum; aber solche Tendenzen ergaben an sich noch keine geschichtlich wirksame Macht. Wenn wir in gewissen Schlagworten der Alldeutschen schon Hitlers Stimme zu hören glauben, so machen doch die Spätbismarckianer, die Alldeutschen, die Ludendorffianer, die Vaterlandspartei, die Freikorps, wenn man sie alle zusammenzählt, noch nicht den Nationalsozialismus aus. Er wird durch sie nicht identifiziert. Für seinen Aufstieg waren noch andere Dinge notwendig: die Wirtschaftskrise und dies eine unvergleichliche Individuum. Die Wirtschaftskrise half dem Individuum zum Durchbruch; verhalf damit im Jahre 1933 Gefühlen zum Durchbruch, die aus dem Jahre 1919 stammten und 1933 im Grund schon veraltet waren. So verdreht kann es in der Geschichte zugehen. Das, was sich in der Tat seit Bismarck vorbereitete und was der Weltkrieg zur Reife brachte, war das Interregnum: die Unfähigkeit der Nation, mit ihren inneren Konflikten nach Regeln fertig zu werden und ihrem Staat einen befriedigenden Sinn zu geben. Der Rest war nicht vorbestimmt. Hätte es den einen Menschen nicht gegeben, so wäre gekommen niemand weiß was, aber nicht der Nationalsozialismus, so wie wir ihn erlebten. *Zufällig gab es ihn.* In einem Interregnum nimmt der Stärkste sich die Macht, und dieser eine, Hitler, war nun einmal der Stärkste.

Sehr viele Deutsche wollten ihn bis zuletzt nicht, und auch von denen, die freiwillig für ihn stimmten, wollten die allermeisten nicht das, was er ihnen schließlich brachte. Sie wollten die Weimarer Republik nicht, ohne sich über das, was sie wollten, im klaren zu sein; oder wenn sie es selbst wußten, so hatten sie den Mut zum Tun nicht. So wie die Sozialdemokraten den Mut zum Sozialismus nicht hatten, so hatten die Deutschnationalen nicht den Mut zum wirksamen Widerstand gegen »Versailles«, so hatten die bayerischen Monarchisten nicht den Mut zur Wiederherstellung ihrer Monarchie, so hatte das Heer zu gar nichts Mut. Man hat lange geglaubt, die Reichswehr habe den Nazismus entscheidend gefördert und zur Macht gebracht. Die historische Wissenschaft hat diese Legende zerstört. Wenn viele junge Offiziere auf Hitler schworen, so war das nicht die Meinung der Verantwortlichen; es lag daran, daß die Armee trotz allem ein Teil des Volkes war und von dem, was im Volk vorging, nicht isoliert werden konnte. Die Generalität hat dem Demagogen tief mißtraut, sie wünschte ihn nicht an der Macht, viel weniger der Allmacht. Aber sie war gegen die Republik; und selber nicht fähig, die Republik durch etwas anderes zu ersetzen. Das gleiche gilt für die Industrie, zumal die rheinische Schwerindustrie. Auch sie hat Hitler nicht »gemacht«, wie Historiker marxistischer

Schule uns haben einreden wollen. So phantasiebegabt waren die deutschen Stahlindustriellen gar nicht. Nur wenige Outsider unter ihnen gaben der Nazipartei Geld während der »Kampfzeit«. Hitler unternahm erst 1931 einen großzügigen Versuch, die Sympathien der »Wirtschaft« zu gewinnen, und es ist ihm nur teilweise geglückt. Erst ganz spät, zur Zeit der Schleicherepisode, sind bedeutende industrielle Gruppen in sein Lager übergegangen.
Aber auch die Industrie war gegen die Republik, gegen die Demokratie, gegen den freien Spielraum, der unter Weimar Partei und Gewerkschaften der Arbeiter gewährt wurde. Und sie ihrerseits waren zu einer konstruktiven politischen Schöpfung ganz und gar unfähig. Was blieb ihnen dann auf die Dauer übrig, als das stärkste antirepublikanische Angebot wohl oder übel zu akzeptieren? In dieser Lage waren sie alle, die dünkelhaften Professoren, die alten Bürokraten, die jugendlichen Romantiker, die Kriegerverbände, die »Herrenklubs«, alle jene, die sich weigerten, bei der Weimarer Demokratie ehrlich mitzumachen, und etwas anderes wollten, sie wußten selber nicht was, ein Zurück oder ein Vorwärts, starke Ordnung, festen Befehl, was Nationales, was Glanzvolles. So etwas wollten sie ungefähr, aber produzierten es nicht. So ließen sie sich denn in Gottes Namen von dem mitreißen, der es auf seine wilde, etwas vulgäre Weise doch immerhin zu bieten schien, teils schon vor dem Januar 1933, teils nachher. So ist Hitler, nachdem er einmal »an der Macht« war, die Eroberung der ganzen, totalen Macht schauerlich leichtgefallen und sind zumal die politischen Parteien unter seinem Zugriff in nichts zerstoben. Die Überzeugung, daß er der rechte Mann auf dem rechten Wege sei, war damals tief im liberalen oder ehemals liberalen Bürgertum verbreitet; fügen wir hinzu, daß sie auch außerhalb Deutschlands verbreitet war; und gar mancher Sozialdemokrat fühlte sich besiegt, nicht bloß durch Verbrecher und Terroristen, sondern von der Geschichte. Das »System« hatte versagt; es hatte weder die außenpolitischen Fragen noch die Wirtschaftskrise gemeistert, es hatte einen bürgerkriegsähnlichen Zustand jahrelang nicht überwinden können. Was half dagegen der Einwand, daß eben die, die jetzt darankamen, diesen Zustand verursacht hatten? Daß die Sozialdemokraten das »System« überhaupt nicht kontrolliert hatten? Sie hätten vierzehn Jahre lang die Macht gehabt, rief Hitler ihnen im Reichstag höhnisch zu. Das war falsch, sie hatten die Macht seit 1920 nicht gehabt; in dem Sinn, in dem Hitler das Wort verstand, hatte überhaupt niemand sie gehabt. Wenn sie aber jetzt auf den Mund geschlagen waren und die Antwort schuldig blieben, so darum, weil es eben doch keine starke Antwort gewesen wäre. Wir hatten die

Macht nicht, mußten sie sich sagen, aber 1919 hätten wir sie haben können. Aus Anstand, aus gutem Glauben, aus Schwäche haben wir sie nicht genommen, sondern die Dinge laufen lassen, wie sie eben liefen... Es war dies Gefühl von Hitlers historischem Recht, was einen Großteil der Nation die Scheußlichkeiten der »Machtergreifung« ignorieren ließ, was das Ermächtigungsgesetz ermöglichte und dann die Selbstauflösung der Parteien. Der stärkste Politiker des Interregnums hatte ein Recht, sich die Macht zu nehmen, nun sollte er zeigen, was er könnte; und hätte er nur ein klein wenig Maß gehalten, dann hätte 1933 eine neue, legitime Periode der deutschen Geschichte begonnen, und dann regierte er heute noch. Die Bereitschaft dafür war da. Man soll den Menschen nicht mit Napoleon vergleichen, aber vergleichen kann man doch gewisse Vorgänge im Abstrakten. Auch Napoleon schien nach dem achtzehnten Brumaire im Recht zu sein, damals glaubte Frankreich, glaubte ein guter Teil Europas, daß er im Recht wäre. Später wurde es anders; seit 1805 war die Geschichte Frankreichs nur noch das verrückte Abenteuer eines einzelnen. So im deutschen Fall. Dieselben Eigenschaften, die Hitler zum stärksten Mann des Interregnums machten, trieben ihn weiter fort. Als er erfuhr, wie furchtbar leicht es war, Deutschland zu erobern, als Europa ihm dieselbe Schwäche zeigte wie Deutschland, dieselbe Bereitschaft zu paktieren, dasselbe »Halb zog sie ihn, halb sank er hin«, verlor er vollends den Verstand, und es kamen nun die ihm selber unbekannten teuflischen Kräfte seiner Seele ganz zum Durchbruch. Was als neues Kapitel der deutschen Geschichte zu beginnen schien, wurde zum Abenteuer eines einzelnen Bösewichts, der Deutschland und durch Deutschland einem guten Teil der Welt seinen Willen aufzwang.

II

»Es hat nämlich«, schreibt Tacitus, »noch keiner, der die Macht durch Verbrechen erlangte, sie zu guten Zwecken ausgeübt.« Und an einer anderen Stelle: »Und so ist noch nie durch schrecklichere Niederlagen, durch gerechtere Anzeichen an den Tag gekommen, daß den Göttern nicht unsere Sicherheit am Herzen liege, sondern die Rache.« – Beobachtungen der Art, wie die römischen Historiker sie pflegten, sagen uns mehr zu dem jetzt beginnenden Teil unserer Erzählung als alle moderne Gesellschaftswissenschaft.

Schwer wird es sein, die rechte Sprache zu finden. Mit der Anklage, groben Worten der Empörung und des Ekels ist nichts geleistet. Aber im ruhigen Ton weiterzuerzählen, als handelte es sich um ein Kapitel der deutschen Geschichte wie andere, geht auch nicht an. Es fragt sich sogar, inwieweit wir es noch mit einem Kapitel der *deutschen* Geschichte zu tun haben und inwieweit mit einer Auflösung internationalen Charakters. Seit Max Weber in den neunziger Jahren von der Sehnsucht des deutschen Bürgertums nach einem neuen Cäsar sprach, seit den Umtrieben der Alldeutschen, der Entartung des ersten Krieges trieb *eine* Strömung des deutschen Lebens dem Morast des Nazismus zu. Deutsch, nur deutsch, sollte H.s Revolution sein; im Gegensatz etwa zu der Bewegung von 1848, die eine dem Westen nachgeahmte Revolution war und von Marx mit den Augen des Westens mißverstanden wurde. Andererseits sind viele Elemente des Nazismus nicht-deutschen Ursprungs gewesen; angefangen bei dem Titel, den der Landfremde, Hergelaufene sich beilegte, dem Gruß, mit dem er sich grüßen ließ, römischer Erfindung; bis zu der ganzen Maschinerie des »totalen« Einparteienstaates, die den Russen, den Italienern abgesehen war. Oft drängt der Verdacht sich auf, daß hier Fragen und Themen der deutschen Geschichte, der Klassenkampf und seine Überwindung, Einheitsstaat gegen Föderalismus, Großdeutschland, nur gebraucht wurden, weil die Machtmaschine einmal auf deutschem Boden stand; und daß sie ebensogut auch mit anderen Themen hätte geheizt werden können. Man kann auf die Frage, was hier von der deutschen Geschichte gemacht war und was international, Sache der Welt in jenem Augenblick, nur verweisen; nicht sie klar beantworten.

Auch diese andere Frage nicht: haben wir es mit der Verwirklichung einer der Demokratie im 20. Jahrhundert überall inhärenten Gefahr zu tun? Kann so etwas sich wiederholen, in Deutschland oder anderswo? Oder war es einmalig, einmalig wie die Weltwirtschaftskrise von 1930, bezeichnend für eine Gesellschaft, die zwar industrialisiert, aber noch nicht industrialisiert genug war? — Wer von unserer Erzählung zügige Thesen erwartet, der hat wohl schon längst zu lesen aufgehört. Mir scheint die Frage, ob so etwas sich wiederholen *kann*, bedeutungslos. *Wollen* wir, daß es sich wiederholt, wollen wir es nicht — das wäre eine sinnvollere Fragestellung.
Bleibt die Aufgabe, darzustellen, »wie es eigentlich gewesen ist«. An Quellen fehlt es nicht, sie fließen überreich; deutsche wie angelsächsische Forschung hat hier seit 1945 Ausgezeichnetes geleistet. Auch kann der Erzähler sich, zumal für die Ereignisse des Jahres 1933, auf eigene Erinnerungen stützen. Darin unterscheidet er sich von jenen, die heute jung sind und denen die ganze Epoche mit ihren feurig roten Balkenüberschriften, ihrem blöden Lärm um nichts, ihren Betrügereien und Mördereien fremd ist wie Tyrus und Ninive. Wohl ihnen!

Machtergreifung

Als H. am 30. Januar 1933 zum Kanzler ernannt wurde, sagten die berufsmäßigen Sprecher der deutschen öffentlichen Meinung ihm keine lange Regierungszeit voraus. Die Widersprüche innerhalb der neuen Koalition lagen klar am Tage. Zu sehr hatten H., Papen und Hugenberg in den vergangenen Monaten gegeneinander geeifert und gegeifert, als daß man ihnen jetzt eine ehrliche Zusammenarbeit hätte zutrauen können. Auch waren ja die Konservativen im Kabinett entschieden die Stärkeren, erstens, weil sie weit mehr Posten innehatten, zweitens, weil hinter ihnen Hindenburg und die Armee standen, welch letztere noch immer als die bei weitem zuverlässigste Machtkonzentration im Reiche galt. Es würde dafür gesorgt werden, daß die Bäume des Demagogen nicht in den Himmel wüchsen, und wahrscheinlich würde er demnächst wieder abtreten müssen. Die wirtschaftlichen Probleme waren da, sie schrien nach Lösung. Was aber einem ernsten Ökonomen wie Brüning nicht gelungen war, würde den unwissenden Quacksalbern, die jetzt endlich ihre Kunst zu zeigen hatten, erst recht nicht gelingen. Nur zu bald würde der Kontrast zwischen ihren Versprechungen und Leistungen sich jedermann vor Augen stellen. Was dann? Man wußte es nicht. Aber jedenfalls dann keine Nazis mehr... So war eine weit verbreitete Ansicht. Sie wurde schnell erschüttert. Schon in den ersten Tagen be-

wiesen die neuen Leute eine Energie, wie sie seit den Anfängen deutscher Verfassungsgeschichte noch kein Inhaber der Macht je gezeigt hatte.
Der Reichstag wurde abermals aufgelöst. Der Konservative Hugenberg hatte das nicht gewollt, denn er ahnte wohl, daß es für ihn nicht gut ausgehen würde. H. wollte es. Hindenburg ließ sich noch einmal bereden; der im November gewählte Reichstag besitze keine handlungsfähige Mehrheit und dem Volk müsse Gelegenheit gegeben werden, sich für oder gegen die neue Regierung zu erklären. Dies war der Vorwand; der Zweck ein ganz anderer. Die Nazis wußten, wie sich, wenn man nur Phantasie und Frechheit besaß, die Staatsmacht im Wahlkampf gebrauchen ließ zur Begeisterung der Anhänger, zur Einschüchterung der Schwachen, zur Niederknüppelung der Gegner. »Nun ist es leicht den Kampf zu führen, denn wir können alle Mittel des Staates für uns in Anspruch nehmen«, schrieb der Propagandaleiter der Partei in seinem Tagebuch. »Rundfunk und Presse stehen uns zur Verfügung, wir werden ein Meisterstück der Agitation liefern. Auch an Geld fehlt es natürlich diesmal nicht.« Wirklich nicht. Ein Kreis von Industriellen, Krupp an der Spitze, ließ sich jetzt bereden, der Regierung einen Wahlfonds von drei Millionen Mark zur Verfügung zu stellen; wobei der neue preußische Innenminister, Göring, den Herren erklärte, es handelte sich um den letzten Wahlkampf in zehn, wahrscheinlich in hundert Jahren, da lohnte sich denn doch eine gewisse Großzügigkeit . . . Aber es war nicht nur, daß man um die Wähler warb mit einem Wirbel von Versammlungen und Darbietungen, Versprechungen und Drohungen. Es war vor allem, daß man die Macht der neuen Machthaber, die jetzt schon sich einnistende, endgültig sich festsetzende Macht ihnen vordemonstrierte und so ihnen eine Stimmabgabe *gegen* die Macht, gegen das, was ja nun doch kam und bleiben würde, als zwecklos erscheinen ließ. Das geschah in der ersten Woche durch eine neue, von Hindenburg gezeichnete Notverordnung, welche das Recht der Versammlungs-, Rede- und Pressefreiheit schon stark beeinträchtigte. Es geschah vor allem in Preußen. Hier war nicht, wie er sich wohl eingebildet hatte, der Ministerpräsident von Papen, sondern der nationalsozialistische Innenminister, Göring, der starke Mann. Er war es, weil er es war; weil er Ruchlosigkeit, Intelligenz und Schadenfreude genug besaß, um aus den Machtmitteln, die ihm als dem Herrn der Polizei zu Gebot standen, das Äußerste herauszuholen. Er trieb die Beamten und Offiziere, die ihm nicht zuverlässig schienen, aus ihren Ämtern und ersetzte sie durch Diener seines Willens. Er befahl der Polizei, die Angehörigen der Rechten, vor allem die Nationalsozialisten, immer als Bundesgenossen des Staates

zu betrachten und unbelästigt zu lassen, auf die Linke aber zu schießen. Er werde jedes zuviele Schießen entschuldigen und jedes zuwenig bestrafen. Er bildete eine Hilfspolizei aus den Parteitruppen der »SA«; Banden von Arbeitslosen in braunem Hemd, die nun von Staats wegen mit politischen Gegnern verfahren durften, wie ihnen beliebte.

Das war noch nie dagewesen: daß der Staat selber, der Schützer des Rechts, plötzlich zum Rechtsbrecher wurde, sich auf seine Gegner stürzte, nein, nicht auf *seine*, sondern auf die Gegner der regierenden Partei, ihre Versammlungen sprengte, sie zum Schweigen zwang, mißhandelte, totschlug. Aber lag es nicht in der Natur der Sache? Man hatte den Menschen zum Reichskanzler gemacht, der zwar versprochen hatte, »legal zur Macht« zu kommen, aber auch wieder und wieder versprochen hatte, die Macht, hätte er sie einmal, nimmermehr herzugeben. Was erwartete man sich denn?

Franz von Papen, dem unmittelbar Verantwortlichen für diesen neuen Zustand, war bald nicht mehr wohl dabei. Er hatte mutwillig den letzten Deich gesprengt. Jetzt stemmte er sich gegen die eigene Tat, hielt den Regenschirm mit Silberknauf den eindringenden trüben, reißenden Wassern entgegen; die aber um so eleganten Widerstand sich gar nicht kümmerten. Als er sah, daß nun doch nichts mehr half, drehte er um und schwamm mit, so gut und so lange er konnte. Von einer »Kampffront *Schwarz-Weiß-Rot*«, die er mit seinen konservativen Bundesgenossen gründete und die es an versteckten Hieben auf den Regierungschef nicht fehlen ließ, war schon während des Wahlkampfes kaum die Rede; nach den Wahlen schwieg sie still.

Auf dem anderen Extrem erfuhren jetzt die Kommunisten zu spät, daß die Rechtssicherheit der Demokratie doch auch für sie ihre Vorteile gehabt hatte. Sie hatten die Sozialdemokraten als ihre Hauptfeinde behandelt, Demokratie und Faschismus für gleich geachtet, bis tief in diesen Winter 1932/33 hinein mit den Nazis praktisch und wirksam zusammengearbeitet. Sie hatten immer vom Jüngsten Tag der Revolution gesprochen, aber ernsthaft dafür vorbereitet hatten sie nichts, nicht einmal für die Verteidigung ihrer eigenen Haut. Sie konnten jetzt wohl noch zum Generalstreik aufrufen, aber man hörte sie nicht; der schwächliche Terror, den sie da und dort noch übten, war nur willkommener Vorwand für den echten, starken und siegreichen Terror der Nazis. Besser schlugen sich die alten Weimarer Parteien, Zentrum, Sozialdemokraten. Sie waren noch immer da, sie hielten ihre treuen Anhänger zusammen, sie widerlegten brav die gegen sie gerichteten, giftigen Verleumdungen, aber es war eine hoffnungsarme Defensive, in der sie sich befanden. Wenn sie zum Angriff über-

gingen und verkündeten, sei wollten nun an »die Macht«, so klang es wie eine schale Nachahmung dessen, was die Nazis bis gestern getrieben hatten. Den Vorwurf, sie hätten die Macht ja vierzehn Jahre lang innegehabt und ihre Chance verpaßt, konnten sie nur mit allzu komplizierten Argumenten zurückweisen. Die stärkste Opposition kam aus Süddeutschland, vor allem aus Bayern. Hier hatte die regionale Abart des Zentrums, die »Bayerische Volkspartei«, seit neun Jahren ein gemäßigtes, zunehmend vernünftiges Regiment geführt und hier war der Widerstand ein zugleich staatlich und religiös akzentuierter; staatlich, weil der Nationalsozialismus es auf die praktische Entrechtung und Abschaffung der Bundesstaaten offenbar absah, religiös, weil die katholische Kirche die Volks- und Rassenvergottung H.s als Irrlehre betrachtete. So hatten die Dinge seit 1923 sich umgekehrt. Berlin war damals bereits unter der Diktatur des Österreichers, eine Höhle des Unrechts, München aber noch ein Hort der Ordnung. Wer in Deutschland sich umsah, an der Berlin-Weimarer Republik und ihren Gründern verzweifelte, der konnte wohl noch auf die weiß-blaue Fahne setzen. Bayrischer Staat und Föderalismus gegen Zentralismus und Diktatur der Nazis in Berlin, das war eine Hoffnung, als die Weimarer Verfassung, die gesamtdeutsche Demokratie schon keine mehr waren.
Auf dem Höhepunkt des Wahlkampfes, am 27. Februar, wurde das Berliner Reichstagsgebäude in Brand gesteckt. Der Brandstifter, der einzige, den man am Tatort fand, war ein Holländer, der Kommunist sein und, wie es hieß, auch »seine Beziehungen zur Sozialdemokratie zugegeben« haben sollte. In derselben Nacht wurden Tausende von kommunistischen Funktionären festgenommen, sämtliche Zeitungen auch der Sozialdemokraten verboten; am nächsten Morgen durch eine Notverordnung Hindenburgs die Grundrechte der Verfassung, Sicherheit gegen unrechtlichen Freiheitsentzug, Briefgeheimnis, Presse- und Versammlungsfreiheit außer Kraft gesetzt. Die Kommunisten, hieß es, hätten offenbar im Bunde mit den Sozialdemokraten den Bürgerkrieg, ein allgemeines Morden vorbereitet, wofür der Reichstagsbrand das »Fanal« hätte sein sollen; somit seien energische Gegenmaßnahmen gerechtfertigt. . . Hier hielt der Beobachter der deutschen Dinge einen Augenblick den Atem an. Wenn die Führer der Opposition diesen jedem einsichtigen Kinde offenbaren Schwindel nicht hinnahmen, dann mußten Präsident und Armee und Konservative, ob sie wollten oder nicht, den Entschluß vom 30. Januar rückgängig machen. Was dann gekommen wäre, kann niemand sagen. Wenn umgekehrt Adel und Bürgertum die Untat hinnahmen, den Feuerzauber zu glauben vorgaben, dann mußten sie von nun an schlucken, was ihnen geboten wurde, selbst

noch viel tollere Dinge, und waren ihre politischen Besitztümer, Parlamentarismus, Parteien, Rechte der Länder, Rechte der Beamtenschaft, Rechtssicherheit überhaupt, Geistesfreiheit und Handlungsfreiheit verloren. Sie nahmen hin. Selbst die Bayern gestanden ein, daß nun unleugbar die Kommunisten die größte Gefahr seien – die Kommunisten, die in kindlicher Unschuld sich selber auf den Polizeipräsidien meldeten, um den gegen sie erhobenen Vorwurf zu widerlegen, die jetzt, anstatt ihre famose Revolution zu beginnen, sich wie Lämmer gefangennehmen und zur Schlachtbank führen ließen. Brüning allein gab in einer Wahlrede zu verstehen, daß die offizielle Version ihn nicht ganz überzeugt habe. Das übrige war heimliches Tuscheln, heimlich zirkulierende Denkschriften sogar – wenn nicht, bei einem großen Teil des Bürgertums, heimliches Achselzucken und Schmunzeln. Der Brand, wer auch die Täter sein mochten, hatte doch seine Wirkung getan; man war die »roten Strolche« los, Kommunisten und Sozialisten. Die letzteren verteidigten sich schwach: man dürfe sie doch nicht mit den Kommunisten in einen Topf werfen. Das sei alles eins, rief Göring ihnen höhnisch zu; die Kommunisten seien doch aus ihrem Topf gekommen. Terror und Jubel, Zynismus, Schwäche und wieder Jubel, und über allem die unermüdlich krähende, triumphierende, schmeichelnde und drohende Stimme des »Führers«, wie er sich jetzt nennen ließ – es war kein Wunder, daß in diesem einseitig gegen einen fiktiven Gegner geführten Bürgerkrieg, diesem Siegestaumel ohne vorangegangene Schlacht, die Nazis noch einmal einen Gewinn von fünf Millionen Stimmen davontrugen. Erstaunlich war es vielmehr, daß die alten Parteiblöcke, Zentrum und Sozialdemokraten, sich noch immer hielten, noch immer die Hälfte der Nation sich nicht bewegen ließ, für die Sieger zu stimmen. Im neuen Reichstag verfügten die Nazis zusammen mit ihren deutsch-nationalen Satelliten über zweiundfünfzig Prozent der Stimmen; praktisch über bedeutend mehr, da die achtzig Kommunisten nicht mehr zählten, auch von den Sozialdemokraten beliebig viel verhaftet oder notfalls umgebracht werden konnten. ». . . was bedeuten jetzt noch Zahlen? Wir sind die Herren im Reich und in Preußen. . .«

Ein paar Tage später in Süddeutschland. Auch in Bayern waren nun die Nazis bei weitem die stärkste Gruppe. Der Anspruch der bayerischen Föderalisten, für die Rechte ihres Landes zu stehen, brach an der Haltung des eigenen Volkes zusammen, nicht des ganzen, aber doch eines allzu großen Teiles. Mehr brauchte man in Berlin nicht. Wie im Vorjahr die preußische, so wurden nun die süddeutschen Regierungen durch Reichskommissare ersetzt, ihre Mitglieder verhaftet, erschlagen oder zur eiligen Flucht ins Ausland getrieben. Daß

dies auch in München geschehen konnte, daß auch hier der lange vorbereitete, oft versprochene Widerstand der Staatstreuen ausblieb, war ein untrügliches Zeichen der Zeit. Nicht alle waren glücklich über den Umschwung der Dinge, aber die Traurigen schwiegen, die Lustigen waren überlaut, und viele, die es bisher mit der alten Ordnung gehalten hatten, eilten nun, mit der neuen ihren Frieden zu machen. Ist es doch sicherer, auch angenehmer für das Gemüt, im Lager der Sieger zu sein als bei den Besiegten; kennen wir doch alle die Versuchung, dem Sieger auch das historische Recht beizumessen, den Besiegten aber zu verachten. Die gemeinsame Freude war soviel sichtbarer als der einsame Kummer und Ekel. In Gefängniszellen wurde brutalisiert, hin und wieder die Leiche eines Gefolterten aus dem Fluß gezogen; aber in den Straßen und Städten wogten die Fahnen, genossen uniformierte Parteioffiziere den Vorfrühling mit ihren Damen, fuhren die neuen Herren, die Zigarre im Mund, in gestohlenen Automobilen behaglich einher. Feststimmung, Befreiungsstimmung überwogen den schleichenden Terror bei weitem. Was den letzteren betraf, so war er ohnehin, wie die Rede ging, »nicht im Sinn des Führers«, und H. ließ Aufrufe ergehen, in denen er seinen Kameraden Mäßigung anbefahl; was an Ausschweifungen vorgekommen war, schob er »kommunistischen Provokateuren« in die Schuhe... Ein großes Volksfest der Befreiung, der Einigung, der wiederhergestellten Ehre — auch jenseits der Reichsgrenzen wirkte das stärker als Verbrechen und schwelgende, grölende Gemeinheit.
Der »Tag von Potsdam« schien optimistischer Beurteilung recht zu geben. Hier, während einer Feier in der Garnisonskirche, zu Häupten der Gruft Friedrichs des Großen, durfte der sechsundachtzigjährige Hindenburg ein letztes Mal im Mittelpunkt stehen. Der Alte war nicht unzufrieden mit der neuesten Entwicklung, weil sie »verfassungsmäßig« vor sich gegangen war, er also seinen Eid nicht gebrochen hatte, worauf dem frommen Mann alles ankam. Vom übrigen, Lüge, Mord und Qual, drang kaum noch etwas in seinen langsam verdämmernden Geist. Er sah um sich die alten Fahnen und Uniformen, auch alte Gesichter, den ehemaligen Kronprinzen, Generale aus der Vorzeit. Das gefiel ihm. Er glaubte wohl, er habe es schließlich doch gut gemacht und Deutschland zum alten Weg zurückgeführt, von dem es nie hätte abweichen sollen. Hierin bestärkte ihn H., der an diesem Tag den Verehrer des guten Alten, den Preußen, auch den Versöhnlichen, Frommen gut herauszukehren wußte. Vielleicht ehrlicherweise; denn er besaß die Gabe, im Moment selber zu glauben, was zu scheinen und zu sagen für ihn günstig war. Für den Moment brauchte er das Vertrauen des Greises, der noch immer

Macht hatte, das Vertrauen oder doch wenigstens die Toleranz der Reichswehrgeneräle ... Zwei Tage später, im Reichstag, der in einer Berliner Oper zusammentrat, war der Ton dann schon ein entschieden modernerer. Hier forderte H. einen Beschluß, der die Regierung ermächtigte, während voller vier Jahre ohne Zustimmung des Parlaments Gesetze zu machen und auszuführen, und zwar auch solche, die von der Weimarer Verfassung abwichen. Zwar fügte er hinzu, daß er von der »Ermächtigung« nur selten Gebrauch machen würde, da die Regierung ohnehin eine sichere Mehrheit im Reichstag besäße, daß nicht beabsichtigt sei, die Existenz des Reichstags und Reichsrates, die Rechte der Länder, viel weniger des Reichspräsidenten, zu schmälern. Angesichts dessen aber, was in den letzten Wochen geschehen war, konnte niemand mehr die Bedeutung der Vorlage verkennen. Nichts anderes bedeutete sie als die volle und endgültige Diktatur. Daß H. jetzt drohte, er werde sich die Macht, die er brauchte, so oder so nehmen, mit Zustimmung des Parlaments oder ohne sie, daß er in der Tat jetzt volle Handlungsfreiheit besaß, mochte er als eine Geste des sinnlosen Heroismus erscheinen lassen, gegen die Vorlage zu stimmen. Auch die Polizei, die sich im Saale breitmachte, die Banden, die außerhalb des Gebäudes lärmten — »Das Gesetz oder Mord und Totschlag!« —, dämpften den Mut der Opposition. Das Zentrum gab seine Ja-Stimme, welche für eine Zweidrittelmehrheit notwendig war. Der Parteiführer Heinrich Brüning hat später seine Haltung ausführlich gerechtfertigt. Es hätte, meinte er, doch nichts mehr ausgemacht, was auch seine Partei tat, denn H. konnte so viele Abgeordnete verhaften lassen, wie nötig war, um ihm auch ohne das Zentrum in einem Rumpfparlament die Zweidrittelmehrheit zu sichern. Auch sei die Diktatur im Grunde schon durch die Verordnung vom 28. Februar errichtet worden und das Ermächtigungsgesetz habe gar nicht mehr viel hinzugefügt. ... Aber wenn es so stand, dann wäre es doch besser gewesen, einen letzten würdigen, wenn auch praktisch nicht mehr wirksamen Protest zu wagen, anstatt gewalttätigem Umsturz jenen Schein der Rechtskontinuität zu geben, an dem Hindenburg und, wegen Hindenburgs, auch dem Diktator so viel gelegen war. Die Sozialdemokraten, jene von ihnen, die noch in Freiheit waren, dachten so. Wels, der Fraktionsvorsitzende, hatte den Mut, das Nein seiner Partei unter diesen Umständen zu begründen; in maßvollen Worten, aber doch zu begründen. Dem »Führer« gab dies die Gelegenheit, die besiegten, ohnmächtig zusammengedrängten Gegner mit seinem hassenden Hohn zu überschütten: er bräuchte ihre Stimme nicht, er wollte sie gar nicht, sie hätten so oder so ausgespielt. Auch sollten sie sich nicht täuschen; er sei kein Bürgerlicher, der seine Feinde

nur reizte, ohne sie zu vernichten ... Seine Zweidrittelmehrheit bekam er, und weit mehr als sie.
Es war nicht nur der Terror, was diese Selbstabdankung der Parteien, vorab der alten, in der politischen Geschichte des neuen Deutschland so tief verwurzelten Zentrumspartei verursachte. Es war auch das Gefühl, daß sie geschlagen, gescheitert, nutzlos geworden seien und daß in der Wirrsal dieses Frühlings nichts mehr übrigblieb, als die Diktatur derer, die sich, gleichgültig mit welchen Mitteln, als die Stärksten erwiesen hatten. *Welche* Mittel es gewesen waren, Heinrich Brüning wußte das sehr gut, und die Deutschnationalen wußten es auch, und der Vorsitzende ihrer Fraktion, der in einer Denkschrift die Nazis der Brandstiftung bezichtigt hatte, erschoß sich in der Verzweiflung eines jetzt nicht mehr lösbaren Gewissenskonfliktes. Das Volk in seiner Mehrheit sah weg von diesen Tragödien einzelner und sah weg von den moralischen Schönheitsfehlern der »Revolution«. Der »neue Staat« war da oder im Werden, da half nun nichts mehr, und der war ein Narr, der »sich quer stellte«: es mußte Ordnung gemacht werden, sei es auch durch die, die bisher die Bringer der schlimmsten Unordnung gewesen waren. Es mußte Arbeit für die Arbeitslosen geschaffen werden, dies schreiende Problem war ja noch immmer ungelöst. Nur ein einiger Wille konnte es lösen, die parlamentarischen Parteien hatten es nicht gekonnt und würden es jetzt erst recht nicht können. So war die Stimmung. Sie, mehr noch als alles andere, erklärt uns, warum die Abgeordneten sich mit einem letzten Gruß der Ohnmacht von der Stätte ihres seitherigen Wirkens oder Nichtwirkens verabschiedeten.
Nun ging es Schlag auf Schlag. Die Nationalsozialisten seien systematische Leute, verkündete der neue »Propagandaminister« mit der ihm eigenen höhnischen Offenheit und Schadenfreude; sie nähmen nicht mehr, als sie verdauen könnten, aber was sie verdauen könnten, nähmen sie sich Stück für Stück und so würden sie in wenigen Monaten das ganze Deutschland in sich hineingefressen haben. Was auch geschah. Wenn während der Debatte um das Ermächtigungsgesetz versprochen worden war, die Rechte der Länder und des sie vertretenden Reichsrats nicht anzutasten, so erfolgte schon eine Woche später die sogenannte »Gleichschaltung« der Länder und Gemeinden. Das Wort, technischem Vokabular entnommen, drückte den Vorgang aus; der gleiche Strom sollte durch alle Einheiten des politischen Wesens ziehen. Es begann damit, daß Landtage, Stadträte, Gemeinderäte nach einem Schlüssel umgebildet wurden, den die Reichstagswahl vom 5. März lieferte; das hieß den Nazis genehme Bürgermeister von der Großstadt bis zum Dorf. Darauf erfolgte die Ernennung von

»Reichsstatthaltern« in den Ländern; hochbezahlten Parteileuten, welche die eigentlichen Chefs der Landesregierung sein sollten. Die Länder hörten damit als Staaten, Mitglieder eines Bundesstaates, zu existieren auf und wurden zu bloßen Verwaltungseinheiten. Anfang 1934 wurde das durch ein neues Dekret bestätigt: »Die Volksvertretungen der Länder werden aufgehoben. Die Hoheitsrechte der Länder gehen auf das Reich über. Die Landesregierungen unterstehen der Reichsregierung.« Ein Gesetz, angeblich »zur Wiederherstellung des Berufsbeamtentums«, bestimmte die Entlassung aller »nichtarischen« Staatsbeamten. Ebenso sollten Beamte entlassen werden, von denen nach ihrem bisherigen Verhalten ein »rückhaltloses Eintreten für den nationalen Staat« nicht zu erwarten war. Da nun Universitätsprofessoren, Mittelschullehrer, Kassenärzte, selbst Mitglieder staatlicher Orchester als Beamte galten, so fanden alsbald sich viele Tausende im Elend. Das war schmerzlich für sie, aber vorteilhaft für andere. Denn Deutschland war ein armer, überbevölkerter Staat, der Lebenskampf des einzelnen sehr hart, für jeden Platz gab es Anwärter die Fülle; mancher, dem bisher im Leben kein Erfolg beschieden gewesen war, konnte nun einrücken und aufrücken. Ein solcher fand dann am »nationalen Staat« schwerlich etwas zu tadeln. Was das Gesetz für den Staat vorschrieb, taten private Unternehmungen auf eigene Faust, Zeitungsredaktionen zumal, Theater- und Kunstbetriebe. Unbestreitbar war in dieser Sphäre der jüdische Einfluß zu Kaisers und Weimars Zeiten stark gewesen. Nun wurde er mit einem Schlag auf Null reduziert. Auch mancher nichtjüdische, aber politisch gar zu charakterfeste Redakteur mußte das Feld räumen. Andere stellten sich um, teils mit planmäßig-würdiger Langsamkeit, teils von heute auf morgen, wenn sie nicht heimlich vorbeugend sich schon längst umgestellt hatten und nun das Parteiabzeichen im Knopfloch erscheinen ließen, das sie bis dahin in der Tasche trugen. Das ist auch zu anderen Zeiten, in anderen Ländern so gewesen. Entrüsten wir uns darum nicht allzu stolz über das Menschliche. Aber preisen wir jene, die der Gesinnung ihres Handwerks treu blieben, unbekannt, unter zusehends härteren Umständen, um einen bitteren Preis.

Vernichtung der Gewerkschaften. Ihnen hatten die Nazis ursprünglich einen gewissen Respekt entgegengebracht; sie waren geneigt gewesen, zwischen den großen Berufsorganisationen der Arbeiter und der sozialdemokratischen Partei zu unterscheiden. Man hatte von einem »Ständestaat« gesprochen, in dem die Gewerkschaften ihren Platz finden könnten. Aber solche romantischen Ideen waren nicht das, worauf die neuen Machthaber eigentlich hinauswollten. Auf die ganze

Macht, auf die Unterwerfung und Kontrollierung der Massen wollten sie hinaus; ein Ziel, das mit Eigendasein und Würde mittelalterlicher Berufsstände sich nicht vertrug. Es wurde daher der Gedanke einer ständischen Gliederung rasch fallengelassen. Am 1. Mai, dem alten Feiertag des Sozialismus, gab es eine neue Volksbelustigung, den Aufmarsch aller Betriebe, privater wie staatlicher, zu Kundgebungen überall im Land, einschmeichelnde Reden zum Lob der Arbeit, Feuerwerke. Die neuen Herren verstanden sich auf die Kunst, große Massen zu bewegen, und auf den Zwang zur Freude. Mancher, der verärgert antrat, ging beeindruckt und amüsiert nach Hause; am Ende war doch etwas an H.s Arbeiterfreundlichkeit? Der folgende Tag zeigte dann freilich, daß die Lustbarkeit des 1. Mai als Vorspiel für eine Aktion ganz anderer Art gemeint gewesen war. Alle Gewerkschaften, die christlichen wie die freien, wurden für aufgelöst erklärt, ihre Besitztümer, Häuser, Banken, Schulen, Erholungsheime, besetzt und geplündert, ihre Führer verhaftet. Es war das schon Gewohnte, der heimlich vorbereitete, »schlagartige« Überfall, und er gelang auch diesmal. Was kein Hohenzoller je gewagt hätte, was im Kaiserreich den Generalstreik, die furchtbarsten Unruhen unfehlbar hervorgerufen hätte, fand jetzt nahezu keinen Widerstand. Der Kampf wurde nur von einer Seite geführt, die Schläge, bildlich und buchstäblich gesprochen, trafen Menschen, die sich nicht wehrten. So weit war die Nation drei Monate nach dem 30. Januar; indem sie teils sich besiegt, widerlegt und ausgeschaltet, teils mitgerissen, befreit und endlich recht geführt fühlte. Man soll nicht sagen, daß dieser Gefühlszwiespalt sie in zwei Teile teilte, die Sieger und die Besiegten. Denn in vielen — unmöglich, ihre Zahl zu bestimmen — lebten beide Gefühle nebeneinander oder gegeneinander. Das Ergebnis war ein passives Sichtreibenlassen, ein »Einerseits-Andererseits«... An Stelle der Gewerkschaften trat die »Arbeitsfront«, eine Zwangsorganisation aller Arbeitnehmer und aller Arbeitgeber. Ihr Zweck war, die Arbeiter zu kontrollieren und im Sinne des Staates zu beeinflussen; wobei zu den Methoden der Beeinflussung auch mancher Vorteil, manche Annehmlichkeit gehörte, die man ihnen bot. Der Nazistaat war nicht »arbeiterfeindlich«. Dies Wort, so wie es etwa für gewisse Unternehmergruppen und Parteien des neunzehnten und frühen zwanzigsten Jahrhunderts zutrifft, erfaßt seine Wesenheit nicht. Es charakterisieren ihn ganz andere Dinge.

Vernichtung der politischen Parteien. Das ging nun eigentlich von selber, so wie ein Fisch in der Luft stirbt oder Eis im Feuer schmilzt. Am ehrenvollsten noch verging die Sozialdemokratie, denn sie wurde als hochverräterische Organisation

verboten. Daran war etwas; zahlreiche Führer der Partei befanden sich jetzt im Ausland und sprachen dort aus, was im Reich nicht mehr ausgesprochen werden konnte. Das Zentrum löste sich freiwillig auf: die Partei habe in sich ja nie einen Selbstzweck gesehen, und die Stellung H.s, machtvoller als je die eines deutschen Kaisers, mache nun Parteien allerdings überflüssig. Den gleichen Weg gingen die Konservativen. Hugenberg, ihr Führer und Totengräber, der schlaue, reiche und mächtige, der verblendete und erzdumme Hugenberg, sah sich bald genötigt, seinen Posten im Kabinett zu verlassen; so daß die »Koalition«, die ewig hätte währen sollen, denn knapp ein halbes Jahr gewährt hatte. Papen blieb, aber seine Vizekanzlerschaft war nur noch ein Witz. Schließlich wurde die Nationalsozialistische Deutsche Arbeiterpartei als die »einzige politische Partei« Deutschlands proklamiert und der Versuch, andere Parteien zu erhalten oder neu zu gründen, mit schwerer Strafe bedroht. Das geschah sieben Monate, nachdem Weimarer Parteien sich geweigert hatten, dem Reichskanzler von Schleicher die so sehr bescheidenen Vollmachten – die bloße Vertagung des Parlaments! – zu bewilligen, die er von ihnen erflehte. . .
»Gleichschaltung« des geistigen Lebens. Wir wollen nicht sagen, daß sie vollständig gelang, weder damals noch später. Mancher Schriftsteller und Gelehrte zog sich in seine innerste Sphäre zurück, vermied Beurteilungen der Gegenwart und hielt seinem Leserkreis die Treue. Das war möglich; sehr viele hielten es indessen anders. Sie machten mit, »stellten sich um«, schrieben den Unsinn, der von ihnen erwartet wurde; sei es aus schwächlicher Begeisterung, zumal ja das bejahende Hinnehmen des Erfolges ein altes Laster des deutschen Geistes war, sei es aus bloßem Ehrgeiz oder dem Erwerbstrieb nachgebend. Erwerbsbetriebe, das waren ja wohl Theater, Film, Rundfunk, Presse, Buchverlage in dieser Zeit; und sie waren als solche eine leichte Beute des Staates. Dieser, der Nazistaat, hatte für den Kulturbetrieb als Instrument der Macht den gleichen scharfen Sinn, den vor ihm schon die russischen Kommunisten bewiesen hatten. Es sollte nichts geschrieben, geformt, gespielt und gespaßt werden, außer was ihnen gefiel. Zunächst sorgte ein neugegründetes »Ministerium für Volksaufklärung und Propaganda« dafür, daß Presse und Rundfunk den geeigneten Ton fänden. Wenn Partei und Staat zusammenfielen, so wurde der Leiter der Parteipropaganda zum Propagandisten von Staats wegen. Eine große Zahl von Zeitungen blieb weiterhin im Privatbesitz, und die berühmten liberalen Blätter der Vergangenheit, welche fortexistierten, versuchten ein weniges von ihrer Tradition zu bewahren. Im schöngeistigen Teil ging das wohl auch noch eine Zeitlang.

Im politischen konnten sie Freiheit nur vortäuschen, nicht wirklich üben. Freiheit in dieser Sphäre *mußte* Kritik bedeuten; und wer zur politischen Kritik auch nur den vorsichtigsten Versuch machte, verschwand im Konzentrationslager... Es wurde eine »Kulturkammer« gegründet mit Abteilungen für jede Art künstlerischer und geistiger Tätigkeit. Wer nicht beitreten wollte oder nicht beitreten durfte, mußte sich einen anderen Beruf suchen. Jüdischen Künstlern etwa wurde nicht bloß der Verkauf von Bildern, selbst Malen in ihrem Atelier bei Strafe untersagt... Es lag eine hohe Einschätzung ihrer politischen Wirkungsmöglichkeiten in dieser eiligen Zwangsorganisation der Künstler und »Intellektuellen«; zugleich aber auch eine tiefe Verachtung der Personen.
Versuch einer »Gleichschaltung« der Kirchen, zumal der protestantischen. Sie gelang nicht. Die Vereinigung »Deutscher Christen«, welche sich bemühten, die Quadratur des Kreises zu finden und Nazi-»Weltanschauung« mit Christentum zu verbinden, war eine Totgeburt. Die protestantische »Reichskirche« konnte nur eine kleine Minderheit der Pfarrer und Gemeinden sich unterwerfen. Die Rebellen, nicht gegen den Staat, aber gegen die Staatskirche, zu einer »Bekennenden Kirche« vereinigt, erwiesen sich als stärker. Den Pfarrer Niemöller, Inspirator und Sprecher der Bekennenden Kirche, hat H. als einen gefährlichen Gegner angesehen. Konzilianter in der Form war zunächst die katholische Kirche; ihr tausendjähriges, zugleich übernationales und tief im Volk der Gläubigen verwurzeltes Wesen erlaubte ihr wohl, sich von den Dingen des Säculums im Grunde ungefährdet zu fühlen. So ließ denn auch der Vatikan sich von katholischen deutschen Politikern bereden, als erste fremde Macht mit der Naziregierung einen Staatsvertrag, ein Konkordat abzuschließen. Aber diese Bereitschaft zu verhandeln betraf Formen und Rechtsverhältnisse, nicht die Festung selber. Sie, die Festung des Glaubens, stand inmitten des deutschen Reiches, vom jubelnden Anfang bis zum bitteren Ende, unerobert und nahezu unangreifbar.
Mittlerweile blieb die Schaffung von Arbeit für die Arbeitslosen die dringendste positive Aufgabe der neuen Machthaber. Wenn sie hier das Versprochene nicht leisteten, so hätte alles andere, Reden und Widerreden, Propagandataumel und Hinrichtungen, Jubel und Schrecken, ihr System auf die Dauer nicht sichern können. Tatsächlich leisteten sie's. Es war H.s Überzeugung, daß die Wirtschaft im Grunde eine einfache, ohne viel Theorie durch den Willen zu meisternde Sache sei; wobei der Erfolg ihm zunächst recht gab. Der »Vierjahresplan«, den er nach russischem Vorbild verkündete, existierte nicht, die Nazis hatten kein Wirtschaftsprogramm. Ohne Pro-

gramm schritten sie zur Tat. Es war ihr Glück, daß sie dabei auf Arbeitsbeschaffungspläne der Hindenburg-Regierungen, Brüning, Schleicher, zurückgreifen konnten und daß die langsam aufsteigende Kurve der Weltwirtschaft ihnen zu Hilfe kam. Es ist aber alte Weisheit, daß Glück und Verdienst sich verketten. Hier erwarben sie sich unleugbar ein Verdienst in den Augen derer, die nun endlich von der Qual elenden Herumlungerns befreit wurden, ein sehr großes. Die deutschen Unternehmer machten ihrerseits bereitwillig mit; große Staatsaufträge, welche sie als Bolschewismus verschrien hätten, wenn sie von Brüning oder Schleicher gekommen wären, gewagte »Vorfinanzierungen«, Geldschöpfung, Ausgaben, welche keinen Gewinn abwerfen konnten, erschienen ihnen nun als das Richtige oder doch Hinzunehmende. Auch ihnen kam es auf Macht- und Ranggefühle mehr an als auf Theorie. Was sie den verhaßten »Marxisten«, den Gewerkschaften, selbst dem ehrbaren, einsamen Dr. Brüning nie erlaubt hätten, erlaubten sie freudig dem »autoritären« Staat; dem Demagogen, der ihnen das Gefühl zu geben wußte, daß sie nun endlich wieder Herr im eigenen Hause seien. H. interessierte sich nicht für Wirtschaftsfragen, er interessierte sich für Macht. Wer die Macht über das Ganze besaß, der würde, von oben her, auch die Industrie beherrschen, konnte aber das langweilige Detail ruhig den Spezialisten überlassen. Quacksalberische Doktrinäre, denen er vor 1933 freies Redespiel gewährt hatte, schickte er jetzt nach Hause. Statt dessen hielt er sich an Könner. Ein solcher war unbestreitbar Hjalmar Schacht, der nun wieder an die Spitze der Reichsbank, bald auch des Wirtschaftsministeriums trat. Er besaß das Vertrauen der deutschen Industrie und der internationalen Finanz, welcher er eine gemäßigte, wenn auch nicht orthodoxe Führung der deutschen Wirtschaft zu garantieren schien. Keine orthodoxe Führung. Im Politischen opportunistisch, schlau und dreist, aber ein Mensch von Vitalität und Phantasie, hatte Schacht begriffen, was die konservativen Theoretiker der Zeit noch immer nicht begriffen hatten: daß Geld kein absoluter Wert sei, vielmehr ein Symbol und Mittel; ein Instrument zur Verteidigung wirklicher Güter. Wo es nicht im genügendem Maß vorhanden war, da konnte man es sehr wohl schaffen; und handelte seinem Zweck nur dann zuwider, verursachte »Inflation« nur dann, wenn man mehr davon umlaufen ließ, als der Produktion entsprach. Schacht, in den ersten Jahren seiner Amtswaltung, verursachte keine Inflation, obwohl er Geld machte. Wie, war sein technisches Geheimnis, jedenfalls gelang es. Das Geld ging in Haus- und Maschinenreparaturen, in großartige Straßenbauten, in neue Wohnungen; auch in militärische Rüstungen, aber zunächst noch nicht hauptsächlich

in diese. Es setzte sich um in Nahrung, Kleider, Lebensfreude. Arbeiter, Angestellte lebten nicht besser als 1926, aber bald viel besser als 1932. Lange Zeit hatte das Volk in seiner Gesamtheit das, was es selber besaß, machen, ernten konnte, nicht genießen dürfen. Dieser widernatürliche Skandal hörte nun auf, nicht von einem Tag auf den anderen, aber binnen zwei Jahren; die eigentlich bestechende, ja überwältigende Leistung des »Regimes« in seiner Frühzeit.
Es war kein Wunder dahinter. Auch Hitlers Vorgänger hätten sie vollbringen können. Nur hatten sie es nicht getan und so die einfache Lösung, durch welche brachliegende Arbeitskraft und notwendige Arbeit zusammenzufügen waren, dem Diktator überlassen. Ein wenig gesunder Menschenverstand gehörte dazu, den besaß er, es war eine Seite seines Wesens. Ein wenig finanztechnisches Können und Phantasie gehörten dazu, die besaß der neue Reichsbankpräsident. Es wird nichts helfen, seine Methoden der Geldbeschaffung als »zweifelhafte Manöver« zu bezeichnen, wie dies so lange geschehen ist. Es wird auch nichts helfen, das Verdienst der Naziregierung am Wieder-in-Gang-Setzen des wirtschaftlichen Apparates zu verkleinern. Sie tat damals im wesentlichen nichts anderes, als was gleichzeitig Franklin Roosevelt in den Vereinigten Staaten tat; tat es erfolgreicher und schneller, weil sie sich mit keinem auf veraltete Paragraphen pochenden Obersten Gerichtshof herumzuschlagen hatte; tat es auch richtiger, weil sie sich von vornherein nur auf Erweiterung und nicht auf künstliche Beschränkung der Produktion konzentrierte. In all dem war kein Wunder, wir wiederholen es. Kein Wunder, aber auch, daß Millionen von ihrer Qual erlöster Menschen trotzdem ein Wunder darin sahen und ihm, der es vollbracht hatte, von nun an blindlings zu vertrauen geneigt waren.
H. war nun der Regent eines Staates, der bis dahin als Rechtsstaat gegolten hatte und auch jetzt noch gelten wollte, der Herr eines geordneten, im wesentlichen aus dem Kaiserreich überkommenen Beamtenapparats. Er war aber auch der Chef einer riesigen Bande von Abenteurern und Terroristen. Wäre er dies nicht gewesen, er hätte jenes nicht werden können; nackte, gesetzlose Gewalt, SA und SS, Reichstagsbrand und Konzentrationslager haben mitgewirkt bei der Errichtung der Diktatur; sie nicht allein, aber auch sie und sie sehr stark. Das war sein Doppelgesicht: das Gesicht der Herrn Reichskanzlers, der sich im Gehrock und Zylinder zeigte, das Gesicht des Gangsters, den eine schwerbewaffnete Leibwache von Verbrechern umgab. Es war das Doppelgesicht Deutschlands damals und in der Folgezeit: ein gründlich zivilisiertes Land, das in manchem Betracht bis zum Schluß zivilisiert blieb und

doch von Terroristen regiert wurde. Vom März bis zum Hochsommer 1933 fielen die beiden Seiten der Sache ungefähr zusammen; die Terroristen eroberten den Staat. Dann, nachdem die Nazipartei, wie es hieß, zum Staat geworden war, die politische Maschinerie, die Bürokratie, die Polizei sich gefügig gemacht hatte, kam eine Zeit, in welcher die Terroristen und der Staat, vorläufig wenigstens, wieder auseinanderstrebten. Zwar sollte die Diktatur bleiben mit allen den Mitteln, deren sie zu ihrer Sicherung bedurfte: mit Propagandalärm, mit der geistigen »Gleichschaltung«, den Gefängnissen, den Konzentrationslagern, dem Beil des Scharfrichters. Aber das konnte nun der Staat selber besorgen, gesetzlich, sozusagen; die wilden Parteimächte als vom Staat unterschiedene wurden dazu nicht mehr in dem Maß wie bisher benötigt. H. wollte damals Ordnung, wollte der Wirtschaft ein Gefühl leidlicher Rechtssicherheit geben; er wollte auch Frieden nach außen und wußte warum. Seit dem Sommer 1933 häuften sich die Warnungen von Staats wegen, daß die Revolution zu Ende sei und jeder sich daran zu halten habe.
Den Führern der wilden Parteitruppen gefiel das nicht. Der Staat, so wie er allmählich Form annahm, war ihnen noch zu bürgerlich, zu ordentlich, zu sehr von den alten Mächten bestimmt. Sie fanden in ihm nicht den Platz, den sie sich erträumt hatten; sie fühlten, daß sie überflüssig würden. *Was* sie eigentlich erträumt hatten, was sie meinten, wenn sie eine »zweite Revolution« forderten, hätten sie selbst nicht sagen können; man tut ihnen zuviel Ehre an, wenn man glaubt, sie hätten auf irgendeine Art von »Sozialismus« hinausgewollt. Ihr Spaß war die permanente Unordnung, das Schwelgen in Beute, das Verhaften und Plündern auf eigene Faust, das Außerhalb-des-Staates-Stehen und doch Herr über ihn sein. Vor allem die vorzüglich disziplinierte, waffenmächtige Organisation, die Armee, war ihnen ein Dorn im Auge. Was der Führer der SA, ein Hauptmann Röhm, H.s alter Freund, zunächst wollte, war, SA und Reichswehr zu vereinen zu einem großen, abenteuerlichen Volksheer, dessen Kommandeur er selber zu werden gedachte. Die Generäle der Reichswehr wollten das nicht.
Die Reichswehr hatte H. nicht gemacht, sie hatte ihm nicht zum Kanzleramt, viel weniger zur Diktatur verholfen. H. verdankte dem neuen Reichsminister von Blomberg nicht aktive Mitwirkung bei seiner »Revolution«, sondern Toleranz; dieselbe Toleranz, welche die Reichswehrführung gegenüber allen deutschen Regierungen seit dem Sturz der Hohenzollern geübt hatte. Gegen die Kommunisten hatte die Armee in der Frühzeit der Republik ein paarmal eingegriffen, sonst griff sie in die Politik nicht ein. Sie ließ Unordnung geschehen, auch

wenn sie ihr widerlich war, solange nur ihr eigenes Gefüge intakt blieb. Ihre Stärke, in republikanischen Zeiten, hatte auf der Schwäche der republikanischen Regierungen beruht, aber sie war als Stärke nur erschienen, sie war im Grunde nie erprobt, nie eingesetzt worden. Die Regierung H.s war die erste starke Regierung in Deutschland seit Bismarcks Niedergang. Das schwächte die Stellung der Armee oder den Schein ihrer Stellung; denn so stark im Politischen, wie das Volk sich vorstellte, und wie wohl auch die Generäle sich einbildeten, war sie nie gewesen. Das Schicksal General von Schleichers war ein schlagender Beweis dafür. Armeen haben nie regiert und können ihrem innersten Wesen nach nicht regieren; wo Militärs erfolgreich regiert haben, haben sie bald aufgehört, die Armee zu vertreten. Ebensowenig aber läßt sich *gegen* eine intakte Armee regieren. Die Reichswehr konnte noch immer ungemütlich werden, wenn man ihre eigensten Interessen und Traditionen gefährdete. Sie konnte das um so mehr, als das Staatsoberhaupt ihr noch immer befreundet war: Präsident von Hindenburg, ein dem Grabe entgegenwankender, geistesgetrübter, vereinsamter Mann, ein stark verminderter Mythos, aber doch der Inhaber der höchsten Autorität und für Millionen von Deutschen ein geheiligter Name. H. wußte das. Seit Beginn seiner politischen Laufbahn, zumal seit seiner Niederlage von 1923, war er gewohnt, sich mit soliden Mächten gut zu stellen, der Industrie, der Armee, dem Präsidenten; Mächten, welche man überspielen und betrügen, aber nicht in offener Schlacht besiegen konnte. In dem sich entwickelnden Streit zwischen Reichswehr und SA war er daher geneigt, es mit jener zu halten, falls ein Zusammenstoß sich nicht vermeiden ließe.

Ihrerseits sahen die deutschen Konservativen in der heraufziehenden Krise des Frühsommers 1934 eine Chance, so manches von dem, was seit dem Reichstagsbrand geschehen und ihnen widerwärtig war, nun doch noch rückgängig zu machen. Ein Sieg der Armee über die SA würde ein Sieg des Staates über die Partei sein, der Ordnung über die permanente Unordnung. H. mochte dann Reichskanzler bleiben; daß er ein guter, rechter Mann sei und viel besser als der Großteil der Partei, daß man »mit H. ins vierte Reich« hinüberwechseln könnte, diese instinktlose Meinung war damals im konservativen Bürgertum weit verbreitet. H. würde dann von seiner Partei und seinen Parteitruppen, der Quelle seiner Macht, getrennt und kein Diktator mehr sein. Seine schlimmsten Trabanten, Oberdemagogen, Judenverfolger und sadistischen Polizeigewaltigen würden verschwinden. Es würde doch noch ungefähr so werden, wie man sich's im Januar 1933 erhofft hatte. Trotz der unleugbaren Erfolge der Diktatur war damals die Unzufriedenheit im deutschen Bürgertum groß, von der Arbeiterschaft zu schweigen. Alle, die im Lande an Recht und menschlichem Anstand hingen, und das waren viele, begehrten heimlich auf gegen die prahlende, rohe Gemeinheit der Machthaber. H. stand so zwischen zwei Drohungen: der »zweiten Revolution« der Partei und dem, was der radikale Flügel der Partei die »Reaktion« nannte, das mäßigende, auf eine Schwächung der Diktatur abzielende Programm der Konservativen. Wenn er sich gegen die erste Tendenz wandte und sie unterdrückte, so schien er um so sicherer ein Gefangener der zweiten, konservativen werden zu müssen.

Die Krise wurde verstärkt und beschleunigt durch die allgemein bekannte Tatsache, daß Hindenburg nur noch wenige Monate zu leben hätte. Sein Verschwinden würde zweierlei bedeuten: man würde dann nicht mehr mit seinen verbrieften Rechten, seiner persönlichen Autorität arbeiten können; das Problem seiner Nachfolge war offen. Es mußte darum etwas geschehen, solange Hindenburg noch lebte.

Franz von Papen hielt eine Rede. Er wandte sich gegen die »zweite Revolution«; auch gegen die allgemeine Rechtsunsicherheit, die Propagandalügen, die nie aufhörenden Prahlereien und Drohungen, die Vergottung und Selbstvergottung einzelner Menschen, was alles mit wahrem Preußentum nichts zu tun hätte. Die Rede, man muß es zu Ehren des windigen Mannes sagen, war gut. Aber mehr als Reden oder heimliche Gespräche hatten die verschiedenen konservativen Kreise, der Kreis Papens, der Kreis Schleichers, der Kreis Brünings nicht vorbereitet. Nicht einmal die Leute von der »zweiten Revolution«, die ihren H. doch hätten kennen sollen, hatten die revolutionäre Tat wirklich vorbereitet. Sie drohten bloß damit, verschoben aber die Ausführung, von der sie wohl keinen genauen Begriff hatten.

Der Diktator handelte zwei Wochen später. Am 30. Juli ließ er den Hauptmann Röhm und Hunderte von seinen Freunden umbringen, die gesamte Führung der SA, wobei er selber in Oberbayern die Aktion leitete. Das schien ein Sieg der Armee zu sein, sie stand in diesen Tagen in Alarmbereitschaft. Aber es sollte ihr Sieg nicht sein und war es auch nicht. Denn sie handelte nicht. H. handelte, indem er sich dazu der in der letzten Zeit aufgebauten Sondertruppen der SS bediente. Und um der Armee, die ihn zum Handeln gedrängt hatte, zu zeigen, wer der Herr sei, wurden bei der Gelegenheit auch gleich zwei hohe Offiziere ermordet, Schleicher und Bredow, die politischen Generale der Hindenburg-Zeit. Brüning entging dem gleichen Schicksal durch Flucht nach England; Papen entging ihm mit knapper Not; ermordet wurden seine Adjutanten und Freunde, die Herren, die seine Protestrede entworfen hatten. Dies war

H.s Lösung der Krise, seine Antwort auf die Bedrohung durch die Konservativen; er ließ morden, nicht bloß nach einer Seite, was ihn zum Gefangenen der anderen gemacht hätte, sondern nach allen Seiten auf einmal, so daß er allein und sein unmittelbarer Kreis die Sieger waren. Auch wurde bei dieser Gelegenheit manches alte Rachegelüst gekühlt. In Wäldern und Sümpfen fand man die Leichen der Erschlagenen, zur Unkenntlichkeit entstellt; katholische Politiker und Administratoren, Schriftsteller, Anwälte, harmlose Bürger, die vor Jahrzehnten dem einen oder anderen unter den Naziführern sich mißliebig gemacht hatten. Wenn schon das Gesetz des Urwaldes regierte, dann konnte man es benutzen zu allerlei Mordvergnügen, vor denen man im Vorjahr noch zurückgeschreckt war. Ein paar Tage lang zeigten die Herrschenden ihr wahres Gesicht. Nur ein paar Tage lang; dann schlüpften sie wieder in die Röcke ehrbarer Zivilisten und begannen nun zu erklären und zu entschuldigen: Mordfälle, die mit der Hauptaktion nichts zu tun hatten, würden den Gerichten übergeben werden — aber das geschah niemals —, einige der Getöteten seien das Opfer von Mißverständnissen geworden oder hätten sich bei der Verhaftung zur Wehr gesetzt, wobei dann bedauerliche Folgen sich nicht hätten vermeiden lassen, und so fort. Das Reichskabinett, in dem noch immer ein Rudel »bürgerlicher« Minister saß, beschloß, daß die gesamte Unternehmung »Staatsnotwehr« und als solche rechtens gewesen sei. Deutschland war ein Rechtsstaat, mußte es sein, denn ohne Recht können siebzig Millionen Menschen eng zusammengedrängt nicht leben. Dann blieb ja wohl nichts anderes übrig, als das Geschehene zum Recht zu erheben, oder aber den Reichskanzler als vielfachen Mörder vor Gericht zu stellen. H. selber war offener als die anderen. Er nahm den Mord an Schleicher, der zunächst vertuscht worden war, auf sich: Männer, die sich mit fremden Diplomaten träfen und gegen ihn konspirierten, lasse er totschießen. In jenen Tagen sei er, als Führer des deutschen Volkes, auch sein oberster Gerichtsherr gewesen und habe aus eigenster Machtvollkommenheit Recht sprechen und üben dürfen.

Die Leute hörten sich das an, gläubig und ungläubig, empört und achselzuckend, froh, daß es sie nicht selber erwischt hatte, mit dem Gefühl, daß man unter einer solchen Regierung fortan allerdings mit Worten und Blicken recht vorsichtig würde sein müssen. Daß sie die unverschämte SA losgeworden waren, mißfiel ihnen nicht; das übrige war blutig und dunkel und konnte vom einzelnen Bürger nicht geklärt werden. Ein berühmter, hochgebildeter Staatsrechtslehrer schrieb einen Aufsatz: »Der Führer schützt das Recht.«

Und Hindenburg? Der betörte alte Mann nahm auch dies noch

hin: die Ermordung der Generäle, seines Freundes Schleicher, die ganze Kette viehischer Missetaten. Isoliert auf seinem preußischen Gut, nahezu ein Gefangener, von treulosen Beratern irregeführt, schickte er Glückwunschtelegramme an H. und Göring: »nach den ihm vorgelegten Berichten« hätten sie ganz prachtvoll gehandelt. Es war der letzte Dienst, den der zu Ende gehende Mythos den Machthabern leistete, der letzte Strich unter der im Grunde ja längst vollzogenen moralischen Abdankung des Greises. Einen Monat später starb er; als ein Christ und mit der Würde, die sein Leben lang über die Schwächen seines Geistes und Charakters hinweggetäuscht hatte. Aber Hindenburgs Verschwinden bedeutete nun keine Krise mehr, kaum noch ein Ereignis. Indem die Armee die an ihr selbst verübten Verbrechen hingenommen und sich entehrt hatte um der Vernichtung ihrer Gegner willen, war das Bündnis zwischen Armee und Diktator besiegelt; das Bündnis oder die Unterwerfung der einen unter den anderen. Der »Oberste Gerichtsherr« des 30. Juni war Herr der Lage. Wer würde jetzt noch wagen, ihm zu opponieren? Diente nicht selbst von Papen, der Kavalier, der Ritter ohne Furcht und Tadel, dem Manne begierig weiter fort, der alle seine nächsten Mitarbeiter hatte umbringen lassen? ... Durch Dekret wurden die Ämter des Präsidenten und des Kanzlers miteinander vereinigt. Das geschah, rechtstechnisch, noch immer kraft des Ermächtigungsgesetzes vom Frühling 1933. Der Reichskanzler wurde zum Staatschef, damit auch zum Oberbefehlshaber des Heeres. Eilends ließ Kriegsminister von Blomberg Offiziere und Soldaten den Treueid auf H. schwören, auf ihn persönlich. Danach wurde die Nation in »freier Abstimmung« um ihre Ansicht über den schon vollzogenen und wohlgesicherten Staatsakt gefragt — ein Trick, den auch frühere Diktatoren mit Erfolg geübt hatten. Fünf Millionen Bürger stimmten mit nein; wenigstens — allerwenigstens — fünf Millionen unerschütterlicher, mutiger Menschen hat es also damals in Deutschland gegeben. An den Tatsachen änderte sich freilich nichts. Der Prozeß der »Machtergreifung« war im August 1934 beendet.

Zwischenbetrachtung

War das alles von Anfang an geplant? Oder kam es nur so, wie es eben kam, durch Ergreifen überraschender Gelegenheiten? Goebbels hat prahlerisch das erste behauptet; andere, Hindenburgs Staatssekretär etwa, wollen uns glauben machen, H. habe ursprünglich viel maßvollere Ziele verfolgt und sei von Gefahren wie von günstigen Wendungen weit über sie hinausgetrieben worden. Es ist aber der Propagandachef, der hier die Wahrheit spricht.

Mit dem Brand begann es. Die Vermutung, jene, die so ungeheuren Vorteil aus ihm zogen, hätten ihn auch angestiftet, hat sich damals sofort verbreitet und das ist charakteristisch; man traute ihnen ein solches Verbrechen zu, mit Empörung, mit Bewunderung oder mit heimlichem Lachen. Der Prozeß, der folgte, war nichts weniger als geeignet, den Verdacht zu ersticken. Man ging nur *einer* Spur nach, und zwar einer offenbar falschen, und erfundenen. Die deutschen und bulgarischen Kommunisten, die man anklagte, bewiesen ihre Unschuld so sonnenklar, daß das Gericht, in dem Herren der alten Schule saßen, sie freisprechen mußte. Allein aber, das war die mit umständlicher Wissenschaft erhärtete These der Fachleute, konnte van der Lubbe nicht gehandelt haben. Der Eindruck, den der Holländer während des Prozesses machte, schien diese Ansicht zu bestätigen; er erklärte dem Richter, daß er den ganzen Prozeß komisch fände und zeigte statt der zu erwartenden Haltung eines Verbrechers von Tatkraft und körperlichem Geschick die eines grinsenden Idioten. Trotzdem wurden die Akten über den Fall sofort und endgültig geschlossen, keinerlei weitere Versuche zu seiner Klärung unternommen. Die Hinrichtung van der Lubbes erfolgte in Eile und Stille, die Zeitungen durften sie nicht kommentieren; was mit ungeheurer Publizität begonnen worden war, endete in Schweigen. Kein Wunder, daß die These von der Brandstiftung auf Befehl, wenn nicht Hitlers so doch seiner Gehilfen, sich durch Jahrzehnte erhielt. Sie ist nie bewiesen worden und das liegt im Wesen der Sache, zumal wenn man ihr zurechnet, was seither geschah und was mit jenen geschah, die um sie gewußt haben könnten. Dagegen ist achtundzwanzig Jahre nach dem Brand ein Buch erschienen, welches die Alleintäterschaft van der Lubbes mit eben der technischen Gelehrsamkeit zu beweisen unternahm, mit der die Spezialisten 1933 das Gegenteil bewiesen hatten. Wir müssen diesen Streit den Pyrologen überlassen. Für den Historiker wird er dunkel bleiben und sein Gegenstand ist von geringem Gewicht. Hätten die Nationalsozialisten den Brand verursacht, so hätten sie sich des Mittels bedient, dessen sie sich später so oft bedienen sollten; sie hätten selber die Gefahr fingiert, gegen die sie dann ihren prätendierten Gegenangriff, den wohlgeplanten, den in jedem Fall auszuführenden, unternahmen. Haben sie den Brand nicht verursacht, so ist ihnen das Glück zu Hilfe gekommen, wie in den Jahren ihres Aufstieges so oft. Jedenfalls mißversteht der die politische Geschichte, der sie mit Argumenten aus der Pyrologie schreiben will. Der Brand wurde politisch benutzt und noch ehe er gelöscht war von einem Hexenkreis politischer Lügen umgeben. Die Kommunisten planten einen Staatsstreich. Das war nicht wahr; die Beweise dafür, die man in ihrem Hauptquartier gefunden haben wollte, wurden nie veröffentlicht. Der Brand hatte das »Fanal« für den Staatsstreich sein sollen. Das war Unsinn; mit einer solchen Kinderei beginnt niemand einen Staatsstreich, gelehrte Marxisten am wenigsten. Die Sozialdemokraten waren mit den Kommunisten im Bunde. Die Lüge war noch dümmer; man hätte ebensowohl behaupten können, daß der Vatikan es sei. Alle Lügen nun wieder dienten zur Rechtfertigung eines Unternehmens, das längst geplant war und, wie die Planer nachmals selber prahlten, auf jeden Fall ausgeführt worden wäre. Der Sitte, das, was sie taten, tun konnten, in jedem Fall tun würden, durch Lügen zu rechtfertigen, sind sie zwölf Jahre lang treu geblieben.

Die Vernichtung, erst der radikalen Linken, dann der Linken überhaupt, dann aller politischen Parteien, war im voraus geplant oder mindestens gewollt; die Gelegenheit kam dem Willen zu Hilfe. Der permanente Ausnahmezustand war geplant. Daß er die Parteien vernichten wollte, hatte er vor dem Januar 1933 oft genug gesagt; hier gab es das russische, das italienische Vorbild; auch daß er den nächsten Krieg selber führen würde, nicht die Generäle. All das lag längst in seinem Ehrgeiz, in seinem Plan. Nie in der uns bekannten Geschichte hat ein historisches Individuum so genau das getan, was es sich zum Ziel gesetzt hatte; eine Erfahrung, die das Selbstvertrauen des Menschen zum Verrückten und Gotteslästerlichen steigern mußte. Zweifellos erwartete er im allgemeinen mehr Widerstand, als er fand. Fragt sich, wie der Weg zur persönlichen Allmacht so glatt und so kurz sein konnte; viel glatter als der Weg Lenins und Stalins; viel kürzer als der Weg Mussolinis.

Die Deutschen lieben das revolutionäre Spiel nicht und haben sich unter gesetzlosen Bedingungen meist ungeschickt benommen. Die Männer von 1848 wie die vom November 1918 standen in keiner Verfassungskontinuität, sie mußten ihre Autorität selber schaffen. 1848/49 gelang das gar nicht, 1918/19 gelang es nicht gut. Die Sozialdemokraten, eben weil ihnen ihre Autorität aus einer Revolution kam, trauten ihr nicht und wollten nichts Revolutionäres mit ihr beginnen. Sie betrachteten es als ihre dringendste Aufgabe, möglichst schnell zu einer neuen Gesetzlichkeit zu gelangen. H. stand in einer Verfassungskontinuität; er war Reichskanzler gemäß dem Artikel 52 der Weimarer Verfassung. Aber er, nicht Gagern, nicht Ebert, war der Revolutionär, und er bedurfte nur weniger Gesetzestricks, um »legal« Revolution zu machen. In den ersten Wochen, solange Görings Polizeiterror gegen die Verfassung verstieß, schritten die Gerichte noch pflichttreu gegen ihn ein; es wurden die Freilassungen von Verhafteten verfügt, Zeitungsverbote aufgehoben. Dann aber gab es die Notverordnung vom 28. Februar, dann das Ermächtigungsgesetz; und diese beiden Tricks genügten, um den ganzen ungeheuren Apparat des Rechtsstaates den Terroristen zu unterwerfen. Seit Jahrhunderten hatte die Bürokratie die Gewohnheit, zu gehorchen dem, der das Recht zu befehlen hatte. Die Terroristen hatten nun dies Recht; selten verfehlten sie, sich auf den und den Paragraphen zu berufen. Was sollte dagegen ein Landrat, ein Ministerialdirektor, ein Polizeileutnant einwenden? ... Zu der Magie von Recht und Gesetz kam der persönliche Mythos des Reichspräsidenten. Tief war im Volk der Glaube verwurzelt, daß Hindenburg und seine Reichswehr etwas eigentlich Verbrecherisches nicht hinnehmen würden, daß also, was von ihnen gebilligt wurde, nicht böse war, obgleich es so aussah. Der Greis hat so den Terroristen beim Aufbau ihrer Allmacht einen unschätzbaren Dienst geleistet, und zwar genau so lange, wie sie ihn brauchten; als er sich endlich zum Sterben niederlegte, brauchten sie ihn nicht mehr.

Eine ähnliche Funktion hatten die »bürgerlichen« Minister im Reichskabinett, sei es, daß sie wirkliche Arbeit taten wie Hjalmar Schacht, sei es, daß sie nur als beruhigendes Symbol wirkten wie der Außenminister von Neurath. Sie bildeten die Brücke zwischen den Terroristen und dem friedlichen Deutschland, dem Rechts- und Beamtenstaat. Die nackte Alleinherrschaft von Gangstern hätten die Deutschen sich 1933 nicht gefallen lassen, hätte der feine Organismus ihrer zusammengedrängten Existenz nicht ausgehalten. Hier mußte das Anomale, Ungesetzliche sich hinter dem Normalen, Gesetzlichen verbergen, sonst hätte die Bürokratie nicht mitgemacht, ohne die Deutschland nicht leben konnte. Der Prozeß um den Reichstagsbrand war ein merkwürdiges Beispiel dafür. Er war kein betrügerischer Schauprozeß nach russischer Art. Die Richter, welche ihn führten, waren Männer vom alten Schlage, biedere Juristen aus der Kaiserzeit. Die Verbrecher, in richtiger Einschätzung und Verachtung dieses Typs, hielten es nicht für klug, sie einzuweihen; die guten Herren würden sie und sich selber schon irgendwie aus der Affäre ziehen. Was die Herren Reichsgerichtsräte denn auch taten. Sie weigerten sich, die angeklagten Kommunisten schuldig zu sprechen, weil sie offenbar nicht schuldig waren. Sie weigerten sich ebenso, den wahren Sachverhalt zu erkennen, den sie natürlich ahnten, und bewegten sich behutsam, damit der schöne Schein des Rechtsstaates, dem sie dienten, nicht plötzlich und furchtbar zerstört würde. Das Resultat war ein vorsichtig formuliertes Nichts.

Man hatte die Täter, welche man gar nicht gesucht hatte, nicht gefunden; gottlob, so hieß es, seien es anscheinend keine Deutschen gewesen... Dies Versteckspielen zwischen Recht und Unrecht, dies Weitermachen des Normalen, Gesetzlichen unter dem Dach des Verbrechens hat die ganze Epoche charakterisiert.

Es liegt auch dem deutschen Charakter der Bürgerkrieg nicht. Nie haben sie einen gehabt. Auch der Dreißigjährige war ein Krieg zwischen Fürsten, kein Bürgerkrieg. Man mag das Glück nennen. Wären die Deutschen so gewesen wie die Spanier, dann hätte es 1919 und wieder 1932 an Zündstoff für einen echten Bürgerkrieg nicht gefehlt. Aber auch den Kommunisten lag das nicht. Sie versprachen wohl ihre Revolution, machten sich aber nie eine genauere Vorstellung davon, wie sie die eigentlich anfangen würden, und verließen sich auf Recht und Gesetz und eben die Verfassung, welche sie umzustürzen gedachten. Als man sie angriff, riefen sie nach der Polizei, weil es gegen Recht und Verfassung verstieße. H. konnte so seinen Bürgerkrieg nicht bloß mit Hilfe des Staates führen, er konnte ihn auch völlig einseitig führen. Der Krieg begann mit der bedingunglosen Übergabe der Gegner, die nicht begriffen, was ihnen geschah. Der Brand sollte das »Fanal« zum Kampf sein, aber die Nazis hatten es selber fingieren müssen, weil die Gegner nichts taten. Darum hat die Diktatur von den Anfängen bis 1939 nur wenige tausend Menschenleben gekostet, Hinrichtungen, Morde, Selbstmorde; im offenen Kampf fiel keiner. Wenn das, verglichen mit einem echten ehrlichen Bürgerkrieg, seine Vorzüge hatte, so lag auch wieder etwas ungewöhnlich Widerliches in diesem schwelgenden, unbarmherzig ausgenutzten, aber kampflosen Siege eines Teiles der Nation über den anderen.

Dieselbe Methode der Überrumpelung, die zu kampflosen Siegen führte, gebrauchte H. weiterhin. Erst in Deutschland und dann in Europa. Auch das Blutbad vom 30. Juni war kein Kampf, nur eine Schlächterei. Die neuen Gegner, Konservative und Ultra-Nazis, handelten ebenso wie vorher die Linke. Sie kündeten an, es sei Zeit, der Katze eine Schelle umzuhängen, aber machten keinen ernsthaften Schritt dazu. H. aber spaßte nicht, wo es um die Macht ging. Darin beruhte seine Überlegenheit. Er war jederzeit im Krieg, und im Krieg galt jeder Vorteil, während seine Gegner glaubten, im Frieden, unter Gesetzen zu leben. Man sehe nur, wie leicht zum Beispiel General von Schleicher sich fangen und töten ließ und nicht einmal an Warnungen glaubte, die man ihm hatte zugehen lassen. H. wußte das sehr gut, höhnte darüber, forderte die Welt auf, es ihm doch nachzumachen: Die Welt tat das sehr lange nicht, und solange schritt er von Triumph zu Triumph.

Als sie sich endlich entschloß, es ihm gleichzutun, ihm mit dem gleichen Ernst zu begegnen wie er ihr, war er verloren.
Dies kampflose Überrumpeln nahm den Siegen H.s auch einen guten Teil von ihrer Realität. So gern er die Worte Zerstören, Vernichten, Ausrotten gebrauchte, er unterdrückte nur. Die deutschen Bundesländer, selbst Bayern, das älteste, stärkste unter ihnen, schienen 1933 für immer ausgelöscht. Heute sind sie aber wieder da. So die politischen Parteien; so die Gewerkschaften. Sie waren wieder da, sie erhoben sich wieder, nicht überall identisch mit ihren Vorgängern, aber doch alte Überlieferungen fortsetzend, sobald der Spuk von ihnen genommen war. Man hat dann in Deutschland erstaunlich wenig Nationalsozialisten finden können. Wie anders in Rußland. Dort, wo ein wirklicher, furchtbarer Bürgerkrieg stattgefunden hatte, wurden die alten Klassen und Einrichtungen in der Tat vernichtet; sie können nicht wiederkommen.
Für den Augenblick schloß ein großer Teil der Besiegten sich den Siegern an, sei es aus Opportunismus, sei es aus Überzeugung. Daß die politischen Parteien ihr Schicksal verdienten, schien ihr ruhmloses Ende zu beweisen. Die Republik selber, man mußte es zugeben, hatte nicht viel getaugt. War der Liberalismus nicht wirklich veraltet, Parteidiktatur und »totaler Staat« das Zeitgemäße? Daß man nun keine in Freiheit geschriebenen Leitartikel mehr lesen konnte, war für manchen ein Ärgernis, aber dafür ging es aufwärts mit der Wirtschaft. Es ging aufwärts auch mit der äußeren Politik – eine Entwicklung, die nicht verfehlen konnte, dem Herzen eines jeden Patrioten, Nazi oder Nicht-Nazi, wohlzutun. 1932 noch war Deutschlands Stellung in der Welt – angeblich – eine bedrohte, ohnmächtige und entehrte gewesen. Anders zwei, drei Jahre später. Da warb man um das Reich von allen Seiten und machte ihm Zugeständnisse, von denen sich zu Stresemanns, zu Brünings Zeiten kein Mensch hätte träumen lassen.

Außenpolitik

H. lebte mit wenigen einfachen Ideen. Die Natur war grausam. Zu ihr gehört der Mensch; auch er darf grausam sein. Leben ist Krieg. Krieg ist immer; nur seine Formen wechseln. So wie ein Raubtier auf Kosten anderer Tiere, so lebt ein Volk auf Kosten anderer Völker. Was es genießen will, muß es anderen wegnehmen. Um in Sicherheit zu genießen, muß es seine Nachbarn entweder ausrotten oder, wenigstens, zu dauernder Ohnmacht zwingen. Mitleid, Nächstenliebe, Wahrheitsliebe, Vertragstreue, alle die christlichen Tugenden sind Erfindungen der Feigen und Schwachen. Die Natur kennt sie nicht. Der

Starke übt sie nicht. Er schlägt den Schwächeren tot; er lügt, bricht Verträge, wo es Vorteil bringt. So ist es immer gewesen, so sind alle großen Imperien entstanden, das römische, das britische, so muß das deutsche entstehen. . .
Wie sehr diese Ansicht der Dinge sich durch des Mannes ganzes bewußtes Leben zieht, wie offen er sie jederzeit aussprach, wie genau er nach ihr handelte, darüber kann nur staunen, wer das Staunen nicht ganz verlernt hat. Auf der ersten Seite seines ersten Buches hatte er geschrieben: »Erst wenn des Reiches Grenze auch den letzten Deutschen umschließt, ohne mehr die Sicherheit seiner Ernährung bieten zu können, ersteht aus der Not des eigenen Volkes das moralische Recht zur Erwerbung fremden Grund und Bodens. Der Pflug ist dann das Schwert, und aus den Tränen des Krieges erwächst für die Nachwelt das tägliche Brot.« Zwanzig Jahre später, wenige Monate vor dem Ende, philosophierte er in einer Rede vor deutschen Offizieren: »Zu den Vorgängen, die wesentlich unveränderlich sind, durch alle Zeiten hindurch gleich bleiben und sich nur in der Form der angewandten Mittel ändern, gehört der Krieg. Die Natur lehrt uns bei jedem Blick in ihr Walten, in ihr Geschehen hinein, daß das Prinzip der Auslese sie beherrscht, daß der Stärkere Sieger bleibt und der Schwächere unterliegt. . . Es ist eine andere Weltordnung und ein anderes Weltgesetz nicht denkbar, in einem Universum, in dem die Fixsterne Planeten zwingen, um sie zu kreisen, und Planeten Monde in ihre Bahn zwingen, in dem im gewaltigsten, gigantischen Geschehen Sonnen eines Tages zerstört werden und andere an ihre Stelle treten. Sie lehrt uns auch, daß, was im Großen gilt, im Kleinen genau so als Gesetz selbstverständlich ist. Sie kennt vor allem nicht den Begriff der Humanität, der besagt, daß der Schwächere unter allen Umständen zu erhalten und zu fördern sei. . . Diese Welt haben nicht wir Menschen geschaffen, sondern wir sind nur ganz kleine Bakterien oder Bazillen auf diesem Planeten. Wir können diese Gesetze nicht ableugnen, wir können sie nicht beseitigen. . . Das, was dem Menschen als grausam erscheint, ist vom Standpunkt der Natur aus selbstverständlich weise. Ein Volk, daß sich nicht zu behaupten vermag, muß gehen und ein anderes an seine Stelle treten. . . Die Natur streut die Wesen auf die Welt aus und läßt sie dann um ihr Futter, um ihr tägliches Brot ringen, und der Stärkere behält oder erobert diesen Platz und der Schwächere verliert ihn oder er bekommt keinen. Mit anderen Worten, der Krieg ist selber an sich unvermeidlich. Die Kleinheit eines Staates, einer Nation oder eines Volkes bestimmt nicht etwa die Natur zu einem Mitleid, sondern im Gegenteil, was nicht stark genug ist, wird von ihr unbarmherzig beseitigt, und in dieser scheinbar unbarm-

herzigen Grausamkeit liegt letzten Endes die kalte Vernunft.« — Dies war die Philosophie; roher Naturalismus, von schlechten Schülers-Schülern Darwins gelernt und auf die Politik übertragen. Mit ihrem banal Richtigen und banal Falschen wäre sie nicht der Rede wert, hätte ihr Prophet, welcher der deutsche Staatschef war, sich nicht im Ernst angeschickt, europäische Völker in ihrem Sinn zu traktieren.

Was dann seinen praktischen Plan betraf, so zerfiel er ungefähr in vier Arbeitsgänge, vier Vorstöße, von denen jeder dem nachfolgenden von seiner Schwungkraft mitzuteilen hatte. Zunächst, wie es hieß, galt es, Deutschland von den »Fesseln des Versailler Vertrages« zu befreien. Das Ziel war populär und plausibel; daß am Versailler Vertrag manches falsch war, haben wir gesehen. Aber dies Ziel hielt H. für völlig unzureichend; die bloße Wiedergewinnung der Reichsgrenzen von 1914 lohnte nicht die Aufopferung von Millionen deutscher Menschenleben. Zweitens mußte man Bismarcks kleindeutschen Nationalstaat zum gesamtdeutschen machen, ihn nach Österreich und Böhmen so weit ausdehnen, wie die deutsche Zunge reichte. Drittens wußte man, schon seit 1848, daß ein solches gesamtdeutsches Reich seine eigene Dynamik hätte; es würde bei ihm nicht bleiben, die kleineren slawischen und Donauvölker mußten ihm auf die eine oder andere Weise untertan werden. Endlich kam Rußland. Es hatte der Mensch sich ausgerechnet, daß nur in Rußland der Raum zu finden sei, dessen die Deutschen bedurften, um ein Zweihundert-Millionen-Volk, ein Herrenvolk, ein Weltherrschaftsvolk zu werden; und daß der Bolschewismus, den er für eine jüdische, im Grunde schwächliche Regierungsform hielt, ihnen eine willkommene Chance dazu gäbe. In Westeuropa war nicht viel zu holen. Beherrschen mußte man es wohl. Besiegen mußte man es wahrscheinlich, weil es sich Deutschlands Herrschaft nicht friedlich würde gefallen lassen. Trotzdem war Westeuropa nur ein Nebenschauplatz, die deutsch-französische Feindschaft etwas bei Gelegenheit mit der linken Hand rasch zu Erledigendes. Mit England hätte er sich am liebsten vertragen; vielleicht, wenn die Leute dort mit sich reden ließen, konnte man bis zu einem gewissen Punkt die Herrschaft mit ihnen teilen. . . Dies die Grundkonzeption. Sie war in dem 1925 veröffentlichten Buch »Mein Kampf« entwickelt, und H. ist in zwanzig Jahren von ihr nicht abgegangen. Drei Tage, nachdem er Kanzler geworden war, erklärte er in einer Ansprache an die Befehlshaber der Armee, »die Eroberung neuen Lebensraumes im Osten und dessen rücksichtslose Germanisierung« werde das Ziel seiner Politik sein.

Die einzelnen Gedanken und Gefühlsstücke kamen ihm alle von irgendwo her; aus Österreich Judenhaß und Slawenhaß, der großdeutsche Nationalismus; aus der Kriegszeit der Begriff des Lebensraums, das nahezu unbegrenzte Erobern nach allen Seiten und besonders im Osten; von deutschen Historikern und Philosophen das Ineinssetzen von Macht und Recht, die Verachtung des Moralischen. Sein eigener Beitrag war die Willensstärke und verrückte Konsequenz, mit der er in allen diesen Dingen Ernst machte. Dazu kamen Erlebnis und Beurteilung einer einzelnen geschichtlichen Erfahrung. Felsenfest war er davon überzeugt, daß Deutschland bei besserer Führung den Weltkrieg hätte gewinnen können, ja, daß hierzu eigentlich nichts notwendig gewesen wäre als das zeitige Niederschlagen aller »marxistischen Verräter«. Nun wollte er Deutschland so regieren, daß, wie er tausendmal sagte, »kein zweites 1918« möglich wäre.

Wir schreiben allgemeine Geschichte, nicht Biographie, und brauchen uns mit den dunklen Gründen der Person, aus denen diese Kräfte, diese Motive und Beurteilungen aufstiegen, nicht zu befassen. Der Plan war nicht nur unpraktisch, mußte, wenn man an seine Ausführung ging, früher oder später sich selbst zerstören; er war auch in sich nicht stimmig, nicht echt, er war schlechte Literatur. Wer so die Menschheit haßte und das eigene Volk auf Kosten der Menschheit wollte blühen lassen, der konnte auch das eigene Volk nicht lieben, zumal es auch aus Menschen bestand. Macht über das eigene Volk, welches zufällig das deutsche war, und durch das eigene Volk Macht über die Welt; aber nicht, wie er sich und ihm einredete, dem eigenen Volke zuliebe. Sich selber zuliebe; dem Teufel zuliebe. H. hatte viele Gesichter. Als er aber 1945 äußerte, die Deutschen seien ihm gleichgültig, und wenn sie ihm nicht bis zum Ende folgen könnten, so verdienten sie unterzugehen, und als er entsprechend handelte — da zeigte er sein wahrstes Gesicht.

Vorläufig, solange Deutschland nicht kriegsbereit war, mußte er vieles verbergen, nicht nur die unterste Schicht seines Planens, Wesens und Wollens, sondern auch manches mehr. Der Mann der Krieges mußte den Mann des Friedens spielen. Das war schwierig oder hätte schwierig sein sollen, weil er in früheren Jahren im Ausplaudern seiner Wunschträume ziemlich weit gegangen war; die Dinge standen da, schwarz auf weiß. Aber die Welt will betrogen sein, will es besonders dann, wenn man ihr sagt, was ihr an sich wahr, begehrenswert und vernünftig scheint. Sie vergißt dann nur zu gern, wer es ist, der es ihr sagt. Konnte der wilde Mann nicht etwa, in der Reife der Jahre und unter der Bürde der Verantwortung, vernünftig geworden sein? Offenbar, er war es; denn was er sagte, was er fünf Jahre lang in ungezählten »Friedensreden« das friedenssehnsüchtige Europa hören ließ, war alles gut und weise. Krieg sei Wahnsinn, könnte nur zur Vernichtung der

Zivilisation führen; kein Volk sei friedensbedürftiger als das deutsche; es wolle nur, wie jeder Ehrenmann, die eigene Ehre wiedergewinnen und sei bereit, Ehre und Lebensinteressen anderer Nationen, der großen und kleinen, ritterlich anzuerkennen; nicht Herrschaft, nur Gleichberechtigung sei sein Ziel und so fort — wer konnte dem widersprechen? Schritt für Schritt ging er vor, dem Ziele, dem Kriege zu. Jeder Schritt war gewagter als der vorhergehende. Nach jedem Schritt machte er Halt und sorgte durch neue Friedensreden und Angebote dafür, daß die Welt ihm noch immer glaubte, noch immer nichts Wirksames gegen ihn unternähme, indem er, was er auch tat, im Sinne ihrer eigenen Philosophie Gerechtigkeit, wirtschaftliche Vernunft, Selbstbestimmungsrecht der Völker und so fort interpretierte. Dieser Betrug muß ihm einen enormen Spaß gemacht haben, und er hätte wohl selber nicht geglaubt, daß die Welt sich so leicht, so lange würde betrügen lassen. Ein Betrug war es auch an der eigenen Nation. Das half, denn hätten die Deutschen wissend mitgespielt, hätten sie gewußt, was gespielt wurde, dann wäre es unmöglich gewesen, die Welt zu betrügen. Ein ganzes Volk kann nicht Komödie spielen. Aber die Deutschen in ihrer überwältigenden Mehrheit waren so friedliebend wie Franzosen und Briten. Auch sie hörten gern, was ihr Führer ihnen von Ehre, Gleichberechtigung und Aufbauarbeit schmeichelnd erzählte; und hörten es um so lieber, als er damit genau so viel männliches Auftrumpfen verband, wie er ohne Gefahr wagen konnte. Eingeweiht in die innersten Gedankengänge des Mannes war nur ein kleinster Kreis, und selbst der wurde es nur allmählich. Andere wußten, ohne eingeweiht zu sein, auf Grund von Erinnerungen an das früher Proklamierte und Gedruckte, mehr noch auf Grund unmittelbarer, untrüglicher ästhetischer und moralischer Eindrücke. Diese, ob sie nun zu Haus blieben oder in die Emigration gingen, hatten das bittere Los Kassandras.

Als H. zur Macht kam, fragte der Diktator oder Halb-Diktator Polens, Marschall Pilsudski, in Paris an, ob es nicht das beste wäre, sofort zu handeln und die hier erscheinende Gefahr im Keim zu ersticken. Die Franzosen fanden die Entschlußkraft nicht, und eine erste große »Friedensrede« des neuen Mannes erschwerte es ihnen gewaltig, sie zu finden. Damit war das Modell für alle folgenden diplomatischen Krisen zwischen 1933 und 1939 gegeben. Wenn eine Macht – Frankreich, Polen, England, Rußland – wirklich oder angeblich zu handeln bereit war, waren es die anderen nicht, und da keine allein handeln wollte, so handelte keine. Nicht *gegen* Deutschland. Aber jede der europäischen Mächte fand sich hin und wieder bereit, auf eigene Faust *mit* Deutschland zu handeln, so daß die Partner,

Freunde und Bundesgenossen von irgendeiner zweiseitigen Erklärung oder Abmachung unliebsam überrascht wurden; ein »Jeder-für-sich« oder »Rette-sich-wer-kann«, das die Folge der Unfähigkeit gemeinsamen Handelns war.

Frühling 1933. Das Reich gerät in Konflikt mit Österreich, der ein diplomatischer, zugleich auch ein politischer oder innenpolitischer ist. Denn in Österreich liegen die Dinge ungefähr so, wie sie in Bayern gelegen hätten, wenn es sich im März 1933 nicht ergeben hätte. Auch Österreich ist oder bekennt sich als ein deutscher Staat. Aber es gehört nicht zum Reich, es ist nicht »gleichgeschaltet«. Es regieren dort die Christlich-Sozialen, eine stark österreichisch akzentuierte Abart des Zentrums. Die Spannungen sind in Österreich viel schärfer als in Bayern, und zwar nicht nur zwischen den Christlich-Sozialen und den österreichischen Nazis, die praktisch eine Vereinigung der »Ostmark« mit dem Reich erstreben, auch zwischen der Regierungspartei und den Sozialdemokraten, welche die Hauptstadt Wien verwalten. Eine doppelte Spaltung des Volkes also. Der Bundeskanzler, Dollfuß, sieht, um dem Schicksal Bayerns zu entgehen, keinen anderen Weg als den der Diktatur, ausgeübt durch seine eigene Partei. Die Organisationen der Nazis werden verboten, Deutschland antwortet mit Pressionen, mit dem Schließen der Grenzen; jeder Deutsche, der nach Österreich reisen will, muß die Erlaubnis dazu mit einer hohen Summe bezahlen. Österreich ist ärmer als Deutschland, und die Überwindung der Wirtschaftskrise geht dort viel langsamer vorwärts. Dies wie auch die alten, großdeutschen und antisemitischen Traditionen des Landes lassen die verbotene Nazi-Partei weiter ansteigen.

1933, Herbst. Eine »Abrüstungskonferenz«, die in Genf tagt, bringt nichts zuwege. Im Prinzip ist Deutschland die »Gleichberechtigung« längst zugestanden. Aber Frankreich, das sich den Deutschen an Bevölkerungszahl, Industrie und Lebenskraft weit unterlegen weiß, will nicht ernsthaft abrüsten, nur darüber reden. Das gibt H. einen willkommenen Vorwand: er habe nicht Waffen für Deutschland, nur Gleichberechtigung, nur Abrüstung der anderen gefordert. Da diese billige Forderung wieder und wieder unerfüllt geblieben sei, so müsse Deutschland leider den Genfer Völkerbund verlassen. . . Die Geste gefällt den Deutschen. Es ist eine Geste der Freiheit und des Stolzes, und sehr wohllautend begründet. Rasch wird die Nation gefragt, ob sie die Außenpolitik »ihrer Reichsregierung« billige, und sie antwortet mit einem überwältigenden JA, wozu diesmal nicht einmal viel Druck von oben notwendig ist. . . Mittlerweile hat das heimliche oder nichtheimliche Rüsten, das Aufstellen neuer Divisionen längst begonnen.

Januar 1934. Polen und Deutschland erklären, sie würden

fortan keine Gewalt gegeneinander anwenden, Schwierigkeiten, welch noch auftauchen könnten, friedlich lösen und in Freundschaft zusammen leben. Die Erklärung soll zunächst einmal für zehn Jahre gelten. Ein geschickter Schachzug. Er trägt dazu bei, das französische Allianzsystem im Osten zu unterminieren, läßt Möglichkeiten einer deutsch-polnischen Zusammenarbeit gegen Rußland am fernen Horizont erscheinen. Er zeigt – oder tut er das nicht? –, daß die neue deutsche Führung ungleich mehr Mut und Macht hat als die alte weimarische, welche niemals zu einem freundlichen Verhältnis mit Polen zu kommen gewagt hätte, solange es den »Korridor« gab und Danzig und Oberschlesien. All das scheint H. jetzt, für zehn Jahre wenigstens, hinzunehmen... Warum, fragt er im vertrauten Kreise, soll ich nicht heute einen Vertrag unterzeichnen, wenn es Vorteile bringt, und ihn morgen brechen?

1934, Februar. Der Österreicher Dollfuß, um zu zeigen, daß auch er ein starker Mann und kein Marxistenfreund sei, holt zum Schlag gegen die Wiener Sozialdemokratie aus. Die wehrt sich, resoluter als die deutsche; aber die regierende Partei und ihre Kampfverbände sind stärker. Nun hat auch Österreich seinen Einparteienstaat, seine gefüllten Gefängnisse, seine ermordeten Sozialisten, nur alles freilich sehr im Kleinen, Engen. Dahinter steht Mussolinis Italien, das Österreich wie Ungarn an sich zu schließen und gegen Deutschland auszuspielen sucht.

1934, Juli. Die österreichischen Nationalsozialisten schlagen los; versuchen die Macht zu erobern, nicht legal, nach der Art des Januar 1933, vielmehr nach der Art des November 1923. Dollfuß, der Diktator, wird in seiner Amtswohnung umgebracht. Aber wieder erweist sich der Staat, wenn er sich nur zu verteidigen wagt, als stärker als die Putschisten. Die Nazis mögen ein gutes Drittel aller Österreicher hinter sich haben; trotzdem läßt sich der Staat von ihnen nicht erobern. Und da nun Mussolini seine Divisionen drohend oder schützend am Brenner aufmarschieren läßt, so wagt H. es auch von außen nicht. Eilends zieht er sich aus der Affäre zurück. Mit den bedauerlichen Vorgängen in Österreich, heißt es nun, habe das Reich gar nichts zu schaffen; wer auch nur den Schein, als sei das anders, zu erwecken mitgeholfen habe, werde seiner Strafe nicht entgehen... Das rasche Nachgeben des Mannes in dieser Phase, sobald er auf festen Widerstand trifft, ist interessant, und man könnte wohl daraus lernen. Es bleibt aber das einzige Mal zwischen 1933 und 1938, daß eine fremde Macht ihm widersteht.

1935, Januar. Die Saarländer stimmen über die Frage ab, ob sie unter der Verwaltung des Völkerbundes bleiben oder zu

Deutschland zurückkehren wollen. Der Versailler Vertrag hat das für fünfzehn Jahre nach dem Friedensschluß vorgesehen. Die Sozialdemokraten am Ort kämpfen für den »status quo«, von ihrem Standpunkt aus mit gutem Grund; aber das natürliche Gefühl der Zugehörigkeit zum großen, so sichtbar aufsteigenden Vaterland, zusammen mit Goebbels' Propaganda, ist stärker als alle politischen Künsteleien. Die Saar stimmt für Anschluß an Deutschland; und eine neue Welle von Emigranten, braven Arbeitern, die sich von der Politik haben ausnützen und betrügen lassen, wird nach Frankreich hinübergespült.

1934, 1935. Unter dem Eindruck der deutschen Drohung rückt das Rußland Stalins näher an Westeuropa heran. Inwieweit das letzter Ernst ist, kann niemand sagen; so wenig man weiß, wie ernsthaft H.s rhetorische Angriffe auf den Kommunismus es sind. Jedenfalls, die Sowjetunion wird Mitglied des Völkerbundes. Sie schließt sogar, 1935, ein Verteidigungsbündnis mit Frankreich ab, so daß man denn wieder an dem Punkt angelangt wäre, den man 1917 verließ: die Flügelmächte gegen das starke Land der Mitte. Aber weder Frankreich, noch Deutschland, noch Rußland sind, was sie 1895 waren; so einfach wiederholt die Geschichte sich nicht. In Frankreich vor allem balancieren sich die politischen Blocks, Rechte und Linke, neutralisieren sich die Gesinnungen, Wünsche und Ängste derart, daß überhaupt keine Tat daraus kommen kann, weder in der einen noch in der anderen Richtung. Die Rechte ist ihrer Tradition nach nationalistisch und deutschfeindlich, aber wird angezogen von H.s Antikommunismus; den könnte man vielleicht doch mitmachen. Die Linke ist ihrer Tradition nach deutschfreundlich und pazifistisch; in dem deutschen Herrschaftssystem muß sie ihren Feind sehen; aber vieles, was H. tut oder sagt, scheint ihr trotzdem richtig; sie weiß nicht, was sie will. Innere Zwietracht, aufgeregtes Nichtstun, ein böses Ahnen, daß man in der Vergangenheit alles falsch gemacht hat und auch jetzt alles falsch macht — das ist die Erde nicht, in der taugliche Allianzen wachsen. Das russisch-französische Bündnis bleibt bloßes Papier.

März 1935. H. geht einen Schritt weiter; proklamiert völlige Rüstungsfreiheit und die allgemeine Wehrpflicht. Es ist keine neue Sache; nur das dramatische Fortziehen des Schleiers von einer Sache, die es längst schon gab. Aus der Reichswehr wird die »Wehrmacht«. Sie wird dem Frieden dienen, nicht dem Krieg, wird Europa vor dem Bolschewismus schützen. Das ist ja wahr, das ist ja richtig; warum soll Deutschland alleine nicht tun dürfen, was alle anderen tun? . . . Die Vorstellungen der Westmächte werden mehr der Form wegen als zu einem praktischen Zweck erhoben und können die schöne, schmetternde, jubelnde Militärparade vor dem Berliner Schloß nicht verderben. Drei Monate später schließt England auf eigene Faust einen Flottenvertrag ab: die deutsche Kriegsflotte soll sich im Prinzip zur englischen verhalten wie eins zu drei, aber wie eins zu eins für die Unterseeboote. Womit die Rüstungsbeschränkungen des Versailler Vertrages auch von der anderen, der Siegerseite, endgültig preisgegeben sind. . . Bekümmert, ohnmächtig schüttelt Frankreich den Kopf.

Könnte es, gegen Deutschland, nicht Italien gewinnen, dessen Regierungschef im Vorjahr in der österreichischen Sache so erfolgreiche Energie an den Tag legte? Vielleicht, aber um einen Preis. Italien will die allgemeine Unordnung, den Zusammenbruch des Versailler Systems dazu benutzen, um in Afrika sich ein Imperium zu erobern; denn, so lehrt Mussolini, ein großes Volk muß ein Imperium haben. Es soll auf dem Boden des Kaiserreiches Abessinien entstehen. Das ist gegen das Grundgesetz des Völkerbundes, zu dem Abessinien gehört. Wenn man aber Italien gegen Deutschland braucht? Man muß ihm heimlich sein Kriegsunternehmen in Afrika erlauben, gegen das man öffentlich protestiert; muß ihm erlauben, Recht zu brechen, weil man es zur Aktion gegen einen späteren deutschen Rechtsbruch zu gewinnen hofft. Mussolini schickt seine Armee nach Addis-Abeba. Der Völkerbund beschließt »wirtschaftliche Sanktionen« gegen den Angreifer, aber nur solche, die seine Kriegführung nicht ernsthaft behindern; die ihn auf willkommene Weise beleidigen, ohne ihm wehe zu tun. Die Sanktionen verleiten die Abessinier zu einem hoffnungslosen Widerstand, helfen ihnen aber nicht; Frankreich, durch seinen tatsächlichen Verrat an dem, was bisher als der Gedanke, das universale Recht des Völkerbundes galt, gewinnt den italienischen Alliierten nicht, es schwächt nur die eigene Sache; und ein anderer nimmt die Gelegenheit wahr, um dem internationalen Rechtssystem einen harten Stoß zu versetzen.

Es ist der Vertrag von Locarno — wenn der Leser sich an ihn erinnert —, den H. im März 1936 zerreißt. »Locarno« hatte allerlei zusätzliche, hübsch erkünstelte Garantien gebracht, hatte aber auch eine alte, von Versailles herstammende Erfindung bestätigt, die »Demilitarisierung« des Rheinlandes: Deutschland darf westlich des Rheines keine Festungen bauen, keine Garnisonen unterhalten. Ein Ersatz für den Pufferstaat, den Clemenceau 1919 nicht zugestanden erhielt; ein militärfreier Gürtel, dem man zutraute, Frankreich und Belgien vor überraschenden Angriffen zu sichern. Man schützt sich aber nicht durch solche angeblich neutralisierten Zonen. Nun also schickt H. ein paar Bataillone über den Rhein; ein Symbol zunächst, dem gewichtigere Dinge, der Bau von Befestigungen entlang der Grenze, folgen sollen. Es ist schon die gewohnte Vorfrühlingsüberraschung. Den Deutschen gefällt sie, und warum sollte ihnen nicht gefallen, was doch eigentlich nur Wiedergutmachung, der Bruch eines veralteten boshaften Gesetzes ist? Der Erzbischof von Köln selber feiert die deutsche Garnison mit einem herzhaften Glückwunschtelegramm.

Trotzdem war die Rheinlandbesetzung ein entscheidendes Ereignis, auf ihre Art so wegweisend wie der Reichstagsbrand. Wenn die Westmächte die Zerreißung des Locarno-Vertrages hinnahmen, dann würden sie auch Weiteres hinnehmen, dann würden sie Deutschland zur Vormacht wenigstens in Mittel- und Osteuropa werden lassen. Das französische Allianzsystem würde dann schnell in Staub zerfallen. Wenn aber Frankreich jetzt handelte, drohte, marschierte, so mußte H. seine Bataillone eilends über den Rhein zurücknehmen, und es war dann nahezu alles möglich, selbst der Sturz der Diktatur. Tatsächlich erwarteten die deutschen Generäle, Blomberg, Fritsch, Beck, eine französische Aktion, und tatsächlich warnten sie vor dem Abenteuer. Und drei Tage lang schien es, als habe H. diesmal zu gewagt gespielt. In Frankreich wurden Truppen zusammengezogen und zum ersten Mal seit 1933 ernsthaft drohende Reden gehalten. Aber dann ließen die französischen Politiker sich aufs Verhandeln ein, nicht mit Deutschland zunächst, sondern mit ihren englischen Freunden, und dann, wie H. fröhlich beobachtete, »konnten sie es nur noch zerreden«. Wieder war das Land durch Zweifel paralysiert: Warum die Deutschen nicht sich ein Recht nehmen sollten, das allen anderen Völkern zustünde? Warum man sie daran hindern sollte, gegen Rußland zu marschieren, wenn das wirklich ihr Vorhaben sei? . . . Die deutsche Propaganda vollbrachte ihre bis dahin staunenswerteste Leistung. Das Unternehmen, dessen Zweck war, Frankreich zu isolieren und von seinen Bundesgenossen im Osten zu trennen, wurde als ein Angebot ewiger Freundschaft zwischen Deutschland und den Westmächten dargestellt; als das Ausstrecken einer Bruderhand über den Rhein. Wieder, wie nach dem Austritt aus dem Völkerbund, wurde die Nation aufgefordert, in einem Plebiszit das Geschehene zu billigen; und die wahre Frage bei dieser Abstimmung sei eben, ob die Wähler die Einheit Europas, die endliche Überwindung der deutsch-französischen Erbfeindschaft wollten oder nicht. Auf dieser Basis wurde der »Wahlkampf« geführt. Nachdem das Volk ein paar Wochen lang mit »Friedensreden« überschüttet, zum Schluß noch mit einer Minute Schweigen, dann mit dem Läuten aller Glocken, dem Heulen aller Sirenen regaliert worden, schritt es zur Urne — »wer nicht zur Wahl erscheint, ist ein Landesfeind«; und

was Wunder, daß neunundneunzig vom Hundert alle die schönen Dinge bejahten, um die es angeblich ging? Damals hatte die Popularität des Diktators ihren Höhepunkt erreicht. Auch der Außenwelt teilte sich das mit. Wenn man in London sich noch wenige Tage früher über scharfe, gegen das Reich zu unternehmende Schritte beraten hatte, so ging jetzt eine Welle prodeutscher Sympathie über England, von der auch die Regierung nicht unberührt blieb. Die Chance für einen blanken, konstruktiven Neubeginn sei nun endlich gegeben, ein zweites, besseres »Locarno« müsse das erste ersetzen... H. ging als Triumphator aus dem kühnsten bis dahin von ihm unternommenen Abenteuer hervor, gegen alle Welt, und besonders entgegen den Warnungen seiner eigenen Generale. Man kann nicht sagen, daß diese Erfahrung seinen Charakter verändert habe. Der war schon vorher geprägt, wie auch seine Ziele im Großen schon vorher feststanden. Aber es machte ihn noch sicherer in dem Glauben, daß er der Erwählte, Unfehlbare sei, und beschleunigte gewisse Entwicklungen.
Zuerst, wie der deutsche Außenminister bemerkte, galt es, das Rheinland zu »verdauen«, nämlich dort die Befestigungen anzulegen, welche später der »Westwall« genannt wurden; so lange war Friede. Eine Epoche der Beruhigung, des »Appeasement«, wie der neue englische Premier, Neville Chamberlain, es nannte.
Der spanische Bürgerkrieg fällt in diese Zeit. Aber er gehört nicht in eine deutsche Geschichte. Er war spanisch in seinem Charakter und hätte mit den europäischen Gegensätzen, Deutschland und die Westmächte, Deutschland und Rußland, Faschismus und Kommunismus, Kapitalismus und Sozialismus, mit diesen an sich schwankenden und vagen Gegensätzen nie identifiziert werden dürfen. Spanien war ein einsames Land, und in seiner Einsamkeit hätte man es damals lassen sollen; sein innerer, durchaus nur spanischer Konflikt wäre dann vielleicht etwas rascher und etwas weniger furchtbar ausgetragen worden. Tatsächlich halfen Deutsche und Italiener dem General Franco, Russen und Franzosen den Republikanern, einem Block, der aus gemäßigten Liberalen, Sozialdemokraten, Regionalisten, Anarchisten, Kommunisten und Mordbanden sich bunt zusammensetzte. Die Hilfe wurde nicht aus Nächstenliebe gegeben, sondern zu politischen, strategischen, auch wohl bloßen militärischen Übungszwecken. Daß es geschah, daß in Spanien Weiße und Rote einander jahrelang hinschlachteten mit europäischer Hilfe, warf ein schauerliches Licht auf die Epoche der »Beruhigung«. Trotzdem war Spanien nur ein Nebenschauplatz der deutschen, italienischen, russischen Politik; hier fielen letzthin keine europäischen, nur spanische Entscheidungen.

Mittlerweile verschoben sich die Gewichte des europäischen Mächtespiels von Monat zu Monat. Das Deutsche Reich stand wieder im Mittelpunkt, nicht passiv und jammernd wie in den zwanziger Jahren, sondern aktiv wie vor 1914; ein Zentrum der Unruhe, der Bedrohung, der Anziehung. Dies, obwohl es noch keines der 1919 verlorenen Territorien zurückgewonnen hatte, nur durch seine inneren Energien und seine Führung, deren alles daransetzende, blutig-ernste Geschicklichkeit so sehr abstach von dem schwachen, folgenlosen Gebaren der Westmächte. Noch stand Frankreichs kompliziertes Allianzsystem auf dem Papier, Polen, die Tschechoslowakei, Rumänien, Jugoslawien waren alle mit ihm verbündet, wozu nun der französisch-russische Pakt kam. Aber dieser verwirrte das System, anstatt es zu stärken; die kleinen Oststaaten fürchteten Rußland und hatten Grund, es zu fürchten. Daß der russisch-französische Pakt selber nur auf dem Papier stand, verbesserte nichts. Je stärker Deutschlands militärische Position im Westen wurde, desto mehr verdichtete sich die Angst, es könnte Frankreich seine mitteleuropäischen Verbündeten heimlich schon aufgegeben haben; desto begieriger wurden die Donau- und Balkanstaaten, korrupte Halbdiktaturen zumeist, einst so frech, so großmannssüchtig, sich der aufsteigenden Zentralmacht gefälliger zu erweisen. Wie sollte der ein Bündnissystem aufrecht und wirksam erhalten können, der sich selber nicht traute, der nicht wußte, was er wollte, der am liebsten von aller Welt in Ruhe und allein gelassen gelebt hätte? Es bedurfte gar keiner dramatischen Schläge, um das französische Bündnissystem aufzulösen, es verfaulte allmählich. Wirtschaftliche Faktoren spielten mit hinein. Deutschland, nicht Frankreich, war seit eh und je der große Käufer und Verkäufer auf den mitteleuropäischen Märkten. Unter dem sogenannten »Neuen Plan« Hjalmar Schachts nahm dies Verhältnis merkwürdige Formen an; um die Ausgabe von fremden Geldsorten, »Devisen«, zu vermeiden, wurde eine Reihe von zweiseitigen Abkommen geschlossen, eigentlichen Tauschgeschäften, welche die Staaten Mittel- und Südosteuropas in zunehmende Abhängigkeit von Deutschland brachten. Solange Deutschland mit brauchbaren Fertigwaren bezahlte und nicht mit Plunder, war gegen diese Methode kaum etwas einzuwenden. Auch sah man etwa in England die hier vorgezeichnete Entwicklung als im Grunde natürlich an. Wenn Deutschland die eigene Wirtschaft und jene der Südoststaaten durch einen intensiven Wechselverkehr wieder belebte, meinte Neville Chamberlain gutmütig, dann sei das kein Grund zur Beunruhigung; früher oder später würde dabei auch für die englischen Exporteure etwas abfallen. . . Dies schien die Richtung der Ereignisse, dies der Weg in der Zeit des »Appeasement«.

Die Fragestellungen und Gegensätze des Weltkrieges waren veraltet, längst war Deutschland nicht mehr der Besiegte von 1918. Es stand so gefürchtet und mächtig da wie unter den Hohenzollern, ja mächtiger, weil Frankreich schwächer war als ehedem, weil das ganze europäische System schwächer war, und weil man in Mitteleuropa es nicht mehr mit der Habsburg-Monarchie, sondern mit einem Rudel künstlicher, unter sich selbst mißtrauischer und neidischer Kleinstaaten zu tun hatte. Sie mußten nun alle wohl oder übel unter den politischen, wirtschaftlichen, moralischen Einfluß des deutschen Reiches geraten. Dazu bedurfte es keiner großen Krise, keines scharfen Erprobens des französischen Allianzsystems, das von selber dahinschwand. Eben die Schwäche Europas verlockte H., weiterzugehen. Der Ausblick auf eine friedliche Entwicklung, auf unspektakuläre, allmählich und indirekt errungene Siege genügte ihm nicht. Er hatte die Macht über Deutschland erobert, um den Weltkrieg noch einmal zu führen, bei Vermeidung aller der Fehler, welche seiner Überzeugung nach das erstemal begangen worden waren, und mit den richtigen Zielen; nicht um seinem Nachfolger das Reich in den Grenzen von 1914, viel weniger denen von 1919 zu übergeben.
Die Haltung der Tschechen paßte ihm hier in den Kram. Sie, unter allen zwischen Rußland und Deutschland lebenden Völkern, waren die einzigen, welche die neue Entwicklung nicht mitmachten, dem neuen Ton sich nicht anpaßten. Unter ihrem Außenminister, demnächst Präsidenten, Eduard Benesch, setzten sie nach wie vor auf das französische Bündnis, schmeichelten sich, zwischen Frankreich und Rußland strategisch und geistig eine Brücke zu bilden, hielten fest an der so sichtbar und elend dahinschwindenden Tradition des Völkerbundes. Man versteht, warum. Rumänen, Serben, Polen, Staatsvölker von gewisser Erprobtheit, glaubten ihre nationale Existenz auch in einem von deutscher Macht überschatteten Europa retten zu können. Die tschechischen Politiker glaubten das nicht. Allzu neu war ihr Staat, allzu billig entstanden, allzu tief in den deutschen hineingezwängt, allzu bunt in der Zusammensetzung seiner Völkerschaften; ein Nationalstaat, dessen angeblicher Träger, die »tschechoslowakische« Nation, es nicht gab, und dessen beherrschende, nutznießende Nationalität, die tschechische, sich gegenüber den anderen Völkerschaften innerhalb der eigenen langgezogenen Staatsgrenzen, den Deutschen, Slowaken, Ukrainern, Ungarn, in der Minderheit befand. Keine sehr zuverlässige Brücke zwischen Frankreich und Rußland, man muß es gestehen. Eine Figur im europäischen Spiel vielmehr, so schwach und gespreizt dastehend, daß sie den Starken, Abenteuerlustigen wohl verführen konnte,

sie umzustoßen; wobei dann das ganze Versailler Kunstsystem über den Haufen fallen mußte.
Dann gab es noch immer den österreichischen Staat. Auch er war eine Nachkriegsschöpfung; widerwillig ins Leben getreten, arm und abgeschnürt, voll böser sozialer Spannungen. Seit 1934 existierte Österreich unter einer Diktatur, welche das Reich, noch mehr Italien, nachahmte. Wieviele Anhänger H.s es dort eigentlich gab, kann man nicht sagen, denn nie wurden sie in Freiheit gezählt; auch war das ja keine ein für allemal fixierte Eigenschaft, ein »Nazi« zu sein; man war es gestern noch nicht, man war es heute, und vielleicht morgen wieder nicht, je nach den Umständen. Ungefähr mögen die österreichischen Zahlen den deutschen von vor 1933 entsprochen haben; gewisse Gegenden waren verstockter im Irrtum als etwa Bayern oder Württemberg oder Hamburg. Hieß das, daß Österreich den »Anschluß« wollte? Solche Fragen sind falsch gestellt. Ein Land ist ja kein Lebewesen mit einem einzigen klaren Willen; Österreich, zerfallen in Glaubensgruppen und Klassen, die unlängst noch buchstäblich Krieg gegeneinander geführt hatten, Proletariat, Bauern, Mittelstand, war es noch weniger als andere Länder. Soviel mag man metaphorisch sagen: 1919 hatte es den Anschluß an ein föderalistisches Deutschland in der Tat gewollt, später hatte es sich allmählich von dem Gedanken entfernt und eigene Wege gesucht. Selbst den österreichischen Faschisten kam es wohl nicht so sehr auf Vereinigung mit Deutschland an, als auf den Gewinn der Macht in Österreich, von der sie sich nur eine ungefähre Verbindung mit dem Reich erwarteten. Tatsächlich befand das Land sich in einer Sackgasse. Ein großer Teil der Bevölkerung, die Sozialdemokratie, war politisch mundtot gemacht, verbittert, für seine Verteidigung nicht mehr zu mobilisieren. Seine Regierung bestritt nicht, daß Österreich deutsch sei, der »andere deutsche Staat«, ein »unabhängiges, deutsches, christliches Österreich«, und was noch. Das war ungeschickt, denn wenn Österreich deutsch war, so gab es eigentlich keinen Grund, warum es nicht zu dem großen *einen* deutschen Staat gehören sollte, in dem nun einmal, der modischen Theorie nach, die Nation sich politisch verwirklichte. Auch verdankte es ja ursprünglich seine Existenz nicht eigenem Willen, sondern französischer Gleichgewichtsdiplomatie, dem Siegerwillen, dem Völkerbund. Nun war der Völkerbund nur noch eine Legende, Frankreich schwach, tatenunlustig und ohne Sympathie für den klerikalen Halbfaschismus, welcher in Österreich regierte. Die man anfangs zur Selbständigkeit gezwungen, denen man noch 1931 die bloße Zollunion mit Deutschland töricht verboten hatte, man ließ sie nun sich auf eigene Faust nach einem Beschützer umsehen. Zu ihrer eigenen Über-

raschung fanden sie ihn in Italien. So recht heimlich war das nicht, da es traditionell zwischen Italien und Österreich keine Freundschaft gab; auch war kein Verlaß auf den großsprecherischen Mussolini. Geblendet von H.s aufsteigendem Stern verband der italienische Diktator seit 1937 das Schicksal seines Landes eilends mit dem des Deutschen Reiches. Es entstand das, was die »Achse Berlin-Rom« genannt wurde, so als ob Europa sich darum drehte; noch kein Bündnisvertrag, aber die Aussicht auf einen solchen. Von da ab war es um die Chance Österreichs, die Krise der Zeit heil zu überdauern, schwach bestellt.

Ein schwaches System, dies System von Staaten zwischen Rußland und Deutschland, schönrednerisch und unrecht, kraftlos von innen her, gefälschte Nationalstaaten, gefälschte Demokratien, gefälschte Monarchien, gegründet auf die vorübergehende Ohnmacht der Deutschen und Russen. Staaten, heimlich bereit, jetzt mit Deutschland zu paktieren, wenn nur dadurch die Erhaltung des Ihrigen oder ein wenig unlauterer Gewinn zu erreichen wäre. Im Osten die gewaltige Sowjetunion, von Deutschland bedroht, offenbar sich fürchtend und Bundesgenossen suchend, aber gefürchtet auch und gründlich unbeliebt; übrigens heimgesucht von inneren Verfolgungen, Hochverrats- und Hexenprozessen, die ihre Bündniswürdigkeit in trübem Licht erscheinen lassen. Im Westen die alten Siegerstaaten, die ihren Sieg längst aufgegeben haben; England gutgläubig und rechtswillig, noch immer hoffend, daß, wenn man Deutschland nur alles ließe, worauf es irgend Anspruch hat, dann doch wohl dauernder Friede sein könnte; Frankreich in sich geteilt und zerrissen, ein Wille, der weder beizeiten etwas einräumen, noch das, was er nicht einräumen will, ernsthaft verteidigen mag, eine Diplomatie, die Bundesgenossen sammelt, aber ihnen nicht traut, die notfalls Hilfe erwartet, ohne zum Hilfegeben Lust zu haben. In der Mitte das Reich, regiert von einem, der weiß, was er will, und das Spiel mit tödlichem Ernst betreibt, dem jede Kombination offensteht und der bereit ist, sie alle nacheinander zu benutzen und wieder aufzugeben; der die Ideen wie Waffen gebraucht, je nach dem politischen Gelände, »Gleichberechtigung«, »Befreiung«, »Vereinigung aller Deutschen«, »Lebensraum«, »Europa«; der die Welt um so gründlicher verachtet, je länger er ihre Toleranz, Leichtgläubigkeit, Zerfahrenheit und Ohnmacht erfährt; das Reich, regiert von einem, für den *immer* Krieg ist, da wo die anderen glauben, daß von nun an immer Frieden sein soll, und der selbst noch mit der Friedensliebe seiner Partner und Gegner als mit einer brauchbaren Waffe operiert. . . Wie schön wußte H. zu reden! Wie vernünftig und weise und ritterlich; wie wußte er den Gegnern die appetitlichsten Argumente vom

Tisch zu nehmen und dann ihnen als die Produkte seiner eigensten, innersten Überzeugung zu servieren. Anders klang es, wenn er mit seinen Herren allein war. Am 5. November 1937 erklärte er vor einem kleinen Kreise militärischer und politischer Mitarbeiter: die Zeit der Entscheidungen rücke heran. Die deutsche Volksgemeinschaft brauche mehr Lebensraum, und der sei nur auf Kosten anderer Völker und nur in Europa zu gewinnen. Das werde nicht ohne Krieg zu machen sein; spätestens 1943 werde man losschlagen müssen, vielleicht aber schon viel früher, je nachdem. Die anwesenden Militärs waren von diesen Eröffnungen sehr unliebsam berührt. Als Überraschung können sie ihnen aber eigentlich nicht gekommen sein.

Der Nazistaat

Wir müssen hier noch einen Blick auf den Staat werfen, der in das große Abenteuer geführt werden sollte.

Der »Nationalsozialismus«, haben seine Wortführer oft gesagt, sei eine »Weltanschauung«. Im Grunde war er das nicht; nicht in dem Sinn, in dem etwa der Kommunismus eine war. Dieser war ein ausgeklügeltes System von Doktrinen über Welt, Mensch und Geschichte; falsche Wissenschaft, falsche Religion, die von vielen im Ernst geglaubt wurde. Viele sind für den Kommunismus wissentlich und freiwillig gestorben, auch deutsche Kommunisten; wo man ihre Partei verbot und verfolgte, da gingen sie untergrund, und wenn, Jahrzehnte später, der Druck von ihnen genommen wurde, so waren sie wieder da, — echte, unausrottbare Fanatiker, die sie waren. Auch die Nazis rühmten sich ihres fanatischen Glaubens, das Wort »fanatisch« gebrauchten sie sehr gern; aber es war nicht weit her damit. Fanatismus verlangt Glauben; und was glaubten sie denn? Als H.s Reich zerschlagen wurde, hat man fast gar keine Nationalsozialisten gefunden. Sie waren es nie gewesen, sie hatten nichts gewußt, sie hatten nur gezwungen mitgemacht oder mitgemacht, um zu mildern und zu verhindern, nicht, um ihren Glauben zu erfüllen. Nur in den umstrittenen Grenzgebieten, wo die Nazisache mit der großdeutsch-nationalistischen momentweise ein und dasselbe war, wie in Österreich 1934, gab es Todesbereitschaft für die Sache. Das war die Ausnahme, nicht das Typische. Demokraten, Sozialisten, Studenten, konservative Edelleute, Gewerkschaftler haben in Deutschland ihr Leben für die Sache menschlicher Anständigkeit gewagt. Die Nazis wollten leben und genießen.

Im Moment, in dem dies niedergeschrieben wird, sagt man,

daß es in Deutschland noch oder wieder »Nationalsozialisten« geben soll. Fragt sich, warum man sie so nennt. Darum etwa, weil sie glauben, daß manches, was H. gemacht hat, doch ganz gut gewesen sei; daß Deutschland ein Recht gehabt habe, den Versailler Vertrag zu zerreißen; daß der Westen ihm nicht hätte in den Rücken fallen sollen, als es Europa gegen den Bolschewismus verteidigte; daß die Deutschen nun einmal das tüchtigste Volk in Europa seien; daß feste, dauernde Regierungsautorität nottue; und andere solche Sachen mehr? Es wären Gefühle und Meinungen, deren auch der Nationalsozialismus sich bediente. Aber es gab sie schon vorher; sie haben ihn überlebt; und wenn man sie alle zusammenzählt, dann erhält man noch lange nicht, was der Nationalsozialismus eigentlich war.

Was war er dann? Ein geschichtlich Einmaliges, an das Individuum und den Augenblick Gebundenes, das so niemals wiederkommen kann. Ein Rauschzustand, durch ein Rudel von Berauschungstechnikern hervorgerufen und wenige Jahre lang durchgehalten. Eine Maschine zur Erzeugung von Macht, Sicherung von Macht, Erweiterung von Macht. Die Maschine stand in Deutschland, folglich waren es deutsche Energien, deutsche Interessen, Leidenschaften, alte Ideen, von denen sie sich nährte. Die brauchte sie, aber gebrauchte sie nur, war nicht identisch mit ihrer Summe. »Wir wollen die Macht!« — dieser Ruf des Jahres 1932 war das Herzstück der neuen Botschaft. Macht bedeutete Organisation, Indoktrination, Befehlsgewalt; sie bedeutete Unterdrückung alles Selbständigen, Widerstandskräftigen. Sie war in diesem Sinn etwas wesentlich Negatives. Es ist denn auch die Macht des Nationalsozialismus über Deutschland erst in dem Moment vollständig geworden, als das Reich dem Zusammenbruch nahe, sein Heer schon zerschlagen war.

Die Intensität des Machtwillens war beträchtlich; die Doktrin war es nicht. Wer könnte heute auch nur sagen, was die Nazis eigentlich »lehrten«? Die Überlegenheit der nordischen Rasse? Sie machten sich selber darüber lustig, gestanden, wenn sie unter sich waren, ein, daß es nur eine Machtwaffe sei und keine Wahrheit. Nur wenige unter ihnen scheinen den Unfug ernsthaft geglaubt zu haben. Den Judenhaß? Der war wohl das echteste Gefühl, dessen H. fähig war, aber schwerlich eine Weltanschauung. Auch hat er die Phantasie des Volkes nicht bewegt, unter den Deutschen war der Antisemitismus nicht stärker als unter den meisten anderen Völkern. Später, als die Obrigkeit befahl, Europas Juden umzubringen, fanden sich Leute, die es taten, so wie sie jeden anderen Befehl ausgeführt hätten. Himmler selber hat kurz vor dem Ende gemeint, es sei Zeit, daß Deutsche und Juden das Kriegsbeil begrüben und wieder gut zueinander wären. Jetzt, da er sich selber retten und bei den Alliierten anbiedern wollte, gab er die ganze Judenmörderei als ein bedauerliches Mißverständnis aus. Das war kein Glaube, sondern Verbrechen durch schlechte Literatur. So mit den alten Programmpunkten der Partei, die verworfen wurden, sobald die Macht erreicht war, den wirtschaftlichen Theorien, dem Gerede von der Volksgemeinschaft. Einer von der Bande, der Präsident des Volksgerichtshofes während der Kriegsjahre, hat erklärt, der Nationalsozialismus habe das mit dem Christentum gemein, daß er den ganzen Menschen verlange. Aber auch das war nur schlechte Literatur, Prahlerei, Nachahmung der Kommunisten, der Jakobiner. Was das eigentlich war, wozu der Nationalsozialismus den ganzen Menschen verlangte, hätte er gar nicht sagen können. Die vergleichsweise interessantesten Formulierungen der Lehre stammen von Leuten, die, von außen kommend, ihr Talent rasch in den Dienst der neuen Macht stellten und ihr allerlei Finessen andichteten. So war es auch manchen deutschen Gelehrten gar nicht so schwer gefallen, sich dem ganzen blutigen Hokuspokus zu entziehen und seine Sache weiterzumachen wie vorher; weit weniger schwer, als es das unter dem Kommunismus ist. Ein Wille von furchtbarer Intensität, der nur sich selber wollte und daher eins war mit zynischem Opportunismus — dies war der »Nationalsozialismus« in seiner Spitze; und ohne ihn war er überhaupt nicht. Deshalb ist er im Nichts verschwunden, sobald H. tot war, und es sahen damals die Leute sich verdutzt an, als erwachten sie aus langer Verzauberung. Wenn die Nazis einen Glauben hatten, so war es der an den großen Mann. Wenn er einen hatte, so war es der Glaube an sich selber; eine Überzeugung von sich, seiner Berufenheit, die in den letzten Jahren seines Lebens kaum noch menschlich zu nennende Ausmaße annahm.

In dem Opportunisten, der Ideen gebrauchte, ohne ihnen die Treue zu halten, sahen die Leute das ihnen Beliebige. Gute Bürger, welche sich, trotz leider unleugbarer Ausschreitungen, im »Dritten Reich« alles in allem recht wohl fühlten, bewunderten den Mann der Ordnung, der wiederhergestellten Disziplin. Ein preußischer Historiker von der nationalliberalen Schule, Freund und Schüler Treitschkes, der Bismarck verhimmelt und noch persönlich gekannt hatte, Erich Marcks, glaubte auf seine alten Tage einen zweiten, einen gar noch größeren Bismarck zu erleben, das Werk des Eisernen Kanzlers nun endlich prachtvoll gekrönt zu sehen. Für andere war H. der revolutionäre Nationalist, der Sozialist, der Befreier von Bürden der Vergangenheit; wieder für andere gar der große Internationalist und Einiger Europas. Für sehr viele war er einfach der Mann, der Glück hatte und der schon wissen würde, was jeweils das Rechte war, heute dies, morgen jenes. Wenn es gelang und etwas Dramatisch-Erfreuliches geschah, etwa die Annexion Österreichs, dann war tatsächlich die überwältigende Mehrheit der Deutschen »Nazi«. Ging es langweilig, dann bedrückend, dann gefährlich, dann fürchterlich zu, so war's eine schnell schrumpfende Minderheit, weit geringer als 1932. Zum Schluß war es beinahe niemand mehr.

Damals gab es in Deutschland viel Skeptizismus, viel Zynismus und Entwurzelung. Die meisten glaubten den Machthabern nicht. Wurden sie aber von Amts wegen gefragt, ob sie »die Politik ihrer Reichsregierung« billigten, dann stimmten sie doch mit Ja. Das Leben war hart, wie hart, hatte man unlängst in den Jahren der Wirtschaftskrise erfahren. Jetzt, da es wieder Arbeit und Aufstiegsmöglichkeiten und leidliche Sicherheit gab, wäre man ja dumm gewesen, das alles zu gefährden um bloßer politischer Meinungsverschiedenheit willen. Der Erfolg gab denen da oben recht. Wer sich quer stellte und es besser wissen wollte, nun, den erwischte es eben und dem wurden dann in Konzentrationslagern oder Gestapokellern die wahren Machtverhältnisse vordemonstriert. Das war schlimm für ihn, aber warum war er auch so leichtsinnig und eigensinnig gewesen; und für die anderen, die große Mehrzahl, die so etwas nicht erlitten, war es am Ende nicht so schlimm. Mittlerweile konnte man leben, Geld verdienen und, solange die Wirtschaft noch nicht völlig in den Dienst des Krieges gezwungen war, auch hübsche Sachen dafür kaufen... Wie aber der Nazismus seine Gegner vereinsamte, entwurzelte oder aus ihrer längst geschehenen Entwurzelung seinen Vorteil zog, so gab er den anderen auch wieder auf seine Weise einen Halt, ein Heim, eine seelische Bleibe. Wie anziehend wußte er sich etwa auf den Nürnberger Parteitagen darzustellen! Man sah Hunderttausende von gesunden jungen Leuten in Reih und Glied, Sportvorführungen in imposanten Arenen, Fahnen und Fackelzüge und Feuerwerke; die Teilnehmer mußten sich wohl lange Reden anhören, aber das schien nicht das Wichtigste an der Sache. So war der Arbeitsdienst, den die Jugend leisten mußte, für den Bürger oder Intellektuellen oft ein Erlebnis. Man erfuhr etwas von »Volksgemeinschaft« und mehr davon, als die Weimarer Demokratie geboten hatte. Es ist ja schön, irgendwo mitmachen zu können; als einer von hunderttausend Parteifunktionären, als Jugendführer, Studentenführer, »Blockwart«, »Kraft durch Freude«-Organisierer und was noch eine kleine Verantwortung zu tragen, zu gehorchen und zu befehlen. Die Natur der Jugend, die Natur der Deutschen, die Natur des Menschen, die normalerweise das Helfen mehr befriedigt als das Schinden und Quälen, war stärker als die verrückten Befehle von oben; nicht immer, aber oft und im Breiten. Die Nazis lebten im Lande wie fremde Eroberer, beuteten es aus, zeigten dem Volke, wie es stünde, durch kahle, plumpe Prachtbauten, durch Aufmärsche und Paraden, bei denen der einzelne sich sehr klein fühlen sollte, durch Kolonnen riesiger Automobile, darinnen die schwarz uniformierten Herren saßen, schließlich durch die Wachttürme und Maschinengewehre der Gefangenenlager. Sie wußten, wie man die Macht erschreckend zur Darstellung bringt. Aber dann wußten sie sich auch wieder als eins erscheinen zu lassen mit den Massen, die sie erobert hatten, wußten ihnen heisere Schreie der Begeisterung zu entlocken und der Jugend ein Gefühl des Wohlseins und Glückes zu geben. Sie konnten die finster blickenden Tyrannen spielen und die gemütlichen Volksmänner, die lustigen Hanswurste selbst, und sich beliebt machen, wie nie ein deutscher Monarch beliebt gewesen war. Sagt man, ihre Herrschaft sei im Grunde landfremd gewesen, so sagt man etwas Wahres damit. Sagt man dagegen, sie sei die am echtesten deutsche, in allen modernen Zeiten populärste Regierungsform gewesen, so sagt man auch etwas Wahres. Was sie eigentlich war und wirkte, läßt sich nicht auf einen einzigen Begriff bringen, oder allenfalls auf einen, dessen Formulierung recht künstlich klingen muß: Es war eine Verbindung von Identität und Nichtidentität. Der Nazismus war das Deutscheste vom Deutschen, hervorgebracht und getragen von einer Schicht der Nation, viel breiter als sie je zuvor ein deutsches Regierungssystem getragen hatte; das ist der schwerste Vorwurf, den man den Deutschen machen kann. Und dann war er auch wieder etwas Fremdes im eigenen Land, war wie der Hauptmann von Köpenick, der sich als Befehlshaber der Stadt verkleidete und dem die Stadt gehorchte, weil sie etwas anderes als Gehorchen nicht gewohnt war. Die Stadt, die weitere Umwelt, die Außenwelt selbst fielen auf die Verkleidung herein. Daß H. der legitime Vertreter Deutschlands sei, daß man mit ihm, nicht aber mit einer verräterischen Opposition in Deutschland sich vertragen müsse, war 1938 die energische Überzeugung des englischen Premierministers. Noch lange nach 1945 haben französische Historiker, berufsmäßige Deutschlandkenner, die profundesten Untersuchungen über die Vorgeschichte des Nationalsozialismus angestellt und beweisen wollen, daß die deutsche Geschichte seit hundert Jahren diesem Katarakt mit unbeirrbarer Sicherheit zueilte. Sie haben die Identität gesehen; die Nicht-Identität übersahen sie... Von dieser letzteren nun ist zu sagen, daß sie den Machthabern nicht schadete; ja, daß auch sie ihnen indirekt zugute kam. Denn sehen wir ab von den eigentlichen Verschwörungen der Kriegsjahre, so ging das Gefühl der Fremdheit und des Ekels, welches viele Deutsche gegenüber ihrer Regierung empfanden, nicht ein in staatsgefährdende Tätigkeit. Es ging ein in nützliche Leistungen, weil gegenüber einer verachteten Autorität und Öffentlichkeit das private Leben, das ausgeübte Können die beste Zuflucht war. Aber dies eben brauchte der Staat zur Erfüllung seiner ausschweifendsten Pläne: Gelehrte, Bürokraten, Techniker, die ihre Pflicht taten. Die Armee ist hierfür das sprechendste Beispiel. Generäle, welche ihren neuen Oberherrn verachteten, widmeten sich nur um so ernster ihren sachlichen Aufgaben. Junge Leute, angeekelt von den Gemeinheiten des Regimes, meldeten sich freiwillig zum Heeresdienst, weil sie in dessen Bannkreis anständigere Luft atmen, zuverlässigeren Rechtsschutz zu genießen hofften. Da taten sie, und taten gut, was ihnen anvertraut war; das hieß, sie halfen H.s großen Krieg vorbereiten.

Die Macht sollte total sein, aus einem Guß, in Partei und Staat. Das war sie nicht. Groß war der Einfluß des Menschen an der Spitze, und jene, die ihn für das bloße Werkzeug irgendwelcher Interessen hielten, irrten sich gründlich. Die Entscheidungen über Krieg und Frieden, wie später über die Strategie im Kriege, lagen bei ihm allein. Unter ihm aber war Unordnung, wühlende Konkurrenz und nahm jeder sich soviel Macht, wie er irgend sammeln konnte. Die Höflinge um den Diktator herum und die Gewaltigen in der Provinz, Minister, Gauleiter, Statthalter, Oberpolizisten, sie alle bildeten Machtzentren, regierten gegeneinander, hatten ihre eigene Kulturpolitik, ihre eigenen Spionagesysteme, ihre eigenen Druck- und Erpressungsmittel. Bis zu einem gewissen Grad entsprach das H.s Absichten; das Gegeneinanderausspielen von Menschen und Mächten ist ja ein alter Tyrannentrick. Hier aber ging es weit über das hinaus, welches im Interesse der Zentralmacht gelegen hätte.

Die Partei war außerdem nicht die einzige Macht im Staat. Sie hatte ihn »erobert«, der Ausdruck hatte einen guten Sinn. Aber gerade darin lag, daß das Eroberte weiterexistierte, anders als in Rußland, wo die Bolschewisten mit einem blutigen Nichts und ganz von unten neu anfingen. Mit dem durchzivilisierten deutschen Staat und allen seinen feinnervigen, lebenswichtigen Organismen konnte man das nicht machen. Trotz aller Korruption, aller »Richtlinien von oben« und Einmischungen der Partei setzte die Beamtenschaft im Kern ihre traditionelle Arbeit fort und konnte mancher tüchtige Verwaltungsmann seine Laufbahn machen, wie er sie ungefähr auch in Kaiserreich oder Republik gemacht hätte. Ähnliches gilt für die Wirtschaft. Man hat darauf hingewiesen, daß die deutsche Industrie sich unter H. in der Richtung weiterentwickelte, die sie schon in der Hohenzollern- und Weimarer Zeit genommen hatte: Rationalisierung, Konzentration, Vertrustung, Abhängigkeit von Staatsaufträgen. Man hat daraus geschlossen, daß der Nazistaat, wie wild und unabhängig er sich auch gebärdete, im Grunde doch im Dienst industrieller Interessen gestanden hätte. Ist das nicht ein Fehlschluß? Das Leben ging weiter. Es ging weiter in der alten Spur, von der war kein Wegkommen. Neu war die Politik, und sie war das, was H. interessierte. Die Wirtschaft ließ er im wesentlichen weitermachen wie vorher, solange sie ihm die für seine Politik benötigten Güter lieferte. Das beweist nichts gegen die Unabhängigkeit und gegen die entscheidende Funktion der Politik. Freilich gibt es Historiker, die glauben, der falsche Aufbau seiner Wirtschaft habe Deutschland zum Krieg gezwungen, 1914 wie 1939. Aber das ist Metaphysik. Es kann nicht bewiesen werden. Die Fäden, welche von der Industrie zu den Entscheidungen im Kopfe H.s gegangen sein sollen, können nicht gezeigt werden. Auch braucht man diese Hypothese nicht, um zu verstehen, was im Jahre 1939 und danach geschah. Die Diktatur war eine politische. Je stärker H.s persönliche Stellung wurde, desto kühner, drängender, schamloser wurde seine Politik, desto näher kam er der Ausführung seiner eigensten Pläne. Seine Stellung stärkte sich in aufeinanderfolgenden Schüben. Der Sommer 1934 brachte einen solchen Schub; dann wieder der Frühling 1936. Im Herbst des gleichen Jahres proklamierte er einen neuen »Vierjahresplan«, der Deutschland von der Einfuhr von Rohstoffen so weit unabhängig machen sollte, wie durch die heimische Produktion synthetischer oder Ersatzstoffe zu erreichen war. Es war inhaltlich nicht weit her mit dem Plan, und der mit seiner Durchführung beauftragte Parteimann, der korrupte Hermann Göring, verstand nichts davon. Aber er war geeignet, die Industrie noch mehr als bisher parteilichen und politischen Zwecken zu unterwerfen. Schachts »Neuer Plan« war noch von wirtschaftlichen Gesichtspunkten bestimmt gewesen: Reduktion der Einfuhr von Fertigwaren zugunsten der Einfuhr von Rohstoffen und Nahrungsmitteln, Steigerung des Exports. Auch Schachts Amtsführung diente schon der militärischen Rüstung, aber sozusagen mit der linken Hand, in den Grenzen, die er volkswirtschaftlich für erträglich hielt. Seit 1936 ging man über diese Grenzen hinaus. Es komme, hieß es in den Denkschriften und Konferenzen der Machthaber, nicht mehr darauf an, daß wirtschaftlich produziert würde, sondern daß überhaupt und um jeden Preis produziert würde; das Wort »unmöglich« gebe es im Wortschatz des Nationalsozialismus nicht; gegenüber der Notwendigkeit, Deutschland die beste Armee der Welt zu geben, müßte jedes fachmännische Bedenken schweigen; die Wirtschaft werde eingespannt werden »ohne alle Rücksicht auf Privatinteressen, Rentabilität und was sonst. Das Wirtschaftsministerium hat nur die Aufgabe zu stellen, die private Unternehmerschaft mag sich die Köpfe zerbrechen über die Möglichkeit der Durchführung. Zeigt sie sich unfähig, ihre Aufgabe zu erfüllen, so wird der nationalsozialistische Staat schon selbst die Probleme zu lösen wissen... Dann wird aber nicht Deutschland ruiniert werden, sondern nur gewisse Wirtschaftler! Binnen vier Jahren muß die deutsche Armee kampfbereit und die deutsche Wirtschaft fertig sein zur Mobilisation für den Krieg«. (Denkschrift H.s aus dem Jahre 1936.) Ungeduldige Großsprechereien, aber nicht ohne praktische Folgen. Von nun an erhielt die Industrie ihre Aufträge mehr und mehr von Göring. Riesige Summen gingen in unrentable Unternehmungen, Gebrauchswaren wurden knapp. Die »Vorfinanzierung« machte einer durch nichts mehr gehemmten Inflationsfinanzierung Platz. In alledem diktierte nicht die Wirtschaft der Politik. Die Politik diktierte der Wirtschaft; wie die Polizei mehr und mehr dem Bürger diktierte und ihn schreckte; wie die »Propaganda« mehr und mehr den öffentlichen Geist knebelte und betrog.

Indem nun der Tyrann seine wahren Pläne allmählich offenbar werden ließ, wurde eine neutrale, tolerierende oder unpolitische Mitarbeit schwieriger. Die Illusionen des Anfangs fielen; heimliche Zentren der Kritik, der Abneigung, des Hasses entstanden. Wie gering die Opposition 1933, zur Zeit des Ermächtigungsgesetzes, gewesen war, haben wir gesehen; damals schlossen nur die Sozialdemokraten – die Kommunisten fragte man nicht mehr – sich von dem allgemeinen Überschwange aus. Die Konservativen machten mit, das ehemals liberale Bürgertum machte mit, die Armee machte mit. Männer wie Schacht, wie der Oberbürgermeister von Leipzig, Carl Goerdeler, machten freudig mit, und selbst der Massenmord von 1934 vermochte noch nicht, ihnen den Charakter der Diktatur im wahren Licht erscheinen zu lassen. Das änderte sich jetzt. Schacht wie Goerdeler traten 1937 von ihren Ämtern zurück und gingen zu einer Art von Opposition über. Es war ein halbes Drinnen- und ein halbes Draußenstehen, ein Spekulieren über das, was unter gewissen Umständen vielleicht zu tun sei, mit wenigen Freunden, zugleich noch ein Kontakthalten mit den Machthabern selber oder doch mit Männern, die dem inneren Machtkreis nahestanden, denen man aber ähnliche Gesinnungen zutraute: Generälen, Staatssekretären, Botschaftern, Industriellen. Wenn H. den schwachen Weimarer Staat nicht von außen hatte stürzen können, dann konnten ein paar enttäuschte Konservative, hinter denen keine Partei, keine breiten Volkssympathien standen, den starken und ruchlosen Nazistaat erst recht nicht von außen stürzen. Was sie allenfalls hoffen konnten, war, durch Warnungen, indirekte Beeinflussungen, auch durch Informationen und Ratschläge zu Händen des Auslandes das Schlimmste, den Krieg, zu verhüten. Hier schien der Schlüssel wieder einmal bei der Generalität zu liegen, da der gesunde Menschenverstand sagte, daß man ohne gelehrte Kriegsfachmänner einen Krieg nicht führen kann.

Die Generäle wollten ihn nicht. Es war ihre berufliche Pflicht, ihn vorzubereiten, so wie es, mit mehr oder weniger Tüchtigkeit, in allen Ländern Europas geschah. Sie wollten ihn nicht, sie fürchteten, Deutschland könnte in einem Zweifrontenkrieg schlechter fahren als 1918, und den erwarteten sie von jedem neuen H.schen Abenteuer. Aber die politische Macht des Heeres war jetzt längst nicht mehr so groß wie 1933, und selbst damals hatte sie, wie wir sahen, zu einer geschichtsentscheidenden Aktion nicht ausgereicht. Die militärischen Fachleute waren dem Politiker so sehr unterlegen wie die wirtschaftlichen. Sie hatten alle Hände voll zu tun, die neuen Divisionen aufzubauen, aus dem Hunderttausendmannheer ein Millionenheer zu machen. Diese Aufgabe meisterten sie. Nicht zu ihrem eigenen Vorteil, insofern sie politischen Ehrgeiz hatten. Das neue Massenheer konnte noch weniger ein zuverlässiges Instrument in ihrer Hand sein, als die Reichswehr es gewesen war. Sie liebten die überhastete, ungründliche Aufbauarbeit nicht, zu der man sie zwang, den Bluff, das Vabanque-Spiel des »Führers« nicht und nicht die Gemeinheit der Parteibonzen. Sie tauschten besorgte Briefe miteinander, brachten bei Konferenzen ihre fachmännischen Bedenken vor. Aber sie regierten nicht; sie waren Fachleute. Sie ließen sich übrigens, wenn es dazu kam, noch immer entehrende Demütigungen gefallen.

So im Winter des Jahres 1938, der H. einen abermaligen Machtzuwachs brachte. Damals traten der Kriegsminister und der Oberbefehlshaber des Heeres, von Fritsch, von ihren Ämtern zurück; dieser auf Grund eines widerwärtigen, von der Geheimen Staatspolizei gegen ihn geführten Verleumdungsfeldzuges. Die Generäle kannten die Unschuld ihres Kameraden, aber ließen ihn gehen. Nicht ohne Zorn, nicht ohne drohendes Rumoren, so wie 1933 und wieder nach Schleichers Ermordung; der Stabschef des Heeres, Ludwig Beck, hätte damals einen Hauptschlag gegen die Verleumder, die Polizei- und Parteigewaltigen geführt — wenn die Generäle ihm gefolgt wären. Sie folgten nicht. Fritschs Nachfolger, von Brauchitsch, begann seine Tätigkeit damit, daß er sich von H. eine große Geldsumme schenken ließ. Der Minister hatte gar keinen Nachfolger. An Stelle des Kriegsministeriums trat ein

»Oberkommando der Wehrmacht«, welches der Diktator sich selber unterstellte: »die Befehlsgewalt über die gesamte Wehrmacht übe ich von jetzt an unmittelbar persönlich aus.« Sechzig hohe Offiziere wurden in den Ruhestand versetzt. Das gleiche Los traf eine Reihe von Diplomaten, die als unzuverlässig galten. Ein dünkelhafter und törichter Nazi übernahm das Außenministerium. – Es ist eine alte Erfahrung, daß jemand einen falschen Weg, den er schon lang gegangen ist, auch zu Ende gehen wird, und das römische Sprichwort: »Wehren muß man sich am Anfang« bleibt immer wahr.

Billige Siege

Rheinlandbesetzung und Aufrüstung hatten Handlungsfreiheit nach außen geschaffen, die Unterwerfung des Heeres im Innern. Nun ging es sehr schnell. Die Ziele standen fest; die Methoden nicht, die Daten nicht. So wie aber die Machtergreifung in Deutschland seit dem Reichstagsbrand rascher vor sich gegangen war, als H. erwartet hatte, so ging nun die Machtergreifung in Mitteleuropa früher und leichter vor sich, als er noch im November 1937 für wahrscheinlich hielt. Immer war es seine Art, zu warten, zu lauern, mit weisen, honigsüßen Worten zu betrügen, dann blitzschnell Gelegenheiten zu ergreifen.
Die österreichische zuerst. Sicher seiner Beute, hätte er hier die langsame Durchsetzung des Staatsapparats der Eroberung von außen vorgezogen. Die Rechnung ging nicht auf, weil die Diktatur Kurt von Schuschniggs sich allzu energisch gegen innerösterreichische Verschwörungen der Nationalsozialisten zur Wehr setzte. Im Februar wurde Schuschnigg an H.s oberbayrischen Hof zitiert. Unter letzten Drohungen zwang man ihn, das deutsche Ultimatum zu akzeptieren: Aufnahme österreichischer Nazis in das Kabinett, volle Freiheit der Agitation. Mit so verzweifelten Bedingungen in der Tasche glaubte der Bundeskanzler sein Österreich retten zu können. Als er sah, daß es nicht ging und daß die neuen Mitregenten ihm binnen weniger Wochen den Boden unter den Füßen wegzogen, rief er zu einer Volksbefragung auf: ob die Österreicher ein »freies, unabhängiges, deutsches und christliches Österreich« wollten oder nicht? Es war ein Versuch, H. mit seinen Mitteln zu schlagen: das Plebiszit, bei dem die Fragestellung selber und andere Tricks das Neinsagen schwermachten. Die Maus versuchte die Katze nachzuahmen. Als die aber sah, daß die Maus im Ernst davonlaufen wollte, sprang sie los. Verbot der Volksabstimmung; Aufstand der Nazis in Österreich; Einmarsch deutscher Truppen. Nicht einmal die

österreichischen Naziführer hatten das gewollt; es ließ, was ihre »Machtergreifung« hätte sein sollen, zu sehr als Eroberung von außen erscheinen. Nun war kein Halten mehr. Täuschung, Betrug, Gewalt, Terror, die Wollust der Rache; schriller Erlösungsjubel, Fahnen und Blumen – diese für alle Triumphe des Nazismus so bezeichnende, neuartige Mischung explodierte nun endlich über dem Donaustaat. Hinter den Truppen kam Heinrich Himmlers Polizei; in Wien allein wurden 67 000 Menschen verhaftet. Was aber in Lagern und Gefängniskellern geschah, wurde leicht erstickt durch das derwischartige Geschrei der Massen – »Ein Volk, ein Reich, ein Führer!« –, das dem einziehenden H. entgegenheulte. In Österreich, wir wissen das schon, gab es wenigstens so viel Nazis wie in Süddeutschland und die brutalsten, gemeinsten darunter; daß sie so lange hatten unterirdisch bleiben müssen, erhöhte die Virulenz ihres Ausbruches. Wie gewöhnlich war die Begeisterung laut, Kummer und Qual lautlos und gingen die Neutralen und Skeptischen – in Österreich ein zahlreiches Geschlecht – schnell zum Sieger über, so daß sich ein ziemlich glattes Bild ergab. Europa stand unter dem Eindruck, daß den Österreichern nur geschah, was sie eigentlich wünschten, und daß dagegen einzuschreiten weder gerecht noch praktisch ratsam wäre. Am Brenner trafen deutsche und italienische Truppeneinheiten sich zu freundschaftlichen Zeremonien. Franzosen und Briten brachten ihre schon vertrauten, von niemandem ernst genommenen Proteste vor. Freilich: die freie, anständige Verbindung Österreichs mit einem föderalistischen Deutschland, die hatten sie 1919, noch 1931, mit eiserner Strenge verhindert. Nun, da deutsche Macht, Nazimacht sich über Österreich ergoß und im Zeichen von Morden und Selbstmorden und dem Ruin vieler Tausender geschah, was sonst friedlich und würdig geschehen wäre, nun wandten sie sich gleichmütig ab. Zwischen Großdeutschland und Großbritannien, meinte die gravitätische Londoner »Times«, sei kein Grund zur Zwietracht – eine Anspielung darauf, daß schließlich auch Schottland sich England vor 200 Jahren »angeschlossen« hatte... Was Wunder, daß viele Deutsche daraus die Lehre zogen, man dürfte es nicht so machen wie die Rathenau, Stresemann, Brüning, sondern müßte es so machen wie H.? War es nicht offenbar, daß die Leute auf vernünftige Argumente nicht hörten, vollzogene Tatsachen und Gewalt aber hinnahmen? – Als »Mehrer des Reiches« kehrte H. nach Berlin zurück. Wieder gab es eine Volksabstimmung, diesmal im »Großdeutschen Reich«, mit dem niemand überraschenden Ergebnis.

Genauer besehen ging nicht alles so schön, wie die Österreicher es sich gedacht hatten. Die Reichsdeutschen, nicht die österreichischen Nazis, zeigten sich als die Oberherren im Lande. Sie plünderten den sparsam gehorteten Goldschatz der Wiener Staatsbank; konfiszierten die bedeutenden Besitzungen österreichischer Juden zugunsten des Reiches; besetzten die interessantesten Posten. Und obwohl im alten »Reich« die Länder als Verwaltungseinheiten noch immer existierten, wurde Österreich nicht als »Land« annektiert, sondern unter dem vage verbindenden Namen »Alpen- und Donaugaue« der Reichsregierung und ihren Satrapen direkt unterstellt. H., in dem gegen seine Heimat, zumal gegen die Stadt Wien ein alter Haß fraß, wollte den Namen Österreich selbst aus dem Gedächtnis der Menschen tilgen. Ein Schönheitsfehler, wenn nicht in den Augen der Deutschen, so doch für die Österreicher. Aber was sie empfanden, war nun nicht mehr wichtig. Sie waren erlöst, befreit, gefangen, sie mußten nun mitmachen. Auch wandte der Lichtkegel, der ein paar Wochen lang groß und grell auf ihnen geruht hatte, sich nun rasch von ihnen ab und einer anderen Gegend zu. Welche das sein würde, war leicht vorauszusagen.

Großdeutschland verwirklicht! Der Traum der Achtzehnhundertachtundvierziger endlich erfüllt! In drei Tagen getan, was Bismarck in dreißig Jahren nicht gewagt hatte! Vergleiche mit Bismarck, hatte H. unlängst gesagt, verbitte er sich; er sei vielleicht der größte Deutsche aller Zeiten, was er sich vornahm, sei ihm noch immer gelungen, und so werde es weitergehen. Warum also jetzt haltmachen, da alles so wunderbar nach Plan verlief? Zum Großdeutschland der Paulskirche hätte auch Böhmen gehören sollen. Jetzt war Böhmen das Kernstück eines Nachkriegsstaates, der den ungeschickten Namen »Tschechoslowakei« trug und in dem etwa vier Millionen Menschen deutscher Zunge lebten. Lebten als volle Staatsbürger, im Genuß aller Rechtssicherheiten, wirtschaftlicher, kultureller, politischer Entfaltungsmöglichkeiten; aber doch in keinem ihr Gemüt eigentlich befriedigenden Staatswesen. Der alte, aus dem Habsburger Reich ererbte Sport der Tschechen und Deutschen, einander nicht zu mögen, wurde in der Tschechoslowakei herzhaft fortgesetzt. Jedoch lag der Vorteil seit 1918 bei den Tschechen. Sie waren das Staatsvolk, waren in der Mehrheit; und wo sie die Deutschen, ohne geradezu das Recht zu brechen, ein wenig schädigen konnten, da taten sie es. Das rächte sich nun. Ein großer Teil der »Sudetendeutschen« lief einem Führer nach, der, ursprünglich auf eigene Faust handelnd, rasch zum Werkzeug H.s und der Reichspolitik herabsank. Was seine Anhänger eigentlich wollten, ist mit Bestimmtheit nicht zu sagen, weil man sie nie danach gefragt hat; wahrscheinlich wollten sie gar keinen »Anschluß« an Deutschland, sondern Autonomie im Rahmen eines böhmischmährischen Gemeinwesens. Man darf aber die Willensklarheit des Bürgers in einer solchen Krise nicht überschätzen; schließlich will er das, was eine lautstarke Führung ihm zu wollen vorschreibt. Als Eduard Benesch, Präsident der tschechoslowakischen Republik, die sudetendeutschen Führer in sein Schloß kommen ließ, um ihnen die Erfüllung aller und jeder Wünsche anzubieten, die sie etwa vorbringen wollten, entzogen sie sich den Verhandlungen und brachen sie unter einem fadenscheinigen Vorwand ab. Es war ihnen nicht mehr um Gewinne innerhalb des tschechischen Staates zu tun, sondern um Trennung von ihm.

Dem deutschen Diktator war auch an dieser, der Trennung, nichts gelegen. Der große Menschenfreund scherte sich wenig um das Glück der Sudetendeutschen und auch nicht viel um das Ideal des gesamtdeutschen Staates. Die wirkliche oder angebliche Sehnsucht der Deutschen in Böhmen, ihre wirkliche oder angebliche Bedrängnis waren ihm eine Gelegenheit, nichts weiter. Der Nationalismus war ihm ein Instrument, das man benutzte, solange es brauchbar war, in diesem Fall erst zur Zerschlagung, dann zur Verschlingung des ganzen tschechoslowakischen Staates. Das war das nächste Ziel. Mittlerweile aber mochten Europas und Amerikas Star-Journalisten nach Nordböhmen eilen, um Lebensbedingungen und Forderungen der Sudetendeutschen am Ort zu studieren, mochte der große Lichtkegel auf sie fallen und diese betrogenen Menschen sich im Mittelpunkt der Weltgeschichte fühlen, so wie ein paar Monate früher die jetzt im grauen Alltage des Nazireiches versunkenen Österreicher sich im Mittelpunkt gefühlt hatten. Übrigens lehrte ein Blick auf die Karte, daß die Loslösung der Deutschen aus dem tschechoslowakischen Staat und seine Auslöschung praktisch ein und dasselbe war. Ohne die Industrien Nord- und Ostböhmens, die Festungen, die Verbindungslinien hörte die Prager Republik allemal auf, ein Staat zu sein; sie hätte dann nur im Schatten des Reiches, nahezu vollständig von ihm eingekreist, eine ohnmächtige Satelliten-Existenz fristen können. Die Westmächte hatten die Annexion Österreichs als eine innerdeutsche Angelegenheit untätig hingenommen. Im Falle der Tschechoslowakei konnten sie das nicht. Dazu war die internationale Rolle, welche die Republik 20 Jahre lang gespielt hatte, denn doch eine zu bedeutende gewesen. Eine Allianz mit Frankreich, ein bündnisähnliches Verhältnis zu Rußland, eine »Entente« mit den Balkanstaaten, eine beträchtliche Popularität in Amerika, eine schlagkräftige Armee, eine strategische Position von klassischer Bedeutung, dies alles getragen von einem Volk, das auch bei großzügigster Beurteilung als »deutsch« nicht anzusprechen war – hier konnte man nicht so tun, als ginge es im Grunde niemanden etwas an. Im Mai begann denn auch die Pariser Diplomatie wohl oder übel zu rumoren: ein Angriff auf die Tschechoslowakei würde den europäischen Krieg auslösen. Dem stimmten die Russen bei. Selbst England, durch keinen Vertrag gebunden, erhob in Berlin warnende Vorstellungen. Angesichts dieser scheinbaren Abwehrfront zuckte H. am 23. Mai zurück und ließ erklären, niemand plane einen Angriff gegen die Tschechen. Genau eine Woche später schrieb er eine Weisung an seine Generäle: »Es ist mein unabänderlicher Entschluß, die Tschechoslowakei in absehbarer Zeit durch eine militärische Aktion zu zerschlagen. Den politisch und militärisch geeigneten Zeitpunkt abzuwarten oder herbeizuführen, ist Sache der politischen Führung.«

Immer war die Methode dieselbe: Unruhe zu stiften, durch Terror allenfalls einen Gegenterror hervorzurufen und dann einzugreifen, angeblich, um Bürgerkrieg und Chaos zu verhindern und den eigenen Freunden zu helfen. Sie war erst in Deutschland angewandt worden, dann in Österreich; nun wurde sie gegen die Tschechen angewandt, auch hier nicht zum letztenmal und auch hier dem lokalen, besonderen Charakter des Falles entsprechend. Die Krise erreichte im Spätsommer programmgemäß ihren Siedepunkt. Auf dem Nürnberger Parteitag Anfang September heulte der Diktator seine Drohungen gegen den verhaßten Schönredner im Hradschin: er werde »im Herzen Deutschlands« kein zweites Palästina dulden und den bedrängten deutschen Brüdern zur Hilfe kommen, koste es, was es wolle. Am Orte selbst, in Eger, in Karlsbad, gab es Unordnung, die von den Tschechen unterdrückt wurde. Die sudetendeutschen Führer erwarteten die deutsche Intervention und mit Recht; der deutsche Angriff auf die Tschechoslowakei sollte am 28. September beginnen. Seinerseits hatte H. nicht unrecht, wenn er behauptete, die Tschechen verließen sich auf ihre westlichen Bundesgenossen und trumpften daraufhin auf. Eduard Benesch wünschte den allgemeinen Krieg, der allein jetzt sein Staatswesen retten konnte, ungefähr wie die Serben ihn 1914 gewünscht hatten. 1914 befanden die Serben sich in der Offensive, 1938 die Tschechen sich in der Defensive.

Sie irrten mit ihren Hoffnungen. Die Franzosen hatten den tschechoslowakischen Staat gründen helfen, weil er ihnen politische, militärische Vorteile zu bringen schien, und solange er das tat, war er ein braver und echter, ein notwendiger Staat. Jetzt brachte er keine Vorteile mehr. Durch die schiere Notwendigkeit, ihn zu verteidigen, drohte er Frankreich in einen zweiten Weltkrieg zu ziehen, wozu die Franzosen geringe Lust hatten. Folglich erschien die Tschechoslowakei ihnen jetzt als ein reichlich unnatürliches Staatswesen. Gab es Wege, sich

in Ehren oder doch nicht ganz in Unehren aus der Affäre zu ziehen, so war man begierig, sie zu wählen. Vergleichbar fühlte man in England, nur daß der öffentliche Geist hier weniger vom Augenblick korrumpiert, stärker und gerechter war. Wollte H. auf die Unterwerfung Europas hinaus, so waren die Engländer moralisch noch immer bereit, dagegen mit der Waffe zu kämpfen, so wie sie, der Tradition nach, gegen Napoleon und gegen Wilhelm II. gekämpft hatten. Aber er mußte das erst beweisen. War sein Ziel nur, wie er versicherte, die Zusammenfassung aller Deutschen, welche so *wollten*, in einem einzigen nationalen Staat, so war das eine andere Sache. Dagegen konnte man nichts tun, so leidige Folgen es für das europäische Gleichgewicht auch haben mochte. Wenn die Sudetendeutschen wirklich »heim ins Reich« wollten, dann durfte man sie nicht durch einen Weltkrieg daran hindern und war es besser, der Natur, die hier mit dem Recht vielleicht doch ein und dasselbe war, freien Lauf zu lassen. Das beste, meinte die »Times« am 7. September, wäre, das Sudetenland von der Tschechoslowakei zu trennen und zu Deutschland zu schlagen. Als Neville Chamberlain zwei Wochen später überraschend nach Berchtesgaden flog, trug er denselben Vorschlag in der Tasche.
H. hatte für wahrscheinlich gehalten, daß man ihm den Überfall auf die Tschechoslowakei erlauben würde, so wie ein halbes Jahr vorher den Überfall auf Österreich, und hatte das Risiko eines großen Krieges dabei in Kauf genommen. Nun geschah das ihn völlig Überraschende: die Westmächte mischten sich ein, zum erstenmal vorher anstatt nachher, aber nicht, um die Sache selber zu verhindern, vielmehr nur, um ihr eine friedliche Form aufzuzwingen und ihm den ungeheuersten Gewinn ohne Risiko anzubieten; jedoch um ihm mit Krieg zu drohen, wenn er das Angebot ausschlüge und auf eigene Faust handelte. Bei den nachfolgenden Besprechungen, in Berchtesgaden, in Godesberg, schließlich in München, ging es um nichts als diese groteske Frage: Einmarsch der Deutschen in die überwiegend deutschsprachigen Gebiete der Tschechoslowakei im Einverständnis mit den europäischen Mächten, an bestimmten Tagen und in bestimmten Etappen, oder deutsches Losschlagen sofort, ohne Europa und gegen Europa. Diese Alternative wäre für H. die wollüstigere gewesen. Ein paar Tage sah es so aus, als würde er sie wählen. Die Besessenheit des Mannes zeigte sich im grellen Licht; er war bereit, den Krieg zu entfesseln, nicht um irgendeiner Sachfrage, sondern um winziger Einzelheiten in einer grundsätzlich schon entschiedenen Sache willen. Schon traf man auch in Frankreich und England kummervollen Herzens die verspäteten Bereitschaftsmaßnahmen, zu denen man imstande war. Auch die Deutschen sahen

den Krieg nahen und sahen ihn, genauso wie Engländer und Franzosen, sehr ungern nahen; Truppen wurden, wo sie sich zeigten, nicht mit der Begeisterung von 1914 begrüßt, sondern mit stumpfer, trauriger Gleichgültigkeit hingenommen. Es scheint, daß dieser Stimmungsfaktor seinen Eindruck auf den Diktator nicht verfehlte. Angesichts einer Drohung, welche zugleich ein in der diplomatischen Geschichte Europas beispielloses Angebot enthielt, auch von seinem italienischen Bundesgenossen zur Mäßigung dringend angehalten, entschloß er sich am Ende, das große Teilgeschenk anzunehmen und das übrige auf später zu verschieben, so daß man in München rasch handelseinig wurde. Die Tschechen wurden nicht gefragt. Diese falschen Sieger von 1918 mußten nun ein Diktat hinnehmen, das die Härten des Versailler Vertrages weit in den Schatten stellte. Nicht einmal die Sudetendeutschen wurden gefragt, obgleich der Vertrag von München in den umstrittenen Gebieten Volksabstimmungen versprach. Viele von ihnen wußten nicht recht, was ihnen geschah, waren verdutzt und verwirrt, als nun die mit Erlaubnis Europas bei ihnen einrückenden deutschen Truppen sie von der Tschechoslowakei befreiten. Zu trennen waren übrigens die beiden Völker keinesfalls, solange man nicht zu dem barbarischen Mittel des »Bevölkerungsaustausches« griff. Unter reichsdeutsche Hoheit kamen nun zusammen mit den »Sudetendeutschen« auch nahezu eine Million Tschechen.

So verderbt und verrückt war der Geist des Diktators, daß der Ausgang der Sache ihn tief verärgerte. Indem die Westmächte seine angeblich gerechten Forderungen im Übermaße erfüllten, waren sie ihm in den Arm gefallen bei dem, was sein wahres Anliegen war. »Der Kerl«, meinte er von Chamberlain, »hat mir meinen Einzug in Prag verdorben.« Der Kerl hatte in Wahrheit von den unglaublichen Konzessionen des Münchener Vertrages sich eine Entspannung in Europa und in Deutschland erhofft. Aber die Atmosphäre in Deutschland entspannte sich nicht. Das Heulen und Bellen und beleidigte Drohen durch die Lautsprecher der Versammlungshallen hörte nach »München« nicht auf. Und wie um zu zeigen, mit wem man es zu tun hatte, und jede Illusion über den Charakter des deutschen Regimes zu zerstören, wurden im November die bis dahin abscheulichsten Judenverfolgungen inszeniert; in einer Nacht alle Synagogen zerstört, Tausende von Juden in Lager geschleppt und gequält, schließlich der deutschen Judenschaft eine »Buße« von einer Milliarde Mark auferlegt. Deutschland, hatte Chamberlain in München gutmütig gesagt, hätte das Staatssystem, welches ihm offenbar entspräche, so wie England das seine, und sollte es ruhig behalten. Konnte man das von einer Regierung sagen, die dergleichen tat, aus

freien Stücken tat, ohne daß die Masse des Volkes, gleichgültig oder erbittert zusehend, mit diesen schändlichen Ausschreitungen etwas zu tun gehabt hätte? Schon wenige Wochen nach »München« begannen selbst die zähesten englischen Befürworter der »Beschwichtigungspolitik« Zweifel darüber zu bekommen, ob sie auf dem rechten Weg seien und ob er noch lange würde fortgesetzt werden können.
Der Münchener Vertrag war vieldeutig. Indem die Westmächte die tschechoslowakische Bastion opferten, ohne mit Frankreichs angeblichem Hauptbundesgenossen im Osten, mit Rußland, darüber irgend Kontakt zu nehmen, indem sie die »kleine Entente« der Südoststaaten praktisch aufgaben, schienen sie H. freie Hand im Osten zu geben. Ungefähr so wurde das Ereignis in Deutschland verstanden, weil man hier überhaupt nur Machtpolitik verstand. Das hieß jedoch die Konsequenz westlichen Denkens überschätzen. Die Franzosen hatten sich überhaupt nicht viel dabei gedacht, außer daß sie nicht »für die Tschechen zu sterben« wünschten; sie waren den Engländern gefolgt. Diese hatten keine bewußte machtpolitische Abdankung geleistet, sondern nur noch einmal, ein letztes Mal, gerecht sein wollen. Daß dieser Akt der Gerechtigkeit die Stellung Deutschlands gewaltig stärken würde, wußten sie gut. Seit Napoleon, ja vielleicht seit Karl dem Großen, schrieb Thomas Garwin im »Observer«, sei kein Mann in Europa so mächtig gewesen wie H. seit »München«. Es entsprach der Natur der Dinge. Die kleinen Staaten Mittel- und Osteuropas würden von nun an um Deutschland kreisen, von ihm mittelbar das Gesetz annehmen, so etwa, wie das Königreich Portugal es Jahrhunderte lang von England angenommen hatte. Solange es in zivilisierten Formen geschah, solange diese Völker doch immerhin bei sich zu Hause die Herren blieben und ein klein wenig diplomatischen Spielraum behielten, solange war das in Kauf zu nehmen. Mehr nicht. Eine natürliche, friedliche Auswirkung von Deutschlands Schwergewicht in Mittel- und Osteuropa – ja. Neue Staatsstreiche, Gewalttaten, Betrügereien und Blitzkriege – nein. Zum Schluß brach England mit H. über einer Formsache. Es sind ja aber Formen, welche das Zusammenleben der Menschen möglich machen. Und die Form, welche H. wählte, kam aus dem Westen.
Mittel- und Osteuropa eine deutsche Einflußzone, das hätte er haben können. Er hatte es schon. Ein »Rette sich wer kann« ging nun durch die Erbstaaten des alten Österreich, auch wohl ein »Bereichere sich wer kann« – durch Anlehnung an Deutschland, auf Kosten des Nachbarn. Die Regenten Polens verschmähten es nicht, an der tschechischen Beute teilzuhaben und sich selbst ein Stück – das Teschener Industriegebiet –

aus dem wunden Körper zu schneiden, uneingedenk der Gefahr, daß morgen sie treffen könnte, was die Tschechen heute traf. Auch Ungarn ließ sich von Deutschland und Italien ein Stück der Slowakei zedieren. Die Tschechen angehend, so hofften sie wohl noch, aus den Trümmern ihres großmannssüchtigen Gebäudes ein bescheidenes Häuschen bauen zu können, aber sie waren klug genug, um zu sehen, wer fortan der wahre Hausherr sein würde. Sie sagten sich los von der Politik Masaryks und Beneschs, ließen den gescheiterten Präsidenten ohne Bedauern in die Verbannung ziehen, räumten Slowaken und Ukrainern die Autonomie ein, welche Deutschland für diese seine neuen Schützlinge verlangte, erlaubten dem Reich quer durch ihr Land eine Straße zu bauen, die extra-territorial sein sollte, entließen Juden aus ihren Ämtern, — kurzum, benahmen sich artig als das, was sie nun waren. Wenn nur der Schein gewahrt bliebe, wonach sie noch einen Staat hätten, Armee, Diplomatie und ein Minimum von Würde. Damit hätte der ausschweifendste deutsche Imperialismus sich wohl zufrieden geben können.

Nicht so der Mann in Berchtesgaden. Wie ein Morphinist sein Gift nicht aufgeben kann, so konnte er nicht lassen von Plänen zu neuen Machtergreifungen, Überrumpelungen, geheimen Marschbefehlen und prunkvollen Einzügen. Es wühlte in ihm, daß man ihm in München nur einen Teil des Staates serviert hatte, den er ganz hatte schlingen wollen; sein von billigen Siegen verwöhnter und geblähter, von Schund-Philosophie verdorbener Geist fand kein Interesse an Einflußsphären, friedlicher Zusammenarbeit — und solchen undramatischen Sachen. Vor »München« hatte er geschworen, das Sudetenland sei seine letzte Forderung. In München hatte er zugesagt, den Bestand der Rest-Tschechoslowakei zusammen mit den anderen Großmächten zu garantieren. Während des Winters entzog er sich der Erfüllung dieser Zusage, auf welche Frankreich höflich drängte. Im März kam an den Tag, warum. Es entstanden Streitigkeiten zwischen Tschechen und Slowaken — das war eine Wiederholung der österreichischen und der sudetendeutschen Krise, nur daß diesmal nicht Deutsche und Deutsche, nicht Deutsche und Slawen, sondern Slawen unter sich, mit deutscher Ermunterung, einander belästigten. Wieder mußte hier Ordnung gemacht werden. Der Präsident der Tschechoslowakei wurde nach Berlin befohlen. Man stellte den schwachen alten Herrn vor die Wahl, entweder die deutsche Invasion, die Zerstörung Prags durch Bombengeschwader hinzunehmen, oder sein Volk der deutschen Schutzherrschaft anzuvertrauen. Der Präsident unterschrieb; das »Protektorat Böhmen-Mähren« wurde proklamiert; deutsche Panzer rollten, ohne auf Widerstand zu treffen, nach Prag und Brünn;

der Diktator genoß eine Nacht in der Burg der alten Könige von Böhmen.

Machtpolitisch bedeutete das keine Veränderung. Wenn es zum Charakter eines echten Staates gehört, sich gegen den Angreifer zu wehren, seien die Siegeschancen auch noch so schlecht, so war die Tschechoslowakei seit München kein echter Staat mehr und war vielleicht niemals einer gewesen. Um so mehr hätte es im Interesse Deutschlands gelegen, den Schein zu wahren. Um des baren Vergnügens willen, die verhaßten Tschechen nun ganz zu seinen Füßen zu sehen und »Protektor von Böhmen« zu heißen, zerriß H. den Schleier, der seine Politik bisher notdürftig bedeckt hatte. Das Unrecht von Versailles wiedergutzumachen, alle Deutschen, *nur* alle Deutschen in einem Heim friedlich zu versammeln, um diese schönen Ziele ging es nun nicht mehr. Vor aller Welt stand er da als Wortbrecher und Lügner. Wer vom Charakter des Mannes, vom Inhalt seines Buches »Mein Kampf«, von der Art seines Aufstieges und seiner Regierungskunst auch nur eine blasse Ahnung hatte, für den kam das nicht überraschend; wohl aber für Neville Chamberlain. Nach einem kurzen Moment des Zögerns rasselte Englands langjährige »Beschwichtigungspolitik« unter empörtem Lärm in nichts zusammen. Auch gegen den Prager Gewaltstreich unternahmen die Westmächte nichts; aber sie erkannten das »Protektorat« nicht mehr an, wie sie die bisherigen »blutlosen Eroberungen« anerkannt hatten. Also folgte ein Zustand zwischen Krieg und Frieden, eine tatsächliche Ordnung der Dinge, die nicht rechtens wurde. Wir fügen hinzu, daß, wenn H. sich mit dem »Protektorat« begnügt und nun Ruhe gegeben hätte, sie auf die Dauer wohl rechtens geworden wäre. Die Zeit macht manches legitim, und das, was sie nicht ändern konnten, hätten England und Frankreich schließlich auch hingenommen. Wenn H. nun Ruhe gegeben hätte – dies »Wenn« ist freilich von einer Art, über die nachzudenken sich gar nicht lohnt.

Bis zum März 1939 hantierte er mit Zwecken und Zielen, die, von einem anderen Menschen mit anderen Mittel verfolgt, gerecht hätten sein können. Die Eliminierung der Albernheiten des Versailler Vertrages, die Freiheit Österreichs und der Deutschböhmen, über ihr staatliches Dasein selber zu bestimmen, das waren auf dem Papier gerechte Forderungen im Sinne der angelsächsischen Tradition. Innere Wahrheit hat diese Unterscheidung zwischen der gerechten deutschen Außenpolitik bis zum Münchner Vertrag und dem Übergang zur Vergewaltigung fremder Völker seit dem März 1939 trotzdem nicht. Sie erklärt nur, oder hilft zu erklären, warum die Westmächte bis 1939, mit bösem Gewissen hinsichtlich der Vergangenheit, mit gutem Willen hinsichtlich der Zukunft, dem

Gaukler so wenig Widerstand leisteten. Sie wollten jetzt gerecht sein. Er war es nie; er kannte den Unterschied zwischen Recht und Unrecht überhaupt nicht. Unrecht wurde, was immer er anrührte; ein Ding wie der »Anschluß« Österreichs, der an sich etwas ganz Schönes hätte sein können, wurde zu Betrug, zu wollüstiger Gewalt verpatzt und schimpfiert, der Volkswille selber zur hysterisch heulenden Masse degradiert, in der ein klarer Wille weder festgestellt werden, noch auch nur sich formen konnte. So wie H. in Deutschland die Demokratie gegen sich selber gekehrt und durch die Demokratie zerstört hatte, so zerstörte er die europäisch-angelsächsische Ordnung durch ihre eigene Idee, das Selbstbestimmungsrecht der Völker. Die gleiche gutmütige Schwäche, die gleiche Ratlosigkeit und Verwirrtheit, die ihm in Deutschland begegnet war, begegnete ihm in Europa.

Englands »Beschwichtigungspolitik« wurde zur Tragödie oder Tragikomödie der Irrungen nicht bloß darum, weil hier jemand zum Frieden bestimmt werden sollte, der seinem eigenen Eingeständnis nach zwischen Frieden und Krieg keinen Unterschied sah. Neville Chamberlain und seine Freunde täuschten sich auch über die Stellung des Diktators in Deutschland. Das, was sie ihm zugestanden, glaubten sie allen guten Deutschen zuzugestehen; während sie in Wirklichkeit die Stellung des Diktators gegenüber seinem eigenen Volk stärkten und den Widerstand der Besten im Keim ersticken halfen. Die sudetendeutsche Krise ist ein Beispiel dafür. Die Überzeugung, daß die Westmächte den tschechischen Staat nicht preisgeben würden und H.s Politik direkt zum großen Krieg triebe, war damals in Deutschland verbreitet. Es war eine Furcht; die wurde in München beschwichtigt. Mit der Furcht waren in den Geistern einiger hervorragender Männer Hoffnung und Wille zum Handeln verknüpft; die wurden in München erstickt. Diese Dinge sind leider über den Status heimlichen Redens, Reisens und Planens nicht hinausgekommen. Trotzdem wäre das Bild deutschen Geschehens in jenen Tagen falsch, wenn wir sie nicht erwähnten.

Der deutsche Widerstand gegen H. hat im August und September 1938 seine höchste Dichtigkeit erreicht. Das hieß nicht viel; die Massen, große Parteien und Organisationen waren nicht dabei und konnten, so wie der totale Staat eingerichtet war, nicht dabei sein. Die Eingeweihten aber und zur Tat Bereiten standen an wichtigen Posten oder nahe bei ihnen; im Generalstab, in der »Abwehr«, dem Spionagedienst des Heeres, in zentralen Armeekommandos, im Berliner Polizeipräsidium, im Auswärtigen Amt. Da sie an solchen Posten standen, also dem Machtsystem, dem sie opponierten, zugleich dienten, so war ihre Haltung unvermeidlich eine zwischen erlaubter, warnender Kritik — insofern es so etwas überhaupt noch gab — und eigentlichen Verschwörungsplänen schwankende; wie auch andererseits die Grenzen zwischen loyalem Staatsdienst und Opposition schwankend waren. Mancher deutsche Diplomat, Militärattaché, der Staatssekretär des Auswärtigen selber gab damals den Engländern Ratschläge und Winke, welche dem Diktator als Landesverrat hätten erscheinen müssen. Nahezu alle hohen Generäle warnten, daß Deutschland einem großen Krieg militärisch und wirtschaftlich nicht gewachsen sei. Der Stabschef des Heeres, Ludwig Beck, verfaßt Denkschrift auf Denkschrift, in denen er auf die Isolierung und tödliche Gefährdung des Reiches durch H.s Politik verwies. Wenn das noch »legale« Opposition war, so ging Beck im geheimen darüber hinaus, zumal, nachdem er im August sein Amt niedergelegt hatte. Es handelte sich ihm nun nicht mehr bloß um die Verhinderung des Krieges, sondern um die Chance, im letzten Moment die verderbte Parteidiktatur zu stürzen. Dabei wollte er zunächst noch den Diktator selber schonen, den Schlag nur gegen die Geheime Staatspolizei, die Berliner Parteibonzen führen. Sein Nachfolger als Generalstabschef, Halder, übernahm diese Pläne und trieb sie weiter. Was die Generäle Halder, Witzleben, Hoeppner, Beck, Oster samt ihren zivilen Helfern schließlich vorbereiteten, war der militärische Staatsstreich, die Verhaftung H.s und aller seiner Helfershelfer in der ersten Stunde nach der Kriegserklärung. Ein Protest, für welchen man das Material bereithielt, würde dann die Schandtaten des Regimes vor allem Volk beweisen, eine Militärregierung überleiten zu demokratisch begründeten Rechtsverhältnissen... Der Kummer, den das Studium dieser Pläne, das Lesen der vorbereiteten Aufrufe, der Briefe, der späteren Berichte und Zeugenaussagen heute noch bereitet, wird nur gemildert durch die Bewunderung, welche die menschliche Größe der Beteiligten erregt, General Becks vor allem. Sie waren sehr einsam, handelten unter schrecklichen Gefahren für sich selber in einem Bereich, der ihrer Erziehung und Standestradition fremd wie der Urwald war. Sendboten, die sie nach London schickten, wurden von dem Ersten Minister mit äußerster Kälte behandelt; man müsse, meinte Neville Chamberlain, mit der deutschen Regierung arbeiten, nicht mit privaten Hassern und Phantasten, hinter denen nichts stünde. Loszuschlagen waren die Verschwörer trotzdem bereit, und in den Tagen nach Godesberg sah es noch einmal so aus, als wäre die entscheidende Stunde nahe. Im letzten Augenblick gab H. nach und gaben die Westmächte noch viel mehr nach. Das Ausmaß des in München von der deutschen Erpressungsdiplomatie errungenen Sieges machte jedes Handeln unmöglich. Die Kleinmütigen hatten unrecht behalten. Es wäre damals, muß man sagen, für die freie, christliche Großmacht England leichter gewesen, mit dem Tyrannen zu brechen, als es für deutsche Offiziere war, gegen ihren Oberbefehlshaber zu revoltieren. Auf den Bruch hatten sie gerechnet. Da er nicht kam, aber statt seiner die feierlichste Versöhnung und Verbrüderung, ein Versprechen der Engländer und Deutschen, nie wieder gegeneinander Krieg zu führen, brach der innerdeutsche Widerstand zusammen. Die Verschwörer verliefen sich; der eine zog sich ins Privatleben zurück, der andere auf seinen ohne Glück, aber doch pflichtgemäß gemachten Dienst. Auf die leidenschaftlichen Hoffnungen und Spannungen des September folgte die dumpfe, fatalistisch hingenommene Schwüle des nächsten August.

Entfesselung des zweiten Weltkrieges

Der große, aber mittelmäßig regierte, amorphe polnische Nationalstaat hatte sich 1919 auf Kosten der Deutschen und Russen ausgedehnt; manche im Taumel billigen Sieges damals getroffene Regelung hätte man besser vermieden. Der sogenannte »Korridor«, der Ostpreußen vom Reich trennte, war eine Mißgeburt abstrakter, die Wirklichkeit mißachtender Gerechtigkeit, die »Freie Stadt« Danzig reiner Unfug. Die Stadt war deutsch. Die Polen glaubten des Danziger Hafens unbedingt zu bedürfen und konnten sich auf die verstaubte Geschichtsbuchtatsache berufen, daß Danzig bis 1793 zu Polen gehört hatte. Die Sieger in Paris hatten in ihrer Weisheit beschlossen, daß Danzig weder deutsch noch polnisch sein sollte, sondern selbständig, unter der Kontrolle des Völkerbundes und zum polnischen Wirtschaftsgebiet gehörig.
Mittlerweile war der Besiegte von 1918 praktisch der Sieger geworden. In das Bild eines von Deutschland beherrschten Mitteleuropa paßten jene polnischen Erwerbungen nicht mehr recht. Andererseits hatte das Deutsche Reich unlängst so enorme Machtgewinne erzielt, war es schon so weit über das zu Versailles Verlorene vorgestoßen, daß es die wenigen Überbleibsel der Versailler Ordnung nun wohl auf sich hätte beruhen lassen können. Unvermeidlich geriet dann Polen noch tiefer in den deutschen Machtkreis, als es schon 1938 der Fall war, und wurde der Frage, wie die Grenzen im einzelnen verliefen, der Stachel genommen... Aber hat es auch nur Sinn, von vernünftigen Möglichkeiten zu reden, da, wo alle Argumente nur Vorwände waren, hinter denen der Irrsinn eines grenzenlosen Macht- und Zerstörungswillens sich verbarg? — Kurz nach »München« ließ H. den Polen einen Vorschlag machen, der auf dem Papier sich leidlich ausnahm. Sie sollten

Danzig herausgeben, eine »extra-territoriale« Straße quer durch den »Korridor« erlauben und sich kräftiger als bisher Deutschlands antirussischer Politik anschließen. Dies war ihr Elend: sie waren ein stärkeres, älteres und echteres Staatsvolk als die Tschechen und konnten nicht freiwillig abdanken. Aber jeder Verzicht, den sie leisteten, war der Beginn eines Verzichtens auf ihre staatliche Existenz überhaupt. Denn ihr ganzes Staatswesen ruhte auf früher russischem und früher deutschem oder habsburgischem Boden, und es war preußisch-deutsche Tradition, den ganzen polnischen Staat, nicht nur eine Abnormität wie Danzig, als auf die Dauer unerträglich anzusehen. Polen hatte sich 1919 im Westen wie im Osten größer gemacht, als es hätte sein sollen; es war damals in seinem Ehrgeiz so siegesgebläht und blind gewesen wie die anderen kleinen Nationen. Wäre es aber bescheidener aufgetreten, so hätte ihm das später auch nichts geholfen. Der Schwäche, dem vorübergehenden Ausfall Rußlands und Deutschlands verdankte es sein staatliches Dasein. Darum mußte es wohl oder übel so tun, als hätte seit 1919 sich nichts geändert, und tapfer auf dem Schein seines damals erworbenen Rechts bestehen — oder abdanken. Auf die ersten deutschen Forderungen wären neue gefolgt. Was dann? Die Polen wären als Satelliten in H.s russische Katastrophe gerissen worden wie die Rumänen und Ungarn; oder irgendwann hätte ein polnischer Volksaufstand gegen die deutsche Herrschaft den Nazis genug Grund für dasselbe Ausrottungsunternehmen geliefert, welches 1939 Polens diplomatischer Widerstand ihnen lieferte. Heil konnte Polen aus der Krise dieser Jahre nicht hervorgehen, was immer es tat.

Es wählte den Widerstand, das diplomatische NEIN. Damit waren Art und Augenblick seiner Katastrophe schon entschieden. Im Mai 1939 erklärte H. vor seinen wichtigsten Generälen, der Krieg sei unvermeidlich. »Danzig ist nicht das Objekt, um das es geht. Es handelt sich für uns um die Erweiterung des Lebensraumes im Osten. . . Es entfällt also die Frage, Polen zu schonen, und es bleibt der Entschluß, bei erster passender Gelegenheit Polen anzugreifen.« Eine Wiederholung der »Tschechenaffäre« sei nicht zu erwarten. Zum Krieg werde es kommen, gegen Polen allein, oder gegen Polen und die Westmächte gleichzeitig. Alle Brücken würden dann abgebrochen sein, niemand mehr nach Recht oder Unrecht fragen.

Überraschend stärkte Neville Chamberlain Ende März die Stellung Polens durch ein Hilfsversprechen. Es war Englands Antwort auf die Annexion von Prag und ein Umschwung seiner Politik; von der »Beschwichtigung« zur Drohung, von der insularen Neutralität zur Bindung auf dem Kontinent.

Diktiert von Entrüstung und Enttäuschung, verspätet, hastig und unsolide, wie dieser erste britische Schritt schien, zeigte er doch, welche Grenzen jetzt erreicht und überschritten waren. Man hatte in München die äußersten, noch allenfalls zu rechtfertigenden Zugeständnisse gemacht, nicht aber Deutschland einen Freipaß für jede Gewalttat in Osteuropa gegeben. Man war müde der Erpressungen und Täuschungen und der uralten Politik des Gleichgewichts, welche keine Hegemonialmacht über Europa duldete, im Prinzip noch immer verpflichtet. Indem England sich an Polen band, lebte auch die fast vergessene polnisch-französische Allianz wieder auf. Zögernd, mit halbem Glauben, folgte Frankreich der britischen Führung. Die Westmächte, nachdem sie ihre stärkste Position in Mitteleuropa, die Tschechoslowakei, um der Gerechtigkeit willen preisgegeben hatten, schickten sich an, den Rest zu verteidigen, wenn nicht mit Taten, so doch mit Gesten.
Die genügten nicht. Wenn man wirklich 1914 wiederholen wollte — und so dürftig war die Phantasie der Geschichte, daß es darauf hinauszulaufen schien —, so war Polen für Rußland ein schlechter Ersatz, so bedurfte es der Sowjetunion, um den eindämmenden Ring um Deutschland wirksam zu machen. Der ahnungslose Chamberlain zwar hielt Polen für stärker als das zaristische Rußland. Die Franzosen wußten besser Bescheid und auch zahlreiche Briten, Winston Churchill unter ihnen. Sie riefen nach einem Bündnis mit Rußland, das ja französischerseits auf dem Papier schon oder noch immer bestand. Nun war aber der Jammer der, daß alle die östlichen Staaten, welche jetzt sich von Deutschland bedroht fühlten, von der Ostsee bis zum Schwarzen Meer, sich gleichzeitig auch von Rußland bedroht wußten, auf dessen Kosten sie sich 1919 gebildet oder vergrößert hatten, und daß sie mit nur allzuviel Recht der russischen Hilfe nicht trauten. Auch Chamberlain traute ihr nicht, unterschätzte übrigens die militärische Macht Rußlands — das taten beinahe alle — und behandelte den Kreml mit zurückhaltendem Hochmut. Rußland sollte eingreifen, wenn man es brauchte, und nur, soweit man es brauchte. Es sollte eine Ordnung verteidigen helfen, welche 1919 auf seine Kosten entstanden war, die von den Deutschen erkämpfte, von den westlichen Siegern übernommene Ordnung von Brest-Litowsk. Die sollte es verteidigen helfen, aber nur, wenn man es rief, nicht vorher; nicht in Friedenszeiten schon in den Randstaaten die Stellungen beziehen dürfen, welche allein ihm, wenn es zur Krise kam, eine wirksame Defensive ermöglichten. Es war die Nemesis von 1919. Sehr lange hatte es in Osteuropa eine territoriale Ordnung gegeben, welche Deutschen und Russen gefiel, und das war das Solideste. Vielleicht konnte es auch eine Ordnung geben, wel-

che nur einer der beiden Großmächte gefiel. Eine Ordnung aber, die keiner von beiden gefiel, war zu gerecht, um dauerhaft zu sein. Und genau sie war es, die Frankreich und England nun mit schwacher Hand aufrechtzuerhalten versuchten.

Die Nemesis von München kam dazu. Seitdem England die Tschechoslowakei preisgegeben hatte, ohne die russische Großmacht darüber auch nur zu informieren, nährte der Kreml das profundeste, rachsüchtigste Mißtrauen gegenüber der westlichen Politik. Man kann das verstehen; um so leichter, als die »gerechten« Beweggründe, welche zum Münchner Vertrag geführt hatten, den Russen als lachhafte Flausen galten. Stalin selber war ja nicht der Mann, um bloßer Gerechtigkeit willen etwas Handfestes herzugeben; und traute auch anderen das seiner Denkungsart Fremde nicht zu... Folglich waren die Mitteilungen, Angebote und Forderungen, die im Frühsommer 1939 zwischen London und Moskau hin und her gingen, so unentschlossen tastend wie etwa General von Schleichers parlamentarische Verhandlungen im Dezember 1932. Und wieder und immer wieder: auf der anderen Seite stand jemand, der, wenn er mit seiner Entschlußkraft blasphemisch prahlte, doch guten Grund hatte, mit ihr zu prahlen. H. beobachtete die russisch-westlichen Verhandlungen. Mit der ihm eigenen Intuition ahnte er, wie flau es mit ihnen stand. Und allmählich – es ist für unsere Zwecke gleichgültig, und man wird auch nie genau feststellen können, wann –, allmählich kam ihm der Gedanke, er könnte selber mit einem Schlage tun, was die Westmächte zögernd und stümpernd vorbereiteten: er selber könnte sich mit den Russen vertragen. Er hatte zwanzig Jahre lang gegen den Bolschewismus gedonnert, »Antikomintern«-Fronten gegründet, sich als Verteidiger des Abendlandes gegen asiatische Barbarei präsentiert; er hatte übrigens in Rußland die Gebiete ausgesucht, welche einmal »deutscher Lebensraum« sein sollten. Das könnte später kommen, später wieder aufgenommen werden, man würde dann schon sehen. Der Mensch war so zäh im Verfolgen seiner Fernziele, wie er für den Augenblick ein Opportunist, ein blitzschnell das Steuer herumwerfender Taktiker war. Immer wieder war es ihm gelungen, ein einziges Opfer zu isolieren, indem er nach allen anderen Seiten Versprechungen, Friedensschwüre, Nichtangriffspakte mit vollen Händen auswarf. Das erwählte Opfer war nun Polen. Warum nicht es todesreif machen, indem man etwas Plötzliches, Weitreichendes mit Rußland drehte? – Freundschaft mit Rußland war alte Tradition der preußischen Politik. Aber solche Traditionen galten H. gar nichts; oder galten ihm nur augenblicklich etwas, weil die Gesinnungen der Armee und des in der Armee noch immer einflußreichen

preußischen Adels ihm den unglaublichen Kurswechsel erleichterten. Die alten Traditionen, Tendenzen, Grundmöglichkeiten waren dem Wurzellosen alle eins; er hantierte mit ihnen, wie er mit Ideen hantierte — heute die, morgen wieder eine andere, zum Schluß alle, zum Schluß das Nichts.
Es schlichen denn also, während die Verhandlungen zwischen Rußland und den Westmächten ihren holprigen Weg gingen, Verhandlungen anderer Art heimlich nebenher, zwischen Berlin und Moskau. Auch sie rückten langsam vorwärts, es waren nicht einmal konkrete Vorschläge, um die es ging, nur Winke und schmunzelnde Andeutungen, ein vorsichtiges Einander-Aushorchen, ein Spiel im Dunkeln. Anfang August wurden die Deutschen klarer und dringender mit ihren Angeboten. Sollte der Krieg gegen Polen zu der Zeit beginnen, in der traditionsgemäß Kriege begannen, damit vor Wintersanfang die Beute unter Dach und Fach wäre, dann mußte die russische Sache im Hochsommer bereinigt sein. Stalin seinerseits, als er sah, daß die Westmächte nicht so wollten wie er, und den Krieg sicher glaubte, beschloß, die Furie der deutschen Militärmacht gegen Polen und gegen den Westen anstatt gegen Rußland zu lenken. Die Bombe, die stärkste in der langen diplomatischen Geschichte Europas, platzte am 23. August: ein Nichtangriffs-Vertrag zwischen Deutschland und der Sowjetunion. Das war er der Form nach in seinem damals veröffentlichten Teil. Obwohl man den unveröffentlichten Teil nicht kannte, jenes Geheimabkommen, welches vitale Gebiete Osteuropas, Polen, die baltischen Staaten, glatt zwischen den beiden Großmächten teilte, so war doch die allgemeine Bedeutung des Ereignisses augenblicklich klar. Die beiden Tyrannen hatten in drei Wochen zuwege gebracht, was die skrupulösen Westmächte in dreißig Monaten zu tun sich nicht hatten entschließen können. Der Tyrann des Ostens hatte dem Tyrann der Mitte freie Fahrt gegeben, im Westen überhaupt, im Osten bis zu einer unbekannten Grenze. »Jetzt habe ich die Welt in meiner Tasche!« jubelte H., als er von der Unterzeichnung des Paktes in Moskau erfuhr.
Von nun an gab es kein Halten. Es war keine diplomatische Krise wie 1914. Es war nicht so, daß einer handelte aus Angst vor dem anderen, im dunkeln war über das, was der andere plante, daß ein Netz von Mißverständnissen, Verpflichtungen, Versprechungen und Generalstabsplänen alle Mächte verzweifelt in seinen Maschen zucken ließ. Nur ein Staat handelte, das Deutsche Reich, und nur ein Mann in Deutschland, der Diktator selber. Ihn trieb keine Volksstimmung, wie sie den schwachen Kaiser 1914 getrieben hatte, er war frei zu wählen, aber er hatte längst gewählt. Die Hetze gegen Polen, dieses vor einem halben Jahr noch »gute«, noch »befreundete«

Polen, erreichte in den Hundstagen Grade, wie selbst die Hetze gegen die Tschechen im Vorjahr sie nicht erreicht hatte. Hier gab es kein Zurück, weil es keines geben sollte. Immer noch hätte H. gern seinen Krieg gegen Polen allein gehabt; es scheint, daß er bis zum letzten Tage hoffte, die Westmächte würden sich draußen halten und ihre feierlichen Versicherungen, daß sie es diesmal *nicht* würden, seien nur Bluff. Aber auch ihr Eingreifen nahm er in Kauf, wie er seinen Leuten ruhigen Mutes mitteilte. Wieder warf er seine Versprechungen aus: wenn man ihn nur noch Polen zerschmettern ließe, so würde er von nun an ewig Frieden halten und würde das britische Weltreich gegen alle seine Feinde zu verteidigen bereit sein. Es verschlug nichts mehr. Er hatte zu oft betrogen. Die Engländer antworteten, sie wollten keinen Vorteil aus der Preisgabe eines verbündeten Staates ziehen. Verhandlungen könnte es noch immer geben, aber sie hätten zwischen Berlin und Warschau stattzufinden, nicht zwischen Berlin und London, und nicht im Zeichen der Gewalt. . . Vergebens die letzten Vermittlungsversuche abenteuernder Privatleute; vergebens die Beschwörungen des kriegsunwilligen, nicht bereiten Italien. Der Befehl für den Angriff auf Polen war für den Morgen des 26. gegeben. Am Abend des 25., als die Truppen bereits in Bewegung waren, zog H. ihn noch einmal zurück, weil Mussolini ihm die unwillkommene Mitteilung hatte zugehen lassen, er könnte zunächst nicht folgen. Neue Schwankungen im Kopf des Diktators; neue kurzatmige Betrugsmanöver; Bestimmung des 1. September als Angriffstag. Ein letztes Scheinangebot, das Polen nie erhielt, das auch den Engländern nur mündlich, nicht schriftlich, mitgeteilt wurde. Überschreiten der polnischen Grenzen am 1. September. Am 3. Ultimatum der Westmächte, welche sofortigen Rückzug verlangten; verneinende deutsche Antwort; Kriegserklärungen Englands und Frankreichs. . . Bei alledem war kaum noch Spannung, nicht wie 1914, nicht einmal wie in den Tagen von München; nur dumpfe, wie veraltete, fast langweilige Fatalität. Wenn einer sagt, er wolle Krieg machen, und ihn macht, wenn die andern sagen, sie würden eingreifen, falls er ihn macht, und dann wirklich eingreifen; wenn einer dasselbe Spiel von Hetze, Drohung, falschen Angeboten, Friedensschalmei und Kriegsgekreisch immer und immer wiederholt — wo sollte da noch Spannung herkommen?

In den Tagen der Tschechenkrise hatte der englische Botschafter aus Berlin berichtet: »Die Stimmung geht entschieden gegen den Krieg, aber die Nation befindet sich hilflos im Griff des Nazisystems. . . Die Menschen sind wie Schafe, die zur Schlachtbank geführt werden. Wenn der Krieg ausbricht, werden sie marschieren und ihre Pflicht tun, mindestens für eine

Zeit.« Eine gute Beobachtung für 1939 wie für das Jahr vorher. Isoliert, verhetzt und betrogen wie sie waren, fiel ein Teil der Deutschen – nur ein Teil – auf H.s »Alibi« herein, auf das sonst kein Mensch in der Welt hereinfiel; sie glaubten wirklich, es sei in letzter Stunde ein annehmbares Angebot gemacht worden und die blinden, fanatischen Polen hätten es abgelehnt. Sie glaubten wohl auch an den polnischen Angriff, den H. durch verurteilte, in polnische Uniformen gesteckte, am Tatort zu Tode gespritzte Verbrecher fingieren ließ. Aber auch wenn sie all den unsagbaren Schmutz nicht geglaubt hätten, so hätten sie trotzdem gehorcht und jeder die ihm angewiesene Arbeit getan. Dahin war es nach sechs Jahren immer tiefer krallender Naziherrschaft gekommen: ein einziger konnte befehlen, was er wollte. Fünfundsiebzig Millionen Menschen folgten nach. Sie gehorchten ohne Freude, sie glaubten ohne Freude. Der Kriegsausbruch war keine Erlösung wie 1914; nur das Weiterschleichen der längst vertrauten Krise in ein neues, unbekanntes und gefährliches Stadium. So tief unwillkommen war der deutschen Nation der Krieg, daß die regierenden Oberpsychologen in den ersten Tagen das Wort selber vermieden und von einer Polizeiaktion oder bloßen »Vergeltungsmaßnahmen« gegen Polen sprachen. So ist es dann auch während dieses langen, letzten, schlimmsten und dümmsten der europäischen Kriege geblieben. Siege machen keine Freude, wie sehr auch die Propaganda Stolz und Haß aufzupeitschen suchte; sie wurden gleichgültig hingenommen. Niederlagen bestätigen das, was die meisten von Anfang an dumpf geahnt hatten. Nur solche Siege, die das Ende näher zu bringen schienen, fanden ein Interesse; Friedensgerüchte lösten den einzigen echten Jubel aus.

Betrachtung

Für den Beginn des zweiten Weltkrieges gibt es keine »Kriegsschuldfrage«. Auch solche bewährten Nationalisten und langjährigen, spät oder nie abgefallenen Mitarbeiter H.s wie Hjalmar Schacht oder Franz von Papen teilen uns in ihren Erinnerungen mit, daß er allein für den Krieg verantwortlich zu machen sei. Er selber hat das 1939 im vertrauten Kreise gern und stolz bestätigt. Und Göring wußte es, als er am ersten Tag, wie vor dem eigenen Tun schaudernd, äußerte: »Wenn Deutschland diesen Krieg verliert, so gnade ihm Gott.« – Die Einfachheit des Hergangs war kein Trost während der Kriegsjahre. Später war sie eine Bequemlichkeit. Sie hat uns das wissenschaftliche und scheinwissenschaftliche Gezänk um die Verantwortung erspart, welches die Zeit nach 1918 vergiftete. Bleibt nur, die Irrtümer herzuzählen, welche den Schuldigen zu seinem Verbrechen antrieben. Es ist eine Schichtung von Irrtümern; vom falschen historischen Urteil und der daraus gezogenen Lehre an der Oberfläche reicht sie bis zur blasphemischen Selbstvergötterung und zum Wahnsinn auf dem Grunde.

Von Anfang an war H. entschlossen, den ersten Weltkrieg noch einmal und diesmal richtig zu führen. Dazu gehörte vor allem, daß es keinen 9. November 1918 mehr geben dürfte, ein Versprechen, das er nicht einmal, sondern tausendmal gegeben hat. Nie war er fanatischer und mit verzerrterem Gesicht bei der Sache, als wenn er es abgab. Eine Wiederholung des 9. November 1918 zu verhindern, Deutschland entsprechend zu regieren, den Krieg entsprechend zu führen — dies war ein Leitmotiv seines ganzen Werkes; und zwar kam es aus der Überzeugung, daß ohne den 9. November Deutschland den ersten Weltkrieg hätte fortführen und schließlich gewinnen können. Es war ein Irrtum. Aber es bedurfte des entsetzlichsten Experimentierens, um zu beweisen, daß es ein Irrtum war. Kein anderes historisches Fehlurteil hat je so blutig bezahlt werden müssen.

Warum, ferner, hatte Deutschland den ersten Weltkrieg geführt? Warum mit falschen Zielen? Was waren die richtigen, um deretwillen es ihn zu wiederholen galt? Hier findet die Lebensraumtheorie ihren Platz. Deutschland, glaubte H., brauchte mehr Raum, brauchte ihn in Europa und auf Kosten anderer Völker. Es hat hiergegen der General Beck schon im Jahre 1937 treffend eingewandt, daß »die Bevölkerungslage als solche sich in Europa seit tausend Jahren und länger so stabilisiert hat, daß weitgehende Änderungen ohne schwerste und in ihrer Dauer nicht abzusehende Erschütterungen kaum noch zu erreichen scheinen. . .«. Auf dem alten Kontinent für die Deutschen mehr Platz zu finden durch Unterwerfung, Reduzierung oder Ausrottung anderer Völker, nach anderthalb Jahrtausenden noch einmal Völkerwanderung zu spielen, war ein auch durch die äußersten Schandtaten gar nicht durchführbarer Knabentraum. Das Problem ihrer Ernährung, der Erhaltung ihres hohen Lebensstandards gab es für die Deutschen so gut wie für die Engländer, die Italiener, die Japaner. Aber so ließ es sich nicht lösen. Tatsächlich leben die Deutschen im Moment, in dem dies niedergeschrieben wird, ungleich besser, als sie zu der Zeit lebten, da Polen und die Ukraine und die Balkan-Halbinsel von ihnen ausgeplündert wurden.

Den Bolschewismus angehend, so hat H. den Krieg nicht um seinetwillen geführt. Er hat im Gegenteil, um den Krieg überhaupt beginnen zu können, den Bolschewismus weit nach Westen dringen lassen, den östlichen Teil Polens, die drei baltischen Länder ihm ausgeliefert und so genau das getan, wozu 1939 die Westmächte sich nicht verstanden. Als er zwei Jahre später trotzdem gegen Rußland losschlug, tat er es nicht, weil er den Bolschewismus stark und sein Europa von ihm bedroht glaubte. Im Gegenteil, er fiel zurück auf seine alte Theorie, wonach das bolschewistische Rußland schwach und den Deutschen zur Beute bestimmt sei, und glaubte, es in fünf Monaten erledigen zu können. Erst als er im Winter 1942 die furchtbare Stärke Rußlands erfuhr, änderte er seinen Ton und hat seitdem den Krieg mehr und mehr als einen notwendigen Verteidigungskrieg Deutsch-Europas gegen moskowitische Barbarei dargestellt. *Dieser* Charakter des Krieges hat dann auch vielen Deutschen sich als sein wahrster und ernstester eingeprägt. Er ist aber eine durch spätere Erfahrungen ermöglichte Konstruktion, welche mit den wahren Taten und Motiven von 1939 nichts zu tun hat.

Die persönlichste Idee H.s, und ungefähr die einzige, an die er wirklich geglaubt hat, war die von der Weltverschwörung und Gefahr des Judentums. Im Widerstand Europas, Englands, Rußlands, Amerikas, überall glaubte er die Juden zu finden. In Wahrheit waren die Juden keineswegs eine Weltmacht, viel weniger eine verschworene. Sie waren schwach und hilflos, eine jede Gemeinde in ihrem Lande. Daß H. die deutschen Juden quälte, hinderte England nicht daran, fünf Jahre lang seine »Beschwichtigungspolitik« zu treiben. Die Juden blieben in Deutschland, die meisten von ihnen, weil sie nicht wußten, wohin sie gehen sollten, und auch weil sie gute Patrioten waren, die an das ihnen drohende Urteil nicht glauben konnten; und sie blieben so lange, bis sie ein grauenvolles Ende fanden. Auch der Bolschewismus stand nicht unter jüdischem Einfluß, wie H. behauptete. Wenn zu Lenins Zeiten einige Juden in Rußland führende Stellungen innegehabt hatten, so waren sie von Stalin alle längst abgesetzt und ausgerottet. Die Weltverschwörung des Judentums war eine Chimäre. Auf das schutzloseste Volk der Welt hat H. sich gestürzt, nein, auf gar kein Volk, auf Millionen einzelner Menschen, die sich den verschiedensten Völkern zugehörig fühlten, und hat sie um ihrer »Rasse«, ihres Namens willen zu Tode bringen lassen.

Die Philosophie dahinter war die, daß im Kriege alles erlaubt war, daß in der Natur immer Krieg war, daß der Mensch zur Natur gehörte. »Herz verschließen gegen Mitleid. Brutales Vorgehen. Achtzig Millionen müssen ihr Recht bekommen. Ihre Existenz muß gesichert werden. Der Stärkere hat das Recht. Größte Härte.« Verträge heute zu unterschreiben und morgen zu brechen, zu täuschen, zu betrügen, einzelne zu morden, ganze Rassen auszurotten — das war unter Menschen immer so gewesen; derjenige, meinte H., würde gewinnen, der solche Künste auch jetzt und mit Konsequenz zu üben den Mut hatte. — Blickt man auf die Weltgeschichte, nicht, wie sie nach christlicher Morallehre sein sollte, sondern wie sie wirklich ist, so kann man dieser Theorie nicht jede Wahrheit absprechen. Unrecht wird viel geübt, unter Völkern wie unter einzelnen, manch großes Unrecht ist triumphierend und nie gestraft in die Geschichte eingegangen. So steht es im Machiavelli, so steht es im Thukydides. Auch wird man dem deutschen Tyrannen zugestehen müssen, daß er für das Unrecht der anderen, die Heucheleien der christlichen, westlichen Demokratien einen scharfen Blick hatte. Den Widerspruch zwischen ihren Worten und Taten erkannte er. Im Irrtum befand er sich aber auch hier, und von jeder Moral abgesehen: in einem praktischen Irrtum. Und zwar darum, weil er übertrieb. Wenn immer Unrecht geübt worden ist, so gab es in unserm zwanzigsten Jahrhundert, im Herzen Europas, geübt von einer der zivilisiertesten Nationen der Erde, ein Maß von Unrecht, das der Welt nicht erträglich war. H. trieb es so weit, daß zum Schluß niemand mehr mit ihm verhandeln wollte; das stolze, tiefanständige England schon seit dem September 1939 nicht mehr, und seit dem Juni 1941 überhaupt niemand. Er trieb es so weit, daß schließlich nahezu die ganze Welt sich gegen ihn zusammentat. Amerikaner, Engländer, Russen, Inder. Diese unnatürliche Allianz hielt keinen Tag länger aus, als er selber aushielt, aber so lange hielt sie, sie hatte keinen anderen Zweck, als den einen, unerträglichen Menschen loszuwerden. Er ruinierte sich durch dieselben Künste, durch die er sich hochgebracht hatte. Ruchloser zu sein als die andern, das war sein einfacher Trick gewesen, damit hatte er die Macht erst über Deutschland, dann über Europa gewonnen. Schließlich wurde die Welt so ruchlos wie er, gegen ihn und gegen das Volk, das er sich zum Instrument seines Willens gefügig gemacht hatte. Da wirkte denn der Trick nicht mehr, und es konnten nun die Alliierten gegen ihn und seine Deutschen das Recht des Stärkeren üben. Wie sollte die Welt nicht stärker sein als ein einzelner Mensch und ein einzelnes Volk? — Es ist eine einfache Geschichte, bei aller Schrecklichkeit.

Endlich überschätzte der Mensch sich selber. Intelligenz, Intuition, Phantasie, Willenskraft, die hatte er und wußte es. Auch Glück hatte er lange Zeit. Daraus schloß er, daß er einer der größten Männer aller Zeiten sei, auf der anderen Seite es aber nur mit Kleinzeug zu tun hätte. »Die Gegner haben nicht mit meiner großen Entschlußkraft gerechnet. Unsere Gegner sind kleine Würmchen. Ich sah sie in München.« Seine Gegner waren jedoch nicht so erbärmlich, wie er glaubte, weil er ihren Langmut und guten Willen für Erbärmlichkeit hielt. In

Churchill, Roosevelt, Stalin fand er Gegenspieler, die ihm sogar in der ausdauernden Kraft des Willens gewachsen waren.
Im gewissen Sinn war das Spiel, welches England und Frankreich 1939 spielten, so veraltet wie H.s eigenes Spiel. Es entsprach den europäischen Realitäten und Europas veränderter Stellung in der Welt nicht mehr. Aber eines entsprach dem andern. Der Plan H.s, Europa im Napoleonstil sich zu unterwerfen und zugunsten der Deutschen auszuplündern, Deutschland durch Europa zur Weltmacht zu erheben, war in der Mitte unseres Jahrhunderts eine barbarische Kinderei, nichts weiter. Ihr antworteten die Westmächte, indem sie, im alten englischen Anti-Napoleon-Stil, Gleichgewichtspolitik betrieben: ein hastig entworfenes System von Allianzen um Deutschland herum, die »große Koalition«. Sie nahmen die Sache da wieder auf, wo sie sie 1918 hatten fallenlassen; die Engländer ihre Blockade, die Franzosen ihren Stellungskrieg. Indem aber Europa der Welt gegenüber die Lebenskraft nicht mehr hatte wie 1813 oder 1914, hatte es sie auch gegen sich selber nicht mehr, reichte es zum europäischen Gleichgewicht nicht mehr. Die Franzosen machten die altgewohnten Gesten, führten im August 1939 die alte feine Diplomatensprache, aber nicht mehr das alte Schwert; es war keine Kraft, keine Lust, keine Hoffnung hinter ihren Gesten. Das Allianzsystem im Osten brach zusammen wie ein Kartenhaus. England hatte wohl noch den Stolz und den Mut, aber nicht mehr die Macht. Es konnte den Krieg niemals entscheiden, nur so lange fristen, bis etwas vollständig anderes aus ihm wurde, kein europäischer, kein Gleichgewichtskrieg mehr. Es ist dann auch die europäische Ordnung, die man retten wollte, 1945 nicht wiederhergestellt worden und ist insofern der ganze Krieg umsonst gewesen. Man hatte sich sechs Jahre lang bemüht, einen gewissen H. zufriedenzustellen, und hat dann sechs Jahre lang geschossen und Bomben geworfen, um ihn loszuwerden. Was auch erreicht wurde; aber sonst nicht viel.

Dennoch Kriegsschuldfrage?

Etwa zwanzig Jahre lang gab es für 1939 keine »Kriegsschuldfrage«. Es gibt sie auch heute unter ernsten Forschern und ehrlichen Politikern nicht, weder deutschen, noch nichtdeutschen.
Aber die Intelligenz, lehrt uns Schopenhauer, ist die Magd des Willens. Indem Deutschland wieder zu Kräften kam, kam auch der Wille gegen eine beschämende Wahrheit wieder zu Kräften. Nicht im Betrieb der Wissenschaft, der nach wie vor ein

beispielhaft wahrheitswilliger ist, wohl aber im Geist von Demagogen und jener, die sich von ihnen gern betrügen lassen. Prompt haben sich dann auch ein paar angelsächsische Schriftsteller eingestellt, die, sei es in der Torheit ihres Herzens, sei es in schierer Sophistenfreude, dem neuen Widerstand gegen die Wahrheit ihre witzlosen oder überwitzigen Argumente liehen. Lohnt sich die Auseinandersetzung mit ihnen? Wissenschaftlich lohnt sie sich nicht, denn die Wissenschaft ist sich einig. Lohnen mag sie sich, insofern die Aufgabe des Historikers ja auch mit der des Lehrers und Erziehers etwas gemeinsam hat.

Es sei denn also im Folgenden der »Ausbruch« des Ersten Krieges noch einmal verglichen mit der »Entfesselung« des Zweiten, der zugleich eine geisterhafte Wiederholung, eine Fortsetzung, eine Steigerung des Ersten war *und* auch völlig neue Elemente ins Spiel brachte.

Daß der Erste Weltkrieg eine Fortsetzung haben würde, hat Marschall Foch schon 1919 prophezeit, als er meinte, der Friede von Versailles sei kein Friede, sondern ein Waffenstillstand, der zwanzig Jahre dauern würde. Es ist erstaunlich wie, auf das Jahr genau, die Menschen manchmal voraussehen oder -raten.

Die Wiederholung ist überall, bis ins Persönliche. Churchill und Roosevelt waren im Ersten Krieg schon tätig, nur eine bis zwei Stufen tiefer. Roosevelt wiederholte 1942 nicht bloß sich selber; er wiederholte auch Woodrow Wilson, dessen bewundernder Freund und Schüler er war. Er wollte es besser machen als Wilson, realistischer, belehrt durch mannigfache Erfahrungen, aber die Grundkonzeption blieb die gleiche: Kampf für Demokratie und nationale Selbstbestimmung, gegen Autokratie und Barbarei, Völkerbund und »Nie-wieder-Krieg« am Ende. Wobei das Unheimliche ist, daß, was 1917 nur zu einem geringen Teil zutraf, was damals den Kern der Sache nicht traf, ihn 1942 völlig traf oder noch nicht einmal erreichte. 1917 hatte man »Wolf« gerufen, aber der Kaiser war keiner. Nun war der Wolf da und noch grausamer als man wußte.

Der amerikanisch-russische Konkurrenzkampf um die Gunst des unfreien Teiles der Welt, um die Gunst einer echten oder falschen Freiheitsgöttin, 1917 und wieder 1941 begonnen, erreichte beide Male seinen Höhepunkt nach Kriegsende.

Hitler wiederholte Wilhelm und Ludendorff, indem er es ungleich besser machen wollte als sie. »Damals war es der Kaiser; jetzt bin ich es. . .« Überaus schicksalsträchtig sind seine Beziehungen zu Ludendorff, in dessen angeregtem und wirrem Kopf die Eliminierung des Unterschiedes zwischen politischer Führung und Kriegsführung, zwischen Zivilisten und Soldaten schon 1916 spukte, der später in seinem Buch über den »Totalen Krieg«, zumal im Kapitel über den »Feldherrn«, genau das Amt beschrieb, das Hitler einnehmen sollte — einschließlich des letzten Hitlerschen Aperçus, wonach der Feldherr für sein Volk zu groß sein könnte. Die beiden fanden sich bald nach 1919 zusammen. Was sie wieder auseinandertrieb, waren verschiedene Anschauungen, nicht so sehr der Sache, wie der Rolle, welche sie selber in der Sache zu spielen gedachten.

Wiederholung war die Mächtekonstellation in ihrem Kern, Deutschland gegen England, Frankreich, Rußland und Amerika. Ein »renversement des alliances« gab es nur auf zweitrangigen Theatern, Italien, Japan. Dieses spielte im Zweiten Krieg eine ungleich aktivere Rolle als im Ersten, aber doch nur eine sekundäre. Sobald Deutschland gefallen war, fiel Japan auch und war bereit, aufzugeben, schon vor Hiroshima. Beide Male kämpfte Deutschland gegen die Welt; beide Male war für alle seine konzentrierte Kraft die Last zu groß.

Niemand wollte die Wiederholung. Alle hatten sich Methoden, Grundsätze, kodifizierte Gesetze ausgedacht, um sie zu vermeiden.

Die Amerikaner ihre Neutralitätsgesetzgebung, die sie ein für allemal davor bewahren sollte, in einen europäischen Krieg hineinbetrogen zu werden. Die Franzosen ihre Maginotlinie. Die Engländer ihre »Beschwichtigungspolitik«: kein Wettrüsten, keine Teilung Europas in zwei Bündnissysteme; keine Vereinsamung des potentiellen Gegners, mit dem diesmal man reden, reden und wieder reden und ihm jede Gerechtigkeit zuteil werden lassen wollte. Das gipfelte im Münchner Vertrag; einer völlig beispiellosen Operation, und einer, die halb gerecht war oder scheinen konnte, wäre nur ihr Nutznießer es gewesen. »München«, das ist ungefähr so, wie wenn Deutschland im Jahre 1913 den Franzosen freiwillig Elsaß-Lothringen zurückgegeben hätte, damit endlich Friede wäre. Und vielleicht wäre danach wirklich dauernder Friede gewesen, im Jahre 1913; gleiche Handlungen haben nicht die gleichen Wirkungen zu ungleichen Zeiten. Vielleicht wäre auch 1914 der Friede gerettet worden, hätte damals Sir Edward Grey sich zu einer Reise nach Berlin entschlossen, oder hätte er eindeutig erklären können, was England im Kriegsfall tun würde.

Das letztere tat Neville Chamberlain seit März 1939, eben weil Grey es nicht getan hatte. Jetzt die Erklärungen und Warnungen, die überhasteten Bindungen und Bündnisse — um die Wiederholung zu vermeiden.

Von dem gleichen Willen war Adolf Hitler völlig besessen. Und zwar war, was er nicht wiederholen wollte: der Juli 14; die Jahre 14-18; der November 18.

Kein neuer Juli 14. Kein unbemeisterter »Ausbruch« eines

großen Krieges, sondern die mit eisernen Nerven zum rechten Moment durchgeführte Entfesselung eines beschränkten; keine Kaskade von Kriegserklärungen in Unfreiheit, sondern ein Überfall in Freiheit; kein Mehrfrontenkrieg, sondern die Vernichtung der Gegner Stück für Stück bei ungewisser Reihenfolge.

Keine Jahre 14-18. Keine für den Krieg unbereite, gespaltene frei-diskutierende Nation, sondern die eisern geeinte, einem einzigen Willen unterworfene. Daher der in den Friedensjahren aufgebaute Nazi-Staat; daher im Krieg die Arbeit der Propaganda und der Scharfrichter. Keine »Kriegszieldiskussion«, keine Verstrickung in völkerrechtliche Grundsätze, kein der Sache ungemäßes Maß; daher das Überfallen von einem Dutzend Neutraler, die erstrebte Vernichtung ganzer Nationen, die Eroberungen, denen überhaupt keine Grenze gesetzt war.

Kein 9. November 1918 mehr. Daher die absolute Unterwerfung der Militärs unter den Politiker, die Bestrafung des bloßen Gedankens an Niederlage mit dem Tod, das Weiterkämpfen »bis fünf Minuten nach zwölf«.

Warum trotzdem sich alles in gespenstischer Übersteigerung wiederholte? Es ging ungefähr nach Plan bis zum Winter 1942. Polen wurde einzeln niedergeworfen, die französisch-englische Intervention war eine papierene, die nicht wirkte. Frankreich wurde einzeln niedergeworfen und Jugoslawien danach. Daß auch Rußland einzeln niedergeworfen werden würde, war die Überzeugung aller, zum Beispiel der eingeweihtesten Amerikaner. Was Hitlers Kette von Einzelüberfällen dennoch zum Weltkrieg werden ließ, was die Konstellation von 1917 wiederherstellte und steigerte, war das Durchhalten der Roten Armee, eine Tatsache von überaus nachhaltiger Wirkung. Daß die Prophezeiung Marschall Fochs eintraf, heißt nicht, daß sie eintreffen *mußte*.

Wohl war der Ausgang des Ersten Weltkrieges ein schiefer, unglücklicher, und wäre ein Verständigungs- oder Ermattungsfriede — den zu verhindern beide Seiten das Ihre taten — besser gewesen. Indem der wahre Sieger, Amerika, seinen Sieg verleugnete und der andere Staat, der zum Sieg gewaltig beigetragen hatte, Rußland, im Mächtespiel ausfiel, stand Deutschland einem triumphierenden, aber vital schwächeren, seines Triumphes tief unsicheren Frankreich gegenüber und wußte es. Darum das Wühlen im deutschen Gemüt, die Weigerung, die neue Situation als dauernd anzuerkennen. Das rechte Ende des Vierjahrekrieges wäre ein föderiertes Europa gewesen, denn er hatte das Prinzip autonomer National- und Machtstaaten in Europa ad absurdum geführt. Daß man stattdessen erst jetzt das schon anachronistische Nationalstaatsprinzip mit äußerster Folgerichtigkeit verwirklichte und nur

dem stärksten europäischen Nationalstaat, Deutschland, unbillige Beschränkungen auferlegte, brachte unser Jahrhundert in Unordnung.
Aber diese Unordnung zu überwinden war man in den späten Zwanzigern und frühen Dreißigern auf gutem Weg. Es ist nicht wahr, daß von der Möglichkeit, den Versailler Vertrag zu revidieren, kein Gebrauch gemacht worden wäre. Seine Revision war in vollem Gang, bevor Hitler zur Macht kam. (Aufnahme Deutschlands in den Völkerbund, vorzeitige Räumung des Rheinlandes, vorzeitiges Ende der Reparationen, Anerkennung von Deutschlands militärischer Gleichberechtigung.) Hitlers »unblutige Siege« sind keineswegs nur dadurch zu erklären, daß er, im Gegensatz zu Stresemann, die rechten, nämlich die brutalen Methoden anwandte. Sie sind ebensogut dadurch zu erklären, daß er in dem Moment zur Macht kam, in dem das Gewissen Englands und auch Frankreichs für eine Revision des Versailler Vertrages im Sinn der Gerechtigkeit reif und überreif war. Es ist dies ein anderes Motiv hinter der »Beschwichtigungspolitik«, das zu oft übersehen wird. Im Resultat hatte Deutschland im Oktober 1938 noch gewisse geringe, völlig harmlos gewordene Absurditäten zu dulden, war aber gleichzeitig schon das, was zu sein es ein Anrecht hatte, wenn man mit dem Nationalstaatsprinzip ganzen Ernst machte, bei weitem der mächtigste Nationalstaat Europas, größer und mächtiger, als es 1914 gewesen war. »Nationalpolitische Einigung«, erklärte Hitler im Mai 1939, »ist erfolgt, außer kleinen Ausnahmen.« Nicht um dieser kleinen Ausnahmen willen wurde der Zweite Weltkrieg begonnen. Sie hätten ihn nicht gelohnt.
Hitler erstrebte nicht den gesamtdeutschen Nationalstaat. Er erstrebte nicht eine Revision des Versailler Vertrages, eine Wiederherstellung des Reiches von 1914, das weder ein reiner noch ein vollständiger Nationalstaat gewesen war. Er hat solche Ziele mit Verachtung abgelehnt. Was er wollte, war die Unterwerfung oder Ausrottung nicht-deutscher Völker, die Herrschaft über grenzenlose Gebiete, die nicht deutsch waren; Ziele, die, seiner Überzeugung nach, Deutschland im Ersten Krieg hätte erstreben und erkämpfen sollen, aber weder erkämpft noch erstrebt hatte. Für ihn war der Zweite Krieg eine Wiederholung des Ersten mit den rechten Mitteln zum rechten Zweck.
Die fauligen Ideen, die hier am Werk waren, stammten aus dem späten 19. Jahrhundert. Die fauligen Energien — Ideen ohne Energie wirken nicht — aus dem Ersten Krieg und der ersten Niederlage. Insofern, aber nur insofern, stammte der Zweite Krieg aus dem Ersten und setzte er ihn fort. Der Wille, der ihn entfesselte und weitertrieb, war ein anderer.

Er war neu und gleichzeitig ganz und gar anachronistisch. Europa glaubte 1938 an Krieg nicht mehr. Darum, noch einmal, die Beschwichtigungspolitik; darum das langsame Auf-Touren-Kommen des Krieges, das leichte Überranntwerden Frankreichs. Die Franzosen, die sich im Ersten Krieg so glorreich geschlagen und das Vergebliche aller Opfer und Siege erfahren hatten, wollten diesmal nicht kämpfen.

Glaubte Deutschland an Krieg, Sieg, Herrschaft? Daß die Generäle nicht daran glaubten, ist notorisch. Und die Leute? In einer Schweizer Zeitung vom 5. September 1939 wird aus Berlin berichtet: »Im wenig belebten Stadtzentrum begannen nachmittags um ein Uhr dreißig Lautsprecherwagen zu zirkulieren, um das heute dem britischen Botschafter überreichte Memorandum zu verbreiten. Das Publikum, das mit der ziemlich lang geratenen Polemik gegen England nicht viel anzufangen wußte, gab weder Zeichen des Beifalls noch der Mißbilligung und zerstreute sich, sobald die Wagen sich wieder entfernten. Gegen drei Uhr nachmittags waren noch keine Extrablätter erschienen. Allmählich strömten die Leute auf dem Wilhelmplatz zusammen, der nach und nach schwarz von Menschen wurde, die schweigend zu den Fenstern der Reichskanzlei aufblickten. Schon die benachbarten Straßen waren aber einsam und verlassen.« – Bekanntlich wurde selbst das Wort »Krieg« in den ersten Tagen vermieden. Auch die Deutschen glaubten nicht mehr an ihn und wollten ihn nicht. Sie gehorchten; das ist alles.

Sie hatten Hitler nicht gewählt, damit er ihnen Krieg brächte. Damit er sie von den Qualen der Wirtschaftskrise erlöste, hatten sie ihn gewählt; die Wirtschaftskrise hatte mit dem Zweiten Weltkrieg so wenig zu tun wie mit dem Ersten. Aber nachdem Hitler einmal da war und seine Macht gesichert hatte, konnte er tun, was er wollte; ein anachronistischer Zufall. So kann es in der Geschichte kommen; was plötzlich da ist, in einem momentanen Anfall von Massenmißlaune und Massenwahn akzeptiert wurde, kann Eigengesetzlichkeit annehmen und eine neue Ursachenreihe beginnen. So wie eine Krebskrankheit plötzlich beginnt, dann aber ihren eigenen Verlauf nimmt.

Dem Anachronismus entspricht die Ödigkeit der Sache, der Zynismus, der mangelnde Glaube überall. Der Zweite Krieg hat noch ungleich mehr Opfer gefordert als der Erste, aber er hat nicht das gleiche historische Gewicht. Den Kriegshandwerker mag auch er und ebenso interessieren; den Historiker nicht. Man vergleiche die Literaturen, welche beide Kriege hervorbrachten. Man vergleiche die Spannungen, die Fülle widersprechender Tendenzen und Möglichkeiten in Deutschland, den Reichtum an bedeutenden Figuren während der Jahre

14—18 mit der Eintönigkeit von Propaganda und Scharfrichterei im Zweiten Krieg, einer Nacht, in der der 20. Juli das eine und einzige tragische Licht bedeutet.
Seit jeher hat man von einem »Ausbrechen« des Ersten Krieges gesprochen. Für den Beginn des Zweiten hat der Schweizer Historiker Walter Hofer den Begriff der »Entfesselung« vorgeschlagen und durchgesetzt. Beide Worte sind nützlich zum Verständnis der Sachen und ihres Unterschiedes.
Auf den allerersten Blick bietet sich eine gewisse Ähnlichkeit. 1914 wollten die Österreicher, auch die Deutschen, eine bewaffnete Strafaktion gegen Serbien, und hofften, sie könnte lokalisiert bleiben, stellten aber die Möglichkeit bis Wahrscheinlichkeit einer russischen Intervention in Rechnung. 1939 wollte Hitler seinen Krieg gegen Polen und nahm die Möglichkeit einer westlichen Intervention in Kauf, ohne, trotz aller Warnungen, mit ganzem Ernst an sie zu glauben. Serbien fühlte sich der russischen Rückendeckung sicher; anderenfalls hätte es wahrscheinlich das österreichische Ultimatum en bloc akzeptiert. Polen fühlte sich der englischen Rückendeckung sicher; anderenfalls hätte es vielleicht Ende August kapituliert, was es im Moment, aber ganz sicher nicht auf die Dauer gerettet hätte. — Hier hört die Parallele schon wieder auf.
Das Österreich Franz Josephs dachte nicht im Traum daran, noch konnte es daran denken, »Lebensraum« zu erobern oder sich auf eine Kette von Kriegen einzulassen. Auch Serbien wollte es nicht erobern, schon allein darum nicht, weil die Magyaren es nicht erlaubt hätten, und wußte überhaupt nicht, was es mit einem geschlagenen Serbien anfangen sollte. Gegenüber der revolutionären, das Mittel des Mordes nicht verschmähenden südslawischen Einheitsbewegung befand es sich in einer echten Staatsnot. Keine andere Großmacht war 1914 weniger expansiv, durch ihre innere Struktur so gezwungen, sich auf Verteidigung zu beschränken wie die Donaumonarchie. Es war ein verzweifeltes Defensivunternehmen, zu dem es sich am 7. und 14. Juli entschloß; ein in jedem Fall hoffnungsloses, das tut nichts zur Sache.
Expansiv war das Deutsche Reich. Aber seine imperialen Interessen lagen in Übersee, nicht auf dem alten Kontinent. Es hatte nichts, jedenfalls nichts Greifbares, nichts Vernünftiges mit seinem an sich so wenig von Erfolg gesegnetem, verspätetem Imperialismus zu tun, daß es Juli 14 Österreich stützte und antrieb. Deutschland wollte nicht den einzigen, ihm gebliebenen Bundesgenossen verlieren; oder dann, wenn schon Krieg sein mußte, ihn in einem Moment führen, der günstiger wäre als spätere, da frühere Momente ungleich günstiger gewesen wären. Mehr nicht. Wo, in den allergeheimsten Dokumenten des Juli, findet sich ein einziges Wort, das auf ein

Mehr schließen ließe? Wo etwa die Bemerkung, daß es eigentlich gar nicht um die serbische Gefahr, sondern um Eroberungen gehe? Wo ein Satz, der auch nur im entferntesten mit diesem zu vergleichen wäre: »Danzig ist nicht das Objekt, um das es geht. Es handelt sich für uns um Arrondierung des Lebensraumes im Osten...« Die *Unbewußtheit* von 1914, das allenfalls heimliche, verdrängte Wirken von Motiven, die gar nicht mitspielen durften, war 1939 durch die äußerste, philosophisch-schamlose Bewußtheit ersetzt.

1914 wußte niemand, ob Krieg kommen würde und niemand wollte ihn. Aber allgemein wurde angenommen, daß er einmal »kommen« würde, daß das wechselseitige Sich-Belauern der beiden Allianzsysteme nicht ewig so fortgehen könnte. Der Begriff des Krieges als eines legitimen Mittels zum Zweck gehörte zur Diplomatie wie zum inneren Aufbau der Gesellschaft.

Die allgemeine Erwartung des Krieges hatte sowohl Furcht wie Lüstern nach dem Gefürchteten im Gefolge. Ebenso war der Schluß, den man aus der periodischen Wiederkehr der Krisen vor *dieser* Krise zog, ein gedoppelter: es würde auch diesmal gut gehen, weil es etliche Male gut gegangen war; es würde diesmal *nicht* gut gehen, weil jede Krise gefährlicher war als die vorhergehende und weil ein Fortdauern des Friedens umso unwahrscheinlicher wurde, je länger er schon gedauert hatte. Dahinter stand, daß keine Macht wußte, was die andere tun würde, jede Frieden wollte, aber kein Nachgeben. Das Nachgeben wäre Ende Juli den Russen immerhin billiger gekommen als den Österreichern. Denn die vitalsten österreichischen Interessen waren berührt; die vitalen russischen nicht.

Daraus, daß bis zum 31. Juli niemand mit Sicherheit wußte, ob Krieg sein würde oder nicht, daß niemand ihn mit ganzer Entschlossenheit wollte, daß der Friede noch zu retten war durch eine Annahme der Greyschen Konferenz und Gesprächsvorschläge, durch den späten und ungenügenden deutschen Versuch, die Österreicher zu bremsen, durch eine Reduzierung des russischen Mobilisationsbefehls auf eine Teilmobilmachung und so fort, ergibt sich das dramatische Element, welches die Julikrise enthält. In seinem Buch »Die Ursprünge des Weltkrieges« schreibt der amerikanische Historiker Sidney Fay: »Nicht nur in Petersburg, sondern überall in den Auswärtigen Ämtern Europas begannen die Verantwortlichen nun unter den Einfluß einer furchtbaren physischen und geistigen Anspannung zu fallen. Überarbeitung, Sorge, Mangel an Schlaf; die unvermeidlichen psychologischen Folgen dieses Zustandes übersieht man zu häufig, wenn man die Ereignisse zu verstehen und die Schuld zu verteilen sucht. Will man begreifen, wie erfahrene und in ihrem Beruf geübte Menschen manchmal die Telegramme, die sich vor ihnen häuften, nicht mehr verstehen konnten, wie ihre Vorschläge verwirrend klangen und mißinterpretiert wurden und wie sie schnell von pessimistischen Ängsten und Verdächten überwältigt wurden, wie sie in einigen Fällen schließlich zusammenbrachen und weinten, dann muß man auch die Nervenqual in Anschlag bringen, welche die Verantwortung für die Sicherheit des Landes und das Schicksal von Millionen Menschen bedeutete.«

Wie anders 1939! Da begriff jeder, was vorging, und keiner brach weinend über seinem Schreibtisch zusammen. Das Gewissen der einen Seite war gut und durfte es sein; die andere hatte keines. Wenn, sehr im Gegensatz zur letzten Juliwoche 1914, England in den letzten Augusttagen 1939 keine starke Aktivität mehr entfaltete, so darum nicht, weil diesmal der Entschluß darüber, ob Krieg sein sollte oder nicht, nur bei *einem* lag; weil es nach den gemachten Erfahrungen überhaupt keinen Sinn mehr hatte, diesen durch Konzessionen zu beruhigen, über die er ein paar Monate später doch wieder zu neuen Angriffstaten geschritten wäre. Daher das fast Irreal-Langweilige, das Geisterhafte der Vorgänge. Hier war keine echte Krise mehr. Der kranke Friede starb den voraussehbaren Tod; die Ärzte hatten endlich die Hoffnung aufgegeben und wandten ihre Routinemittel ohne Glauben an.

In den dreißiger Jahren waren die gesellschaftlichen Hierarchien nicht mehr militärisch-feudal bestimmt und war der Krieg kein allgemein akzeptiertes Mittel der Politik mehr. Das wird nicht so sehr durch »Völkerbund« und Kellogg-Friedenspakt bewiesen, wie durch die Haltung der westeuropäischen Völker und Regierungen. Sie konnten die Wirklichkeit eines großen europäischen Krieges überhaupt nicht mehr fassen; zu tief hatten sie seine Absurdität erfahren in den Greueln der Opfer und in der totalen Unfruchtbarkeit des Sieges von 1918. So führten sie denn auch den Krieg selbst dann nicht, nachdem sie ihn schon »erklärt« hatten. Anfang 1940 hielt der französische Propagandachef Jean Giraudoux eine Rede mit dem eleganten Titel »Warum wir diesen Krieg führen und warum wir ihn nicht führen«.

Von Rußland ist hier nicht die Rede. Stalin glaubte an Krieg in dem Sinn, daß er hoffte, die »kapitalistischen« Mächte würden ihn unter sich führen und er später irgendwie die Früchte ernten. Das Äußerste, was man von Rußland im August 39 sagen kann, ist, daß es Hitlers Krieg in diesem Moment *ermöglicht* hat. Verursacht hat es ihn nicht. Die russische Verantwortung ist 1939 geringer, nicht schwerer, als 1914.

Nur *einer* glaubte 1939 mit der ihm eigenen radikalen Folgerichtigkeit an den Krieg als Mittel zum Zweck. Er hat ihn gewollt, er hat ihn gemacht. »Der Lebensraum, der staatlichen Größe angemessen, ist die Grundlage jeder Macht. Eine zeitlang kann man Verzicht leisten, aber dann kommt die Lösung der Probleme so oder so... Weitere Erfolge können ohne Bluteinsatz nicht mehr errungen werden.« Der Ausdruck, »den Westen *anfallen*«, den er in der gleichen Besprechung gebrauchte, bezeichnet den Geist. Er sah sich, er sah sein Deutschland wie ein wildes Tier.

Was alles nicht heißt, daß er den Krieg so wollte, so ihn sich vorstellte, wie er ihn dann bekam. Wie könnte es das heißen. Krieg ist ein Abstraktum, von dem jeder wirkliche Krieg sich immer unterscheiden wird. Daß er es lieber Stück für Stück gemacht hätte, wissen wir. Niemals aber hätte er Frieden gehalten, auch dann nicht, wenn Polen kapituliert hätte. Wenn er nach der ungeheuerlichen Münchner Konzession nicht Ruhe gab, wenn er schon ein paar Wochen danach sich zunächst einmal im Inneren mit der »Kristallnacht« ergötzte, um den Münchner Vertrag demnächst zu zerreißen, wann wohl hätte er Ruhe gegeben? Carl Jacob Burckhardt trifft in seinen Erinnerungen: (»Meine Danziger Mission«) den Kern der Sache, da wo er schreibt: »... letzten Endes verschafft ihm, wenn er an jenes ›Gegenüber‹ denkt« (nämlich an die ganze noch nicht von ihm beherrschte Welt. GM.) »nur die Ausrottung völlige Ruhe.« – Eine Ruhe, die nicht ganz ohne Kosten für den Rest der Welt zu erreichen war; das muß man gestehen.

Dem »Ausbruch« und der »Entfesselung« entsprach der Verlauf beider Kriege. Der Ausbruch war eine freudige Explosion ungeheurer, lange aufgespeicherter Energien. Der Erste Krieg war mit einem Schlag ganz da und geriet dann ins Stocken. Die Entfesselung war eine allmähliche, zwei Jahre lang fast ganz von dem kontrolliert, der »entfesselt« hatte.

Das gleiche gilt für die Kriegsziele. Von dem imperialistischen Geschwätz der Alldeutschen vor 1914, von dem Grübeln dieses oder jenes deutschen Financiers über eine zu erstrebende, unter deutscher Führung stehende wirtschaftliche Union Europas gehen ganz unsichere Fäden zu den deutschen Kriegszielen von 1917. Diese wurden erst in der Fieberglut des Krieges ausgeheckt, und nie war sich die Nation, waren sich die verschiedenen Führungsgruppen einig darüber. Dagegen war 1939 nicht der Krieg mit einem Schlag da, wohl aber das deutsche Kriegsziel, und war es längst gewesen. Es stand schon in »Mein Kampf«.

Es war unvermeidlich, daß deutsche Historiker nach 1918 die These von der Alleinschuld Deutschlands zu entkräften suchten, und es war gerechtfertigt. Daß sie ein Politicum daraus machten, lag an den Siegern selber, die, den Findungen der Wissenschaft plump vorgreifend, selber eines daraus gemacht

und ihre Reparationsforderung darauf aufgebaut hatten. Natürlich gingen viele deutsche Schriftsteller zu weit. Aus der »Nicht-Alleinschuld« machten sie die Unschuld oder die Alleinschuld der anderen. Aber elementare Tatsachen wie die, daß die russische Mobilmachung, und nicht erst die deutsche Kriegserklärung alles entschied, daß Frankreich notorisch entschlossen war, auf jeden Fall mit Rußland zu gehen, gleichgültig wie der Rechtsfall lag, daß Österreich in der Tat einen sehr schwerwiegenden Rechtsfall in Serbien auszufechten hatte, ließen, auch abgesehen von den Hintergründen, von dem europäischen Mächtesystem und Mächtespiel, welches wieder nicht Deutschland allein erfunden hatte, auch den wahrheitstreuesten deutschen Forschern keine Wahl, als sich gegen die brutalen Simplifizierungen des Gegners zur Wehr zu setzen. Nicht-deutsche Historiker kamen ihnen alsbald zu Hilfe; gleichfalls solche, die, von politischer Leidenschaft verführt, zu weit gingen, und andere, die gewissenhaft der Wahrheit dienten.
Ein ähnlicher »Revisionismus« kann und wird sich im Bereich der Wissenschaft für 1939 niemals ergeben. Mögen die französischen, die englischen Archive einstweilen nur Ausgewähltes preisgeben, niemals wird man in ihnen finden, was unser Urteil über diesen durchaus öffentlichen, durchaus eindeutigen Vorgang im Eigentlichen verändern könnte. Dem historischen Erzähler wie dem Pädagogen bleibt nichts, als die Wahrheit aufrechtzuerhalten und notfalls für ihre Aufrechterhaltung zu kämpfen, so deprimierend die letztere Aufgabe auch ist. Gern begreifen wir, daß die Jugend von Schuld und Irrtum der Väter, bald der Großväter, von den alten Blutgeschichten zuviel nicht mehr hören will. Die Grundtatsachen müssen trotzdem in unserem Bewußtsein bleiben; denn ohne sie, was auch alles sich zwischen Damals und Heute geschoben hat, ist die Gegenwart nicht zu verstehen.

Charakter und Verlauf des Krieges

Der erste Weltkrieg hat den Deutschen wie den anderen Völkern Europas am Anfang große Freude gemacht. Er wurde mit Lust und Großartigkeit, mit ungeheuren Zusammenstößen begonnen; und obgleich auch er sich später erweitert hat durch den Beitritt Italiens, der Balkanstaaten, schließlich Amerikas, so war er doch von Anfang an ganz da. Er blieb, was er war, ein europäischer Krieg mit letzthin unbedeutenden Nebenschauplätzen auf anderen Kontinenten, dort wo Europa regierte. Der Grundcharakter des Kampfes änderte sich während der vier Jahre nicht, wie sehr auch seine Intensität sich stei-

gerte; zum Schluß wurde er mit ungefähr denselben Waffen entschieden, mit denen er begonnen worden war.
Zum zweiten Krieg hatte außer H. und seinen Spießgesellen eigentlich niemand Lust, und selbst der Tyrann wußte nur in den tieferen Schichten seiner Seele, worauf er sich da einließ. Kummer lag 1939 über der europäischen Menschheit; das öde Gefühl, daß nun alles noch einmal gemacht werden müßte und daß, wenn es das erste Mal trotz aller Opfer nicht recht gemacht worden war, es das zweite Mal wohl auch zu nichts Gutem führen könnte. In Frankreich hat dies Gefühl zu Seelenlähmung und Niederlage geführt. Die Deutschen begannen den Krieg, aber Lust hatten auch sie keine dazu, nicht die Zivilisten, nicht die Soldaten, am wenigsten die Generäle. Nie ist ein Generalstab so unschuldig an einem Krieg gewesen, wie der deutsche es am zweiten Weltkrieg war, nie ist er so widerwillig an die Ausübung seines Handwerkes herangegangen; nie ist die Politik so sehr der Reiter gewesen, das Heer aber nur das Pferd. Die Diktatur hat den Krieg gemacht. Es war *ihr* Krieg. Die große Mehrzahl der hohen Befehlshaber empfand gegenüber der Diktatur Zweifel und kühle Indifferenz, wenn nicht Haß und Verachtung. Trotzdem haben Generäle, Armee und Volk den Krieg durchgehalten, solange noch ein letzer Rest von physischer Möglichkeit dazu bestand.
Für dies Ausharren bis zum bitteren Ende gibt es spezifische Gründe, von denen noch zu reden sein wird. Im allgemeinen gilt, daß eine intakte Nation – von den besonderen Fähigkeiten der deutschen zu schweigen – den Krieg, wenn er einmal da ist, als ein ernstes Geschäft ansieht und ernsthaft führt. Die Soldaten schlagen sich, weil ihnen nichts anderes übrigbleibt; die Offiziere kennen ihre Pflicht. Das Sich-Ausschließen und Sabotieren ist gegen die menschliche Natur; es gehören dazu abnormale oder sehr, sehr starke Charaktere. Wohl oder übel will man das Schicksal der anderen teilen. Der Krieg als hingenommenes allgemeines Schicksal, als Aufgabe, an der die Nation sich zu bewähren hat, gleichgültig, wie und warum sie gestellt wurde – so wurde er erfahren, nicht von allen, aber wohl von den meisten. Als eine letzthin unpolitische Sache. Gerade nicht als Nazisache, wie sehr auch Nazipolitik für das Beginnen, wie auch für das grausige Durchführen verantwortlich war.
Das Verhältnis des »Regimes« zur Nation während des Krieges ist sonach ein vielspältiges. Der Krieg war H.s Krieg; mehr noch als vor 1939 stand der eine Mensch im Mittelpunkt der Ereignisse und Taten. Aber mehr noch als vor 1939 gehörte zum Krieg das Volk; was logischerweise zu einer neuen, noch stärkeren Einheit zwischen Diktatur und Volk hätte führen müssen. Jedoch ist das Treiben der Menschenwelt

nicht logisch. In Wirklichkeit waren Unterschied, Trennung, Feindschaft zwischen Regime und Volk wenigstens in den späteren Kriegsjahren tiefer als im Frieden. Während das Volk H.s Krieg an den Fronten führte, für H.s Krieg in seinen Städten arbeitete, führte das Regime einen Krieg gegen das eigene Volk, von dem es Tausende abschlachten ließ. 1944 machten die Niederlagen der deutschen Armeen vor dem Feind den letzten und vollständigen Sieg der Nazipartei über das Heer möglich; so daß man wohl sagen kann, das Regime sei nie stärker gewesen als kurz vor dem Ende und habe von dem herannahenden Fall des Reiches noch seinen Vorteil gehabt. . . Gleichzeitig suchte die Diktatur das Volk auf ihrer Bahn zu halten, indem sie es selber vor aller Welt für ihre eigenen Schandtaten mitverantwortlich machte und ihm mit dem Rachefrieden drohte, welchen ein siegreicher Feind ihm auferlegen würde. »Wir sind jetzt«, das war der kurze Sinn der Propaganda, »auf Gedeih und Verderb miteinander verbunden. Gehen wir unter, dann geht ihr auch unter, denn der Feind wird zwischen uns und euch keinen Unterschied machen.« Dies zugkräftige Argument begann man auszuspielen, sobald die Möglichkeit der Niederlage am fernen Horizont erschien; und die Alliierten taten so gut wie nichts, um es zu widerlegen.

Übrigens wollen wir der Wahrheit die Ehre geben und anmerken, daß die Herzen der Mehrheit leidlich zufrieden waren, solange die Dinge gut und ohne große Opfer gingen. Auch gab es damals viel loses Gerede, wie etwa, der Krieg sei unvermeidlich gewesen, weil man Deutschland als Weltmacht nicht habe hochkommen lassen wollen, oder, er sei die große Auseinandersetzung zwischen Sozialismus und Kapitalismus, und was dergleichen Unsinn mehr war. Das verstummte später.

Am wenigsten unbeliebt war der Krieg gegen Polen, vorausgesetzt, daß er auf Polen beschränkt blieb. Preußen-Deutschland war polenfeindlich seit 1848 und seit 1918. Dem unverschämten Slawenvolke, welches sich einbildete, des Reiches ebenbürtiger Nachbar zu sein, würde man es nicht ungern eintränken. Die Generäle wollten keinen Krieg; aber wenn er schon sein mußte, war Polen der Feind, dem gegenüber sie ihr Können am liebsten erprobten. Es ging dann auch alles sehr glatt. Tapfer, aber altmodisch ausgerüstet und unverständig geführt, waren die Polen dem Ansturm der deutschen Panzerdivisionen keine vierzehn Tage gewachsen. Eine französische Offensive gegen den Rhein hätte die Lage allerdings gewaltig ändern können in einem Augenblick, in dem Deutschland seine Streitkräfte gegen Polen konzentriert hatte und im Westen nahezu wehrlos war. Aber die Franzosen wagten es nicht; sie wollten warten, bis man sie angriffe. Sie hielten praktisch ihr den Polen gegebenes Versprechen nicht, denn die bloße Erklärung des Krieges war keine Hilfe. Sie gaben damit einen östlichen Alliierten noch einmal auf, wie die Tschechen im Vorjahr aufgegeben worden waren. Ein Zeichen der Zeit; ein Verzicht, dessen Folgen sich niemals rückgängig machen ließen. Genauer hielten die Russen ihre neuen Verpflichtungen ein. Am 17. September begannen sie den Einmarsch in die ihnen durch den Moskauer Pakt zugewiesenen polnischen Ostgebiete. Am 5. Oktober hielt H. seine Siegesparade in Warschau ab.

Danach machte er den Westmächten ein Friedensangebot. Er würde Polen behalten, das ganze Polen, abzüglich der vorwiegend nichtpolnischen ukrainischen und weißrussischen Gebiete, die Stalin sich angeeignet hatte. Man würde übrigens Deutschland seine afrikanischen Kolonien zurückgeben müssen. Sonst verlangte er vom Westen nichts und sähe keinen Grund für weiteres Blutvergießen. . . Es war, noch einmal, das deutsche Friedensangebot von 1916; das Friedensangebot des Siegers, der, wenn man ihm seine Beute ließ, sich mit ihr begnügen wollte. England konnte das nicht annehmen. Es hätte seinen Rang, seine Ehre in der Welt verloren, unwägbare, aber vital wichtige Dinge. Ungleich weniger als die deutschen Angebote während des ersten Krieges hatten jetzt H.s »Friedensoffensiven« Aussicht auf Erfolg. Der Kaiser und Bethmann-Hollweg waren doch fromme Ehrenmänner gewesen, keine bewährten Vertragsbrecher und Schurken. Übrigens wissen wir, daß H. selber sein Angebot keine Minute ernst nahm, so vernünftig es auch klang. »Das deutsche Kriegsziel«, schrieb er drei Tage, nachdem er es hatte ergehen lassen, »hat in der endgültigen militärischen Erledigung des Westens zu bestehen . . . Diese innere Zielsetzung muß allerdings der Welt gegenüber die von Fall zu Fall psychologisch bedingten propagandistischen Korrekturen erfahren.« Zwischen Nazi-Deutschland und dem noch freien Europa war kein Friede mehr möglich.

Aber die Alliierten wollten auch nicht aktiv Krieg führen. Nach einer Denkschrift ihres Generalissimus, General Gamelin, würde es ihnen erst 1941 möglich sein, zur Offensive überzugehen. Tatsächlich war es den Franzosen überhaupt nicht möglich, weil der Nation die Lust dazu fehlte – eine menschlich-sympathische, energischer Gleichgewichtspolitik und Strategie aber nicht zuträgliche Seelenlage. Man erfüllte den Anspruch nicht, den man durch die Kriegserklärung des 3. September angemeldet hatte. Man wollte abwarten, Verbündete suchen. Daher nun die wunderliche Epoche, die man im Westen den »falschen« oder »Schein-Krieg« nannte: das

tatenlose Sichgegenüberliegen an der Westfront, das linkische Tasten nach Nebenschauplätzen und Nebenfeinden. Zweimal, durch Finnland und durch die Türkei, waren die Alliierten darauf und daran, die Sowjetunion auf seiten Deutschlands in den Krieg zu zwingen – ein Schildbürgerplan, der ihre Ratlosigkeit bewies. In Frankreich war das Gefühl stark, daß die Sache keinen Sinn hätte und man sich mit dem Unvermeidlichen, der deutschen Herrschaft über Europa am besten abfände, anstatt englischen Interessen zu dienen. Aus der Mottenkiste holte man wohl die Kriegsziele Napoleons und Marschall Fochs: die Aufteilung Deutschlands in seine historischen Bestandteile, die französische Rheingrenze. Aber wenige glaubten daran. Und es geschah nicht das mindeste, um solche Träume zur Wirklichkeit zu bringen.
H. hatte keinen Kriegsplan. Die Ziele standen ihm fest: die »Erledigung« aller europäischen Staaten, einschließlich des russischen, und zwar eines nach dem andern, bei Vermeidung eines Krieges an mehreren Fronten. Die Methode, die Mittel, die Reihenfolge selber waren Sache der Improvisation. Zugleich Monarch, Chefpolitiker, Oberbefehlshaber und sein eigener Generalstabschef, zwei ihm unterstellte Planungsorganisationen, das Oberkommando der gesamten Wehrmacht und das des Heeres, mißtrauisch gegeneinander ausspielend, schritt er vorwärts von Gelegenheit zu Gelegenheit, jeweils sich auf eine Unternehmung, einen Überfall, ein Opfer konzentrierend und die Zukunft sich selber überlassend. So hatte er immer Politik getrieben, innere wie äußere; so trieb er jetzt den Krieg. Das Großreich, das er gründen wollte, sollte ein deutsches sein, kein europäisches, aber er wollte es auf europäischem Boden gründen. Das hieß Unterwerfung aller europäischen Völker. Nichts anderes war mit ihrer »militärischen Erledigung« gemeint; auf einen halbwegs freien Bund, sei es unter deutscher Vormacht, hätte er sich nicht eingelassen und dafür war er am wenigsten der Mann. Aber die Unterwerfung, selbst wenn sie gelang, konnte nicht dauern. Man konnte aus der Mehrzahl der Europäer keine Nebenvölker oder Heloten machen. Daß Europa eins werden müßte und die Zeit der kleinen Staaten vorüber sei, darüber ist damals auch unter Belgiern, Holländern, selbst Franzosen gesprochen worden, dafür hätte sich eine gewisse Bereitschaft wohl finden lassen. Niemals für das, was H. bot.
Was er bot, lehrte das Schicksal Polens seit dem September 1939; auch dann, wenn man in unsichere Rechnung brachte, daß der Tyrann zwischen den slawischen und germanischen Völkern unterschied. Seine Polen betreffenden Befehle sind damals nur wenigen bekannt geworden. Er selber hat sie mit Vergnügen als teuflisch bezeichnet. Das waren sie; denn sie

liefen auf die Abschaffung aller Formen höherer zivilisierter Existenz, auf das Töten der Führungsschicht, auf »völkische Ausrottung« hinaus. Die Polen, die gewagt hatten, nein zu sagen zu einer deutschen Forderung, sollten fortan ungelernte Arbeiter für die deutsche Kultur sein, nichts anderes. Zu morden waren ferner die polnischen Juden, Millionen von ihnen. Das begann schon während des Feldzuges oder kurz danach. Ein deutscher Offizier, der ein Gut in Posen hatte, hat später in seinem Testament angeordnet, man möge dort den Ermordeten aus dem Spätherbst 1939 ein Kreuz setzen, mit der Inschrift: »Hier ruhen vierzehnhundert bis fünfzehnhundert Christen und Juden. Gott sei ihrer Seele und ihren Mördern gnädig.« Ein junger Soldat schrieb aus dem Feldzug nach Hause: »Nie werde ich erzählen, was ich erlebt und gesehen habe.« Das sind Äußerungen von Deutschen, die dabei waren. Polen war isoliert und einsam in seiner Qual damals, aber nichts dergleichen läßt sich ganz geheimhalten. Durch Flüchtlinge, durch deutsche Soldaten wurde etwas vom Schicksal der Geschlagenen in der Welt bekannt. Es hätte Verhandlungen mit H. vollends unmöglich gemacht, wenn sie es nicht schon gewesen wären. So befand sich Europa in dem Widerspruch, daß es gegen die unter H. erkämpfte Machtstellung Deutschlands nichts Ernsthaftes unternehmen konnte oder wollte, daß es auch keine andere echte Lösung des europäischen Problems vorschlagen konnte (denn Frankreichs Kriegsziele waren nur lächerlich); daß es aber die von H. gebotene, in Polen vorexerzierte Lösung nimmermehr hinnehmen konnte.
Der Ausweg aus dumpfer Sackgasse war neuer, echter Krieg. Wieder, wie ein Dutzend Male seit 1933, ergriff Deutschland die Initiative. Man würde Europa das aufzwingen, was freiwillig hinzunehmen es sich nicht bequemte, und dabei die »sogenannten Neutralen« — ein Ausdruck H.s — ebenso behandeln wie den erklärten Feind. Das war schon seit Oktober beschlossene Sache; der Einbruch in Frankreich unter Umgehung der »Maginot«-Befestigungslinie, das In-einem-Zuge-Mitnehmen von Belgien und Holland. Wieder warnte das Oberkommando des Heeres, daß so etwas sobald wohl nicht zu wagen und der Gegner zahlenmäßig überlegen sei; wieder wischte H. die Warnungen verächtlich beiseite: er kenne die Franzosen besser. General von Manstein, der, wie viele seiner Kollegen, den Vorgang in seinen Erinnerungen erzählt, spricht hier von einer »Entmachtung des OKH«; man muß aber gestehen, daß das OKH viel Macht schon damals nicht mehr hatte und daß die Krisen seit 1933, durch welche es entmachtet wurde, kaum zu zählen sind. Die Ausführung des Planes, zuerst für November vorgesehen, wurde mehrfach verschoben. Andere Projekte kamen dazwischen. April 1940 fielen deutsche

Truppen in Dänemark und Norwegen ein, um die Erzzufuhr aus Schweden über den Seeweg und Europas Nordküsten gegen einen denkbaren englischen Zugriff zu sichern. Norwegen unterlag trotz der hastig improvisierten alliierten Hilfe binnen drei Wochen – eine schlagartige Aktion nach H.s Geschmack, mit allen Listen, aller Phantasie und Grausamkeit der »Machtergreifung«. Es ist zwar den Norwegern das Schicksal der Polen nicht bereitet worden. Das Land blieb unter einer eigenen Scheinregierung. Viel Leid hat die deutsche Besetzung trotzdem verursacht und Haß gesät, der heute, nach so langer Zeit, wohl noch nicht ganz abgestorben ist. Zudem wußten seit der skandinavischen Sache und der Art, in der sie durchgeführt wurde, die noch übrigen Neutralen, wessen sie sich zu gewärtigen hätten. Vorsichtig, zögernd hatte dies zweite große Kriegsspiel des zwanzigsten Jahrhunderts begonnen. Seit Norwegen war klar, daß schließlich überhaupt kein Recht mehr in ihm gelten werde.

Die große Offensive im Westen begann im Mai 1940. Sie war im Juni zu Ende und war das Verblüffendste, wovon die moderne Kriegsgeschichte weiß. Die holländische Armee kapitulierte nach drei Tagen, die belgische nach drei Wochen, die französische nach sechs. Auch hier wurde die Strategie des Schreckens geübt; mit der Bombardierung der Stadt Rotterdam, der Zerstörung des Stadtkerns eine Stunde, nachdem Holland sich ergeben hatte, begann eine Art der Kriegführung, die später auf Deutschland zurückwirken sollte. Im großen und ganzen aber ging es bei diesem phantastischen Siege mit rechten Dingen zu. Die Überlegenheit der deutschen Führung, der Truppen, der Waffen errang ihn gegen einen Feind, der zur Wiederholung der Opfer des ersten Weltkrieges keine Lust hatte. Die Franzosen gingen in jede Falle der Strategie wie der Propaganda. Als das Ein und Alles ihrer Kriegführung, ihre große Befestigungslinie, umgangen und durchbrochen war, blieb ihnen gar nichts mehr. Ihre eigene Panik und Auflösung, die Flucht ungezählter Millionen quer durch das Land nach Süden, hat ihnen mehr Qual verursacht, als der auf Ordnung haltende, alles in allem diszipliniert auftretende Sieger. Unwissenheit, Zynismus, lachende Gleichgültigkeit, heimliche Bereitschaft, mit dem Überlegenen, historisch offenbar Berechtigten, gemeinsame Sache zu machen, Abneigung gegen die Welt, welche Frankreichs Frieden störte, Abneigung der sozialen Klassen untereinander, auch wohl das Bewußtsein, daß man selber ja den Krieg »erklärt« hatte und eigentlich schuld daran sei, und nur in den Herzen einer Minderheit leidender Stolz und Verzweiflung – dies war Frankreichs seelisches Bild im Sommer 1940. Die Generäle, überalterte, querköpfige, stark mit dem Faschismus sympathisierende Herren aus glorreicher Vorzeit, die den Krieg nicht hatten führen können, boten den Waffenstillstand an und setzten ihn dem eigenen Volk gegenüber durch. Das konnten sie, weil es dem Sinn der gewaltigen Mehrheit entsprach. H. griff eilends zu und ließ den Waffenstillstand auf eben dem Platz und in eben dem Eisenbahnwagen unterzeichnen, in dem vor zweiundzwanzig Jahren die armen deutschen Parlamentäre dem Marschall Foch begegnet waren.

Aber dieser Akt der Rachsucht und Wollust konnte das Ereignis nicht realer machen, als es war; er konnte nur die Ödigkeit des Hin und Her von Sieg und Niederlage in der sinnentleerten Geschichte des deutsch-französischen Streites symbolisieren. Je größer und beispielloser H.s Siege wurden, desto geisterhafter wurden sie. Auch dem mit verspäteten Geschichtsverwirklichungen — Großdeutschland, Tschechen-Sieg, Polen-Sieg, jetzt Frankreich-Sieg — übersättigten deutschen Volk machten sie wenig Freude, oder Freude nur darum, weil sie das Ende näherzubringen schienen. Westeuropa hatte den Raum und den Willen nicht mehr, gegen Europas militärisch stärkste Macht zu kämpfen. Es hatte aber auch nicht den Willen, sich ihr ernsthaft zu unterwerfen; Völker von der alten Würde und Leistung des holländischen und französischen konnten das nicht. Sie kämpften zum Schein, sie unterwarfen sich zum Schein. In jedem der vier Weststaaten war die Regelung verschieden, je nachdem, ob Monarchen und Regierungen ins Exil gegangen oder dageblieben waren. Wesentlich kam überall ein dem deutschen, italienischen oder spanischen nachgeäffter falscher Faschismus an die Macht, welche vollendete Ohnmacht war. »Faschismus« muß immerhin souverän sein, muß große Gesten machen können und Volk und Glorie hinter sich haben. Die Faschismen Westeuropas waren Geburten der Niederlage, vertreten durch Männer, die kaum Volk hinter sich hatten und vom Elend des Vaterlandes profitierten. Die Macht, welche sie hatten, war überall die der deutschen Armee, und die war nicht ihre, sie war über ihnen. Darauf ließ sich keine »europäische Ordnung« bauen. In Berlin trieb man es vergnüglich und glaubte die Sache dem Ende nahe. Es wurden ein Dutzend Feldmarschälle ernannt, Truppen demobilisiert, der »größte Feldherr aller Zeiten« gefeiert. In Wirklichkeit war nichts entschieden.

Wir sagten, daß damals in den Völkern Westeuropas eine Bereitschaft war, sich von alten politischen Gewohnheiten zu trennen, neue soziale und zwischenstaatliche Formen des Zusammenlebens hinzunehmen. Aber Nazi-Deutschland hatte nichts dazu vorbereitet, es konnte sie nicht geben. »Europa« und »Reich«, Europa und die Macht des deutschen Tyrannen reimten sich nicht aufeinander, und selbst wenn H. den West-

völkern eine annehmbare, freie Ordnung hätte bieten wollen — aber dazu waren er und sein Machtsystem ihrem innersten Wesen nach nicht imstande —, so hätte Englands großes NEIN genügt, sie unmöglich zu machen. Es konnte in jedem Fall kein echter Friede auf dem Kontinent sein, solange England nicht Frieden machte und jedem europäischen Widerstand noch ein Beispiel und Hoffnung bot. Es schloß keinen Frieden, überhörte das wie verächtlich hingeworfene Angebot, das H. im Juli noch einmal machte. Damit kam ein neuer Ton in das Ganze. Der Feldzug im Osten war für die Polen furchtbar gewesen, aber eine nur örtliche, isolierte Sache, ein Vorspiel, nach welchem der Vorhang lange Zeit nicht aufging. Der Krieg im Westen war nahezu lächerlich ausgegangen. England machte Ernst. Winston Churchill, Krieger, Poet, Abenteurer und Staatsmann, erfaßte H. als das, was er war: »dieser böse Mann, diese Höhle und Verkörperung so vielen seelenzerstörenden Hasses, diese monströse Ausgeburt alten Unrechts und alter Schande. . .« Er schwor, England würde nicht rasten, bis der ärgste Schandfleck, der je an der Menschheit gehaftet, von ihr getilgt sei. Damals brachte Churchill Sinn und Großartigkeit und etwas moralisch Schönes in den Krieg. England kämpfte ja nicht für sich, es hätte sofort Frieden haben können, oder kämpfte für sich nur insofern, als auch und gerade seine Existenz in der Welt von der Bewahrung menschlicher Grundregeln abhing. Der politische Krieg wurde zum Kreuzzug, zum Kampf der guten Sache gegen die schlechte. Das hat später lästige Folgen gehabt. Aber ließ es sich jetzt noch vermeiden? War H.s Sache, so wie *er* war und wie er sie führte, nicht wirklich die schlechte? Diplomatie mit ihm zu treiben, mit ihm so zu traktieren wie mit normalen Mächten, hatte man lange genug versucht.
Imposant war Englands NEIN, das einzige menschlich große Ereignis in der Geschichte dieses Jahres und vieler Jahre. Nur leider ließ es sich durch keine Tat erfüllen. Die britischen Truppen, an sich in ihrer Zahl unzureichend, hatten aus dem Zusammenbruch in Frankreich ihr nacktes Leben auf die Insel zurückgerettet, sonst nichts. An eine Befreiung des Kontinents war auf Jahre hinaus nicht zu denken. Das war eine Unwahrhaftigkeit der englischen Stellung während des folgenden Jahres: sie behaupteten, für den Sieg zu kämpfen, der ihnen ganz unerreichbar war, solange nicht andere, stärkere Mächte eingriffen. Wer das früher oder später sein würde, war offenes Geheimnis; aber man sprach es nicht aus.
H., Herr über Europa vom Nordkap bis zur spanischen Grenze, durch den italienischen Bundesgenossen bis Sizilien und Afrika, hatte über die Fortsetzung des Spieles sich zunächst keine Sorgen gemacht. Wie immer hatte er sich, in den Monaten

Mai bis Juni, auf ein Opfer konzentriert. Als England sich nicht geschlagen gab, mußte er wohl oder übel die Frage des »Was nun?« stellen und ließ, arg verspätet, die Landung in England vorbereiten. Um sie durchführen zu können, glaubte er zuerst die englische Luftwaffe ausschalten zu müssen. In der ersten wirklich ernsthaften Schlacht des Krieges, der Luftschlacht über England, gelang das nicht. Daraufhin beschloß er, England einstweilen beiseite zu lassen.
Es folgte, wie nach dem polnischen Feldzug, eine Periode des Krieges ohne Kriegsschauplätze oder mit nur Nebenschauplätzen, des Tastens und Manövrierens. Italien, das in Frankreich zu spät für seinen Ruhm sich eingemischt hatte, suchte Lorbeeren, indem es die Engländer in Ägypten angriff; das bekam ihm schlecht. Es suchte sie dann durch einen Überfall auf Griechenland; das bekam ihm auch schlecht. Von Mussolini übernahm H. die Idee, man könnte England von Suez abschneiden; daher die deutsche Landung in Afrika. Von Mussolini erbte er wohl oder übel auch den Krieg gegen Griechenland. Dieser floß zusammen mit einer Aktion gegen Jugoslawien oder Serbien. Ungarn, Bulgarien, Rumänien unterwarfen sich der deutschen Führung, lieferten, was man von ihnen verlangte, machten, als man es verlangte, auch Deutschlands Feldzüge mit. Die Serben allein rebellierten im März, brachen den Vertrag, der ihnen aufgezwungen worden war. H. duldete keine Rebellion in Europa und konnte sie nicht dulden; Rebellionen sind ansteckend. Jugoslawien wurde erobert und dann Griechenland. Wieder hatten die Engländer Hilfe gegeben, die sie geben konnten, wie in Norwegen, wie in Frankreich; wieder waren sie vertrieben worden.
Deutsche Truppen in Oslo und an den Grenzen Ägyptens, in Bayonne, in Warschau, in Athen. Der gesamte Kontinent, mit Ausnahme Schwedens und Spaniens, direkt oder indirekt unter deutscher Kontrolle; auch Spanien, selbst Schweden zu den Hilfeleistungen bereit, die man von ihnen erwartete. Ein phantastisches Abenteuer, eine enorme nationale Energieleistung. An schierer Expansion ging sie schon jetzt über das im ersten Krieg Gewonnene weit hinaus; ob auch in der Überwindung wirklichen Widerstandes, ist eine andere Frage. Europa war 1941 schlaffer und ausgehöhlter als 1916, bereiter, sich zu ergeben. Bisher war alles unglaublich leicht gegangen, nur die Landung in England nicht; und die hatte man gar nicht versucht. Wenn übrigens die Besetzung Europas durch eine einzige europäische Nation für die aktiven Teilhaber an dem Unternehmen ihre stolze, wohl auch ihre fröhliche Seite hatte, so war es anders für die nur passiven Teilhaber, die nichtdeutschen Völker. Die hatten wenig Freude daran.
Man sprach von der uneinnehmbaren »Festung Europa«. Ein

deutscher Professor dozierte über »geschlossene Großräume mit Einmischungsverbot«, von denen der deutsche einer sei. Wie sollte er zu bezwingen sein, solange seine Beherrscher sich nicht in andere Großräume mischten? Im Frühling 1941 war nahezu Friede von der atlantischen bis zur pazifischen Küste Eurasiens, und es ist damals ein japanischer Diplomat in seinem Salonwagen von China über Moskau bequem nach Berlin und Rom gereist. Weniger friedlich war, was er dort zu hören bekam.

Wir können den Tag, an dem H. beschloß, Rußland anzugreifen, nicht genau bestimmen. Eine solche Sache wird nicht an einem Tag beschlossen. Beschlossen war sie im Grund von jeher. Das hindert nicht, daß H. auch andere und widersprechende Pläne in seinem Geist wälzte, und daß er vielleicht ehrlich war, als er dem russischen Außenminister im November 1940 großspurige Vorschläge zur Teilung des britischen Weltreiches machte. »Ehrlichkeit« ist ein Wort ohne festen Sinn in solchem Zusammenhang. Wir haben Andeutungen darüber, daß der Friede mit Rußland nicht dauern werde, schon seit dem Juli 1940. Wir haben den Befehl zur Vorbereitung der Aktion »Barbarossa« im November. Wir haben übrigens in »Mein Kampf« das Kapitel, in welchem entwickelt wird, daß in Rußland und nur dort der Lebensraum zu finden sei, welchen die Deutschen brauchten. Und daran war so viel richtig, daß er in Belgien oder Dänemark ganz gewiß nicht zu finden war.

Es bestand keinerlei Zwang, die Sowjetunion anzugreifen. Sie bedrohte Deutschland nicht. Vielmehr, sie bedrohte Deutschland nur in dem Sinn, daß sie da war, eine bedeutende Industrie- und Militärmacht, der man letzthin nicht trauen konnte, zumal Verträge nichts mehr galten, daß also H. sich nicht ganz auf England konzentrieren konnte, solange es im Osten einen souveränen Staat und eine ungeschlagene Armee gab. Es war die Situation, welche 1812 Napoleon gezwungen haben soll, sich gegen Rußland zu wenden. Ob nun aber Napoleon wirklich gezwungen war, nach Moskau zu marschieren, ob das ein rationaler politischer Akt war? Immer gab es Historiker, die es bezweifelten. Zudem erfüllte Stalin seine Verpflichtungen gegenüber H. viel pünktlicher, als der Zar Alexander sie gegenüber Napoleon erfüllte. Der Zar schielte nach England, durchbrach die Regeln der Kontinentalsperre und sah den großen Zusammenstoß herannahen. Stalin schielte gar nicht nach England, lieferte den Deutschen treulich, was er zu liefern verpflichtet war, und sah den Zusammenstoß gar nicht kommen. Er schlug die wohlfundierten Warnungen Englands und Amerikas verächtlich in den Wind, H. gab süße Worte bis zum letzten Tag, ging durch wahre Verrenkungen

einer »Beschwichtigungspolitik«, welche die des armen Neville Chamberlain in den Schatten stellte. Ob Rußland Deutschland überhaupt jemals angegriffen hätte, darüber kann man nur die unsichersten Vermutungen anstellen. Der Natur der russischen Nation, der hergebrachten russischen Strategie, der kommunistischen Doktrin, dem vorsichtigen, ja feigen Wesen Stalins und seinem Respekt vor der deutschen Militärmacht entsprach es *nicht*. In dem Augenblick, in dem H. seine Truppen über die russische Grenze schickte, war es der freie Entschluß eines einzigen. Noch einmal konnte er seine ersten Siege dadurch gewinnen, daß er den Feind überrascht und sehr übel vorbereitet fand.
Es gab deutsche Militärs, welche die Stärke Rußlands nicht ganz so gering schätzten wie die oberste Leitung. Da sie aber bisher mit ihren Warnungen immer unrecht behalten und von ihrem Einfluß auf Politik und Kriegführung beinahe alles verloren hatten, so war ihre Stimme eine sehr dünne; doch hätte sie im Interesse Deutschlands diesmal stark und entscheidend sein sollen. H. erklärte die Nachrichten über Rußlands Stärke für Märchen und war sicher, das Unternehmen vor dem Winter beenden zu können. Man war anderswo nicht besser informiert. Die eingeweihtesten amerikanischen Militärs rechneten mit einem Feldzug von »mindestens einem Monat, im günstigsten Fall von drei Monaten«.
Eine größere technische Aufgabe ist nie bewältigt worden, und weil und insoweit sie eine technische, eine Aufgabe für männliches Können war, ging die Nation in ihrer Blüte, dem Heer, mit Ernst daran. Napoleon war mit einer halben Million in einer einzigen Hauptkolonne in Rußland einmarschiert, schwach flankiert von Hilfstruppen südlich und nördlich. Nun wurden Millionen zu drei Offensiven nach vorwärts geworfen; gegen Leningrad, gegen Moskau, gegen den Südosten. Kenner der Kunst versichern uns, diese dreifache »schwerpunktlose« Offensive sei ein Fehler gewesen; man hätte sich auf den Feind anstatt auf die Besetzung schieren Raumes konzentrieren sollen. Aber H. war jetzt der einzige Planer der deutschen Strategie, und ihm lagen die großartigen Umgehungsmanöver, die Eroberung der Städte mit symbolischen Namen, die spektakulären Gewinne, aus denen sich Beute ziehen ließ.
Was er wollte, war die Vernichtung des russischen Staates und Volkes. Wie das geschehen sollte und bis zu welcher Grenze, darüber war er sich in seinem zugleich scharfen und trunkenen, wahnsinnigen Geist wohl nicht klar; man konnte ja 180 Millionen Menschen mit den damals zur Verfügung stehenden technischen Mitteln nicht töten. Es wird sich so verhalten haben, daß er bereit war, die Mehrzahl der russisch sprechenden

Menschen leben zu lassen, aber nicht als Staatsvolk, als Nation. Man sollte jeden erschießen, sagte er, der nur irgendein unzufriedenes Gesicht machte. Man sollte alle aktiven Bolschewisten umbringen. Man müßte den Asiaten begegnen, wie sie es verdienten. »In diesem Kampf wird nur *ein* Volk leben bleiben, und das wird das deutsche sein! Dafür bürgen Sie mir, meine Herren, und Ihre tapfere Truppe. Hämmern Sie ihr ein, um was es geht! Machen Sie sie hart und bekämpfen Sie alle humanen und weichlichen Ideen in ihr!« Und später, in einer Rede an die Nation: »Eine geschichtliche Revision einmaligen Ausmaßes wurde uns vom Schöpfer aufgetragen, die zu vollziehen wir nunmehr verpflichtet sind.« – Die Austilgung des russischen Staates und Volkes wäre eine beträchtliche »geschichtliche Revision« gewesen. In keinem Krieg christlicher Zeiten wurde die Alternative »ihr oder wir« so ohne Scham gestellt. Die deutschen Generäle sahen es anders. Sie erzählen uns, wie sie sich bemühten, H.s Mordbefehle zu umgehen, »soldatische Sauberkeit« zu bewahren, Gefangene vor dem Hungertod zu retten, womöglich sich die Sympathien der Bevölkerung zu erwerben. Man wird es ihnen glauben. Sie waren keine Barbaren. So wie man auch glauben mag, daß die deutsche Armee insgesamt nicht brutaler handelte als andere Armeen. Freude an der Grausamkeit gibt es in jedem Volk; sie lebt auf, wo immer die Menschen die Freiheit dazu haben, die der Krieg gewährt; das sind Versuchungen, denen überall einzelne nachgeben, aber nicht die meisten. In ein unendlich weites, fremdes und feindlich-ödes Land geworfen, gequält von Partisanen hinter der eigenen Front, geängstigt durch die Kriegführung eines Gegners, der seinerseits gegenüber dem Eindringling kein Erbarmen kannte, tat der Landser seine harte Pflicht, weil er mußte, und machte sich das Leben so erträglich, wie es ging. Es gibt beim Erleben solcher Völkerwanderungen ein Gefühl, das Tolstoi in »Krieg und Frieden« rationalisiert hat; ein einzelner, der Kaiser, der Diktator, kann dies Schicksal der Millionen im Grund nicht verursacht haben, es geschieht, weil es eben geschehen mußte... Den Sieg wünschten sie freilich, das gehörte mit dazu. Daß Deutschlands Sieg H.s Sieg wäre und daß man den nicht wünschen dürfte, dieser schwierige, verborgene Gedanke konnte nur einer kleinen Zahl unabhängiger Seelen kommen.
So die Haltung der Offiziere und Mannschaften. Das hinderte nicht, daß die große Masse der Vernünftigen und Gesunden einigen wenigen Schurken diente, daß sie durch ihre brave Arbeit ein teuflisches Unternehmen erst ermöglichte. Es war das Doppelgesicht Deutschlands seit 1933; der Mann, der zugleich der Reichskanzler, der Staatschef, in diesem Fall der Oberbefehlshaber war, mit seinen Generälen, wenn er wollte,

auch ganz vernünftig reden konnte und der doch gleichzeitig Befehle des Wahnsinns gab, welche pünktlich ausgeführt wurden; wenn nicht vom Heer, dann von besonders gedrillten »Einsatzkommandos«. Wie das Heer von diesen Dingen wegsah, sie nicht wissen wollte, so redet auch der Historiker ungern von ihnen. Es sind Taten und Zahlen, die die Phantasie sich nicht vorstellen kann, der Geist sich zu glauben weigert, wie klar auch dem Verstand bewiesen werden kann, daß sie wahr sind. Sie sind wahr. Wir haben die Befehle, die Reden des »Reichskommissars für die Festigung des deutschen Volkstums« an seine Helfershelfer; wir haben die Berichte der Augenzeugen, die Aussagen der Kommandanten der Vernichtungslager vor Gericht; wir haben die Photographien. Kein Zweifel ist möglich über eine Untat, die, in unserer Zeit geschehen, auf das Bild des Menschen und seine Geschichte für alle Zeiten einen Schatten werfen wird. Das Ärgste, die Gaskammern in den Lagern von Polen und Österreich, in denen Europas Juden, Millionen von ihnen, getötet wurden, ist damals nur einer ganz kleinen Zahl von Mordbeamten bekannt gewesen. Die Alliierten, viel besser unterrichtet als Volk und Heer in Deutschland, haben von diesen Lagern nichts gewußt. Anders steht es mit den Massenmorden an Juden oder kommunistischen Funktionären, die in der Öffentlichkeit des russischen Krieges stattfanden. Er sei, berichtet ein deutscher Offizier, im Jahre 1942 in der Ukraine »Augenzeuge einer Massenausrottung im Rahmen der ›Endlösung der Judenfrage‹ gewesen und er wünsche ein solches Erlebnis seinem ärgsten Feind nicht«. Carl Goerdeler schrieb 1943 an den General Kluge: »Vor einer Woche vernahm ich den Bericht eines 18½jährigen SS-Soldaten, der früher ein ordentlicher Junge war, jetzt mit Gelassenheit erzählte, daß es ›nicht gerade schön wäre, Gräben mit Tausenden von Juden angefüllt mit dem Maschinengewehr abzusägen und dann Erde auf die noch zuckenden Körper zu werfen! Was hat man mit der stolzen Armee der Freiheitskriege und Kaiser Wilhelms I. nur gemacht!« — Es waren die tiefsten Tiefen des H.schen Unternehmens. Das Tiefste, Gemeinste entscheidet aber hier den Charakter des Ganzen.

Auch auf einer anderen, der Hölle nicht ganz so nahen und gar nicht verheimlichten Stufe zerstörte die deutsche Kriegspolitik ihre eigenen Zwecke und Möglichkeiten. In Rußland, zumal den nicht-großrussischen Gebieten des Reiches, den baltischen Provinzen, der Ukraine, waren der deutschen Armee offenbare Sympathien entgegengekommen. Hier war eine Chance, welche deutsche Generäle sahen und zu benutzen wünschten. Aber H. machte keinen Wesensunterschied zwischen Ukrainern und Polen; der Deutsche sollte Herr, der

Slawe in Zukunft der rechtlose Knecht sein, ob Großrusse, Kleinrusse oder Tscheche. Die Parteimänner, die mit ihren Stäben sich in den besetzten Gebieten einnisteten, regierten zu den Zwecken des Meisters und ihren eigenen, nicht zu den Zwecken des Heeres: Sicherung der Herrschaft, Ausbeutung. »Früher«, meinte der joviale Göring, »nannte man das plündern. Nun, die Formen sind humaner geworden. Ich gedenke trotzdem zu plündern, und zwar ausgiebig...« Eine Form des Plünderns war der Raub der Menschen selber. Über fünf Millionen Menschen sind in den eroberten Gebieten eingefangen und nach Deutschland gebracht worden, um dort zu arbeiten; nicht alle unter barbarischen Bedingungen, es wäre falsch, das zu sagen — mancher ist später freiwillig dort geblieben; aber unter elenden, entwürdigenden Bedingungen doch die Mehrzahl. Die russischen Kriegsgefangenen, die anfangs sich in riesigen Zahlen ergaben, weil sie keine Lust hatten, für den Despoten im Kreml zu kämpfen, ließ man Hungers sterben. »In den Gefangenenlagern«, erklärte Göring im Winter 1942 dem italienischen Außenminister, »haben die Russen angefangen, sich gegenseitig aufzufressen. In diesem Jahr werden in Rußland zwischen zwanzig und dreißig Millionen Menschen verhungern. Und vielleicht ist das gut so...«

Einem solchen Feind gegenüber gab es auf die Dauer nur eine mögliche Reaktion. Die Völker des russischen Reiches, 1941 verwirrt, mit sich selber uneins und leicht geschlagen, sammelten sich während des folgenden Jahres im Haß gegen den Eindringling; und sammelten sich, da sie keine andere hatten, um die Führung, welche der Kreml gab.

Deutschland verlor seine russische Chance; die europäische hatte es längst verloren. H., seit er seinen Krieg gegen Moskau begonnen, gab sich gern als Europäer; die Freiheit, die ehrwürdige Zivilisation Europas gelte es zu verteidigen gegen die Hunnen des 20. Jahrhunderts. Europa überhörte den Ruf und mußte ihn überhören. Wieder nicht durch Schuld der Armeeführung. Die deutsche Armee hat 1940 in Frankreich und Belgien mehr Mäßigung gezeigt als 1914, und ihre Befehlshaber waren voll guten Willens. Auch kam ihnen zunächst der gute Wille eines großen Teils der Bevölkerung entgegen. Aber die politische Führung machte es ihnen unmöglich, ihre Versprechen zu halten; bald waren das Besatzungsregime und seine einheimischen »Kollaborateure« bei den Völkern tödlich verhaßt. Die Ausbeutung der Länder im Interesse der deutschen Kriegführung; das Nichtheimkehren der Kriegsgefangenen fünf Jahre lang und das Verschicken von Zwangsarbeitern; die Weigerung, Frieden zu machen und bestehende Grenzen anzuerkennen, weil man überhaupt keine

Grenzen anerkennen wollte und die alten Staaten Westeuropas zu zersplittern oder in phantastischen Formen des frühen Mittelalters an das »Reich« anzuschließen gedachte; schielende Machenschaften, um einzelne Bevölkerungsteile gegen die anderen zu hetzen; Besetzung der Regierungsposten durch windige Faschisten, die jeden Rückhalts im Volk entbehrten; schließlich grausame Niederschlagung jeder Opposition, Terrorjustiz, Geiselerschießungen, Folter — das waren nicht die Mittel, um Europa zu einigen; auch dann nicht, wenn es wahr gewesen wäre, daß ohne Zentralmacht und ohne ein Maß von Gewalt Europa nicht geeinigt werden konnte. Die Europäer sahen Deutschlands Kampf gegen Rußland nicht als den ihren an. Die freiwilligen Legionen der Franzosen und Spanier konnten darüber nicht hinwegtäuschen. Sie leisteten fast gar nichts, und auch die Truppen, deren Staaten als vollberechtigte Verbündete galten, Rumänien, Italiener, Ungarn, leisteten nicht viel. Indem Europa dem deutsch-russischen Zweikampf von weitem zusah, waren seine Hoffnungen auf der russischen Seite.

Man mag das tragisch nennen; ein weiteres, spätes Kapitel in der Geschichte von Europas Selbstzerstörung. Wenn Deutschland damals gewesen wäre, was zu sein es sich selbst und der Welt schuldig war, dann wäre seine Sache in der Tat Europas Sache gewesen. Es wäre seine Aufgabe gewesen, wie es jahrhundertelang die Aufgabe Österreichs und Preußens war, der russischen Macht die Waage zu halten und sie einzudämmen. H.s Europäertum war eine verspätete, hastig improvisierte, großmäulige Lüge. Mit ihm und mit der Naziideologie ließ Europa sich nicht einigen, weder gegen einen äußeren Feind, noch in sich selbst, mit ihm ließ die christliche Kultur sich nicht verteidigen. Aber es war am Ende nicht vorwiegend die Schuld der Franzosen, der Niederländer, der Norweger, der Briten, der Amerikaner.

Nicht vorwiegend ihre Schuld — unschuldig war keiner. Rußlands Beutepakt vom August 1939, Polens Großmannssucht, Frankreichs Anspruch auf eine Politik der Allianzen und des Gleichgewichts, die im Ernstfall zu erfüllen es keine Lust mehr hatte, Englands langjähriger Versuch der »Beschwichtigung«, das Neutral- und Unbeteiligttun der Kleinen, so als ob es H. gegenüber noch Neutralität hätte geben können, die Unfähigkeit aller, der H.schen Lösung des europäischen Problems beizeiten die bessere und wahre Lösung gegenüberzustellen, der Egoismus aller, das langjährige windige Phrasengedresche aller — auch das waren Bausteine zu dem Gefängnis, in dem Europa sich jetzt leidend fand. Unschuldig war auch der große Neutrale jenseits des Atlantiks nicht. Amerika hatte den ersten Weltkrieg entschieden, aber dann rasch sich aus dem Staube gemacht und so getan, als ginge Europa es gar nichts an. Es hatte dadurch den Ausgang des Krieges wie ungültig gemacht; denn Deutschland war und blieb trotz der schlauen Torheiten des Versailler Vertrages bei weitem die stärkste Macht in Europa, und wenn man Europa sich selber überließ, so konnte es nicht fehlen, daß Deutschland einen dominierenden Platz in ihm gewann. Zu H.s Zeiten, vor dem Krieg und während des Krieges, hatte Präsident Franklin Roosevelt dann den großen Schiedsrichter gespielt, der zugleich darin und weit darüber stand; der Europas Kampf gegen Deutschland ermunterte und mit allerlei kunstvoll erdachten Tricks unterstützte, ohne doch das Gewicht seiner eigenen Nation im rechten Moment in die Waagschale werfen zu können. Überzeugt, daß die Welt mit H. nicht leben könnte, aber gebunden durch die Verfassung, die hergebrachte Neutralität der Vereinigten Staaten, näherte er sich seinem Ziele in kleinen, methodisch aufeinander folgenden Schritten; allerlei nützliche Kriegslieferungen an England, Hilfeleistungen zugunsten der englischen Flotte, Verträge mit europäischen Regierungen im Exil, am Ende gar der Befehl an amerikanische Schiffe, bei erster Sicht auf deutsche Unterseeboote zu schießen. Es war eine Kette von Provokationen. Noch aber stellte Amerika erst einen kleinen Teil seiner Energien in den Dienst des europäischen Krieges, und Deutschland hatte kein Interesse daran, durch die anfeuernde Formalität einer Kriegserklärung die amerikanischen Leistungen zu verzehnfachen. So hätte es noch lange weitergehen können, denn einer der Nation teuren Mythologie zufolge beginnt Amerika keinen Krieg, tritt auch nicht freiwillig in einen solchen ein; das muß ein anderer für ihn besorgen. Diesmal tat Japan ihm den furchtbaren Gefallen. Weit fortgeschritten in ihrem imperialen Abenteuer in Ostasien, anscheinend nahe ihrem Ziel, auf dem Kontinent und den großen pazifischen Inseln ein Reich zu begründen, das H.s Reich in Eurasien ungefähr entsprechen würde, hatten die Japaner in Amerika den Feind erkannt, dessen sie sich erst noch zu entledigen hätten. Die Stunde schien günstig. Rußland, um sein eigenes Leben kämpfend, fiel aus; Englands Energien waren gebunden, selbst die amerikanischen schon stark in Europa engagiert. Am 7. Dezember 1941 bombardierten die Japaner die amerikanische Kriegsflotte in Pearl Harbour. Da sie auch die englischen Besitzungen im Pazifik angriffen, England und Amerika also gegen Japan wohl oder übel Bundesgenossen wurden, so hätte der Ringelreihn sich in jedem Fall bald geschlossen. Jedoch wartete H. das natürliche Ende nicht ab. Am 11. Dezember ließ er, einen Ausdruck aus diplomatischer Vorzeit gebrauchend, »dem amerikanischen Geschäftsträger in Berlin seine Pässe zustellen«. Am gleichen Tag schlossen Deutschland, Italien und Japan ein Kriegsbündnis zu Dreien ab. Was als deutsche »Vergeltungsmaßnahme gegen Polen« begonnen hatte, ging nun um die Erde; war zum Doppel-Krieg und Weltkrieg geworden in einem Sinn, in dem der Krieg von 1914 es nie gewesen war.

Das Schicksal arbeitete mit dem falschen Kalkül, der Unwissenheit der Menschen. Als die Japaner im November ihren Streich gegen Pearl Harbour beschlossen, glaubten sie, was damals alle Welt glaubte: daß Rußland schon am Boden sei, daß man es also getrost den Deutschen überlassen und selber auf eigene Faust mit Amerika anbinden könnte. Ein Irrtum, wie wir wissen. Hätten die Japaner die Vereinigten Staaten weislich geschont, so hätte Präsident Roosevelt, wie gern er auch wollte, seine Nation sobald nicht in den Krieg gebracht. Hätten sie statt dessen ihre ganze Macht gegen Rußland konzentriert, so wäre der bolschewistische Staat wahrscheinlich zusammengebrochen. Die Welt sähe dann heute anders aus. Nicht besser; aber anders.

Obgleich nun Japan in den ersten Monaten seines Krieges im Pazifik die erstaunlichsten Erfolge davontrug, so hat doch im Grund seit dem Dezember 1941 bei den Angelsachsen niemand bezweifelt, wie die Sache ausgehen würde. Deutschland war stark und Japan war stark. Aber weit voneinander getrennt, gegen verschiedene Feinde kämpfend und mit überdehnten Fronten, bildeten sie keine echte Allianz. Auch Rußland und die Anglo-Amerikaner bildeten das nicht in dem Sinn, daß sie sich von Herzen getraut hätten. Immerhin kämpften sie gegen denselben Feind und gaben einander wirksame Unterstützung. Die angelsächsische Allianz, die Verbindung von Amerikanern, Kanadiern, Engländern, Australiern, war die intimste, die es je gegeben hat: ein weltweites Netz von Stützpunkten, Rohstoffquellen, Produktionszentren, Kenntnissen, diplomatischen Einflußmöglichkeiten und Prestige, in dessen Zentrum nun das unschätzbar reiche, ausgeruhte, glücksverwöhnte Nordamerika stand. Noch einmal konnte Amerika tun, was es im ersten Krieg getan hatte und was fürderhin kein Staat je wieder wird tun können; mitten im Kriege konnte es, gefeit gegen jeden Angriff, in aller Bequemlichkeit den Krieg vorbereiten, um dann, überreichlich versehen mit den Mitteln menschentötender und menschenrettender Kunst, auf dem Schauplatz zu erscheinen. Und zwar wurde beschlossen, daß Deutschland der Hauptgegner sei und zuerst niedergekämpft werden müsse, dann erst Japan; und daß man dem Hauptgegner methodisch, Schritt für Schritt, näherrücken würde: Afrika, das Mittelmeer, Italien, dann erst die deutsche Stellung in Frankreich. Mittlerweile konnte man die deutschen Städte mit Bomben quälen, die Russen aber die

Hauptlast tragen lassen. Es war ein methodischer, grausamer Plan, schonsam für das Leben der eigenen Bürgersoldaten, aber ohne Sympathie für Leben und Leiden der feindlichen Völker.
Ein großer Krieg muß große Ziele haben. Auch das war amerikanische Tradition. Man führte Krieg nur, wenn man angegriffen war oder sich als angegriffen ausgeben konnte, aber man ging dann weit über das Ziel bloßer Verteidigung und Rechtssicherung hinaus. Franklin Roosevelt und seine Freunde sparten nicht mit Versprechungen für die Nachkriegszeit: ewiger Friede würde sein und soziale Gerechtigkeit, keine Furcht, keine Gewalt, kein Hunger und Mangel mehr; nur die »Angreifer-Nationen« mußte man auf die Knie zwingen, um solchen Idealzustand zu erreichen. Angreifer-Nationen gab es drei oder eigentlich nur zwei, denn die Italiener waren nicht ernst zu nehmen. Alle übrigen Nationen waren gut, und alle übrigen Regierungen, zum Beispiel die russische, waren gut. Die Guten, Friedliebenden sollten sich zu einem Weltbunde, den »Vereinten Nationen«, zusammenschließen, was auch schon zu Weihnachten 1941 geschah. Mit einigen Veränderungen, Zutaten und Abzügen war es ein Wiederaufleben des Wilsonschen Programmes.
In gläubige Begeisterung hat es jedoch die angelsächsischen Völker nicht noch einmal versetzt. Man war 1941 skeptischer als 1914. Deutschland gab während des zweiten Krieges mehr echten Grund zum Haß als während des ersten, ist aber in Amerika viel weniger gehaßt worden, oder eigentlich gar nicht. Deutsche Bürger, die dort lebten, wurden kaum belästigt. Die Amerikaner lasen die Greuelnachrichten ohne viel Bewegung, das Schlimmste haben sie überhaupt erst nach 1945 erfahren. Sie arbeiteten, verdienten Geld, schickten ihre Söhne nach Übersee. Die kämpften gut, aber ungefähr so, wie die Deutschen gut kämpften, weil es eine große technische Aufgabe zu bewältigen galt und man unter Kameraden wohl oder übel seine Pflicht tat. Sie kämpften nicht für Roosevelts »vier Freiheiten«.
Wenn aber Amerikas Krieg nicht im Ernst ein Kreuzzug für eine gute Sache war, so wurde er doch im Ernst ein Kampf gegen eine schlechte Sache. Diesen Charakter gab ihm die politische Führung, und das hatte reale politische Folgen. Roosevelt war wie Churchill der Überzeugung, daß H. ein Feind der Menschheit sei, mit dem man nicht verhandeln durfte. Dann, so war die Folgerung, konnte man nicht mit Deutschland verhandeln; denn H., niemand sonst, regierte Deutschland und führte die deutsche Wehrmacht. »H. ist Deutschland und Deutschland ist H.« war der Ruf der Nazis schon lange vor dem Krieg gewesen. Dieser wahnsinnige

Grundsatz wurde nun von den Alliierten praktisch übernommen. H., Nazi-Deutschland, Deutschland, diese drei erschienen ihnen als ein und dasselbe. Ja, sie waren schon lange vor H. ein und dasselbe gewesen. Der zweite Weltkrieg war die gerade Fortsetzung des ersten, war nur ein letztes Glied in der langen Kette deutscher Versuche, die Herrschaft über Europa und einen großen Teil der Welt zu erringen. Der wahre Feind war der »deutsche Militarismus«; den galt es zu vernichten und nicht bloß den einen Menschen, der schließlich ohne den Generalstab und ohne das Volk seine Verbrechen nie hätte begehen können. Es galt, eine Wiederholung des Fehlers von 1918 zu vermeiden. Damals hatte man den Deutschen schöne Versprechungen gemacht, und dann sie teilweise gehalten und teilweise nicht. Insofern man sie hielt, ließ man das Reich und sein Heer mit einem blauen Auge davonkommen und ermöglichte den raschen Wiederaufstieg der deutschen Militärmacht. Insofern man sie nicht hielt, gab man den Deutschen einen Vorwand, zu behaupten, sie seien betrogen worden und sie hätten noch lange weiterkämpfen und siegen können, wenn sie nur nicht auf Wilsons feine Versprechungen hereingefallen wären. Das sollte nun diesmal anders gemacht werden. Keine Versprechungen mehr, kein Friedensprogramm mehr, auf dessen idealistische Artikel auch der Besiegte Anspruch hätte. »Bedingungslose Übergabe« — dies die Forderung, welche Amerikaner und Briten seit dem Januar 1943 erhoben und von nun an dem Gegner tagaus, tagein in ihren Flugblättern und Rundfunkansprachen als einzige Alternative gegenüber der Fortsetzung des Bombens und Mordens anboten. Man begeht leicht einen neuen Irrtum, wenn man die Wiederholung eines alten vermeiden und aus der Geschichte lernen will. Wilsons Versprechungen waren zu schön gewesen. Roosevelts Versprechungen, insoweit sie den Gegner betrafen, waren allzu einfach, zu brutal, zu phantasielos. Durch sie wurde Deutschland buchstäblich aufgefordert, so lange weiterzukämpfen, wie es nur irgend konnte. Den Geist H.s und den Geist Preußens, die Schuld der Nazis und die Schuld des Generalstabs einander gleichzusetzen und in der deutschen Geschichte von Friedrich dem Großen bis zu H. eine einzige gerade Linie des gewalttätigen Imperialismus zu erkennen — all das waren wissenschaftlich unhaltbare und praktisch schädliche Vereinfachungen. Wir wissen das schon aus früheren Erfahrungen: der Krieg macht die Menschen dumm. Sie sehen das eine Willensziel: zu siegen, und alles andere sehen sie nicht. Ein so reicher, historisch gebildeter Geist wie Churchill muß das in seinen hellsten Augenblicken wohl gewußt haben. Als er sich im Juni 1941 entschied, den Russen jede nur mögliche Hilfe zu geben, meinte er, seine eigene Aufgabe sei dank

H. stark vereinfacht. Er wolle H. vernichten; und wenn der Teufel gegen H. kämpfte, dann würde er auch dem Teufel im Parlament ein paar freundliche Wort sagen.
Die Haltung der Alliierten entsprach der Haltung des deutschen Tyrannen. Das Schlimmste, was man gegen sie sagen kann, ist, daß sie während der letzten Jahre des Krieges manchmal auf sein Niveau herunterkamen, in ihrer Wut, ihrem gerechten Abscheu, ihrer Ungeduld die Dinge auch taten, die er getan und angefangen hatte. Beide, H. und die Alliierten, waren besessen von der Erfahrung des Jahres 1918. Kein 9. November 1918 mehr, kein Hereinfallen auf feindliche Versprechungen mehr, keine Kapitulation, Kampf bis fünf Minuten nach zwölf! – brüllte H. Keine »vierzehn Punkte« mehr, keine Schonung der Schuldigen, kein Stehenbleiben an den Grenzen des feindlichen Staates, sondern Marsch nach Berlin und Auflösung Deutschlands – antworteten die Alliierten. Sie zogen die genau entgegengesetzte Lehre aus der Geschichte von 1918 und den folgenden Jahren. So wie sie auf H., den Prediger des Friedens, hereingefallen waren, so fielen sie jetzt auf den Mann des totalen Krieges herein. Beide Haltungen, jene H.s und jene Roosevelts und Churchills, ergänzten und bestärkten einander. Beide verzichteten auf Politik und machten nur noch Krieg um des Krieges willen. Die Willensverkrampfung der Alliierten entsprach der Raserei ihres Gegners.
Hätten sie übrigens anders gehandelt und die deutsche Opposition durch vernünftige Angebote ermutigt, so hätte das wohl auch nichts geholfen. H. ließ jeden umbringen, der seine Führung kritisierte, jeden, der an Verhandlungen mit dem Gegner auch nur dachte. So eisern hatte die Tyrannei die deutsche Nation in ihrem Griff, daß auch die vernünftigsten Stimmen von außen nicht mehr an sie herankommen konnten, dort, wo das bloße Abhören ausländischer Rundfunksendungen mit dem Tod bestraft wurde. Versuchen hätte man es trotzdem sollen. Die Wahrscheinlichkeit ist aber, daß auch ohne die falsche, grob vereinfachende Forderung der »bedingungslosen Übergabe« die Sache so ausgegangen wäre, wie sie ausgegangen ist.
Wir kehren zurück zum Ablauf der Ereignisse. – Der Winter 1941/42 brachte die großen außereuropäischen Mächte, Amerika und Japan, in den Krieg. Er brachte den gewaltigen Siegeszug Japans im Fernen Osten – Erschütterungen, die, wenn sie auch das japanische Großreich nicht sichern konnten, auf eine andere Weise doch nie mehr rückgängig zu machen waren. Derselbe Winter brachte der deutschen Wehrmacht den ersten furchtbaren Rückschlag, oder den zweiten, wenn wir die Luftschlacht über England als den ersten ansehen. Es war

das Sichanmelden der russischen Widerstandskraft als einer noch intakten, zur Gegenoffensive fähigen.
Das hatte man in Deutschland nicht erwartet, H. jedenfalls und seine Hörigen nicht. Dort im »Führerhauptquartier« hatte man im November schon den russischen Staat für zusammengebrochen, seine Armeen für »verlorene Haufen« erklärt und jede Warnung, daß es östlich des Urals noch riesige Produktionsstätten und Heeresausbildungsplätze gäbe, verächtlich in den Wind geschlagen. Dann kam der Winter, der kälteste Winter in hundert Jahren, da doch überhaupt kein Winterfeldzug geplant und nichts für ihn vorbereitet war. Dann kam der russische Gegenangriff, ausgeführt von Truppen, die für solche Kampfbewegungen gerüstet und mit allem Notwendigen ausgestattet waren. Die deutsche Front hielt; aber unter Verlusten und Leiden, welche jene, die sie erlebt haben, nicht beschreiben mögen und, der sie nicht erlebt hat, nicht beschreiben kann noch will. Auf dem Höhepunkt der Krise übernahm H. den direkten Befehl über das Heer. Überzeugt, daß jeder Rückzug die Katastrophe bedeutete, der Wille — sein Wille — jedoch alles vermöchte, befahl er, keinen Fußbreit Erde freizugeben; Ausstoßungen aus der Armee, abschreckende Kriegsgerichte verhalfen dem Befehl zur Durchführung, so daß damals solche Positionen gehalten wurden, von denen im nächsten Frühling neue Großaktionen ihren Ausgang nehmen konnten. Wenn es noch eines bedurft hätte, um den Tyrannen von seiner turmhohen Überlegenheit über die Militärs von Beruf, von seiner Auserwähltheit und dem ihm immer aufs neue gewährten Schutz der Vorsehung zu überzeugen, so war es diese Leistung. Mit Napoleon hat er sich damals gern verglichen: er habe das Schicksal vermieden, was vor hundertdreißig Jahren »einen anderen« ereilte.
Es folgte der Feldzug des Jahres 1942, der letzte große Eroberungszug von H.s Krieg. Trotz des jüngst Erlebten blieb es es bei der Beurteilung des vorigen Herbstes; der Gegner war erschöpft und verbraucht, die Anstrengungen des Winters waren das Äußerste, wozu er noch fähig gewesen war, es kam daher nicht so sehr darauf an, den Rest seiner bewaffneten Macht zu vernichten, wie, große Räume zu erobern, die Zentren der russischen Industrie und Rohstoff-Förderung zu erreichen, Getreide, Öl, Erz und Kohle den eigenen Zwecken nutzbar zu machen. Zwei Offensiven: eine gegen den Kaukasus, eine über den Don und zur Wolga. Die Wolga wurde bei Stalingrad erreicht, der nördliche Kaukasus in Besitz genommen; und mit den technischen Leistungen, welche diesen Vormarsch ermöglichten und seine wirtschaftlichen Früchte einholten, prahlte H. mit gutem Recht. In der gleichen Rede schwor er sich, daß Stalingrad auch genommen werden würde

und daß dann kein Mensch mehr die deutschen Truppen von ihren Stellungen würde vertreiben können, welche die wichtigste Verkehrsader des Feindes durchschnitt. Während er aber redete und prahlte, waren beide Offensiven schon zum Stehen gekommen, wie im Vorjahr. Es waren ungeheuer ausgedehnte Fronten, eine nach Süden, eine nach Osten, schwach verbunden, schlecht gesichert gegen Durchbrüche und Umgehungen. Und wieder der Befehl, keinen Fußbreit zu räumen, die Verneinung jeder Bewegungsfreiheit für die Befehlshaber am Ort; und wieder die Winteroffensive des Gegners, des angeblich erschöpften, ausgebluteten Gegners, mit ungeheurem Material und ungeheurer Überlegenheit an Menschenmassen. Vergebliche Warnungen der Generäle, man müßte die vorgeschobene Stellung bei Stalingrad aufgeben. Einschließung der 6. deutschen Armee, zwei- bis dreihunderttausend Mann, durch die vom Süden und Nordosten vorstoßenden Russen. Versprechen, die Belagerten auf dem Luftweg zu versorgen, das nur ungenügend gehalten werden kann. Verbot, auszubrechen, solange dazu noch Kraft übrig ist. Engerwerden des Ringes, Konzentration russischer Artillerie, wie sie selbst der erste Weltkrieg nicht kannte, Hunger, Kälte, Qual und Tod — auf Napoleons großem Rückzug sind kaum mehr Menschen verlorengegangen als in Stalingrad allein. Am 1. Februar 1943 ergibt sich der deutsche Befehlshaber mit dem, was er noch hat, etwa neunzigtausend Mann. »Für Stalingrad«, sagt H. stolz, »trage ich allein die Verantwortung.«. . . Katastrophe in Nordafrika gleichzeitig mit der Katastrophe in Südrußland. Im November wird General Rommels Afrikakorps von den Engländern vernichtend geschlagen; der Rest zieht sich gegen Tunis zurück. Aber dort ist keine Sicherheit. Denn, gleichfalls im November, sind amerikanische und britische Truppen in Marokko gelandet. Vom Osten und Westen in die Zange genommen, bedrängt von wohlverpflegten, frischen Truppen, durch die alliierte Luftwaffe von Europa abgeschnitten, ohne Zufuhr und ohne Hoffnung, ergibt die deutsch-italienische Armee sich in Tunis im Mai 1943. Im Sommer besetzen die Alliierten Sizilien, landen sie in Süditalien. Mussolini, der unersetzliche Bundesgenosse, zu dessen Lebzeiten man den Krieg damals, vor vier Jahren, rasch beginnen mußte, wird durch Staatsstreich beseitigt. Italien kapituliert im September und fällt von nun an — wenn es je eine gewesen ist — als aktive Kraftquelle aus, obgleich es dem schnellen Zupacken der Deutschen gelingt, den größeren Teil der Halbinsel zu sichern und das Land noch nahezu zwei Jahre lang durch ihren Abwehrkampf zu quälen. . . Der letzte Versuch zu einem Vorstoß an der Ostfront im Sommer 1943 scheitert. Von da ab liegt die Initiative überall beim Gegner; überall Rückzug,

Schritt für Schritt Preisgabe der Eroberungen, Rückzug noch immer bei heroischen Leistungen der Truppen, bei vorzüglicher Führung durch die örtlichen Befehlshaber. Aber Rückzug immer zu spät, Rückzug auf Linien, die nicht verteidigt werden können, weil zu ihrer Verteidigung nichts vorbereitet wurde — »sonst schielt die Truppe nach hinten«; Räumung von Gebieten nie mit Freiheit und Plan, solang sie ohne Katastrophe geräumt werden können. Stehenzubleiben, wo man steht, in Festungen, die keine sind, in Ländern, deren Besetzung ihren früheren Zweck längst verloren hat, von Norwegen bis nach Griechenland, während von allen Seiten überlegene Gegner hereinbrechen — darauf läuft jetzt die Strategie des selbsternannten »größten Feldherrn aller Zeiten« hinaus.
Es werden höfliche Versuche gemacht, ihn zum Verzicht auf die indirekte militärische Führung zu bewegen. Aber H. lehnt schroff ab; niemand könnte das so wie er. Die verachteten westlichen Demokratien entwickeln ihre Organisation, die gut funktioniert; für die geplante anglo-amerikanische Invasion Frankreichs gibt es einen Oberbefehlshaber und seinen international zusammengesetzten Stab. Die Diktatur soll Deutschland, Volk und Heer, nach einem einzigen eisernen Willen führen; aber unter der Spitze ist Unordnung, Ringen um Macht, Mißtrauen und neiderfülltes Gegeneinander. Beständig wechseln die Kommandos. »Feldmarschälle« werden ernannt und davongejagt. Sogenannte »Führer-Aufträge« durchkreuzen die regulären Vollmachtsbereiche. Luftwaffe — was von ihr noch übrig ist — und Marine — was von ihr noch übrig ist — folgen dem Eigensinn ihrer Befehlshaber. Die »Waffen-SS« des Heinrich Himmler ist eine Armee neben der Armee, privilegiert und sich den besten Mannschaftsersatz sichernd, Befehle nur von dem Oberhenker, dem »Reichsführer SS«, entgegennehmend. In den besetzten Gebieten betreiben die Agenten des »Beauftragten für den Arbeitseinsatz« ihren Menschenraub auf eigene Faust und geben die »höheren SS- und Polizei-Führer« ihre Mordbefehle, ohne sich um die humanere Haltung der Militärgouverneure zu kümmern.
Seitdem Rußland im Krieg ist, haben in allen eroberten Gebieten, von Griechenland bis Frankreich, Kommunisten die Rebellion gegen Deutschland, Anschläge, Sabotageakte, organisiert. Es gibt auch einen nichtkommunistischen Widerstand, der an Bedeutung gewinnt, da die Befreiung durch die westlichen Alliierten näherrückt oder nahezurücken scheint. In Frankreich sind diese Widerstandstruppen nahezu militärische Einheiten, welche die Rechte von Kombattanten beanspruchen und den Deutschen ernsthaft zu schaffen machen. Sie antworten, wie bedrohte Eroberer den Widerstand der Eroberten noch immer beantwortet haben: mit Schrecken. Fünfzig Fran-

zosen, hundert Italiener für einen ermordeten Deutschen. Auch die Militärgouverneure haben Erschießungen von Geiseln befohlen, aber sie haben es schweren Herzens getan und die Wirkung solcher Barbareien in ihren Berichten warnend kritisiert. Am schlimmsten verfuhren die SS- und SD-Einheiten. Wir sollen übrigens auch nicht glauben, daß entmenschte Grausamkeit eine spezifisch deutsche Eigenschaft sei. Unter Napoleon haben es die Franzosen in Spanien ähnlich gemacht — man sehe sich die Graphik Goyas an. Wenn die Führung das Bestialische zum System erhebt, so wird sich immer eine Minderheit finden, die Folge leistet. Das ist immer und überall so gewesen. Die Zahlen der Opfer waren im zweiten Weltkrieg größer als in anderen Kriegen, weil alle Zahlen größer waren. Sie waren übrigens im Westen gering, verglichen mit dem, was in Polen und Rußland geschah.

Europa wollte die Art von Einheit nicht, die H. ihm aufzwang. Es reagierte, es *mußte* reagieren; und reagierte um so stärker, als es durch die Alliierten dazu ermutigt wurde und den Tag der Befreiung herankommen sah. Dagegen wieder reagierte die Besatzungsmacht, die ihre Sicherheit und Autorität wahren zu müssen glaubte. Der Schrecken steigerte den Schrecken...

Im Osten war es anders. Hier war von Zusammenarbeit von vornherein nicht die Rede, sondern von Vernichtung, und so waren auch die Zahlen der Opfer zehn- und hundertmal größer. Dazu kam der ärgste und spezielle Wahnsinn der Nazipartei, der Judenhaß. Das war keine Reaktion, denn die Juden verhielten sich dem Eroberer gegenüber mit wehrloser, angstvoller Willigkeit. Es war ein einseitiger Vernichtungsakt und überall derselbe. Die Juden in Frankreich und in den Niederlanden wurden nicht anders behandelt als die Juden im Osten. Man mag von dem nicht sprechen, was man nicht erlebt hat und, obgleich es von Menschen getan wurde, sich nicht vorstellen kann: nicht die Qual und nicht die Zahlen. Die letzteren konnten nicht mit Sicherheit festgestellt werden: die Berechnungen schwanken zwischen vier und sechs Millionen. Was wäre der Unterschied? Wer sieht vier, wer sechs Millionen zufällig zusammengelesener Menschen, Mann, Weib und Kind, in den höllischen Duschräumen von Auschwitz und Maidanek? Nacht bedeckt dies Niedrigste, was je der Mensch dem Menschen zugefügt hat.

Verwilderung, Entartung. Auch die westlichen Alliierten, zivilisiert, wohl regiert und schönrednerisch wie sie waren, entgingen dem nicht. Sie führten den europäischen Krieg langsam und methodisch, führten ihn bis zum Sommer 1944 mit Truppen nur im Mittelmeerraum. Anderswo führten sie ihn einstweilen nur in der Luft. Es war der alliierten Luftstrategie um Terror, Zermürbung der feindlichen Moral zu tun. Die

Überzeugung war weit verbreitet, daß gegen diese Regierung und dieses Volk jedes Mittel recht sei und daß sein Wille so oder so gebrochen werden müsse. Ein Feuerregen fiel nun auf die deutschen Städte Nacht für Nacht, und was getroffen wurde, waren nicht so sehr strategische Ziele und die Industrie — die machte weiter trotz allem und konnte bis 1944 die Kriegsproduktion noch steigern —, sondern das Leben der Bevölkerung und die baulichen Herrlichkeiten der Vergangenheit. Die Welt schien rasch auf die Ebene herabzusinken, die der Unmensch vom ersten Kriegstag an beherzt betreten hatte.

Zwischen zwei Bombenangriffen erklangen von den westlichen Rundfunkstationen die sonoren, selbstzufriedenen Stimmen der Propagandisten: das deutsche Volk möge sich doch endlich zur bedingungslosen Übergabe entschließen, welche die einzige Alternative zu weiterer »sinnloser Zerstörung« sei. Ein guter Rat; aber in den Redaktionsstuben von New York und London leichter gegeben, als am Orte ausgeführt. Dort lebte das Volk jetzt zwischen zwei Schrecken, den feindlichen Bomben aus der Luft und den Volksgerichtshöfen, mit deren Todesurteilen der Führer seine »deutschen Menschen« heimsuchte. Wer hat sie gezählt? Studenten und Professoren, Soldaten, Arbeiter, Lehrlinge von siebzehn, Damen der Gesellschaft, Pfarrer, Krankenschwestern, Industrielle, Schriftsteller aller Klassen, Berufe, Altersstufen — das Beil kam über sie wegen eines leichtsinnig gesprochenen Wortes. Die Europa zu terrorisieren schienen, lebten selber unter dem gleichen Terror; die Franzosen des »Widerstandes« hatten einen Rückhalt im Volk und starben als stolze Patrioten, während von den Deutschen jeder einsam zur Richtstätte ging, beschimpft und ausgestoßen aus der »Volksgemeinschaft«. Es war die letzte Konsequenz aus dem Schwur, daß es »keinen 9. November 1918« mehr geben werde. So stand es im Jahre 1943, so auch im nächsten. Wir werden nie kapitulieren!, gellte es von der einen Seite; wir verlangen bedingungslose Übergabe, klang es von der anderen. Truppen bekämpften einander in Rußland und in Italien. Bomben fielen auf die Städte. In Konzentrationslagern wurden die Gefangenen durch Hunger, durch Arbeit, durch medizinische Experimente oder durch Folter zu Tode gebracht. Alliierte Staatsmänner trafen sich zu Konferenzen — wohlgelaunt, gebläht und schwindlig durch Probleme und weltweite Aussichten »dieses erstaunlichen Krieges«, wie Churchill es nannte. Er war im Sommer 1940 ein unvergleichlich großer Mann, ein Vertreter der Menschheit gewesen. Er war das jetzt nicht mehr. Denn es ging ihm und seiner Sache zu gut, was ihn bequem, hartherzig und zynisch machte. Wenn Geschichte sich zu erzählen lohnt wegen des

Edlen, das Menschen vollbracht oder versucht haben, dann lohnt es sich, die Geschichte des Jahres 1940 zu erzählen wegen Englands und Winston Churchills. Aber dann lohnt es sich, die Geschichte der letzten Kriegsjahre zu erzählen, wegen des deutschen Widerstandes. In der Nacht ist er ein Licht.

Widerstand

Es war jetzt nicht mehr die Propaganda, waren nicht mehr die schönen Tricks und Erfüllungen, die wirkten; die gab es jetzt nicht mehr. Seltener und seltener ließ der Tyrann seine Stimme ertönen, ein-, zweimal im Jahr noch, und wenn er es tat, so erging er sich in Drohungen, nicht mehr in Schmeicheleien. Keine Volksabstimmung mehr, keine »Wahlen zum Reichstag«, keine Befragung: »Billigst Du, deutscher Mann, und Du, deutsche Frau, die Politik Deiner Reichsregierung?« Die Zeiten waren vorbei. Jetzt mußte der Bürger billigen, was seine »Reichsregierung« tat. Jetzt brachte Mißbilligung den Tod und schien offener Widerstand wie das Anrennen der Kreatur gegen übermächtige Elementargewalt. Trotzdem gab es Widerstand, das Höchste, was die deutsche Geschichte erreicht hat, wenn die Kriegsdiktatur der H. und Himmler das Tiefste ist.

Die Münchener Studenten, die im Februar 1943 in Flugblättern die Wahrheit über die Tyrannei aussprachen und zur Sabotage in den Rüstungsbetrieben aufforderten, waren keine Politiker. Es waren junge, lebensfrohe Christen; aus der katholischen Jugendbewegung kommend, zeitweise sogar vom fröhlichen Gemeinschaftsgeist beherrscht, den die Nazibewegung der Jugend lieferte, dann, nach und nach, ihren wahren Charakter erkennend. Sie fochten gegen das Riesenfeuer mit bloßen Händen, mit ihrem Glauben, ihrem armseligen Vervielfältigungsapparat, gegen die Allgewalt des Staates. Gut konnte das nicht ausgehen, und ihre Zeit war kurz. Hätte es aber im deutschen Widerstand nur sie gegeben, die Geschwister Scholl und ihre Freunde, so hätten sie alleine genügt, um etwas von der Ehre des Menschen zu retten, welcher die deutsche Sprache spricht. Es gab viel mehr; Pfarrer, Professoren, Gewerkschaftler, Bürgermeister, Gutsbesitzer, Bürokraten. Es gab sie in den christlichen Kirchen, in der unterdrückten, aber heimlich fortlebenden Sozialdemokratie, im Bürgertum, im Adel. Wir meinen jetzt nicht die Verneiner und Hasser, die nur im engsten Kreise wirkten, auch nicht die großen Prediger, die Bischöfe, die es wagen konnten, falsche Götzen anzuklagen, ohne doch eigentlich Politik zu machen. Wider-

stand, das ist politisches Tun, der Versuch, den Staat umzustürzen, der so stark, so furchtbar, so ruchlos war, daß er von innen nicht umgestürzt werden konnte. Hier gab es verschiedene Kreise, sozialistische und konservative, geistig vorbereitende und zur Tat drängende. In den Mittelpunkt müßte der Erzähler in jedem Fall die Militäropposition stellen, weil ohne sie die Zivilisten, die Julius Leber und Wilhelm Leuschner, die Carl Goerdeler und Ulrich von Hassell, an keinen Staatsstreich hätten denken können. Seit 1934 war der Tyrann nur noch durch militärische Gewalt zu beseitigen. Nicht mit dem Ziel einer Militärdiktatur. Die Generäle wollten eine Diktatur stürzen, keine errichten. Aber ohne ihr Mitwirken ging es nicht. Zivilisten konnten Ideen liefern, politische Pläne, Kontakte mit den Menschen. Schießen mußten die Soldaten.
Nun war freilich ihr Beruf im Krieg, Krieg zu machen, nicht aber Politik zu treiben, viel weniger, die eigene Regierung zu stürzen. Diese Kunst hatten deutsche Generäle nie gelernt, nie ausgeübt; es lag nicht in ihrer Tradition. Noch schwieriger war: H.s Krieg zu führen, für Ausrüstung und Schutz der Truppe zu sorgen und doch gleichzeitig den Krieg selber zu verwünschen und auf die Beseitigung dessen zu sinnen, der ihn angefangen hatte. Aktive Offiziere in höchster Stellung, wie der Stabschef des Heeres, Franz Halder, sind an diesem Widerspruch gescheitert. Sie gingen weit in ihrer Opposition, grübelten, planten, besprachen sich heimlich; aber dann doch nicht bis zur Tat, die allein geschichtlich wirken konnte. Wer glaubt, er hätte in ähnlicher Lage Besseres geleistet, soll ihnen das zum Vorwurf machen. Andere fühlten keinen Widerspruch, keine Skrupel. Ein hoher Offizier der Abwehr hat den Opfern zukünftiger deutscher Invasionen, den Norwegern, den Holländern, jedesmal von den Angriffsterminen, insoweit sie ihm bekannt waren, Mitteilung gemacht. Das diktierte ihm sein Gewissen, sein Haß, und auch hier erscheinen nachträgliche Fragen, ob das nun noch erlaubt gewesen sei oder nicht, als müßig. Unter der Diktatur des Verbrechens gab es keine Regel, an die man sich halten konnte.
Wir haben gesehen, daß im August 1939 die Militäropposition nichts Ernsthaftes unternahm. Teils, weil sie noch gelähmt war durch die Enttäuschung von »München«; teils wohl auch, weil der Krieg gegen Polen der deutschen Armee so genehm war, wie nur irgendein Krieg ihr sein konnte. Aber bald nach dem Polenfeldzug, als H. die Vorbereitung einer Offensive im Westen befahl, fing das heimliche Opponieren und Planen wieder an. Im Mittelpunkt stand der verabschiedete Generalstabschef Ludwig Beck. Von ihm gingen die Fäden zu Halder, selbst zu dem schwachen Oberbefehlshaber des Heeres, Brauchitsch, zu den Leitern der Abwehr, Admiral Canaris, General

Oster, zu hervorragenden Zivilisten wie dem ehemaligen Bürgermeister von Leipzig, Carl Goerdeler. Es sind damals in Rom, durch Vermittlung des Papstes, Kontakte zwischen der deutschen Opposition und London gepflogen worden, und es hat auch in diesem Augenblick die englische Regierung Verständnis für die Bemühungen der Gegner H.s gezeigt: wenn es ihnen gelänge, den Diktator zu stürzen, bevor die Offensive im Westen begänne, dann könnte man wohl zu einem alle vernünftigen deutschen Forderungen erfüllenden Frieden kommen. Es gelang nicht. Es wurde nicht ernsthaft versucht, das Zeichen zum Losschlagen nicht gegeben. Und man muß sagen, daß die allgemeine Stimmung in Deutschland damals so war, daß es nicht gegeben werden konnte. Gar zu glatt, gar zu triumphal war der Überfall auf Polen vor sich gegangen; die Leute fühlten sich nicht schlecht während des »falschen Krieges«. Schließlich, nach häufigen Verschiebungen, kam es zur Offensive im Westen. Wieder verlief sie so überwältigend, waren die deutschen Verluste so gering, erwiesen sich die Warnungen der Generäle, die ein zweites 1916, ein blutiges Steckenbleiben vor der Maginot-Linie befürchtet hatten, als so falsch und H.s Beurteilungen sich als so richtig, daß nun auf lange Zeit von aktiver Opposition keine Rede sein konnte. Das war das Unglück des deutschen Widerstandes. Solange H. siegte, gab es keine psychologische Möglichkeit, loszuschlagen. Als auf die letzten Siege sofort die ersten unheilverkündenden Niederlagen folgten, hatten die Alliierten ihr Interesse an einem Kompromißfrieden, an Verhandlungen mit ihnen unbekannten und zweifelhaften sogenannten »Militaristen« längst verloren; jetzt glaubten sie die Sache auf *ihre* Weise beenden zu können. So ist die Geschichte der deutschen Verschwörung gegen H. eine Kette von Enttäuschungen; die Verschwörer wurden ratlos durch seine friedlichen Triumphe, ratlos durch seine Siege, ratlos durch seine Niederlagen. Nie spielte ihnen der Lauf der Ereignisse eine echte, hoffnungsvolle Initiative zu. Daß der Geist des deutschen Widerstandes auch auf der Höhe der Waffensiege nicht erlahmte, drücken Worte Carl Goerdelers aus, die er ein paar Wochen nach der Eroberung Frankreichs schrieb:
»An einen schöpferischen Aufbau freier Völker unter deutscher Führung denkt ein System nicht, das in Deutschland von finanziellem Wahnsinn, von wirtschaftlichem Zwang, von politischem Terror, von Rechtlosigkeit und Unmoral lebt.« Unter einem solchen System sei der Zusammenbruch gewiß, er komme nun früher oder später. »Kein Volk lebt allein auf der Welt; Gott hat auch andere Völker geschaffen und sich entwickeln lassen...« »Ewige Unterdrückung anderer widerspricht offenbar ebenso den Geboten Gottes wie der vernünf-

tigen... Erkenntnis, daß nur freie Menschen höchste Leistungen vollbringen und daß nur deren gegenseitiger Austausch dauernd Leben erhält und verbessert.« Zur Möglichkeit und dringendsten Notwendigkeit wurde der deutsche Widerstand wieder während des russischen Krieges, zumal seit der erste schlimme Winter die üble Vorbereitung des Ganzen, die dreiste Unterschätzung des Gegners, die Unmenschlichkeit der Ziele an den Tag gebracht hatte. Die Überzeugung, daß der Tyrann fort müßte, war den Verschwörern längst vertraut. Nun gab es auch der Nation gegenüber die Chance einer Rechtfertigung: »den Irreführer« konnte man, wenn sich die Männer dazu fanden, gefangennehmen und vor Gericht stellen, konnte ihn notfalls ermorden; den siegreichen »Führer« nicht, das hätte der größere Teil der Nation nicht verstanden. Seit 1942 riß die Zahl der Komplotte, der nichtausgereiften und der sehr wohlausgereiften, technisch bis zum letzten vorbereiteten, aber an dämonischen Zufällen gescheiterten, nicht mehr ab.

In dem Maß, in dem die Opposition sich verbreiterte, in dem ihre Aktivität drängender, deutlicher, nervöser wurde, wuchs auch die Gefahr, die ihr drohte. Es ließ sich das, was so viele Menschen dachten und planten, nicht verbergen. Eine Verhaftungswelle folgte der anderen. Zentralfiguren der Verschwörung warteten schon in Gefängnissen und Lagern auf ihren Prozeß, lange bevor die letzte, offenste Tat gewagt wurde.

Es war nun sehr spät dazu, zu spät, wie einige der Beteiligten glaubten. Oder doch nur in dem Sinn nicht zu spät, daß es galt, die Ehre zu retten, auch wenn praktisch nichts mehr zu gewinnen war. Wie Oberst Tresckow von der Ostfront dem Grafen Stauffenberg in Berlin sagen ließ: »Das Attentat muß erfolgen, coûte que coûte. Sollte es nicht gelingen, so muß trotzdem in Berlin gehandelt werden. Denn es kommt nicht mehr auf den praktischen Zweck an, sondern darauf, daß die deutsche Widerstandsbewegung vor der Welt und vor der Geschichte den entscheidenden Wurf gewagt hat. Alles andere ist daneben gleichgültig.« Was 1938 und 1939 und selbst noch 1942 eine tief eingreifende Tat hätte sein sollen, konnte jetzt nur noch ein Zeichen der Ehre sein. Gleichgültig war jetzt den Alliierten, was in Deutschland vorging. Sie hatten eine Ahnung davon, und sie hätten durch ihre eigenen Agenten in Madrid, Bern, Stockholm, Ankara viel mehr als eine bloße Ahnung davon haben können. Es interessierte sie nicht. Je länger die Angelsachsen die versprochene Großaktion im Westen, die entscheidende militärische Unterstützung der Russen hinausschoben, desto mehr waren sie darauf bedacht, politisch mit dem Kreml einigzugehen. Sie setzten auf die

Einheit der Koalition und die Loyalität der russischen Politik, auf nichts anderes. Den furchtbaren Vereinfachungen H.s entsprachen ihre eigenen selbstgerechten und kurzsichtigen Vereinfachungen. »Preußisches Junkertum«, »deutscher Militarismus«, »Generalstab« und »Nazismus«, es war ihnen alles ein und dasselbe und sollte diesmal alles mit Stumpf und Stiel ausgerottet werden. Wer jetzt in Deutschland gegen H. war, der war es nur noch, um seine eigene Haut oder um die Armee zu retten und den nächsten Krieg schon vorzubereiten, wie man das ja 1918 im Falle Ludendorffs erlebt hatte. Bedingungslose Übergabe im Osten wie im Westen! . . . So simpel lernten diese Politiker aus der Geschichte; so vergiftet von Irrtum und Stolz und Blindheit auf allen Seiten war die Gegenwart.

Am 6. Juni, nach technischen Vorbereitungen ohnegleichen, begann die Landung der Alliierten in Nordfrankreich. Ihre Überlegenheit, zuerst in der Luft, dann auf der Erde, erwies sich als so überwältigend, daß das Halten der deutschen Front nur eine Sache von Wochen sein konnte. General Rommel, Befehlshaber einer Heeresgruppe in Frankreich, wußte das im voraus und war entschlossen, den Krieg im Westen zu beenden, im Einverständnis mit H. oder gegen ihn. Rommel war kein Politiker; die rein militärisch argumentierenden »Ultimaten«, die er an den Tyrannen in Berchtesgaden ergehen ließ, zeigten es. Aber der starke, einfache, von Truppe und Volk verehrte Soldat, der auch bei den Alliierten ein enormes Prestige genoß, wäre wohl am ehesten der Mann gewesen, »das fürchterliche Doppelgewicht des Krieges und Bürgerkrieges« auf sich zu nehmen (ein Ausdruck Ernst Jüngers). Ob er mit seinem Angebot, die deutschen Truppen bis zu den alten Reichsgrenzen zurückzuführen, wofür der Bombenkrieg aufhören sollte, bei den Alliierten Verständnis gefunden hätte, ist eine andere Frage. Es kam zu keiner Probe. Mitte Juli wurde der General schwer verwundet; als er, zu seinem Unglück, wieder zu sich kam, war schon alles entschieden. . .
Am 17. Juni begannen die Russen einen Großangriff gegen die Mitte der deutschen Front, durchbrachen sie und stömten nun unaufhaltsam der deutschen Grenze zu. H., in Berchtesgaden, sprach vom bevorstehenden Zusammenbruch Englands, vom »todsicheren Endsieg«; »die Ausführungen verloren sich in Hirngespinsten«. Ungleich wahrscheinlicher war damals das Ende des Krieges durch die Besetzung ganz Deutschlands im frühen Herbst.

Am 20. Juli stellte bei der täglichen »Lagebesprechung« im Hauptquartier in Ostpreußen Oberst Stauffenberg eine Bombe mit Zeitzünder unter den Tisch, an dem H. mit seinen Beratern stand. Stauffenberg verließ die Baracke unter einem Vorwand, sah die Explosion, sah die Wirkung, glaubte den Tyrannen unfehlbar tot, flog nach Berlin zurück und brachte den Verschwörern die erwartete Nachricht. Darauf wurden die längst vorbereiteten Schritte getan. General Witzleben erklärte sich zum Oberbefehlshaber der Wehrmacht, gab Befehle zur Verhaftung der Partei- und SS-Führer nach Wien, Paris und Prag, ließ das Regierungsviertel durch das Berliner »Wach-Bataillon« abriegeln. Aber H. war nicht tot. Mehrere seiner Mitarbeiter waren von der Explosion zerrissen worden, er nicht; er war nur leicht verwundet. Auch war es nicht gelungen, das Nachrichtenzentrum seines Hauptquartiers dem Plane entsprechend zu zerstören. Es folgte ein Wettkampf zwischen Berlin und Ostpreußen, zwischen den von H.s Kreaturen und den von Witzleben gezeichneten Befehlen, wobei die alte Autorität in wenigen Stunden den Sieg davontrug. So stark war auch jetzt noch, in diesen Tagen der von allen Seiten hereinbrechenden militärischen Katastrophen, der Zusammenhalt des Staates, so stark noch der Zauber des bleichen, an allen Gliedern zitternden, nun nach Rache und Zerschmetterung aller Verräter gierenden Tyrannen. Sein Regime hätte ihn damals keinen Tag überdauert. Da er aber lebte, beeilten sich alle, die es noch konnten, und mancher, dem es nichts mehr half, die Rebellion zu verleugnen und sich gegen sie zu kehren; Truppen und Offiziere in Berlin und nahe Berlin, Befehlshaber in den besetzten Gebieten, Befehlshaber an den Fronten. Aus hielt die Schar der echten Verschwörer; aber ihnen blieb nur der Tod. Die Glücklicheren gaben ihn sich selber. Über die andern brach H.s Mordgericht herein.

So wie die Parteiherrschaft auf einer Auswahl der Schlechten beruhte, so beruhte der Widerstand auf einer echten Elite aus allen Klassen, Traditionskreisen und Landschaften. Der gute Genius der Nation hatte sich in der Verneinung, im Kampf gegen das Ungeheuer zusammengerafft. Nun, da seine Tat mißlungen war, stand er da in rettungsloser Offenheit, ein Opfer der Volksgerichts-Präsidenten, der Schinder und Würger. Ein gleiches Schicksal traf die Sozialisten, Gewerkschaftler, demokratischen Politiker, Leber, Leuschner, Haubach, Reichwein, Bolz, Letterhaus; die Verwalter und Juristen, Goerdeler, Planck, Harnack, Dohnanyi; die Theologen und Schriftsteller, Delp, Bonhoeffer, Haushofer; den Adel, die Süddeutschen Stauffenberg, Guttenberg, Redwitz, Drechsel, wie die Nord- und Ostdeutschen, Witzleben, Dohna, York, Moltke, Schwerin, Kleist, Lynar, Schulenburg. Wenn der ostelbische Adel, oder auch ein Teil von ihm, in der Zeit vor der Machtergreifung eine schwere Schuld auf sich lud, dann machte er sie gut durch das Opfer des 20. Juli; und der deutsche Adel in seiner Gesamtheit hat in dieser äußersten Krise in Ehren mitgewirkt. Dem Tyrann war das recht; nun konnte er gegen die ihm längst verhaßte »Aristokratenbande« wüten, übrigens das Ganze als ein Unternehmen von Reaktionären ausgeben und so vor dem Volk diskreditieren. Aber die Namen der Opfer redeten eine zu deutliche Sprache. Aristokraten waren sie alle, Aristoi, die Besten; an Klasse und Stand gebunden waren sie nicht.

Ob Land und Volk, denen sie sich opferten, dies Opfer noch verdienten, könnte man im Rückblick fragen. Sie nahmen noch den Begriff des Vaterlandes ernst, und einer ihrer Stärksten, Graf Stauffenberg, starb mit dem Ruf »Es lebe das heilige Deutschland!«. Aber Deutschland war damals längst nichts Heiliges mehr und konnte auch nie wieder heilig werden, dieser Glaube war veraltet; der Begriff des Vaterlandes zerstört. Sie nahmen noch Geschichte ernst und das, was der Nation drohte; eine nahe Zukunft sollte lehren, daß es mit dem »Untergang« von 1945 eine nichts weniger als endgültige Sache war. So hat man sie zweimal ignoriert und vergessen. Verwirrt und betäubt, kümmerte man sich nicht um sie im Chaos des ausbrennenden Krieges; damals begriff man gar nicht den Verlust an menschlicher Substanz, den Deutschland durch die Katastrophe des zwanzigsten Juli erlitt. Unwillkommen war die Erinnerung daran auch im Saus und Braus des wirtschaftlichen Wiederaufstiegs ein paar Jahre später. Straßen sind wohl nach den Männern des zwanzigsten Juli benannt, aber wer kann heute auch nur sagen, wer das war, nach dem sie benannt sind? Die Gleichgültigkeit der Nation erwürgte die Lebenden und vergaß die Toten. Indem sie den Versuch machten, den Sinn, die Kontinuität und die Ehre der deutschen Geschichte zu retten, was alles nicht mehr gerettet werden konnte, gehören auch sie einer abgeschlossenen Vergangenheit an und ist ihr Ruhm vor Gott viel höher als jener, den eine wohlmeinende Obrigkeit ihnen vor der Nachwelt zu fristen sich müht.

Das Ende

Danach ging die Agonie, die Einlösung des Schwures, daß es »keinen 9. November 1918« mehr geben sollte, noch neun Monate weiter. Im blasphemischen Wahn glaubte der Mensch, das gescheiterte Attentat habe die Sendung, welche zu erfüllen er auf die Welt gekommen sei, noch einmal erwiesen. Offiziere und Soldaten hatten jetzt mit dem »deutschen Gruß« zu grüßen. Der oberste Polizeischerge wurde Befehlshaber des Ersatzheeres, demnächst auch einer Heeresgruppe. Womit die am 30. Januar 1933 begonnene Unterwerfung der Armee nun

endlich vollendet war – je furchtbarer die Niederlagen an allen Fronten, desto siegreicher die Nazipartei. Nie war die Nation fester in ihrer Hand als im zweiten Halbjahr 1944. Der Schrecken hatte sein Wirkung getan.
Es wurden neue Kriegsanstrengungen unternommen, neue Divisionen aus dem erschöpften Volke herausgepreßt, Knaben und alte Männer zu einem »Volkssturm« aufgerufen. Man sprach jetzt von der Verteidigung der Grenzen, vom nationalen Verteidigungskrieg. Drei Jahre war man immer nur vorangegangen, zwei Jahre immer nur zurück, für weiten Lebensraum hatte man gekämpft, den Krieg zum Nordkap, zum Kaukasus und nach Ägypten getragen; jetzt, nach fünf so phantastischen Jahren sollte es ein Krieg zur Verteidigung der alten, engen Reichsgrenzen sein. Daß hier etwas nicht stimmte, ahnten die Volksmassen in aller ihrer Verwirrung und Not. Auch konnte der Mensch sich selber nicht entschliessen, dem neuen Verteidigungspathos entsprechend zu handeln. Noch immer brütete er über neuen Offensiven. Noch immer weigerte er sich, zu räumen, was nur deutsche Truppen besetzt hielten, ehe man sie nicht unter furchtbaren Verlusten hinauswarf; weigerte sich trotz der Beschwörungen seiner Berater, noch im März 1945, die Divisionen hereinzuholen, die in den baltischen Provinzen oder in Norwegen standen; er könnte das nicht aus den und den wirtschaftlichen, strategischen, politischen Gründen. Er starrte noch immer auf das Phantom des Sieges.
Die Propaganda ließ das Erobern weislich unter den Tisch fallen. Sie wirtschaftete nun mit der Angst, mit dem Strafgericht, das die Sieger über Deutschland würden ergehen lassen, und kam damit ohnehin umgehenden Gefühlen entgegen. Die Soldaten, viele von ihnen, wußten nur zu gut, was in Rußland geschehen war und daß von diesem Feind, wenn er jetzt siegte, keine Gnade zu erwarten war. Die atlantischen Bundesgenossen verrieten über ihre Kriegsziele nichts, außer daß ihre Sprecher die Forderung nach der »bedingungslosen Übergabe« honigmäulig wiederholten. Überdies liefen Gerüchte über einen Plan um, den Deutschen ihre schwere Industrie wegzunehmen und sie zu einem Volk von Bauern und Fischern zu machen – ein Unfug, den amerikanische Politiker tatsächlich ausgeheckt und dem Präsidenten Roosevelt in der Hitze eines Sommertages als annehmbar hatten erscheinen lassen. Bessere Hilfe konnte der deutschen Propaganda nicht kommen.
Nachdem die Alliierten im Hochsommer ganz Frankreich überrannt und die deutschen Truppen auf die alten Reichsgrenzen zurückgeworfen hatten, kam der Krieg im Herbst noch einmal zum Stehen. Die Amerikaner waren vorsichtig. Sie machten halt da, wo vor fünf Jahren die Franzosen haltgemacht hatten

und von wo aus eine beherzte Offensive vor fünf Jahren dem ganzen Spuk hätte ein Ende machen können, am sagenhaften, kaum bemannten, kaum existierenden »Westwall«. Dort hielten sie an und ließen nun wieder, monatelang, nichts sprechen als das barbarische Argument der Bomben aus der Luft. Damals erst, so kurz vor dem Ende, sind die schwersten Angriffe erfolgt, auch auf Städte, die bisher verschont waren und wegen ihrer industriellen Bedeutungslosigkeit sich geschützt glaubten, auf Darmstadt, auf Dresden; nächtliche Massenmorde an der Zivilbevölkerung, die zeigten, welchen Tiefstand die öffentliche Moral nun überall erreicht hatte. »Kriegführende«, hat ein alter Historiker geschrieben, »tauschen Eigenschaften aus.« H. hatte nichts von den Angelsachsen angenommen, aber die Angelsachsen einiges von H. Während sie sich und den Bomben Zeit ließen, trafen sie sich zu Konferenzen, auf denen die Zukunft großspurig und vage geplant wurde: die Teilung Deutschlands in Besatzungszonen, die Abschaffung des deutschen Heeres und Generalstabes für ewige Zeiten, phantastische Grenzverschiebungen im Osten: es sollte Polen für Gebiete, die es an Rußland abtreten würde, durch deutsches Gebiet entschädigt werden.

Das Einfrieren der Fronten im Westen benutzte H. im Dezember zu einem letzten Gegenschlag. Der Plan war gut; die Überraschung kam ihm zu Hilfe. Die amerikanische Front geriet ins Wanken. Aber nur für einen Augenblick. Wie konnte es bei solchen Kräfteverhältnissen anders sein? Anfang Januar mußte auch das »Weihnachtsgeschenk des Führers«, wie die Propaganda es nannte, wieder preisgegeben werden. Die Alliierten hatten schwere Verluste erlitten, aber die Deutschen nicht mehr zu ersetzende; und dies letzte Aufflackern des deutschen Angriffsgeistes konnte die Ungeduld, die Wut, die vereinfachende Brutalität der Sieger nur noch steigern. Von da an allenthalben Zusammenbruch. Schon war während des Herbstes und Winters die Balkan-Halbinsel verlorengegangen. Im Januar begannen die Russen ihre letzte große Offensive von der Ostsee bis zu den Karpathen, drangen in Schlesien ein, bedrohten Wien. An der Oder gelang es noch einmal, sie aufzuhalten. Im März gingen die Alliierten über den Rhein, und es begann nun die wilde Jagd ihrer motorisierten Verbände durch das Land, nicht unähnlich jener, welche die Deutschen fünf Jahre früher durch Frankreich geführt hatte. Millionen von deutschen Soldaten hausten in improvisierten Gefangenenlagern. Mitte April erreichten die Amerikaner die Elbe; gleichzeitig durchbrachen die Russen die Oder-Linie und drangen gegen Berlin vor. Noch immer aber galten die Befehle des Rasenden oder galten doch da, wo nicht vernünftige Offiziere, beherzte Bürger unter Gefährdung des eigenen Lebens ihnen den Gehorsam verweigerten. Noch immer wurden Deserteure, »Defaitisten«, ohne Marschbefehl angetroffene Soldaten umgebracht, wurden Brücken gesprengt, industrielle Anlagen vernichtet und Städte, bei denen es nichts zu verteidigen gab, in die Kampfhandlungen gezogen; mit dem Ergebnis, daß nun feindliche Artillerie zerstörte, was Bomben aus der Luft verschont hatten. Die Westfälischen Friedensverträge hatte H. revidieren wollen; nun sah Deutschland aus und lebten die Menschen, wie die Chronisten des Dreißigjährigen Krieges es uns beschrieben haben. Und noch immer gingen die Männer, die an der Verschwörung des 20. Juli teilgehabt hatten, ihren einsamen Weg zur Richtstätte.

Der Schuldige an diesem zur Wirklichkeit gewordenen Massenalptraum saß im Luftschutzkeller der Berliner Reichskanzlei. Ein Greis bei seinen sechsundfünfzig Jahren, ohne Schlaf, von Medikamenten und Giften sich nährend, zitternd, das Gesicht aschfahl, mit flackernden Augen, hielt er seine »Lagebesprechungen« ab, die mit der Wirklichkeit nichts mehr zu tun hatten. Unter jeder Beschreibung spottenden Gefahren und Mühen bahnten noch immer hohe Offiziere sich den Weg zu ihm; und es ist eine der befremdendsten Tatsachen in dieser ganzen befremdenden Geschichte, daß sie auch jetzt noch sich beugten vor dem zitternden Menschenwrack und seine höllischen, jedes Sinnes bar gewordenen Befehle ausführten. Bis tief in den März, vielleicht in den April, scheint er an den »Triumph des Willens«, ein Durchhalten bis zum Endsieg, geglaubt zu haben. Lange Zeiten waren sogenannte »neue Waffen« seine Hoffnung gewesen; dann wartete er auf den Bruch in der feindlichen Koalition, der es ihm ermöglichen würde, eine jener blitzschnellen Wendungen vorzunehmen, an denen seine Laufbahn so reich gewesen war: mit den westlichen Alliierten gegen Rußland, oder umgekehrt. Das Beispiel Friedrichs des Großen, der nach sieben Kriegsjahren durch den plötzlichen Tod eines seiner Gegner, der russischen Zarin, gerettet worden war, stand ihm immer vor Augen. Und als Franklin Roosevelt am 12. April plötzlich starb, glaubte er wohl, den Vergleich hoffnungsvoll bestätigt zu finden. Vergebens; der Tod Roosevelts bewirkte im Augenblick gar keine Veränderung. Er würde sie wohl bewirken, die große Koalition würde einmal, bald, auseinanderfallen; aber nicht, solange der Mensch lebte, der einzig und allein sie geschaffen hatte und der einzig und allein sie intakt hielt. Erst mußte H. tot oder gefangen sein; dann konnte der heimlich schwelende Gegensatz zwischen Rußland und Amerika zum Ausbruch kommen. . . Endlich begriff er, daß es zu Ende war. Sein Wille hatte es nicht zwingen können, hatte das Unmögliche trotz allem nicht möglich machen können. Er zog keine Folgerungen daraus. Daß er sich geirrt hatte, daß die von ihm so oft so gotteslästerlich angerufene Vorsehung ihn doch nicht zum Sieger bestimmt hatte, darüber kam kein Wort über seine Lippen; kein Wort der Reue, des Bedauerns. Sein Gewissen war gut. Das Land glich einem ausgebrannten Vulkan; in Ruinen und Kellern lebten seine Bürger; aus den östlichen Provinzen strömten die Flüchtlinge zu Hunderttausenden nach dem Westen, Schuldige und Unschuldige, brave Menschen der Arbeit, die nie sich um das »Großdeutsche Reich« gekümmert hatten, ihres Besitzes beraubt, jeder Hilfe bar, Kinder ohne Eltern, Kranke und Sterbende in Handkarren geschoben; in den Konzentrationslagern fanden die eindringenden Alliierten mit Grausen die zu Bergen aufgeschichteten Leichen der Verhungerten; aber der hatte Mitleid nur mit sich selber. Er habe seine Gesundheit für sein Volk geopfert, habe fünf Jahre lang auf die Freuden des Lebens verzichtet, kein Kino, kein Konzert besucht, und das sei nun der Dank. Verrat, nichts als Verrat sei überall um ihn herum gewesen, er allein sei die Ursache für das vorläufige Scheitern seines so wohlgemeinten Krieges, den zudem nicht er, sondern die Juden angefangen hätten... Schon im März hatte er einem seiner Minister, Speer, den Befehl gegeben, alle lebenswichtigen Anlagen, Fabriken, Dämme, Verkehrsmittel, Versorgungslager zerstören zu lassen, bevor sie dem Feind in die Hände fielen. Speer wandte ein, dann müßte das Volk nach dem Krieg unvermeidlich verhungern und erfrieren. Das sei ganz recht so, antwortete der Mann, der Deutschland so liebte. Wenn die Nation nicht zu siegen verstünde, dann hätte sie eben die Bewährungsprobe nicht bestanden, dann sollte sie auch nicht weiterleben. Auch seien die Besten ohnehin gefallen und nur die Minderwertigkeit übriggeblieben.

Dies war der letzte Wunsch Adolf Hitlers. Und man kann wohl sagen, daß es im Grunde immer, seit Jahrzehnten, sein innerster, heimlichster Wunsch gewesen war. Von ihm wissen wir, daß er schon in der Zeit vor der »Machtergreifung« in lüsternen Tönen von solchem allgemeinem Untergang gesprochen hatte, einem Kampf in der brennenden Halle nach Nibelungenart, einer Götterdämmerung aus Tod und Flammen. Dahin hatte er gestrebt, bewußt oder unbewußt, seine ganze unglaubliche Laufbahn hatte letzthin doch nur der Verwirklichung dieses Traumes gedient. Deutschland wollte er mit sich ins Verderben reißen, seine Begräbnisfeier künstlerisch ausgestalten zum Weltuntergang; gleichzeitig diktierte er ein Testament voller tränenreicher Verfügungen: Viel besäße er ja nicht, aber doch genug, daß seine Verwandten ein kleines, bescheidenes Leben daraus ziehen könnten, während die Bil-

der, die er im Leben gesammelt, für seine geliebte Vaterstadt Linz an der Donau bestimmt seien. Ferner, er wolle nun angesichts des Todes die Ehe schließen, die er sich im Leben wegen seiner nie ermüdenden Arbeit für das deutsche Volk habe versagen müssen... Längst waren die Russen in die riesige Trümmerstadt eingedrungen. Als sie sich den Weg bis ins Zentrum gebahnt hatten und ihre Geschosse nahe der Reichskanzlei niedergingen, beschloß H., daß die Stunde gekommen sei. In den luftlosen Kemenaten des Bunkers hielt er späte Hochzeit mit seiner Mätresse, wobei man sich strikt an die Regeln hielt, Heiratskontrakt, Trauzeugen, knallende Champagnerpfropfen. Dann zog sich das Paar zurück und schaffte sich, so schmerzlos es ging, aus der Welt.
H. gelangte sehr weit in der Laufbahn, die er sich vorgezeichnet hatte, aber ihm selber nie weit genug. Immer noch gab es weite Länder, in denen die Menschen frei waren, nicht an seine Sendung glaubten. Er verzieh es nicht. »Die Juden«, rief er während des Krieges, »haben auch einmal über mich gelacht; ich weiß nicht, ob sie heute noch lachen, oder ob ihnen das Lachen vergangen ist!« Dies war der Trieb, der ihn seine Erfolge erreichen wie seine Verbrechen begehen ließ: sich der Welt aufzudrängen, es einzutränken allen denen, die gewagt hatten, ihn nicht so ernst zu nehmen, wie er sich selber nahm. Das große deutsche Weltreich zu gründen, mißglückte ihm und mußte ihm mißglücken. Aber darin triumphierte er noch im Tode, daß schließlich alle Welt ihn ernst nahm, alle Welt sich verbündete, um nur ihn, dies eine Individuum, zu bezwingen; und daß er die Welt, die er nicht hatte erobern können, in einem tief veränderten, verwilderten Zustand zurückließ.
Kaum war der Lusttraum dieses Menschen ausgeträumt, so war es, als ob die Nation aus langer Betäubung erwachte. Kein Gedanke daran, daß Regime und Partei ihn überleben könnten; auch dann nicht, wenn die fremden Sieger nicht jetzt die Herren in Deutschland gewesen wären. Der böse Zauber hielt nicht länger als der Zauberer. Mit ungläubigem Staunen fanden die Alliierten, daß es in dem Land, das zwölf Jahre lang vom Nationalsozialismus regiert worden war, eigentlich überhaupt keine Nationalsozialisten gab. So als sei das Ganze nur eine Komödie im Stil des Hauptmanns von Köpenick gewesen, mörderisch wie nie zuvor ein Unfug in der Weltgeschichte, aber eben doch ein Unfug, eine Betrügerei nur, mit der jetzt, da sie demaskiert war, kaum einer etwas zu tun gehabt haben wollte. Und war das nicht am Ende der Kern der ganzen peinlichen Geschichte: die Geschichte eines Gauklers, der sich großer, aber moralisch blinder, gleichgültiger nationaler Tüchtigkeit bemächtigt hatte wie einer Maschine

und nun sie für sich arbeiten ließ, pünktlich, wirkungsvoll, tödlich, so lange, bis sie von Ruinen umgeben, selber verbraucht und zerschlagen war? ... Die Regierungsbotschaft, die der zum Reichspräsidenten bestimmte Admiral Dönitz tatsächlich ergehen ließ, verhallte in den Wirren des Zusammenbruchs. Ebenso illusorisch erwiesen sich die Versuche, die zwei der Getreuesten, Himmler und Göring, noch zu Lebzeiten H.s eingeleitet hatten, mit den Westmächten ins Gespräch zu kommen. Jetzt wollten sie das tun, was die Männer des 20. Juli zur rechten Zeit zu rechten Zwecken hatten tun wollen und wofür Himmler sie zu Tausenden hatte erwürgen lassen. Jetzt war es zu spät dazu; den Friedensfühlern, die von *diesen* Männern kamen, gebührte die Verachtung, mit welcher die Sieger ihnen begegneten. Am 7. Mai 1945 wurde die Kapitulation unterzeichnet, welche die gesamten deutschen Streitkräfte in die Hand der Sieger gab, die deutsche Souveränität ausstrich. Es hatte keinen 9. November 1918 mehr gegeben. Deutschland hatte so lange gekämpft, wie es konnte, so wie H. es gewollt hatte. Es hatte dann sich bedingungslos ergeben, wie die Alliierten es gewollt hatten. Beide Seiten hatten ihren Willen.

Bibliographie

GERHARD ANSCHÜTZ, Die Verfassung des Deutschen Reiches. 13. Aufl. Berlin 1930

ERWEIN V. ARETIN, Krone und Ketten. Erinnerungen eines bayerischen Edelmannes, hrsg. v. Karl Buchheim u. Karl Otmar v. Aretin. München 1955

PRINZ MAX VON BADEN, Erinnerungen und Dokumente. Stuttgart 1927

GEOFFREY BARRACLOUGH, The Origins of Modern Germany. Oxford 1957

LUDWIG BECK, Studien, hrsg. von H. Speidel. Suttgart 1955

LUDWIG BERGSTRÄSSER, Geschichte der politischen Parteien in Deutschland. 10. neubearbeitete und erweiterte Aufl. München 1960

WALDEMAR BESSON, Württemberg und die deutsche Staatskrise 1928—1933. Eine Studie über die Auflösung der Weimarer Republik. Stuttgart 1959

DIETRICH BONHOEFFER, Widerstand und Ergebung. Briefe und Aufzeichnungen aus der Haft. 9. Aufl. München 1959

MORITZ J. BONN, So macht man Weltgeschichte. Bilanz eines Lebens. München 1953

GEORGES BONNET, Vor der Katastrophe. Erinnerungen des französischen Außenministers 1938—1939. Köln 1951

HERBERT V. BORCH, Obrigkeit und Widerstand. Zur politischen Soziologie des Beamtentums. Tübingen 1954

KARL DIETRICH BRACHER, Die Auflösung der Weimarer Republik. 3. verb. und erg. Aufl. Villingen 1960

KARL DIETRICH BRACHER / WOLFGANG SAUER / GERHARD SCHULZ, Die nationalsozialistische Machtergreifung. Köln-Opladen 1960

OTTO BRAUN, Von Weimar zu Hitler. Hamburg 1949

ARNOLD BRECHT, Vorspiel zum Schweigen. Das Ende der Deutschen Republik. Wien 1948

MARTIN BROSZAT, Der Nationalsozialismus. Weltanschauung, Programm und Wirklichkeit. 2. Aufl. Stuttgart 1960

HEINRICH BRÜNING, Ein Brief, in: Deutsche Rundschau, 70 (1947)

HANS BUCHHEIM, Glaubenskrise im Dritten Reich. Drei Kapitel nationalsozialistischer Religionspolitik. Stuttgart 1953

– Das Dritte Reich. Grundlagen und politische Entwicklung. 4. veränderte Aufl. München 1960
Karl Buchheim, Leidensgeschichte des zivilen Geistes. Oder die Demokratie in Deutschland. München 1951
– Geschichte der christlichen Parteien in Deutschland. München 1953
Alan Bullock, Hitler. Eine Studie über Tyrannei. 5. Aufl. Düsseldorf 1957
Carl J. Burckhardt, Meine Danziger Mission 1937–1939. München 1960
Edward Hallett Carr, Berlin–Moskau. Deutschland und Rußland zwischen den beiden Weltkriegen. Stuttgart 1954
Winston S. Churchill, Memoiren. 6 Bde. Hamburg 1949/54
Werner Conze, Die Weimarer Republik, in: Deutsche Geschichte im Überblick. Ein Handbuch, hrsg. v. Peter Rassow. Stuttgart 1953
Robert Coulondre, Von Moskau nach Berlin 1936–1939. Erinnerungen des französischen Botschafters. Bonn 1950
Gordon A. Craig, Die preußisch-deutsche Armee 1640–1945. Staat im Staate. Düsseldorf 1960
Birger Dahlerus, Der letzte Versuch. London–Berlin. Sommer 1939. München 1948
Ludwig Dehio, Gleichgewicht oder Hegemonie. Betrachtungen über ein Grundproblem der neueren Staatengeschichte. Krefeld 1948
Karl Dönitz, Zehn Jahre und zwanzig Tage. Bonn 1958
Friedrich Ebert, Schriften, Aufzeichnungen, Reden. 2 Bde. Dresden 1926
Theodor Eschenburg, Die improvisierte Demokratie der Weimarer Republik. Laupheim 1954
– Staat und Gesellschaft in Deutschland. Stuttgart 1956
Erich Eyck, Geschichte der Weimarer Republik. 2 Bde. Erlenbach – Zürich – Stuttgart 1954/56
Jürgen Fijalkowski, Die Wendung zum Führerstaat. Ideologische Komponenten in der politischen Philosophie Carl Schmitts. Köln–Opladen 1958
Ossip K. Flechtheim, Die Kommunistische Partei Deutschlands in der Weimarer Republik. Offenbach/M. 1948
Wolfgang Foerster, Generaloberst Ludwig Beck. Sein Kampf gegen den Krieg. München 1953
Ernst Forsthoff, Der totale Staat. Hamburg 1933
André François-Poncet, Als Botschafter in Berlin 1931–1938. 2. Aufl. Mainz 1949
Hans Frank, Im Angesicht des Galgens. Deutung Hitlers und seiner Zeit auf Grund eigener Erlebnisse und Erkenntnisse. 2. Aufl. Neuhaus bei Schliersee 1955

FERDINAND FRIEDENSBURG, Die Weimarer Republik. Neuaufl. Hannover—Frankfurt 1957

FRIEDRICH KARL FROMME, Von der Weimarer Verfassung zum Bonner Grundgesetz. Die verfassungspolitischen Folgerungen des Parlamentarischen Rates aus der Weimarer Republik und nationalsozialistischer Diktatur, Tübingen 1960

OTTO GESSLER, Reichswehrpolitik in der Weimarer Zeit. Hrsg. v. Kurt Sendtner. Stuttgart 1958

HANS BERND GISEVIUS, Bis zum bitteren Ende. Zürich 1946

JOSEPH GOEBBELS, Vom Kaiserhof zur Reichskanzlei. Berlin 1934

HELMUT GOLLWITZER / KÄTHE KUHN / REINHOLD SCHNEIDER, Du hast mich heimgesucht bei Nacht. Abschiedsbriefe und Aufzeichnungen des Widerstandes 1933—1945. München o. J.

WALTER GÖRLITZ, Der deutsche Generalstab. Geschichte und Gestalt 1657—1945. Frankfurt/M. 1950

— Paulus: Ich stehe hier auf Befehl! Lebensweg des Generalfeldmarschalls Friedrich Paulus. Aufzeichnungen aus dem Nachlaß, Briefe und Dokumente. Mit einem Geleitwort von Ernst A. Paulus. Frankfurt/M. 1960

WALTER GÖRLITZ / HERBERT A. QUINT, Adolf Hitler. Eine Biographie. Stuttgart 1952

HAROLD J. GORDON, Die Reichswehr und die Weimarer Republik 1919—1926. Frankfurt/M. 1959

HELGA GREBING, Der Nationalsozialismus. Ursprung und Wesen. 13. Aufl. München 1960

DOROTHEA GROENER-GEYER, General Groener. Soldat und Staatsmann. Frankfurt/M. 1955

GEORGE W. F. HALLGARTEN, Hitler, Reichswehr und Industrie. Zur Geschichte der Jahre 1918—1933. 2. Aufl. Frankfurt/M. 1955

FRITZ HARTUNG, Deutsche Verfassungsgeschichte vom 15. Jahrhundert bis zur Gegenwart. 7. Aufl. Stuttgart 1959

KONRAD HEIDEN, Geschichte des Nationalsozialismus. Die Karriere einer Idee. Berlin 1932

— Hitler. Das Leben eines Diktators. Eine Biographie. Zürich 1936

— Ein Mann gegen Europa. Zürich 1937

HERMANN HELLER, Rechtsstaat oder Diktatur. Tübingen 1930

ADOLF HEUSINGER, Befehl im Widerstreit. Schicksalsstunden der deutschen Armee 1923—1945. 3. Aufl. Tübingen und Stuttgart 1957

ADOLF HITLER, Mein Kampf. München 1925

— Hitlers Tischgespräche, hrsg. v. Henry Picker u. Gerhard Ritter. Bonn 1951

WILHELM HOEGNER, Die verratene Republik. München 1958

RUDOLF HÖSS, Kommandant in Auschwitz, Autobiographische Aufzeichnungen. Eingel. und komment. von Martin Broszat. Stuttgart 1958
WALTHER HOFER, Der Nationalsozialismus. Dokumente 1933 bis 1945. Frankfurt/M. 1958
— Die Entfesselung des Zweiten Weltkrieges. Eine Studie über die internationalen Beziehungen im Sommer 1939. Mit Dokumenten. Frankfurt/M. 1960
KLAUS HORNUNG, Der jungdeutsche Orden. Düsseldorf 1958
FRIEDRICH HOSSBACH, Zwischen Wehrmacht und Hitler 1934 bis 1938. Wolfenbüttel und Hannover 1949
WILHELM KEIL, Erlebnisse eines Sozialdemokraten. 2 Bde. Stuttgart 1948
LIONEL KOCHAN, Rußland und die Weimarer Republik. Düsseldorf 1954
EUGEN KOGON, Der SS-Staat. Das System der deutschen Konzentrationslager. 3. Aufl. Frankfurt/M. 1948
HELMUT KRAUSNICK, Vorgeschichte und Beginn des militärischen Widerstandes gegen Hitler. München 1956
ALBERT KREBS, Tendenzen und Gestalten der NSDAP. Erinnerungen an die Frühzeit der Partei. Stuttgart 1959
ALFRED KRUCK, Geschichte des Alldeutschen Verbandes 1890 bis 1939. Wiesbaden 1954
ANNEDORE LEBER, Das Gewissen steht auf. 64 Lebensbilder aus dem deutschen Widerstand 1933—1945. Berlin 1953
— Das Gewissen entscheidet. Bereiche des deutschen Widerstandes von 1933—1945 in Lebensbildern, hsrg. v. Annedore Leber in Zusammenarbeit mit Willy Brandt und Karl Dietrich Bracher. Berlin u. Frankfurt/M. 1957
JULIUS LEBER, Ein Mann geht seinen Weg. Schriften, Reden und Briefe, hrsg. v. seinen Freunden. Berlin—Frankfurt/M. 1952
PAUL LÖBE, Erinnerungen eines Reichstagspräsidenten. Berlin 1949
HANS LUTHER, Weimar und Bonn. München 1951
ERICH VON MANSTEIN, Verlorene Siege. Bonn 1955
HERMANN MAU / HELMUT KRAUSNICK, Deutsche Geschichte der jüngsten Vergangenheit 1933—1945. Tübingen—Stuttgart 1956
FRIEDRICH MEINECKE, Die deutsche Katastrophe. Wiesbaden 1946
OTTO MEISSNER, Staatssekretär unter Ebert, Hindenburg, Hitler. Hamburg 1950
ARTHUR MOELLER VAN DEN BRUCK, Das Dritte Reich. 4. Aufl. Hamburg 1931
ARNIM MOHLER, Die Konservative Revolution in Deutschland 1918—1932. Grundriß ihrer Weltanschauungen. Stuttgart 1950

Wilhelm Mommsen, Deutsche Parteiprogramme. München 1960
Franz-Leopold Neumann, Behemoth. The Structure and Practics of National Socialism. 2. Aufl. New York 1944
Jean Neurohr, Der Mythos vom Dritten Reich. Zur Geistesgeschichte des Nationalsozialismus. Stuttgart 1957
Ernst Niekisch, Das Reich der niederen Dämonen. Hamburg 1953
Gustav Noske, Von Kiel bis Kapp. Zur Geschichte der deutschen Revolution. Berlin 1920
— Erlebtes aus Aufstieg und Niedergang einer Demokratie. Offenbach 1947
Franz von Papen, Der Wahrheit eine Gasse. München 1952
Rudolf Pechel, Deutscher Widerstand. Zürich 1947
Léon Poliakov / Josef Wulf, Das Dritte Reich und die Juden. Dokumente und Aufsätze. 2. durchges. Aufl. Berlin 1955
— Das Dritte Reich und seine Denker. Dokumente. Berlin 1959
— Das Dritte Reich und seine Diener. Dokumente. 2. Aufl. Berlin o. J.
Hugo Preuss, Staat, Recht und Freiheit. Tübingen 1926
— Reich und Länder. Bruchstücke eines Kommentars zur Verfassung des Deutschen Reiches, aus dem Nachlaß hrsg. von Gerhard Anschütz. Berlin 1928
Friedrich von Rabenau, Seeckt. Aus seinem Leben 1918 bis 1936. Leipzig 1940
Walther Rathenau, Von kommenden Dingen. Berlin 1917
— Politische Briefe. Dresden 1929
Hermann Rauschning, Die Revolution des Nihilismus. Kulisse und Wirklichkeit im Dritten Reich. 4. Aufl. Zürich—New York 1938
— Gespräche mit Hitler. 4. Aufl. Zürich 1940
Gerald Reitlinger, Die Endlösung. Hitlers Versuch der Ausrottung der Juden Europas 1939—1945. 3. durchges. u. verb. Auflage. Berlin 1960
Gerhard Ritter, Carl Goerdeler und die deutsche Widerstandsbewegung. Stuttgart 1956
Arthur Rosenberg, Entstehung und Geschichte der Weimarer Republik. Frankfurt/M. 1955
Hans Rothfels, Die deutsche Opposition gegen Hitler. Eine Würdigung. Frankfurt und Hamburg 1958
Lord Russell of Liverpool, Geißel der Menschheit. Kurze Geschichte der Nazikriegsverbrechen. Frankfurt/M. 1955
Hjalmar Schacht, Abrechnung mit Hitler. Hamburg 1948
— 76 Jahre meines Lebens. Bad Wörishofen 1953
Philipp Scheidemann, Memoiren eines Sozialdemokraten. 2 Bde. Dresden 1928

– Der Zusammenbruch. Berlin 1921
FABIAN V. SCHLABRENDORFF, Offiziere gegen Hitler. Zürich 1951
PAUL SCHMIDT, Statist auf diplomatischer Bühne 1923–1945. Erlebnisse des Chefdolmetschers im Auswärtigen Amt mit den Staatsmännern Europas. Bonn 1958
INGE SCHOLL, Die weiße Rose. Frankfurt/M. 1960
HUBERT SCHORN, Der Richter im Dritten Reich. Geschichte und Dokumente. Frankfurt/M. 1959
OTTO-ERNST SCHUEDDEKOPF, Heer und Republik. Quellen zur Politik der Reichswehrführung 1918–1933. Hannover und Frankfurt/M. 1955
KARL SCHWEND, Bayern zwischen Monarchie und Diktatur. Beiträge zur Bayerischen Frage in der Zeit von 1918–1933. München 1954
BERNHARD SCHWERTFEGER, Rätsel um Deutschland. Heidelberg 1948
WILLIAM SHIRER, The Rise and Fall of the Third Reich. New York 1960
HANS SPEIDEL, Invasion 1944. Ein Beitrag zu Rommels und des Reiches Schicksal. Tübingen und Stuttgart o. J.
FRIEDRICH STAMPFER, Die ersten 14 Jahre der Deutschen Republik. 2. Aufl. Offenbach 1947
A. J. P. TAYLOR, The Origins of the Second World War. London 1961
TELFORD TAYLOR, Sword and Swastica. The Wehrmacht in the Third Reich. London 1953
HUGH REWALD TREVOR-ROPER, Hitlers letzte Tage. Zürich 1948
HARRY S. TRUMAN, Memoiren. 2 Bde. Stuttgart 1955/56
EDMOND VERMEIL, L'Allemagne Contemporaine, Sociale, Politique et Culturelle. Teil II: La Republique de Weimar et le Troisième Reich (1918–1950). Paris 1953
MAX WEBER, Gesammelte politische Schriften. München 1921
JOHN W. WHEELER-BENNETT, Die Nemesis der Macht. Die deutsche Armee in der Politik 1918–1945. Düsseldorf 1954
KARL AUGUST WITTFOGEL, Oriental Despotism. A Comparative Study of Total Power. New Haven 1957
EBERHARD ZELLER, Geist der Freiheit. Der Zwanzigste Juli. München 1952

Namenverzeichnis